# 1 DAY

삼성(GSAT) / SK(SKCT) / LG / 롯데(L-TAB) / 포스코(PAT)

# 15일 완성

## 인적성검사

SD에듀
(주)시대고시기획

# 1DAY 인적성검사 15일 완성

## Always **with you**

사람의 인연은 길에서 우연하게 만나거나 함께 살아가는 것만을 의미하지는 않습니다.
책을 펴내는 출판사와 그 책을 읽는 독자의 만남도 소중한 인연입니다.
**SD에듀**는 항상 독자의 마음을 헤아리기 위해 노력하고 있습니다.
늘 독자와 함께하겠습니다.

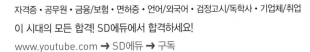

# PREFACE

**머리말**

현재 기업별로 시행하고 있는 인적성검사의 기출문제를 확인해 보면 다양한 유형의 문제가 출제되는 것을 확인할 수 있다. 난이도 또한 직관적이고 단순한 문제부터 복합적인 풀이 방법을 고민해야 하는 문제까지 다양하게 출제된다. 최근에는 기업별 입사 경쟁률이 치열해지면서 변별력을 강화하기 위해 인적성검사 난이도가 높아지고 각 기업만의 특색 또한 점점 강해지고 있다. 그런데 한두 기업만을 바라보고 취업을 준비하는 취업준비생은 거의 없으며, 그렇다고 해서 현재 기업별로 출제되고 있는 인적성검사 문제를 모두 풀어보기는 어려운 것이 현실이다.

이에 SD에듀에서는 수험생들이 5대 기업 인적성검사를 효과적이고 체계적으로 대비할 수 있게 하기 위하여 다음과 같은 방향의 본서를 구성하였다.

### 도서의 특징

❶ 인적성검사 5대 기업인 삼성, SK, LG, 롯데, 포스코의 2022년 기출복원문제를 수록하여 출제 경향을 알아볼 수 있도록 하였다.

❷ 하루에 한 기업씩 삼성, SK, LG, 롯데, 포스코의 다양한 문제를 풀어볼 수 있도록 하였으며, 총 15일 동안 난이도별, 유형별로 단계적 학습이 가능하도록 구성하여 별도의 학습서가 필요하지 않도록 하였다.

❸ 삼성, SK, LG, 롯데, 포스코 5대 기업 유형을 통합한 최종점검 모의고사를 구성하여, 자신의 실력을 최종적으로 점검하고 실전에 대비할 수 있도록 하였다.

❹ 인성검사 유의사항 및 모의연습을 수록하여 한 권으로 인성검사까지 대비할 수 있도록 하였다.

끝으로 본서를 통해 대기업 채용을 준비하는 수험생 모두에게 합격의 기쁨이 있기를 진심으로 기원한다.

SD적성검사연구소 씀

## | 삼성그룹 GSAT |

### ⬡ 필수 준비물

❶ **신분증** : 주민등록증, 외국인등록증, 여권, 운전면허증 중 하나
❷ **그 외** : PC/노트북, 웹캠, 휴대폰, 휴대폰 거치대, 노트북/휴대폰 충전기, 문제 풀이 용지

### ⬡ 유의사항

❶ 시험시간 최소 20분 전에 접속 완료해야 한다.
❷ 촬영 화면 밖으로 손이나 머리가 나가면 안 되며, 외부 소음이 나면 시험이 중지될 수 있다.
❸ 거울, 화이트보드, CCTV가 있는 장소에서는 응시가 불가하며, 시험 문제를 메모, 촬영하는 행위는 금지된다.

### ⬡ 알아두면 좋은 Tip

❶ 실제 온라인 GSAT에서는 문제 번호를 검색하면 마우스를 사용하지 않고도 해당 문제로 바로 넘어갈 수 있다.
❷ 오답은 감점 처리된다. 따라서 확실하게 푼 문제만 답을 체크하고 나머지는 그냥 둔다.
❸ 온라인 시험에서는 정답은 화면에서 체크해야 하므로 문제를 풀고 정답을 바로바로 체크하는 연습이 필요하다.

### ⬡ 영역별 출제 유형 및 비중

❶ 수리논리

| 영역 | 유형 | 문항 수 | 비율 | 제한시간 |
|------|------|---------|------|----------|
| 수리논리 | 응용수리 | 2문항 | 10% | 30분 |
| | 자료해석 | 18문항 | 90% | |

❷ 추리

| 영역 | 유형 | 문항 수 | 비율 | 제한시간 |
|------|------|---------|------|----------|
| 추리 | 명제 | 3문항 | 10% | 30분 |
| | 도형추리 | 3문항 | 10% | |
| | 도식추리 | 4문항 | 13% | |
| | 어휘추리 | 2문항 | 7% | |
| | 논리추리 | 7문항 | 23% | |
| | 조건추리 | 11문항 | 37% | |

# | SK그룹 SKCT |

## ⬡ 필수 준비물

❶ 신분증 : 주민등록증, 외국인등록증, 여권, 운전면허증 중 하나
❷ 그 외 : 휴대폰, 휴대폰 거치대, 노트북, 웹캠, 노트북/휴대폰 충전기

## ⬡ 유의사항

❶ 틀리면 감점이 있으므로 모르는 문제는 찍지 말고 놔두는 것이 좋다.
❷ 30초, 60초, 90초 순으로 진행되며 각 문항에 해당하는 체한시간이 종료되면 다음 문제로 넘어간다.
❸ 필기도구는 일절 사용이 불가하여 눈으로만 풀어야 한다.

## ⬡ 알아두면 좋은 Tip

❶ 원활한 시험 진행을 위해 삼각대와 책상 정리가 필요하다.
❷ 진행 중 와이파이가 끊어지는 경우 재접속하면 문제없이 진행이 가능하다.
❸ 심층평가를 위해 평소에 SK그룹의 인재상에 대해 숙지해둔다.
❹ 원활한 시험 진행을 위해 인터넷 연결이 원활하며 최대한 조용히 시험을 치를 수 있는 장소를 확보한다.

## ⬡ 시험 진행

❶ 온라인 SKCT

| 구분 | 영역 | 문항 수 |
|---|---|---|
| 적성검사 Ⅰ | 수리, 언어, 추리, 시각적사고 | 48문항 |
| 적성검사 Ⅱ | N-back Game | 2-back, 3-back, 4-back 1세트씩 순서대로 진행 |
| 심층평가 | 인성검사 | 400문항 |

❷ 오프라인 SKCT

| 영역 | 문항 수 |
|---|---|
| 실행역량 | 30문항 |
| 인지역량 – 수리 | 20문항 |
| 인지역량 – 언어 | 20문항 |
| 직무역량 | 20문항 |

※ SKCT는 계열사별 온라인 시험과 오프라인 시험으로 나눠서 시행되므로, 반드시 발표되는 채용공고를 확인하시기 바랍니다.

# | LG그룹 인적성검사 |

## ⬡ 필수 준비물

❶ 신분증 : 주민등록증, 외국인등록증, 여권, 운전면허증 중 하나
❷ 그 외 : PC/노트북, 웹캠, 헤드셋, 키보드, 마우스, 노트북/휴대폰 충전기

## ⬡ 유의사항

❶ 사전검사는 절대 빼먹지 않도록 미리미리 일정을 확인한다.
❷ 책, 연습장, 필기구 등이 책상 위에 올라와 있거나, 사용하면 부정행위로 간주한다.
❸ 인적성검사의 문제가 잘려 보이지 않도록 해상도를 1920×1080으로 설정하고 프로그램에 접속한다.
❹ 빠르게 풀어서 시간이 남더라도 감독관이 확인하고 있으므로 의심받을 만한 행동을 하지 않도록 한다.
❺ 주의사항을 꼼꼼히 읽고, 웹캠으로 신분증을 찍어 감독관에게 확인받는다.

## ⬡ 알아두면 좋은 Tip

❶ 원활한 시험 진행을 위해 삼각대와 책상 정리가 필요하다.
❷ 인터넷 연결이 원활하며 최대한 조용히 시험을 치를 수 있는 장소를 확보한다.
❸ 문제마다 계산기와 메모판을 제공하므로, 평소 종이를 사용하지 않고 문제를 푸는 연습이 필요하다.
❹ 감독관의 얼굴이 보이더라도 긴장하지 말고, 자신이 해야 할 일을 한다.

## ⬡ 시험 진행

| 구분 | 개요 | 문항 수 | 시간 |
|---|---|---|---|
| 인성검사 | LG Way에 맞는 개인별 역량 또는 직업 성격적인 적합도 확인 | 183문항 | 20분 |
| 적성검사 | 언어이해 | 15문항 | 10분 |
| | 언어추리 | 15문항 | 10분 |
| | 자료해석 | 15문항 | 10분 |
| | 창의수리 | 15문항 | 10분 |

# | 롯데그룹 L-TAB |

## ⬡ 필수 준비물

❶ **신분증** : 주민등록증, 주민등록 발급 확인서, 운전면허증, 여권, 외국인거소증 중 하나
❷ **그 외** : PC/노트북, 웹캠, 마이크, 스피커, 키보드, 마우스, 노트북/휴대폰 충전기

## ⬡ 유의사항

❶ 반기 1회 응시 결과를 해당 반기 내 활용한다(상반기 6/30, 하반기 12/31까지 유효).
❷ 사전검사 미실시 시 본 진단에 참여할 수 없으므로 반드시 실시해야 한다.
❸ 준비물품 이외의 물품은 책상 위에서 제외하도록 한다.
❹ 문제풀이 외의 행동을 삼가 감독관에게 괜한 의심을 사지 않도록 한다.
❺ 시험 도중 화장실에 갈 수 없으므로 주의한다.
❻ 시험을 보기 전날, 롯데그룹에서 제공하는 직무적합진단 응시자 매뉴얼을 마지막으로 숙지한다.

## ⬡ 알아두면 좋은 Tip

❶ 직무적합진단 시작 전에 1시간의 점검 및 준비 시간이 주어진다.
❷ 조직적합진단은 직무적합진단 시행 이전에 진행되며, 일반적인 인성검사와 유사하다.
❸ 직무적합진단의 경우 상세한 문항 수 구분은 없으나 대략 하나의 상황마다 2~4문제가 묶여 출제된다.

## ⬡ 시험 진행

| 구분 | 개요 | 시간 |
|---|---|---|
| 조직적합진단 | • 롯데그룹의 인재상에 부합하는 인재인지 평가<br>• 지원자 개인 성향 및 인성 위주 질문 구성 | 1시간 |
| 직무적합진단 | • 실제 업무 상황처럼 구현된 아웃룩 메일함/자료실 환경에서 이메일 및 메신저 등으로 전달된 다수의 과제 수행<br>• 문항에 따라 객관식, 주관식, 자료 첨부 등 다양한 형태의 답변이 가능<br>• 문항 수 구분은 없으나 대략적으로 2~4문제의 문항 수가 주어짐 | 3시간<br>(사전준비<br>1시간 포함) |

# | 포스코그룹 PAT |

## ⬡ 필수 준비물

❶ 신분증 : 주민등록증, 외국인등록증, 여권, 운전면허증 중 하나

❷ 그 외 : 휴대폰, 휴대폰 거치대, 노트북, 웹캠, 노트북/휴대폰 충전기

## ⬡ 알아두면 좋은 Tip

❶ 원활한 시험 진행을 위해 삼각대와 책상 정리가 필요하다.

❷ 인터넷 연결이 원활하며 최대한 조용히 시험을 치를 수 있는 장소를 확보한다.

❸ 휴대전화는 방해금지 모드를 설정하는 것이 좋다.

❹ 부정행위는 절대 금지된다.

❺ 온라인 모의고사로 실전연습을 미리 하는 것이 좋다.

❻ 휴대폰 · 노트북 등 배터리를 미리 준비하는 것이 좋다.

❼ 온라인 시험에 대한 주의사항 등 응시자 매뉴얼을 확인한다.

❽ 시험 유형은 계열사별로 차이가 있을 수 있다.

## ⬡ 시험 진행

| 구분 | 문항 수 | 제한시간 |
|------|---------|----------|
| 인성검사 | 450문항 | 50분 |
| 언어이해 | 15문항 | 15분 |
| 자료해석 | 15문항 | 15분 |
| 문제해결 | 15문항 | 15분 |
| 추리 | 15문항 | 15분 |

❖ 시험 내용은 채용유형, 채용직무, 채용시기 등에 따라 변동될 수 있으므로 반드시 발표되는 채용공고를 확인하시기 바랍니다.

# 합격을 위한 체크 리스트

## 시험 전 CHECK LIST
※ 최소 시험 이틀 전에 아래의 리스트를 확인하면 좋습니다.

- [ ] 본인의 신분증과 개인정보 가리개를 준비하였는가?
- [ ] 스마트폰 거치대와 필요한 필기도구를 준비하였는가?
- [ ] 스마트폰의 인터넷 사용, 감독 시스템에 접속, 카메라와 스피커의 작동이 가능한지 확인하였는가?
- [ ] 전화나 카톡 등의 알림음이 울리지 않도록 하였는가?
- [ ] 컴퓨터의 작동에 문제가 없는지 확인하였는가?
- [ ] 예비소집일과 동일한 장소에서 응시 가능한지 확인하였는가?
- [ ] 시험 장소에 불필요한 물건을 모두 치웠는가?
- [ ] 시험 장소에 낙서가 없는지 확인하였는가?
- [ ] 시험 장소의 주변에 계시는 분들에게 협조 요청을 하였는가?
- [ ] 주변에 소리가 날만한 요소를 제거하였는가?
- [ ] 온라인 시험에 대한 주의사항 등 응시자 매뉴얼을 확인하였는가?
- [ ] 온라인 모의고사로 실전 연습을 하였는가?
- [ ] 자신이 취약한 영역을 두 번 이상 학습하였는가?
- [ ] 스마트폰의 배터리가 충분한지 확인하였는가?

## 시험 후 CHECK LIST
※ 시험 다음 날부터 아래의 리스트를 확인하며 면접 준비를 미리 하면 좋습니다.

- [ ] 인적성 시험 후기를 작성하였는가?
- [ ] 상하의와 구두를 포함한 면접복장이 준비되었는가?
- [ ] 지원한 직무의 직무분석을 하였는가?
- [ ] 단정한 헤어와 손톱 등 용모관리를 깔끔하게 하였는가?
- [ ] 자신의 자소서를 다시 한 번 읽어보았는가?
- [ ] 1분 자기소개를 준비하였는가?
- [ ] 도서 내의 면접 기출 질문을 확인하였는가?
- [ ] 자신이 지원한 직무의 최신 이슈를 정리하였는가?

# 도서 200% 활용하기

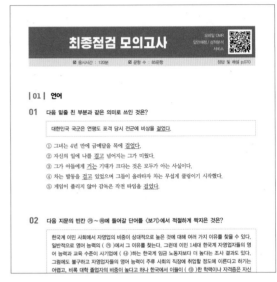

## 기업별 시험 안내

본서에 수록된 삼성, SK, LG, 롯데, 포스코 시험 안내를 통해 지원하고자 하는 기업의 시험을 완벽히 파악할 수 있도록 하였다.

## 최종점검 모의고사

5대 기업 유형을 통한 최종점검 모의고사를 통해 실전처럼 연습이 가능하도록 하였다.

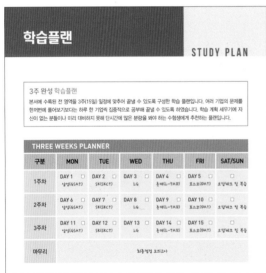

## 체계적인 학습

DAY 1 ~ DAY 15까지 본서에서 제공하는 '3주 완성 학습플랜'을 바탕으로, 학습할 수 있도록 하였다.

## 인성검사

인성검사 모의연습을 통해 지원한 회사의 인재상에 부합하는지 확인할 수 있도록 하였다.

# 학습플랜

## 3주 완성 학습플랜

본서에 수록된 전 영역을 3주(15일) 일정에 맞추어 끝낼 수 있도록 구성한 학습 플랜입니다. 여러 기업의 문제를 한꺼번에 풀어보기보다는 하루 한 기업씩 집중적으로 공부해 끝낼 수 있도록 하였습니다. 학습 계획 세우기에 자신이 없는 분들이나 미리 대비하지 못해 단시간에 많은 분량을 봐야 하는 수험생에게 추천하는 플랜입니다.

## THREE WEEKS PLANNER

| 구분 | MON | TUE | WED | THU | FRI | SAT/SUN |
|---|---|---|---|---|---|---|
| 1주차 | DAY 1 □<br>삼성(GSAT) | DAY 2 □<br>SK(SKCT) | DAY 3 □<br>LG | DAY 4 □<br>롯데(L-TAB) | DAY 5 □<br>포스코(PAT) | □<br>오답체크 및 복습 |
| 2주차 | DAY 6 □<br>삼성(GSAT) | DAY 7 □<br>SK(SKCT) | DAY 8 □<br>LG | DAY 9 □<br>롯데(L-TAB) | DAY 10 □<br>포스코(PAT) | □<br>오답체크 및 복습 |
| 3주차 | DAY 11 □<br>삼성(GSAT) | DAY 12 □<br>SK(SKCT) | DAY 13 □<br>LG | DAY 14 □<br>롯데(L-TAB) | DAY 15 □<br>포스코(PAT) | □<br>오답체크 및 복습 |
| 마무리 | | | 최종점검 모의고사 | | | |

## 나만의 D-DAY 학습플랜

나의 실력과 일정에 맞추어 보다 단기간에 학습하기 원하는 분들을 위한 학습플랜입니다.

## D-DAY PLANNER

| D-13 □ | D-14 □ | D-15 □ | D-16 □ | D-17 □ | D-18 □ | D-19 □ |
|---|---|---|---|---|---|---|
| D-20 □ | D-21 □ | D-22 □ | D-23 □ | D-24 □ | D-25 □ | D-26 □<br>• 오답복습<br>• 인적성검사<br>  만점 |

# 이 책의 차례

CONTENTS

# 2022년
# 5대 기업

## 기출복원문제

# 2022 5대 기업 기출복원문제

※ 정답 및 해설은 기출복원문제 바로 뒤 p.022에 있습니다.

## |01| 언어

| LG

**01** 다음 글의 내용을 포괄하는 제목으로 가장 적절한 것은?

> 우리는 처음 만난 사람의 외모를 보고, 그를 어떤 방식으로 대우해야 할지를 결정할 때가 많다. 그가 여자인지 남자인지, 얼굴색이 흰지 검은지, 나이가 많은지 적은지 혹은 그의 스타일이 조금은 상류 층의 모습을 띠고 있는지 아니면 너무나 흔해서 별 특징이 드러나 보이지 않는 외모를 하고 있는지 등을 통해 그들과 나의 차이를 재빨리 감지한다. 일단 감지가 되면 우리는 둘 사이의 지위 차이를 인식하고 우리가 알고 있는 방식으로 그를 대하게 된다. 한 개인이 특정 집단에 속한다는 것은 단순 히 다른 집단의 사람과 다르다는 것뿐만 아니라, 그 집단이 다른 집단보다는 지위가 높거나 우월하 다는 믿음을 갖게 한다. 모든 인간은 평등하다는 우리의 신념에도 불구하고 왜 인간들 사이의 이러 한 위계화(位階化)를 당연한 것으로 받아들일까? 위계란 특정 부류의 사람들은 자원과 권력을 소 유하고 다른 부류의 사람들은 낮은 사회적 지위를 갖게 되는 사회적이며 문화적인 체계이다. 다음에 서 우리는 이러한 불평등이 어떠한 방식으로 경험되고 조직화되는지를 살펴보기로 하자.
>
> 인간이 불평등을 경험하게 되는 방식은 여러 측면으로 나눌 수 있다. 산업 사회에서의 불평등은 계 층과 계급의 차이를 통해서 정당화되는데, 이는 재산, 생산 수단의 소유 여부, 학력, 집안 배경 등등 의 요소들의 결합에 의해 사람들 사이의 위계를 만들어 낸다. 또한 모든 사회에서 인간은 태어날 때부터 얻게 되는 인종, 성, 종족 등의 생득적 특성과 나이를 통해 불평등을 경험한다. 이러한 특성 들은 단순히 생물학적인 차이를 지칭하는 것이 아니라, 개인의 열등성과 우등성을 가늠하게 만드는 사회적 개념이 되곤 한다.
>
> 한편 불평등이 재생산되는 다양한 사회적 기제들이 때로는 관습이나 전통이라는 이름 아래 특정 사 회의 본질적인 문화적 특성으로 간주되고 당연시되는 경우가 많다. 불평등은 체계적으로 조직되고 개인에 의해 경험됨으로써 문화의 주요 부분이 되었고, 그 결과 같은 문화권 내의 구성원들 사이에 권력 차이와 그에 따른 폭력이나 비인간적인 행위들이 자연스럽게 수용될 때가 많다.
>
> 문화 인류학자들은 사회 집단의 차이와 불평등, 사회의 관습 또는 전통이라고 얘기되는 문화 현상에 대해 어떤 입장을 취해야 할지 고민을 한다. 문화 인류학자가 이러한 문화 현상은 고유한 역사적 산물이므로 나름대로 가치를 지닌다는 입장만을 반복하거나 단순히 관찰자로서의 입장에 안주한다 면, 이러한 차별의 형태를 제거하는 데 도움을 줄 수 없다. 실제로 문화 인류학 연구는 기존의 권력 관계를 유지시켜주는 다양한 문화적 이데올로기를 분석하고, 인간 간의 차이가 우등성과 열등성을 구분하는 지표가 아니라 동등한 다름일 뿐이라는 것을 일깨우는 데 기여해 왔다.

① 차이와 불평등      ② 차이의 감지 능력

③ 문화 인류학의 역사      ④ 위계화의 개념과 구조

⑤ 관습과 전통의 계승과 창조

**02** 다음은 모듈러 주택 공법에 대한 글이다. 글의 내용으로 적절한 것은?

> 모듈러 주택이란 기본 골조와 전기 배선, 온돌, 현관문, 욕실 등 집의 70 ~ 80퍼센트를 공장에서 미리 만들고 주택이 들어설 부지에서는 '레고 블록'을 맞추듯 조립만 하는 방식으로 짓는 주택이다. 일반 철근콘크리트 주택에 비해 상대적으로 빨리 지을 수 있고, 철거가 쉽다는 게 모듈러 주택의 장점이다.
>
> 예컨대 5층짜리 소형 임대 주택을 철근콘크리트 제작 방식으로 지으면 공사 기간이 6개월가량 걸리지만 모듈러 공법을 적용할 경우 30 ~ 40일이면 조립과 마감이 가능하다. 주요 자재의 최대 80 ~ 90퍼센트 가량을 재활용할 수 있다는 것도 장점이다. 도시형 생활 주택뿐 아니라 대형 숙박 시설, 소규모 비즈니스호텔, 오피스텔 등도 모듈러 공법으로 건축이 가능하다.
>
> 한국에 모듈러 주택이 처음 등장한 것은 2003년으로 모듈러 주택 시장이 활성화되어 있는 해외에 비하면 늦은 편이다. 도입은 늦었지만 모듈러 주택의 설계 방식이 표준화되고 대규모 양산 체제가 갖추어지면 비용이 적게 들기 때문에 모듈러 주택 시장이 급속하게 팽창할 것이라는 예측이 많다. 하지만 모듈러 주택 시장 전망이 불확실하다는 전망도 있다. 목재나 철골 등이 주로 사용되는 조립식 주택의 특성상 콘크리트 건물보다 소음이나 진동, 화재에 약해 소비자들이 심리적으로 거부감을 가질 수 있다는 게 이유다. 아파트 생활에 길들여진 한국인들의 의식도 모듈러 주택이 넘어야 할 난관으로 거론된다. 소득 수준이 높아지고 '탈 아파트' 바람이 일면서 성냥갑 같은 아파트보다는 개성 있는 단독주택에서 살고 싶다는 욕구를 가진 사람들이 증가하고 있다지만 아파트가 주는 편안한 생활을 포기할 사람이 많지 않을 것이라는 분석인 셈이다.

① 일반 콘크리트 주택 건설비용은 모듈러 주택의 3배 이상이다.

② 모듈러 주택제작에 조립과 마감에 소요되는 기간은 6개월이다.

③ 일반 철근콘크리트 주택은 재활용이 불가하다.

④ 모듈러 주택이 처음 한국에 등장한 시기는 해외대비 늦지만, 이에 소요되는 비용은 해외대비 적다.

⑤ 모듈러 주택 공법으로 개성 있는 단독주택 설계가 가능하다.

**03** 다음 글을 읽고 타당하게 추론한 것은?

사람들은 단순히 공복을 채우기 위해서가 아니라 다른 많은 이유로 '먹는다.'는 행위를 한다. 먹는다는 것에 대한 비 생리학적인 동기를 연구하고 있는 과학자들에 따르면 비만인 사람들과 표준체중인 사람들은 식사 패턴에서 꽤 차이를 보이는 것을 알 수 있다고 한다. 한 연구에서는 비만인 사람들에게 식사 전에 그 식사에 대한 상세한 설명을 하면 설명을 하지 않은 경우에 비해서 식사량이 늘었지만, 표준체중인 사람들에게서는 그런 현상이 보이지 않았다. 또한 표준체중인 사람들은 밝은색 접시에 담긴 견과류와 어두운색 접시에 담긴 견과류를 먹은 개수의 차가 거의 없는 것에 비해, 비만인 사람들은 밝은색 접시에 담긴 견과류를 어두운색 접시에 담긴 견과류보다 2배 더 많이 먹었다는 연구도 있다.

① 비만인 사람들은 표준체중인 사람들에 비해 외부 자극에 의해 식습관에 영향을 받기 쉽다.
② 표준체중인 사람들은 비만체중인 사람들에 비해 식사량이 적다.
③ 비만인 사람들은 생리학적인 필요성이라기보다 감정적 또는 심리적인 필요성에 쫓겨서 식사를 하고 있다.
④ 비만인 사람들은 표준체중인 사람들보다 감각이 예민하다.
⑤ 표준체중인 사람들은 음식에 대한 욕구를 절제할 수 있다.

**04** 다음 글의 내용으로 적절한 것은?

> 보름달 중에 가장 크게 보이는 보름달을 슈퍼문이라고 한다. 이때 보름달이 크게 보이는 이유는 달이 평소보다 지구에 가까이 있기 때문이다. 슈퍼문이 되려면 보름달이 되는 시점과 달이 지구에 가장 가까워지는 시점이 일치하여야 한다. 달의 공전 궤도가 완벽한 원이라면 지구에서 달까지의 거리가 항상 똑같을 것이다. 하지만 실제로는 타원 궤도여서 달이 지구에 가까워지거나 멀어지는 현상이 생긴다. 유독 달만 그런 것은 아니고 태양계의 모든 행성이 태양을 중심으로 타원 궤도로 돈다. 이것이 바로 그 유명한 케플러의 행성운동 제1법칙이다.
>
> 지구와 달의 평균 거리는 약 38만km인 반면 슈퍼문일 때는 그 거리가 35만 7,000km 정도로 가까워진다. 달의 반지름은 약 1,737km이므로, 지구와 달의 거리가 평균 정도일 때 지구에서 보름달을 바라보는 시각도*는 0.52도 정도인 반면, 슈퍼문일 때는 시각도가 0.56도로 커진다. 반대로 보름달이 가장 작게 보일 때, 다시 말해 보름달이 지구에서 제일 멀 때는 그 거리가 약 40만km여서 보름달을 보는 시각도가 0.49도로 작아진다.
>
> 밀물과 썰물이 생기는 원인은 지구에 작용하는 달과 태양의 중력 때문인데, 달이 태양보다는 지구에 훨씬 더 가깝기 때문에 더 큰 영향을 미친다. 달이 지구에 가까워지면 평소 달이 지구를 당기는 힘보다 더 강하게 지구를 당긴다. 그리고 달의 중력이 더 강하게 작용하면, 달을 향한 쪽의 해수면은 평상시보다 더 높아진다. 실제 우리나라에서도 슈퍼문일 때 제주도 등 해안가에 바닷물이 평소보다 더 높게 밀려 들어와서 일부 지역이 침수 피해를 겪기도 했다.
>
> 한편 달의 중력 때문에 높아진 해수면이 지구와 함께 자전을 하다보면 지구의 자전을 방해하게 된다. 일종의 브레이크가 걸리는 셈이다. 이 때문에 지구의 자전 속도가 느려지게 되고 그 결과 하루의 길이에 미세하게 차이가 생긴다. 실제 연구 결과에 따르면 100만 년에 17초 정도씩 길어지는 효과가 생긴다고 한다.
>
> *시각도 : 물체의 양끝에서 눈의 결합점을 향하여 그은 두 선이 이루는 각을 의미한다.

① 지구에서 태양까지의 거리는 1년 동안 항상 일정하다.

② 해수면의 높이는 지구와 달의 거리와 관계가 없다.

③ 달이 지구에서 멀어지면 궤도에서 벗어나지 않기 위해 평소보다 더 강하게 지구를 잡아당긴다.

④ 지구와 달의 거리가 36만km 정도인 경우, 지구에서 보름달을 바라보는 시각도는 0.49도보다 크다.

⑤ 달의 중력 때문에 지구가 자전하는 속도는 점점 빨라지고 있다.

4차 산업이라는 단어와 함께 세상의 관심을 끄는 것 중의 하나가 드론이다. 드론이란 다양한 무게와 크기의 무인비행기를 무선전파로 조종하는 무인비행장치이다. 드론은 배달, 군사, 기상, 농업, 건설 등 여러 분야에서 미래에 중요한 역할을 할 것으로 예측되어 어른 아이 할 것 없이 드론을 배우고자 하는 사람의 수가 급상승하였다. 이에 따라 저렴한 가격의 드론이 출시되어 누구나 드론을 접할 수 있게 되었다.

하지만 쉽게 드론을 구할 수 있다고 해서 덥석 드론을 샀다간 낭패를 볼 수 있다. 우리나라에서는 드론 비행이 규제되고 있기 때문이다. 현재 국내 항공안전법상 드론 비행이 제한되는 지역은 행사장 등 인구밀집지역, 공항 주변이나 군 시설 주변 등이다. 이를 위반할 경우 최대 200만 원의 벌금이 부과된다. 야간 비행과 가시권 밖 비행은 2017년 7월에 항공안전법 개정안이 통과되면서 원천금지에서 허가제로 규제가 완화되었다. 이렇게 규제가 점점 풀리고는 있지만 국가 주요시설이 몰려있는 서울은 대부분 드론 비행이 금지된 구역이다. 그나마 규제 적용을 덜 받을 수 있는 곳은 국내에 드론 시범사업지역 7곳과 드론 전용 비행구역 10곳뿐인데 이마저도 대부분 지방에 위치해 있다. 드론 수요를 충족하기엔 턱없이 부족하다는 지적과 함께, 드론과 관련된 사업이 많아지고 있고 드론 관련 직업이 미래 유망 직업으로 떠오르고 있어 드론 규제를 완화해야 한다는 목소리가 커지고 있다.

해외에서도 드론 비행을 규제하고 있는데 각 나라마다 규제 정도는 다르다. 중국의 경우는 우리나라의 규제와 비슷하지만 베이징을 제외하면 비교적 자유롭게 비행할 수 있는 지역이 많다. 일본은 드론 규제가 점점 완화되고 있는 우리나라와는 반대로 정부청사에 드론을 이용한 테러가 일어나는 등 일본 전역에서 드론 관련 사건이 발생해 규제가 강화되었다. 또한 러시아는 규제가 강한 나라 중 하나인데 러시아 어느 지역이든지 드론을 비행시키려면 사전 허가를 받아야 할 뿐만 아니라 드론 비행을 책임질 조종사와 이를 감시할 사람으로 이루어진 2인 1조로 드론을 운행해야 한다.

┃ 포스코

**05** 윗글의 내용으로 적절하지 않은 것은?

① 드론은 무선전파를 이용하여 조종할 수 있는 무인비행장치이다.
② 드론으로 야간 비행을 할 경우 최대 200만 원의 벌금이 부과된다.
③ 드론 시범사업지역과 드론 전용 비행구역은 대부분 지방에 위치해 있다.
④ 드론 비행을 할 수 있는 장소의 수용량보다 드론의 수요가 훨씬 많다.

┃ 포스코

**06** 윗글의 설명 방식으로 가장 적절한 것은?

① 대상의 다른 사례를 들어 비교하며 설명하고 있다.
② 대상의 문제점을 파악하고 해결책을 제시해주고 있다.
③ 대상을 다양한 관점에서 소개하면서 여러 의견을 소개해 주고 있다.
④ 대상에 대해 찬반으로 나누어 각각의 입장을 설명하고 있다.

# 07 다음 글의 내용으로 적절하지 않은 것은?

베토벤의 '교향곡 5번'은 흔히 '운명 교향곡'으로 널리 알려졌다. '운명'이라는 이름은 그의 비서였던 안톤 쉰들러가 1악장 서두에 대해 물었을 때 베토벤이 '운명은 이처럼 문을 두드린다!'라고 말했다는 사실을 베토벤 사후에 밝힌 것에서 시작되었다. 그러나 운명 교향곡이라는 별칭은 서양에서는 널리 쓰이지 않고, 일본과 우리나라를 포함한 동양 일부에서만 그렇게 부르고 있다.

베토벤은 3번 교향곡 '영웅'을 완성한 뒤인 1804년부터 이 곡의 작곡을 시작했는데, 다른 곡들 때문에 작업이 늦어지다가 1807 ~ 1808년에 집중적으로 작곡하여 완성시켰다. 이 곡을 작업할 당시 그는 6번 교향곡인 '전원'의 작곡도 병행하고 있었다. 때문에 5번 교향곡의 초연이 있던 1808년 12월 22일에 6번 교향곡의 초연이 같이 이루어졌는데, 6번 교향곡이 먼저 연주되어서 세상에 공개된 것은 5번 교향곡이 6번 교향곡보다 나중이라는 것도 흥미로운 사실이다.

이 곡을 작곡할 당시 베토벤은 30대 중반으로 귀의 상태는 점점 나빠지고 있었으며, 나폴레옹이 빈을 점령하는 등 그가 살고 있는 세상도 혼란스러웠던 시기였다. 그런 점에서 이 교향곡을 운명을 극복하는 인간의 의지와 환희를 그렸다고 해석하는 것도 그럴 듯하다. 곡을 들으면 1악장에서는 시련과 고뇌가, 2악장에서는 다시 찾은 평온함이 느껴지고, 3악장에서는 쉼 없는 열정이, 4악장에서는 운명을 극복한 자의 환희가 느껴진다.

이 곡은 초연 직후 큰 인기를 얻게 되었고 많은 사랑을 받아 클래식을 상징하는 곡이 되었다. 특히 서두의 부분이 제2차 세계 대전 당시 영국의 BBC 뉴스의 시그널로 쓰이면서 더욱 유명해졌는데, BBC가 시그널로 사용한 이유는 서두의 리듬이 모스 부호의 'Ⅴ', 즉 승리를 표현하기 때문이었다. 전쟁 시에 적국의 작곡가의 음악을 연주하는 것은 꺼리기 마련임에도, 독일과 적이었던 영국 국영방송의 뉴스 시그널로 쓰였다는 것은 이 곡이 인간 사이의 갈등이나 전쟁 따위는 뛰어넘는 명곡이라는 것을 인정했기 때문이 아니었을까?

① 베토벤의 5번 교향곡은 1804년에 작곡을 시작했다.
② 영국의 BBC 뉴스는 적국 작곡가의 음악을 시그널로 사용했다.
③ 베토벤의 5번 교향곡 1악장에서는 시련과 고뇌가 느껴진다.
④ 베토벤이 5번 교향곡을 작곡할 당시 제2차 세계 대전이 발발했다.

## | 02 | 수리

┃삼성

**01** S기업에서는 사회 나눔 사업의 일환으로 마케팅부에서 5팀, 총무부에서 2팀을 구성해 어느 요양 시설에서 7팀 모두가 하루에 한 팀씩 7일 동안 봉사활동을 하려고 한다. 7팀의 봉사활동 순번을 임의로 정할 때, 첫 번째 날 또는 일곱 번째 날에 총무부 소속 팀이 봉사활동을 하게 될 확률은 $\frac{b}{a}$ 이다. $a-b$의 값은?(단, $a$와 $b$는 서로소이다)

① 4
② 6
③ 8
④ 10
⑤ 12

┃삼성

**02** 아마추어 야구 시합에서 A팀과 B팀이 경기하고 있다. 7회 말까지는 동점이었고 8 · 9회에서 A팀이 획득한 점수는 B팀이 획득한 점수의 2배였다. 최종적으로 12 : 9로 A팀이 승리하였을 때, 8 · 9회 에서 B팀은 몇 점을 획득하였는가?

① 2점
② 3점
③ 4점
④ 5점
⑤ 6점

┃삼성

**03** S사에서는 업무효율을 높이기 위해 근무여건 개선방안에 대하여 논의하고자 한다. 논의 자료를 제작하기 위하여 전 직원의 야간근무 현황을 조사하였을 때, 다음 중 옳지 않은 것은?

〈야간근무 현황(주 단위)〉

(단위 : 일, 시간)

| 구분 | 임원 | 부장 | 과장 | 대리 | 사원 |
| --- | --- | --- | --- | --- | --- |
| 평균 야간근무 빈도 | 1.2 | 2.2 | 2.4 | 1.8 | 1.4 |
| 평균 야간근무 시간 | 1.8 | 3.3 | 4.8 | 6.3 | 4.2 |

※ 60분의 3분의 2 이상을 채울 시 1시간으로 야간근무수당을 계산한다.

① 과장은 한 주에 평균적으로 2.4일 정도 야간근무를 한다.
② 전 직원의 주 평균 야간근무 빈도는 1.8일이다.
③ 사원은 한 주 동안 평균 4시간 12분 정도 야간근무를 하고 있다.
④ 1회 야간근무 시 평균적으로 가장 긴 시간 동안 일하는 직원은 대리이다.
⑤ 야간근무수당이 시간당 10,000원이라면 과장은 주 평균 50,000원을 받는다.

**04** 다음은 주요 온실가스의 연평균 농도 변화 추이를 나타낸 자료이다. 이에 대한 설명으로 옳지 않은 것은?

<주요 온실가스의 연평균 농도 변화 추이>

| 구분 | 2015년 | 2016년 | 2017년 | 2018년 | 2019년 | 2020년 | 2021년 |
|---|---|---|---|---|---|---|---|
| 이산화탄소($CO_2$, ppm) | 387.2 | 388.7 | 389.9 | 391.4 | 392.5 | 394.5 | 395.7 |
| 오존전량($O_3$, DU) | 331 | 330 | 328 | 325 | 329 | 343 | 335 |

① 이산화탄소의 농도는 계속해서 증가하고 있다.

② 오존전량은 계속해서 증가하고 있다.

③ 2021년 오존전량은 2015년의 오존전량보다 4DU 증가했다.

④ 2021년 이산화탄소의 농도는 2016년보다 7ppm 증가했다.

⑤ 오존전량이 가장 크게 감소한 해는 2021년이다.

**05** 다음은 한국과 미국의 소방직 및 경찰직 공무원의 현황을 나타낸 자료이다. 이에 대한 설명으로 옳지 않은 것은?(단, 소수점 둘째 자리에서 반올림한다)

<한국과 미국의 소방직·경찰직 공무원 현황>

(단위 : 명)

| 국가 | 구분 | 2019년 | 2020년 | 2021년 |
|---|---|---|---|---|
| 한국 | 전체 공무원 | 875,559 | 920,291 | 955,293 |
| | 소방직 공무원 | 39,582 | 42,229 | 45,520 |
| | 경찰직 공무원 | 66,523 | 72,392 | 79,882 |
| 미국 | 전체 공무원 | 1,882,428 | 2,200,123 | 2,586,550 |
| | 소방직 공무원 | 220,392 | 282,329 | 340,594 |
| | 경찰직 공무원 | 452,482 | 490,220 | 531,322 |

① 한국에서 전년 대비 전체 공무원의 증가 인원수는 2020년이 2021년도보다 많다.

② 한국의 소방직 공무원과 경찰직 공무원의 인원 수 차이는 매년 감소하고 있다.

③ 2019년 대비 2021년 증가 인원수는 한국은 소방직 공무원이 경찰직보다 적지만, 미국은 그 반대이다.

④ 미국의 소방직 공무원의 전년 대비 증가율은 2020년이 2021년보다 7.0% 이상 더 높다.

⑤ 미국의 경찰직 공무원이 미국 전체 공무원 중 차지하는 비율은 매년 감소하고 있다.

**06** 다음은 연도별 뺑소니 교통사고 통계현황을 나타낸 자료이다. 이에 대한 설명으로 옳은 것을 〈보기〉에서 모두 고르면?

〈연도별 뺑소니 교통사고 통계현황〉

(단위 : 건, 명)

| 구분 | 2017년 | 2018년 | 2019년 | 2020년 | 2021년 |
|---|---|---|---|---|---|
| 사고건수 | 15,500 | 15,280 | 14,800 | 15,800 | 16,400 |
| 검거 수 | 12,493 | 12,606 | 12,728 | 13,667 | 14,350 |
| 사망자 수 | 1,240 | 1,528 | 1,850 | 1,817 | 1,558 |
| 부상자 수 | 9,920 | 9,932 | 11,840 | 12,956 | 13,940 |

- $[\text{검거율}(\%)] = \dfrac{(\text{검거 수})}{(\text{사고건수})} \times 100$

- $[\text{사망률}(\%)] = \dfrac{(\text{사망자 수})}{(\text{사고건수})} \times 100$

- $[\text{부상률}(\%)] = \dfrac{(\text{부상자 수})}{(\text{사고건수})} \times 100$

**보기**

㉠ 사고건수는 매년 감소하지만 검거 수는 매년 증가한다.
㉡ 2019년의 사망률과 부상률이 2020년의 사망률과 부상률보다 모두 높다.
㉢ 2020 ~ 2021년에 사망자 수와 부상자 수의 전년 대비 증감추이는 반대이다.
㉣ 2018 ~ 2021년 검거율은 매년 높아지고 있다.

① ㉠, ㉡
② ㉡, ㉢
③ ㉢, ㉣
④ ㉠, ㉡, ㉢

**07** 다음은 어느 지역의 주화 공급을 나타낸 자료이다. 이에 대한 설명으로 적절한 것을 〈보기〉에서 모두 고르면?

| 구분 | 액면가 | | | | |
|---|---|---|---|---|---|
| | 10원 | 50원 | 100원 | 500원 | 합계 |
| 공급량(만 개) | 3,469 | 2,140 | 2,589 | 1,825 | 10,023 |
| 공급기관 수(개) | 1,519 | 929 | 801 | 953 | 4,202 |

※ (평균 주화 공급량)＝$\dfrac{(주화\ 종류별\ 공급량의\ 합)}{(주화\ 종류\ 수)}$

※ (주화 공급액)＝(주화 공급량)×(액면가)

**보기**

ㄱ. 주화 공급량이 주화 종류별로 각각 200만 개씩 증가한다면, 이 지역의 평균 주화 공급량은 2,700만 개 이상이다.

ㄴ. 주화 종류별 공급기관당 공급량은 10원 주화가 500원 주화보다 적다.

ㄷ. 10원과 500원 주화는 각각 10%씩, 50원과 100원 주화는 각각 20%씩 공급량이 증가한다면, 이 지역의 평균 주화 공급량의 증가율은 15% 이하이다.

ㄹ. 총 주화 공급액 규모가 12% 증가해도 주화 종류별 주화 공급량의 비율은 변하지 않는다.

① ㄱ, ㄴ
② ㄱ, ㄷ
③ ㄴ, ㄷ, ㄹ
④ ㄱ, ㄷ, ㄹ
⑤ ㄷ, ㄹ

**08** 다음은 A ~ D휴대폰의 항목별 고객평가 점수를 나타낸 자료이다. 이에 대한 설명으로 옳은 것을 〈보기〉에서 모두 고르면?

### 〈A ~ D휴대폰의 항목별 고객평가 점수〉

| 구분 | A | B | C | D |
|---|---|---|---|---|
| 디자인 | 8 | 7 | 4 | 6 |
| 가격 | 4 | 6 | 7 | 8 |
| 해상도 | 5 | 6 | 8 | 4 |
| 음량 | 6 | 4 | 7 | 5 |
| 화면크기 · 두께 | 7 | 8 | 3 | 4 |
| 내장 · 외장메모리 | 5 | 6 | 7 | 8 |

※ 각 항목의 최고점은 10점이다.
※ 기본점수 산정방법 : 각 항목에서 제일 높은 점수 순대로 5점, 4점, 3점, 2점 배점
※ 성능점수 산정방법 : 해상도, 음량, 내장 · 외장메모리 항목에서 제일 높은 점수 순대로 5점, 4점, 3점, 2점 배점

**보기**

ㄱ. A ~ D휴대폰 중 기본점수가 가장 높은 휴대폰은 C이다.
ㄴ. A ~ D휴대폰 중 성능점수가 가장 높은 휴대폰은 D이다.
ㄷ. 각 항목의 고객평가 점수를 단순 합산한 점수가 가장 높은 휴대폰은 B이다.
ㄹ. 성능점수 항목을 제외한 고객평가 점수만을 단순 합산했을 때, B휴대폰의 점수는 C휴대폰 점수의 1.5배이다.

① ㄱ, ㄷ
② ㄴ, ㄹ
③ ㄱ, ㄴ, ㄷ
④ ㄱ, ㄷ, ㄹ
⑤ ㄴ, ㄷ, ㄹ

# |03| 추리

※ 제시된 명제가 모두 참일 때, 빈칸에 들어갈 명제로 가장 적절한 것을 고르시오. [1~3]

Ⅰ 삼성

**01**

- 환율이 하락하면 국가 경쟁력이 떨어졌다는 것이다.
- _____
- 수출이 감소했다는 것은 GDP가 감소했다는 것이다.
따라서 수출이 감소하면 국가 경쟁력이 떨어진다.

① 국가 경쟁력이 떨어지면 수출이 감소했다는 것이다.
② GDP가 감소해도 국가 경쟁력은 떨어지지 않는다.
③ 환율이 상승하면 GDP가 증가한다.
④ 환율이 하락해도 GDP는 감소하지 않는다.
⑤ 수출이 증가했다는 것은 GDP가 증가했다는 것이다.

Ⅰ 삼성

**02**

- 아는 것이 적으면 인생에 나쁜 영향이 생긴다.
- _____
- 지식을 함양하지 않으면 아는 것이 적다.
따라서 공부를 열심히 하지 않으면 인생에 나쁜 영향이 생긴다.

① 공부를 열심히 한다고 해서 지식이 생기지는 않는다.
② 지식을 함양했다는 것은 공부를 열심히 했다는 뜻이다.
③ 아는 것이 많으면 인생에 나쁜 영향이 생긴다.
④ 아는 것이 많으면 지식이 많다는 뜻이다.
⑤ 아는 것이 적으면 지식을 함양하지 않았다는 것이다.

**03**

> • 오존층이 파괴되지 않으면 프레온 가스가 나오지 않는다.
> • _____
> • 지구 온난화가 진행되지 않았다면 오존층이 파괴되지 않는다.
> • 지구 온난화가 진행되지 않았다면 에어컨을 과도하게 사용하지 않았다.

① 에어컨을 잘 쓰지 않으면 프레온 가스가 나오지 않는다.
② 프레온 가스가 나온다고 해도 오존층은 파괴되지 않는다.
③ 오존층을 파괴하면 지구 온난화가 진행된다.
④ 에어컨을 과도하게 쓰면 프레온 가스가 나온다.
⑤ 에어컨을 적게 써도 지구 온난화는 진행된다.

**04**  A~D는 P아파트 10층에 살고 있다. 다음 〈조건〉을 고려하였을 때 다음 중 항상 거짓인 것을 고르면?

> **조건**
>
> • 아파트 10층의 구조는 다음과 같다.
>
> | 계단 | 1001호 | 1002호 | 1003호 | 1004호 | 엘리베이터 |
> | --- | --- | --- | --- | --- | --- |
>
> • A는 엘리베이터보다 계단이 더 가까운 곳에 살고 있다.
> • C와 D는 계단보다 엘리베이터에 더 가까운 곳에 살고 있다.
> • D는 A 바로 옆에 살고 있다.

① A보다 계단이 가까운 곳에 살고 있는 사람은 B이다.
② D는 1003호에 살고 있다.
③ 본인이 살고 있는 곳과 가장 가까운 이동 수단을 이용한다면 C는 엘리베이터를 이용할 것이다.
④ B가 살고 있는 곳에서 엘리베이터 쪽으로는 2명이 살고 있다.

**05** L사에 근무하는 직원 네 명은 함께 5인승 택시를 타고 대리점으로 가고 있다. 다음 〈조건〉을 참고할 때, 항상 참인 것은?

> **조건**
> • 직원은 각각 부장, 과장, 대리, 사원의 직책을 갖고 있다.
> • 직원은 각각 흰색, 검은색, 노란색, 연두색 신발을 신었다.
> • 직원은 각각 기획팀, 연구팀, 디자인팀, 홍보팀 소속이다.
> • 대리와 사원은 옆으로 붙어 앉지 않는다.
> • 과장 옆에는 직원이 앉지 않는다.
> • 부장은 홍보팀이고 검은색 신발을 신었다.
> • 디자인팀 직원은 조수석에 앉았고 노란색 신발을 신었다.
> • 사원은 기획팀 소속이다.

① 택시 운전기사 바로 뒤에는 사원이 앉는다.
② 부장은 조수석에 앉는다.
③ 과장은 노란색 신발을 신었다.
④ 부장 옆에는 과장이 앉는다.
⑤ 사원은 흰색 신발을 신었다.

**06** 다음 다섯 사람 중 오직 한 사람만이 거짓말을 하고 있다. 거짓말을 하고 있는 사람은?

> • A : C는 거짓말을 하고 있다.
> • B : C의 말이 참이면 E의 말도 참이다.
> • C : B는 거짓말을 하고 있지 않다.
> • D : A의 말이 참이면 내 말은 거짓이다.
> • E : C의 말은 참이다.

① A                ② B
③ C                ④ D
⑤ E

※ 다음 제시된 도형의 규칙을 보고 물음표에 들어가기에 적절한 것을 고르시오. [1~2]

**01**

①

②

③

④

⑤

**02**

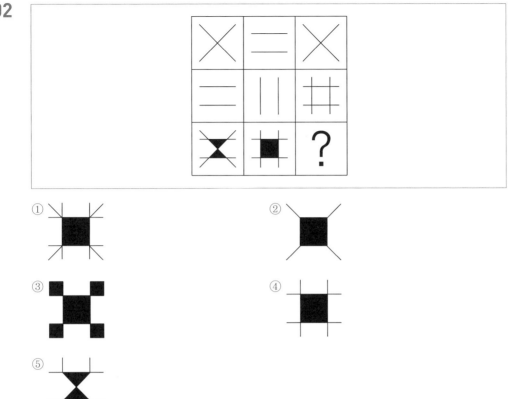

①

②

③

④

⑤

**03** 주어진 전개도로 정육면체를 만들 때, 만들 수 없는 것은?

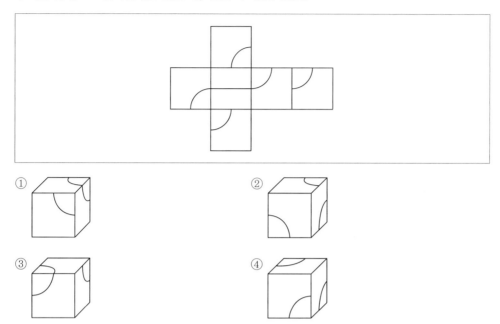

① 

② 

③ 

④

**04** 주어진 전개도로 입체도형을 만들 때, 만들 수 있는 것은?

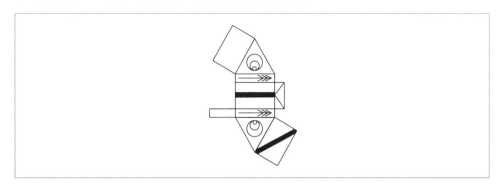

①

②

③

④

※ 왼쪽의 직육면체 모양의 입체도형은 두 번째, 세 번째 입체도형과 ? 입체도형을 조합하여 만들 수 있다. ?에 들어갈 도형으로 적절한 것을 고르시오. [5~6]

| 포스코

**05**

①

②

③

④

**06**

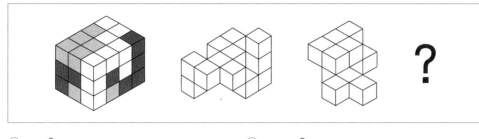

①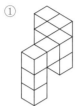

②

③

④

## | 01 | 언어

| 01 | 02 | 03 | 04 | 05 | 06 | 07 | | | |
|----|----|----|----|----|----|----|----|----|----|
| ④ | ⑤ | ① | ④ | ② | ① | ④ | | | |

### 01

**정답** ④

글의 첫 문단에서 위계화의 개념을 설명하고, 이러한 불평등의 원인과 구조에 대해 살펴보고 있다. 따라서 글의 제목으로 ④가 가장 적절하다.

### 02

**정답** ⑤

'개성 있는 단독주택에서 살고 싶다는 욕구를 가진 사람들이 증가하고 있다지만 아파트가 주는 편안한 생활을 포기할 사람이 많지 않을 것이라는 분석인 셈이다.'라는 내용을 통해 유추할 수 있다.

[오답분석]
① 모듈러 주택과 콘크리트 주택의 비용의 차이는 글에서 알 수 없다.
② 모듈러 주택의 조립과 마감에 걸리는 시간은 30 ~ 40일이다.
③ 모듈러 공법은 주요 자재의 최대 80 ~ 90퍼센트 가량을 재활용할 수 있다는 내용만 있을 뿐 일반 철근콘크리트 주택의 재활용에 대해서는 글에서 확인할 수 없다.
④ 모듈러 주택이 처음 한국에 등장한 시기는 해외대비 늦지만, 해외보다 소요되는 비용이 적다는 것은 알 수 없다.

### 03

**정답** ①

식사에 관한 상세한 설명이 주어지거나, 요리가 담긴 접시 색이 밝을 때 비만인 사람들의 식사량이 증가했다는 내용을 통해 비만인 사람들이 외부로부터의 자극에 의해 식습관에 영향을 받기 쉽다는 것을 추론할 수 있다.

### 04

**정답** ④

슈퍼문일 때는 지구와 달의 거리가 35만 7,000km 정도로 가까워지며, 이때 지구에서 보름달을 바라보는 시각도는 0.56도로 커지므로 0.49도의 시각도보다 크다는 판단은 적절하다.

[오답분석]
① 케플러의 행성운동 제1법칙에 따라 태양계의 모든 행성은 태양을 중심으로 타원 궤도로 돈다. 따라서 지구도 태양을 타원 궤도로 돌기 때문에 지구에서 태양까지의 거리는 항상 일정하지 않을 것이다.
② 달이 지구에 가까워지면 달의 중력이 더 강하게 작용하여, 달을 향한 쪽의 해수면이 평상시보다 더 높아진다. 즉, 지구와 달의 거리에 따라 해수면의 높이가 달라지므로 서로 관계가 있다.
③ 달이 지구에 가까워지면 평소 달이 지구를 당기는 힘보다 더 강하게 지구를 당긴다. 따라서 이와 반대로 달이 지구에서 멀어지면 지구를 당기는 달의 힘은 약해질 것이다.
⑤ 달의 중력 때문에 높아진 해수면이 지구의 자전을 방해하게 되고, 이 때문에 지구의 자전 속도가 느려져 100만 년에 17초 정도씩 길어진다고 하였으므로 지구의 자전 속도는 점점 느려지고 있다.

## 05

정답 ②

드론의 야간 비행은 2017년 7월에 항공안전법 개정안이 통과되면서 허가를 받을 경우 야간 비행이 가능하도록 규제가 완화됐다.

## 06

정답 ①

제시문은 드론에 대해 설명하면서 다른 나라의 예를 들어 자세하게 설명하고 있다.

## 07

정답 ④

영국의 BBC에서 뉴스 시그널로 베토벤의 5번 교향곡을 사용한 것은 제2차 세계 대전 때이고, 작곡은 그 전에 이루어졌다.

# | 02 | 수리

| 01 | 02 | 03 | 04 | 05 | 06 | 07 | 08 | | |
|----|----|----|----|----|----|----|----|---|---|
| ④ | ② | ② | ② | ② | ③ | ② | ④ | | |

## 01

정답 ④

첫 번째 날 또는 일곱 번째 날에 총무부 소속 팀이 봉사활동을 하게 될 확률은 1에서 마케팅부 소속 팀이 첫 번째 날과 일곱 번째 날에 봉사활동을 반드시 하는 확률을 제외한 것과 같다.

마케팅부의 5팀 중 첫 번째 날과 일곱 번째 날에 봉사활동 할 팀을 배치하는 순서의 경우의 수는 $_5P_2=5\times4=20$가지이고, 총무부 2팀을 포함한 5팀을 배치하는 경우의 수는 5! 가지이므로 총 $20\times5!$가지이다.

첫 번째 날과 일곱 번째 날에 마케팅부 소속팀이 봉사활동 하는 확률은 $\dfrac{20\times5!}{7!}=\dfrac{20\times5\times4\times3\times2\times1}{7\times6\times5\times4\times3\times2\times1}=\dfrac{10}{21}$ 이므로 첫 번째

날 또는 일곱 번째 날에 총무부 소속 팀이 봉사활동 하는 확률은 $1-\dfrac{10}{21}=\dfrac{11}{21}$ 이다.

따라서 $a-b=21-11=10$이다.

## 02

정답 ②

7회 말까지 B팀이 얻은 점수를 $X$점이라 가정하면 8, 9회에서는 A팀이 얻은 점수는 $(12-X)$점, B팀은 $(9-X)$점이다. 방정식을 세우면 $2(9-X)=12-X \rightarrow X=6$이다.
따라서 8, 9회에서 B팀은 $9-6=3$점을 획득하였다.

## 03

정답 ②

전 직원의 주 평균 야간근무 빈도는 직급별 사원 수를 알아야 구할 수 있는 값이다. 단순히 직급별 주 평균 야간근무 빈도를 모두 더하여 평균을 구하는 것은 옳지 않다.

[오답분석]
① 자료를 통해 확인할 수 있다.
③ 0.2시간은 60분×0.2=12분이다. 따라서 4.2시간은 4시간 12분이다.

④ 대리는 주 평균 1.8일, 6.3시간의 야간근무를 한다. 야근 1회 시 평균 6.3÷1.8=3.5시간 근무로 가장 긴 시간 동안 일한다.

⑤ 과장은 60분×4.8=288분(4시간 48분) 야간근무를 한다. 60분의 3분의 2(40분) 이상 채울 시 1시간으로 야간근무수당을 계산한다. 즉, 5시간으로 계산하여 50,000원을 받는다.

## 04

정답 ②

이산화탄소의 농도가 계속해서 증가하고 있는 것과 달리 오존전량은 2015년부터 2018년까지 차례로 감소하고 있다.

[오답분석]

① 이산화탄소의 농도는 2015년 387.2ppm에서 시작하여 2021년 395.7ppm으로 해마다 증가했다.

③ 2021년 오존전량은 335DU로, 2015년의 331DU보다 4DU 증가했다.

④ 2021년 이산화탄소 농도는 2016년의 388.7ppm에서 395.7ppm으로 7ppm 증가했다.

⑤ 2016년 오존전량은 1DU 감소하였고, 2017년에는 2DU, 2018년에는 3DU 감소하였다. 2021년에는 8DU 감소하였다.

## 05

정답 ②

한국의 소방직 공무원과 경찰직 공무원의 인원 수 격차는 2019년이 66,523−39,582=26,941명, 2020년이 72,392−42,229=30,163명, 2021년이 79,882−45,520=34,362명으로 매년 증가하고 있다.

[오답분석]

① 한국의 전년 대비 전체 공무원의 증가 인원수는 2020년이 920,291−875,559=44,732명, 2021년이 955,293−920,291=35,002명으로 2020년이 2021년도보다 많다.

③ 2019년 대비 2021년 한국과 미국의 소방직과 경찰직 공무원의 증가 인원수는 다음과 같다.

(단위 : 명)

| 국가 | 구분 | 2019년 | 2021년 | 인원 증가 수 |
|---|---|---|---|---|
| 한국 | 소방직 공무원 | 39,582 | 45,520 | 45,520−39,582=5,938 |
| | 경찰직 공무원 | 66,523 | 79,882 | 79,882−66,523=13,359 |
| 미국 | 소방직 공무원 | 220,392 | 340,594 | 340,594−220,392=120,202 |
| | 경찰직 공무원 | 452,482 | 531,322 | 531,322−452,482=78,840 |

따라서 2019년 대비 2021년 증가 인원수는 한국은 소방직 공무원이 경찰직보다 적지만, 미국은 그 반대임을 알 수 있다.

④ 미국의 소방직 공무원의 전년 대비 증가율은 2020년이 약 $\frac{282,329-220,392}{220,392} \times 100 ≒ 28.1\%$,

2021년이 약 $\frac{340,594-282,329}{282,329} \times 100 ≒ 20.6\%$로, 2020년이 2021년보다 약 28.1−20.6=7.5% 더 높다.

⑤ 미국의 경찰직 공무원이 미국 전체 공무원 중 차지하는 비율은 2019년이 $\frac{452,482}{1,882,428} \times 100 ≒ 24.0\%$, 2020년이 $\frac{490,220}{2,200,123} \times 100 ≒ 22.3\%$, 2021년이 $\frac{531,322}{2,586,550} \times 100 ≒ 20.5\%$로 매년 감소하고 있다.

## 06

정답 ③

ⓒ 2019 ∼ 2021년에 사망자 수는 1,850명 → 1,817명 → 1,558명으로 감소하고 있고, 부상자 수는 11,840명 → 12,956명 → 13,940명으로 증가하고 있다.

ⓔ 각 연도의 검거율을 구하면 다음과 같다.

- 2018년 : $\frac{12,606}{15,280} \times 100 = 82.5\%$
- 2019년 : $\frac{12,728}{14,800} \times 100 = 86\%$
- 2020년 : $\frac{13,667}{15,800} \times 100 = 86.5\%$
- 2021년 : $\frac{14,350}{16,400} \times 100 = 87.5\%$

따라서 검거율은 매년 높아지고 있다.

㉠ 사고건수는 2019년까지 감소하다가 2020년부터 증가하고 있고, 검거 수는 매년 증가하고 있다.

㉡ 2019년과 2020년의 사망률 및 부상률은 다음과 같다.

- 2019년 사망률 : $\dfrac{1,850}{14,800} \times 100 = 12.5\%$, 부상률 : $\dfrac{11,840}{14,800} \times 100 = 80\%$

- 2020년 사망률 : $\dfrac{1,817}{15,800} \times 100 = 11.5\%$, 부상률 : $\dfrac{12,956}{15,800} \times 100 = 82\%$

따라서 사망률은 2019년이 더 높지만 부상률은 2020년이 더 높다.

## 07  정답 ②

ㄱ. $\dfrac{10,023 + 200 \times 4}{4} = \dfrac{10,823}{4} = 2,705.75$만 개

ㄷ. • 평균 주화 공급량 : $\dfrac{10,023}{4} = 2,505.75$만 개

- 주화 공급량 증가량 : $3,469 \times 0.1 + 2,140 \times 0.2 + 2,589 \times 0.2 + 1,825 \times 0.1 = 1,475.2$만 개

- 증가한 평균 주화 공급량 : $\dfrac{10,023 + 1,475.2}{4} = 2,874.55$만 개

따라서 $2,505.75 \times 1.15 > 2,874.55$이므로, 증가율은 15% 이하이다.

ㄴ. • 10원 주화의 공급기관당 공급량 : $\dfrac{3,469}{1,519} \fallingdotseq 2.3$만 개

- 500원 주화의 공급기관당 공급량 : $\dfrac{1,825}{953} \fallingdotseq 1.9$만 개

ㄹ. 총 주화 공급액이 변하면 주화 종류별 공급량 비율도 당연히 변화한다.

## 08  정답 ④

ㄱ. A~D휴대폰의 항목별 기본점수를 계산하면 다음과 같다.

| 구분 | A | B | C | D |
| --- | --- | --- | --- | --- |
| 디자인 | 5 | 4 | 2 | 3 |
| 가격 | 2 | 3 | 4 | 5 |
| 해상도 | 3 | 4 | 5 | 2 |
| 음량 | 4 | 2 | 5 | 3 |
| 화면크기・두께 | 4 | 5 | 2 | 3 |
| 내장・외장메모리 | 2 | 3 | 4 | 5 |
| 합계 | 20 | 21 | 22 | 21 |

따라서 기본점수가 가장 높은 휴대폰은 22점인 C휴대폰이다.

ㄷ. A ~ D휴대폰의 항목별 고객평가 점수를 단순 합산하면 다음과 같다.

| 구분 | A | B | C | D |
|---|---|---|---|---|
| 디자인 | 8 | 7 | 4 | 6 |
| 가격 | 4 | 6 | 7 | 8 |
| 해상도 | 5 | 6 | 8 | 4 |
| 음량 | 6 | 4 | 7 | 5 |
| 화면크기·두께 | 7 | 8 | 3 | 4 |
| 내장·외장메모리 | 5 | 6 | 7 | 8 |
| 합계 | 35 | 37 | 36 | 35 |

따라서 각 항목의 점수를 단순 합산한 점수가 가장 높은 휴대폰은 B이다.

ㄹ. 성능점수인 해상도, 음량, 내장·외장메모리 항목의 점수를 제외한, 디자인, 가격, 화면크기·두께 항목의 점수만을 단순 합산한 점수를 계산하면 다음과 같다.

| 기본점수 | A | B | C | D |
|---|---|---|---|---|
| 디자인 | 8 | 7 | 4 | 6 |
| 가격 | 4 | 6 | 7 | 8 |
| 화면크기·두께 | 7 | 8 | 3 | 4 |
| 합계 | 19 | 21 | 14 | 18 |

따라서 B휴대폰의 점수는 C휴대폰 점수의 $\frac{21}{14}=1.5$배이다.

[오답분석]

ㄴ. A ~ D휴대폰의 성능점수를 계산하면 다음과 같다.

| 구분 | A | B | C | D |
|---|---|---|---|---|
| 해상도 | 3 | 4 | 5 | 2 |
| 음량 | 4 | 2 | 5 | 3 |
| 내장·외장메모리 | 2 | 3 | 4 | 5 |
| 합계 | 9 | 9 | 14 | 10 |

따라서 성능점수가 가장 높은 휴대폰은 14점인 C휴대폰이다.

# | 03 | 추리

| 01 | 02 | 03 | 04 | 05 | 06 | | | | |
|----|----|----|----|----|----|---|---|---|---|
| ③ | ② | ④ | ④ | ③ | ① | | | | |

## 01

정답 ③

'환율이 하락하다.'를 A, '수출이 감소한다.'를 B, 'GDP가 감소한다.'를 C, '국가 경쟁력이 떨어진다.'를 D라고 했을 때, 첫 번째 명제는 A → D, 세 번째 명제는 B → C, 네 번째 명제는 B → D이므로 마지막 명제가 참이 되려면 C → A라는 명제가 필요하다. 그러므로 C → A의 대우 명제인 ③이 답이 된다.

## 02

정답 ②

'공부를 열심히 한다.'를 A, '지식을 함양하지 않는다.'를 B, '아는 것이 적다.'를 C, '인생에 나쁜 영향이 생긴다.'를 D로 놓고 보면 첫 번째 명제는 C → D, 세 번째 명제는 B → C, 네 번째 명제는 ~A → D이므로 네 번째 명제가 도출되기 위해서는 ~A → B가 필요하다. 따라서 대우 명제인 ②가 답이 된다.

## 03

정답 ④

- A : 에어컨을 과도하게 쓰다.
- B : 프레온 가스가 나온다.
- C : 오존층이 파괴된다.
- D : 지구 온난화가 진행된다.

첫 번째 명제는 ~C → ~B, 두 번째 명제는 ~D → ~C, 네 번째 명제는 ~D → ~A이므로 두 번째 명제가 도출되기 위해서는 빈칸에 ~B → ~A가 필요하다. 따라서 그 대우 명제인 ④가 답이다.

## 04

정답 ④

A는 엘리베이터보다 계단이 더 가까운 곳에 살고 있으므로 1001호나 1002호에 살고 있다. C와 D는 계단보다 엘리베이터에 더 가까운 곳에 살고 있다고 하였으므로 1003호와 1004호에 살고 있다. D는 A 바로 옆에 살고 있으므로, D는 1003호에 살고 있고, A는 1002호에 살고 있음을 알 수 있다. 이를 정리하면 다음과 같다.

| 계단 | 1001호 | 1002호 | 1003호 | 1004호 | 엘리베이터 |
|------|--------|--------|--------|--------|-----------|
| | B | A | D | C | |

따라서 B가 살고 있는 곳에서 엘리베이터 쪽으로는 3명이 살고 있으므로 ④는 항상 거짓이다.

## 05

정답 ③

주어진 조건에 따라 네 명의 직원이 함께 탄 5인승 택시의 자리는 다음과 같다.
ⅰ) 경우 1)

| 택시 운전기사 | | • 소속 : 디자인팀<br>• 직책 : 과장<br>• 신발 : 노란색 |
|---|---|---|
| • 소속 : 연구팀<br>• 직책 : 대리<br>• 신발 : 흰색 또는 연두색 | • 소속 : 홍보팀<br>• 직책 : 부장<br>• 신발 : 검은색 | • 소속 : 기획팀<br>• 직책 : 사원<br>• 신발 : 흰색 또는 연두색 |

ii) 경우 2)

| 택시 운전기사 | • 소속 : 디자인팀<br>• 직책 : 과장<br>• 신발 : 노란색 | |
|---|---|---|
| • 소속 : 기획팀<br>• 직책 : 사원<br>• 신발 : 흰색 또는 연두색 | • 소속 : 홍보팀<br>• 직책 : 부장<br>• 신발 : 검은색 | • 소속 : 연구팀<br>• 직책 : 대리<br>• 신발 : 흰색 또는 연두색 |

따라서 '과장은 노란색 신발을 신었다.'는 ③은 항상 참이 된다.

오답분석
① 택시 운전기사 바로 뒤에는 사원 또는 대리가 앉을 수 있다.
② 부장은 뒷좌석 가운데에 앉는다.
④ 부장 옆에는 대리와 사원이 앉는다.
⑤ 사원은 흰색 또는 연두색 신발을 신었다.


## 06
정답 ①

A와 E의 진술이 모순이므로 두 경우를 확인한다.
• A의 진술이 참인 경우
  A와 D의 진술에 따라, 거짓말을 하는 사람이 C, D, E이다. 따라서 거짓말을 하는 사람이 1명이라는 조건에 위배된다.
• E의 진술이 참인 경우
  C의 말이 참이므로 A는 거짓말을 하고, B, D는 진실을 말하는 사람이다. 이때 D의 진술에서 전제(A의 말이 참이면)가 성립하지 않는다. 따라서 D의 진술은 참이다.


# | 04 | 도형

| 01 | 02 | 03 | 04 | 05 | 06 | | | |
|---|---|---|---|---|---|---|---|---|
| ② | ① | ③ | ③ | ④ | ① | | | |


## 01
정답 ②

규칙은 가로로 적용된다.
첫 번째 도형을 데칼코마니처럼 좌우로 펼친 도형이 두 번째 도형이고, 두 번째 도형을 수평으로 반을 잘랐을 때의 아래쪽 도형이 세 번째 도형이다.


## 02
정답 ①

규칙은 세로로 적용된다.
첫 번째 도형과 두 번째 도형을 겹쳤을 때, 생기는 면에 색을 칠한 도형이 세 번째 도형이다.

**03**

정답 ③

**04**

정답 ③

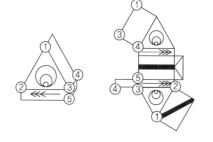

**05**

정답 ④

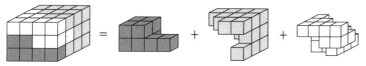

**06**

정답 ①

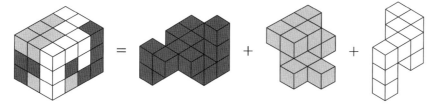

지식에 대한 투자가 가장 이윤이 많이 남는 법이다.

– 벤자민 프랭클린 –

# 1주 차

## 실력 깨우기

1주 차에는 삼성, SK, LG, 롯데, 포스코 5대 기업의 기본적인 유형을 익히고 기초 실력을 개발합니다. 특히 이전까지 인적성검사를 경험해보지 않았던 수험생들의 경우, 기업별로 수록된 문제를 푸는 데 그치는 것이 아니라 응용수리 공식, 어휘, 삼단논법 등 기본적인 개념을 숙지해야 합니다.

학습 CHECKLIST!
- 유의어, 반의어, 다의어와 단어 사이의 관계 등을 알고 있는가?
- 비율, 증감률 등의 개념을 이해하고 농도, 거리·속력·시간, 경우의 수, 확률 등의 응용수리 공식을 암기하고 있는가?
- 명제의 역·이·대우와 삼단논법, 논리적 오류 등의 개념을 이해하고 있는가?
- 평면도형 및 입체도형의 회전, 대칭, 결합 등 변형 후 모습을 추론할 수 있는가?

정답 및 해설 p.002

## | 01 | 수리논리

**01** 민수가 아이들에게 노트를 나눠주려고 하는데 남는 노트가 없이 나눠주려고 한다. 7권씩 나눠주면 13명이 노트를 한 권도 못 받고, 마지막으로 노트를 받은 아이는 2권밖에 받지 못해서 6권씩 나눠주었더니 10명이 노트를 한 권도 못 받고, 마지막으로 노트를 받은 아이는 2권밖에 받지 못했다. 그렇다면 몇 권씩 나눠주어야 노트가 남지 않으면서 공평하게 나눠줄 수 있겠는가?

① 1권
② 2권
③ 3권
④ 4권
⑤ 5권

**02** 어떤 프로젝트를 A사원이 혼자서 진행하면 시작부터 끝내기까지 총 4시간이 걸린다고 한다. A사원과 B사원이 함께 프로젝트 업무를 2시간 동안 진행하다가, B사원이 급한 일정이 생겨 퇴근한 후 A사원 혼자 40분을 더 일하여 마무리 지었다. B사원이 혼자 프로젝트를 진행했을 때 걸리는 시간은?

① 4시간
② 5시간
③ 6시간
④ 7시간
⑤ 8시간

**03** 예지는 원가가 1,000원인 음료수 500병을 구매하고 여기에 이윤을 붙여 공연장에 판매하려 하였다. 그런데 운송 과정에서 100병이 파손되어 폐기하였다. 예지가 남은 음료수를 모두 판매한 결과 18만 원의 이익을 보았다면, 예지는 원가에 몇 %의 이윤을 붙여 정가를 책정하였는가?

① 40%  ② 45%

③ 55%  ④ 65%

⑤ 70%

**04** 아버지와 어머니의 나이 차는 4세이고 형과 동생의 나이 차는 2세이다. 또한, 아버지와 어머니의 나이의 합은 형의 나이보다 6배 많다고 한다. 형과 동생의 나이의 합이 40세라면 아버지의 나이는 몇 세인가?(단, 아버지가 어머니보다 나이가 더 많다)

① 59세  ② 60세

③ 63세  ④ 65세

⑤ 67세

**05** 남자 5명과 여자 3명 중에서 4명의 대표를 선출할 때, 적어도 1명의 여자가 선출되도록 하는 경우의 수는?

① 55가지  ② 60가지

③ 65가지  ④ 70가지

⑤ 75가지

**06** 다음은 출생·사망 추이를 나타낸 자료이다. 이에 대한 설명으로 옳지 않은 것은?

〈출생·사망 추이〉

(단위 : 명, 년)

| 구분 | | 2016년 | 2017년 | 2018년 | 2019년 | 2020년 | 2021년 | 2022년 |
|---|---|---|---|---|---|---|---|---|
| 출생아 수 | | 490,543 | 472,761 | 435,031 | 448,153 | 493,189 | 465,892 | 444,849 |
| 사망자 수 | | 244,506 | 244,217 | 243,883 | 242,266 | 244,874 | 246,113 | 246,942 |
| 기대수명 | | 77.44 | 78.04 | 78.63 | 79.18 | 79.56 | 80.08 | 80.55 |
| 수명 | 남자 | 73.86 | 74.51 | 75.14 | 75.74 | 76.13 | 76.54 | 76.99 |
| | 여자 | 80.81 | 81.35 | 81.89 | 82.36 | 82.73 | 83.29 | 83.77 |

① 출생아 수는 2016년 이후 감소하다가 2019년, 2020년에 증가 이후 다시 감소하고 있다.
② 매년 기대수명은 증가하고 있다.
③ 남자와 여자의 수명은 매년 5년 이상의 차이를 보이고 있다.
④ 매년 출생아 수는 사망자 수보다 20만 명 이상 더 많으므로 매년 총인구는 20만 명 이상씩 증가한다고 볼 수 있다.
⑤ 여자의 수명과 기대수명의 차이는 2020년에 가장 적었다.

**07** 다음은 우리나라 부패인식지수(CPI) 연도별 변동 추이를 나타낸 자료이다. 이에 대한 설명으로 옳지 않은 것은?

〈우리나라 부패인식지수(CPI) 연도별 변동 추이〉

| 구분 | | 2016년 | 2017년 | 2018년 | 2019년 | 2020년 | 2021년 | 2022년 |
|---|---|---|---|---|---|---|---|---|
| CPI | 점수 | 4.5 | 5.0 | 5.1 | 5.1 | 5.6 | 5.5 | 5.4 |
| | 조사대상국 | 146 | 159 | 163 | 180 | 180 | 180 | 178 |
| | 순위 | 47 | 40 | 42 | 43 | 40 | 39 | 39 |
| | 백분율 | 32.2 | 25.2 | 25.8 | 23.9 | 22.2 | 21.6 | 21.9 |
| OECD | 회원국 | 30 | 30 | 30 | 30 | 30 | 30 | 30 |
| | 순위 | 24 | 22 | 23 | 25 | 22 | 22 | 22 |

※ CPI 0 ~ 10점 : 점수가 높을수록 청렴

① CPI를 확인해 볼 때, 우리나라는 다른 해에 비해 2020년도에 가장 청렴했다고 볼 수 있다.
② CPI 순위는 2021년에 처음으로 30위권에 진입했다.
③ 청렴도가 가장 낮은 해와 2022년도의 청렴도 점수의 차이는 0.9점이다.
④ 우리나라의 OECD 순위는 2016년부터 현재까지 상위권이라 볼 수 있다.
⑤ CPI 조사대상국은 2019년까지 증가하고 이후 2021년까지 유지되었다.

**08** 다음은 우리나라 4인 가족이 생활하는 데 들어가는 비용을 항목별로 나누어 정리한 자료이다. 이에 대한 설명으로 옳지 않은 것은?(단, 소수점 둘째 자리에서 반올림한다)

〈4인 가족 기준 항목별 생활비용〉

(단위 : 만 원)

| 구분 | 2018년 | 2019년 | 2020년 | 2021년 | 2022년 |
|---|---|---|---|---|---|
| 주거 · 수도 · 광열 | 64.7 | 65.4 | | 67.0 | 68.9 |
| 통신 | 12.9 | 13.0 | 12.8 | 14.3 | 15.6 |
| 주류 · 담배 | 10.2 | 10.1 | 16.4 | 17.0 | 17.4 |
| 음식 · 숙박 | 130.6 | 133.7 | 134.2 | 135.2 | 136.8 |
| 의류 · 가정용품 | 41.9 | 41.3 | 42.5 | 44.8 | 44.6 |
| 합계 | 260.3 | 263.5 | 271.2 | 278.3 | 283.3 |

① 2020년 4인 가족의 주거 · 수도 · 광열 비용은 65.3만 원이다.

② 2019 ~ 2022년 동안 전년 대비 통신 비용은 매년 증가하였다.

③ 2021년과 2022년의 주류 · 담배 비용이 각 연도 지출액에서 차지하는 비중은 같으나, 금액은 3,000원 이상 차이난다.

④ 2019 ~ 2022년 동안 전년 대비 음식 · 숙박 비용은 매년 증가하였다.

⑤ 전년 대비 2019 ~ 2021년의 주류 · 담배 비용과 의류 · 가정용품의 증감 추이는 같다.

**09** 다음은 내국인과 외국인의 연도별 신용카드 사용액에 대한 자료이다. 이를 그래프로 변환한 것으로 적절한 것은?

〈연도별 신용카드 전체 매출액〉

(단위 : 십억 원)

| 구분 | 2017년 | 2018년 | 2019년 | 2020년 | 2021년 | 2022년 |
|---|---|---|---|---|---|---|
| 내국인 | 997.0 | 1,120.0 | 1,297.4 | 1,633.5 | 1,897.6 | 2,144.2 |
| 외국인 | 195.3 | 381.8 | 608.6 | 651.6 | 995.6 | 625.2 |
| 합계 | 1,192.3 | 1,501.8 | 1,906.0 | 2,285.1 | 2,893.2 | 2,769.4 |

〈연도별 신용카드 매출액(면세점)〉

(단위 : 십억 원)

| 구분 | 2017년 | 2018년 | 2019년 | 2020년 | 2021년 | 2022년 |
|---|---|---|---|---|---|---|
| 내국인 | 271.5 | 274.2 | 292.3 | 384.7 | 427.2 | 432.6 |
| 외국인 | 129.7 | 267.8 | 376.2 | 415.2 | 701.8 | 497.3 |
| 합계 | 401.2 | 542 | 668.5 | 799.9 | 1,129 | 929.9 |

〈연도별 신용카드 매출액(면세점 외)〉

(단위 : 십억 원)

| 구분 | 2017년 | 2018년 | 2019년 | 2020년 | 2021년 | 2022년 |
|---|---|---|---|---|---|---|
| 내국인 | 725.5 | 845.8 | 1,005.1 | 1,248.8 | 1,470.4 | 1,711.6 |
| 외국인 | 65.6 | 114.0 | 232.4 | 236.4 | 293.8 | 127.9 |
| 합계 | 791.1 | 959.8 | 1,237.5 | 1,485.2 | 1,764.2 | 1,839.5 |

① 연도별 신용카드 전체 매출액

(십억 원)

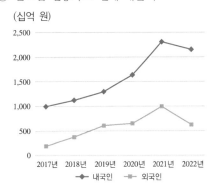

② 연도별 신용카드 전체 매출액

③ 연도별 신용카드 매출액(면세점)

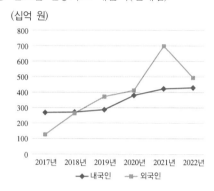

④ 연도별 신용카드 매출액(면세점)

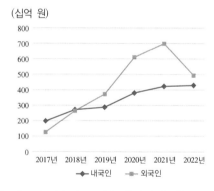

⑤ 연도별 신용카드 매출액(면세점 외)

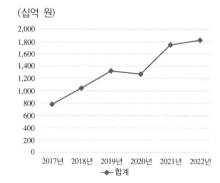

## | 02 | 추리

※ 다음 제시된 낱말의 대응 관계로 볼 때, 빈칸에 들어가기에 알맞은 것을 고르시오. [10~11]

**10**

> 흉내 : 시늉 = 권장 : (     )

① 조장                    ② 조성
③ 구성                    ④ 형성
⑤ 조직

**11**

> 학생 : 충원 = 자금 : (     )

① 개선                    ② 보완
③ 벌충                    ④ 완화
⑤ 완충

**12** 마지막 명제가 참일 때, 다음 빈칸에 들어갈 명제로 적절한 것을 고르면?

> • 보상을 받는다면 노력했다는 것이다.
> • _____
> • 그러므로 호야는 보상을 받지 못했다.

① 호야는 노력하지 않았다.
② 보상을 받았다는 것은 곧 노력했다는 의미다.
③ 호야는 보상을 받았다.
④ 호야는 노력하고 있다.
⑤ 보상을 받았다는 것이 곧 노력했다는 의미는 아니다.

**13** A ~ C 세 사람 중 한 사람은 수녀이고, 한 사람은 왕이고, 한 사람은 농민이다. 수녀는 언제나 참을, 왕은 언제나 거짓을, 농민은 참을 말하기도 하고 거짓을 말하기도 한다. 이 세 사람이 다음과 같은 대화를 할 때, A ~ C를 바르게 나열한 것은?

---

- A : 나는 농민이다.
- B : A의 말은 진실이다.
- C : 나는 농민이 아니다.

---

① 농민, 왕, 수녀　　　　　　　② 농민, 수녀, 왕

③ 수녀, 왕, 농민　　　　　　　④ 수녀, 농민, 왕

⑤ 왕, 농민, 수녀

1주차

**14** 다음을 모두 만족하는 A ~ F의 회사가 있다. 한 층에 한 개 회사만이 입주할 수 있고, B가 3층에 있을 때 항상 옳은 것은?

---

- A와 B, B와 C는 층 간격이 같다.
- D와 E는 인접할 수 없다.
- A는 5층이다.
- F는 B보다 위층에 있다.

---

① C는 1층에 있다.　　　　　　② B는 4층에 있다.

③ F는 6층에 있다.　　　　　　④ D는 3층에 있다.

⑤ E는 1층에 있다.

**15** 다음 제시된 도형의 규칙을 보고 ?에 들어갈 알맞은 것을 고르면?

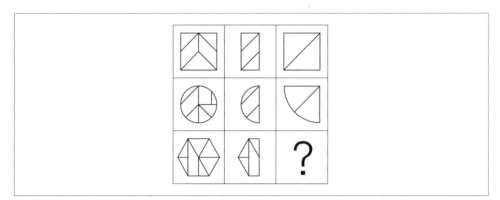

①

②

③

④

⑤

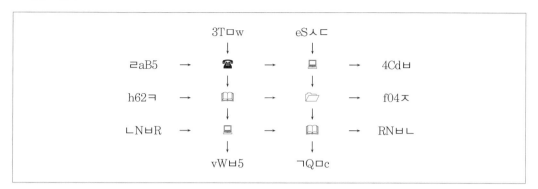

**16**

□2D4 → 📖 → 💻 → ?

① 33D□      ② 42D□

③ 52Cㅂ      ④ 12ㄱK

⑤ 9D□3

**17**

Ghㅈㅊ → 📂 → ☎ → ?

① Ggㅇㅅ      ② Hjㅈㄷ

③ ㄱㄴHj      ④ ㄹㅂDe

⑤ Giㅇㅅ

정답 및 해설 p.006

## | 01 | 수리(공통)

**01** 축구 중계 방송이 끝나고 3분간 광고 방송을 하려고 한다. 30초짜리 광고 3개와 10초짜리, 20초짜리 광고를 합쳐 총 10개의 광고 방송을 한다. 10초짜리 광고 수를 $a$개, 20초짜리 광고 수를 $b$개라 할 때, $a-b$의 값은?(단, 두 광고 사이에 시간의 공백은 없다)

① $-3$
② $-1$
③ $1$
④ $3$
⑤ $5$

**02** 학생회장을 포함한 학생 4명과 A ~ H교수 8명 중 위원회를 창설하기 위한 대표 5명을 뽑으려고 한다. 학생회장과 A교수가 동시에 위원회 대표가 될 수 없을 때, 위원회를 구성할 수 있는 경우의 수는?(단, 교수와 학생의 구성 비율은 신경 쓰지 않는다)

① 588가지
② 602가지
③ 648가지
④ 658가지
⑤ 672가지

**03** 지원이는 집에서 4km 떨어진 학원까지 50m/min의 속력으로 걸어가다가 학교에 숙제한 것을 두고 온 것이 생각나서 학교에 잠시 들렸다. 그랬더니 수업에 늦을 것 같아서 학교 자전거를 빌려 타고 150m/min의 속력으로 학원에 갔다. 집에서 학원까지 도착하는 데 총 30분이 걸렸을 때, 지원이가 자전거를 탄 시간은 몇 분인가?(단, 학교에서 지체한 시간은 고려하지 않으며, 집, 학교, 학원 순서로 일직선상에 위치한다)

① 5분
② 10분
③ 15분
④ 20분
⑤ 25분

**04** 다음은 재범률에 관한 자료이다. 빈칸에 들어갈 값으로 옳은 것은?(단, 재범률은 소수점 둘째 자리에서 반올림, 나머지는 소수점 첫째 자리에서 반올림한다)

**〈재범률〉**

(단위 : %, 명)

| 구분 | 2018년 | 2019년 | 2020년 | 2021년 | 2022년 |
|---|---|---|---|---|---|
| 재범률 | ① | 22.2 | 22.2 | 22.1 | ⑤ |
| 4년 전 출소자 수 | 24,151 | 25,802 | 25,725 | ④ | 23,045 |
| 4년 전 출소자 중 3년 이내 재복역자 수 | 5,396 | ② | ③ | 5,547 | 4,936 |

※ [재범률(3년 이내 재복역률)] $= \dfrac{\text{(4년 전 출소자 중 3년 이내 재복역자 수)}}{\text{(4년 전 출소자 수)}} \times 100$

① 22.3
② 6,213
③ 4,516
④ 26,100
⑤ 25.0

**05** 다음은 주중과 주말 교통상황에 관한 자료이다. 이에 대한 설명으로 옳은 것을 〈보기〉에서 모두 고르면?

**〈주중 · 주말 예상 교통량〉**

(단위 : 만 대)

| 구분 | 전국 | 수도권 → 지방 | 지방 → 수도권 |
|---|---|---|---|
| 주말 교통량 | 490 | 50 | 51 |
| 주중 교통량 | 380 | 42 | 35 |

**〈대도시 간 예상 최대 소요시간〉**

| 구분 | 서울 – 대전 | 서울 – 부산 | 서울 – 광주 | 서울 – 강릉 | 남양주 – 양양 |
|---|---|---|---|---|---|
| 주말 | 2시간 40분 | 5시간 40분 | 4시간 20분 | 3시간 20분 | 2시간 20분 |
| 주중 | 1시간 40분 | 4시간 30분 | 3시간 20분 | 2시간 40분 | 1시간 50분 |

**보기**

ㄱ. 대도시 간 예상 최대 소요시간은 모든 구간에서 주중이 주말보다 적게 걸린다.
ㄴ. 주중 전국 교통량 중 수도권에서 지방으로 가는 교통량의 비율은 10% 이상이다.
ㄷ. 지방에서 수도권으로 가는 주말 예상 교통량은 주중 교통량보다 30% 미만으로 많다.
ㄹ. 서울 – 광주 구간 주중 소요시간은 서울 – 강릉 구간 주말 소요시간과 같다.

① ㄱ, ㄴ
② ㄴ, ㄷ
③ ㄴ, ㄷ, ㄹ
④ ㄱ, ㄴ, ㄹ
⑤ ㄷ, ㄹ

**06**   다음 글의 빈칸에 들어갈 내용으로 가장 적절한 것은?

> 상품을 만들어 파는 사람이 그 수고의 대가를 받고 이익을 누리는 것은 당연하다. 하지만 그 이익이 다른 사람의 고통을 무시하고 얻어진 경우에는 정당하지 않을 수 있다. 제3세계에 사는 많은 환자가 신약 가격을 개발국인 선진국의 수준으로 유지하는 거대 제약회사의 정책 때문에 고통 속에서 죽어 가고 있다. 그 약값을 감당할 수 있는 선진국이 보기에도 이는 이익이란 명분 아래 발생하는 끔찍한 사례이다. 이러한 비난의 목소리가 높아지자 제약회사의 대규모 투자자 중 일부는 자신들의 행동이 윤리적인지 고민하기 시작했다. 사람들이 약값 때문에 약을 구할 수 없다는 것은 분명히 잘못된 일이다. 하지만 그렇다고 해서 국가가 제약회사들에게 손해를 감수하라는 요구를 할 수는 없다는 데 사태의 복잡성이 있다.
>
> 신약을 개발하는 일에는 막대한 비용과 시간이 들며, 그 안전성 검사가 법으로 정해져 있어서 추가 비용이 발생한다. 이를 상쇄하기 위해 제약회사들은 시장에서 최대한 이익을 뽑아내려 한다. 얼마나 많은 환자가 신약을 통해 고통에서 벗어나는가에 대한 관심을 이들에게 기대하긴 어렵다. 그러나 만약 제약회사들이 존재하지 않는다면 신약개발도 없을 것이다.
>
> 그렇다면 상업적 고려와 인간의 건강 사이에 존재하는 긴장을 어떻게 해소해야 할까? 제3세계의 환자를 치료하는 일은 응급사항이며, 이것을 제약회사들이 자선하리라고 기대하는 것은 비현실적이다. 그렇다면 그 대안은 명백하다. _____
>
> 물론 여기에도 문제는 있다. 이 대안이 왜 실현되기 어려운 걸까? 그 이유가 무엇인지는 우리가 자신의 주머니에 손을 넣어 거기에 필요한 돈을 꺼내는 순간 분명해질 것이다.

① 제3세계에 제공되는 신약 가격을 선진국과 같게 해야 한다.

② 제3세계 국민에게 필요한 신약을 선진국 국민이 구매하여 전달해야 한다.

③ 선진국들은 자국의 제약회사가 제3세계에 신약을 저렴하게 공급하도록 강제해야 한다.

④ 각국 정부는 거대 제약회사의 신약 가격 결정에 자율권을 주어 개발 비용을 보상받을 수 있게 해야 한다.

⑤ 거대 제약회사들이 제3세계 국민을 위한 신약 개발에 주력하도록 선진국 국민이 압력을 행사해야 한다.

**07** 다음 글의 서술상의 특징으로 적절한 것은?

'디드로 효과'는 프랑스의 계몽주의 철학자인 드니 디드로의 이름을 따서 붙여진 것으로, 소비재가 어떤 공통성이나 통일성에 의해 연결되어 있음을 시사하는 개념이다. 디드로는 '나의 옛 실내복과 헤어진 것에 대한 유감'이라는 제목의 에세이에서, 친구로부터 받은 실내복에 관한 이야기를 풀어 놓는다. 그는 '다 헤지고 시시하지만 편안했던 옛 실내복'을 버리고, 친구로부터 받은 새 실내복을 입었다. 그로 인해 또 다른 변화가 일어났다. 그는 한두 주 후 실내복에 어울리게끔 책상을 바꿨고, 이어 서재의 벽에 걸린 장식을 바꿨으며, 결국엔 모든 걸 바꾸고 말았다. 달라진 것은 그것뿐만이 아니었다. 전에는 서재가 초라했지만 사람들이 붐볐고, 그래서 혼잡했지만 잠시 행복함을 느끼기도 했다. 하지만 실내복을 바꾼 이후의 변화를 통해서 우아하고 질서 정연하고 아름답게 꾸며졌지만, 결국 자신은 우울해졌다는 것이다.

① 묘사를 통해 대상을 구체적으로 드러내고 있다.
② 다양한 개념들을 분류의 방식으로 설명하고 있다.
③ 일련의 벌어진 일들을 인과관계에 따라 서술하고 있다.
④ 권위 있는 사람의 말을 인용하여 주장을 뒷받침하고 있다.
⑤ 비교의 방식을 통해 두 가지 개념의 특징을 드러내고 있다.

**08** 다음 글을 논리적인 순서대로 바르게 나열한 것은?

(가) 이들이 주장한 바로는 아이들의 언어 습득은 '자극 – 반응 – 강화'의 과정을 통해 이루어진다. 즉, 행동주의 학자들은 후천적인 경험이나 학습을 언어 습득의 요인으로 본다.

(나) 이러한 촘스키의 주장은 아이들이 선천적으로 지니고 태어나는 언어 능력에 주목함으로써 행동주의 학자들의 주장만으로는 설명할 수 없었던 복잡한 언어 습득 과정을 효과적으로 설명해 주고 있다.

(다) 그러나 이러한 행동주의 학자들의 주장은 아이들의 언어 습득 과정을 후천적인 요인으로만 파악하려 한다는 점에서 비판을 받는다.

(라) 아이들은 어떻게 언어를 습득하는 걸까? 이 물음에 대해 행동주의 학자들은 아이들이 다른 행동을 배울 때와 마찬가지로 지속적인 모방과 학습을 통해 언어를 습득한다고 주장한다.

(마) 미국의 언어학자 촘스키는 아이들이 의식적인 노력이나 훈련 없이도 모국어를 완벽하게 구사하는 이유가 태어나면서부터 두뇌 속에 '언어습득장치(LAD)'라는 것을 가지고 있기 때문이라고 주장한다.

① (다) – (라) – (가) – (나) – (마)　　② (다) – (가) – (라) – (나) – (마)
③ (라) – (가) – (다) – (마) – (나)　　④ (라) – (다) – (가) – (마) – (나)
⑤ (나) – (가) – (마) – (다) – (라)

**09** 마지막 명제가 참일 때, 다음 빈칸에 들어갈 명제로 알맞은 것은?

> • 비가 오면 한강 물이 불어난다.
> • 비가 오지 않으면 보트를 타지 않은 것이다.
> • _____
> • 그러므로 자전거를 타지 않으면 한강 물이 불어난다.

① 자전거를 타면 비가 오지 않는다.
② 보트를 타면 자전거를 탄다.
③ 한강 물이 불어나면 보트를 타지 않은 것이다.
④ 자전거를 타지 않으면 보트를 탄다.
⑤ 보트를 타면 비가 오지 않는다.

**10** A ～ C 세 사람은 각각 대전지점, 강릉지점, 군산지점으로 출장을 다녀왔다. A ～ C의 출장지는 서로 다르며 세 사람 중 한 사람만 참을 말할 때, 세 사람이 다녀온 출장지를 순서대로 나열한 것은?

> • A : 나는 대전지점에 가지 않았다.
> • B : 나는 강릉지점에 가지 않았다.
> • C : 나는 대전지점에 갔다.

| | 대전지점 | 강릉지점 | 군산지점 |
|---|---|---|---|
| ① | A | B | C |
| ② | A | C | B |
| ③ | B | A | C |
| ④ | B | C | A |
| ⑤ | C | A | B |

**11** 다음 제시문을 읽고 〈보기〉의 문장에 대한 판단으로 적절한 것을 고르면?

> 뉴턴은 빛이 눈에 보이지 않는 작은 입자라고 주장하였고, 이것은 그의 권위에 의지하여 오랫동안 정설로 여겨졌다. 그러나 19세기 초에 토머스 영의 겹실틈 실험은 빛의 파동성을 증명하였다. 이 실험의 방법은 먼저 한 개의 실틈을 거쳐 생긴 빛이 다음에 설치된 두 개의 겹실틈을 지나가게 하여 스크린에 나타나는 무늬를 관찰하는 것이다. 이때 빛이 파동이냐 입자이냐에 따라 결괏값이 달라진다. 즉, 빛이 입자라면 일자 형태의 띠가 두 개 나타나야 하는데, 실험 결과 스크린에는 예상과 다른 무늬가 나타났다. 마치 두 개의 파도가 만나면 골과 마루가 상쇄와 간섭을 일으키듯이, 보강 간섭이 일어난 곳은 밝아지고 상쇄 간섭이 일어난 곳은 어두워지는 간섭무늬가 연속적으로 나타난 것이다. 그러나 19세기 말부터 빛의 파동성으로는 설명할 수 없는 몇 가지 실험적 사실이 나타났다. 1905년에 아인슈타인은 빛은 광량자라고 하는 작은 입자로 이루어졌다는 광량자설을 주장하였다. 빛의 파동성은 명백한 사실이었으므로 이것은 빛이 파동이면서 동시에 입자인 이중적인 본질을 가지고 있다는 것을 의미하는 것이다.

---
**보기**

겹실틈 실험 결과, 일자 형태의 띠가 두 개 나타났으므로 빛의 본질은 입자이다.

---

① 참            ② 거짓            ③ 알 수 없음

**12** S건설의 영업팀은 입찰에 문제가 있어 감사를 받게 되었다. 감사팀은 윤부장, 이과장, 김대리, 박대리, 강주임을 조사하여 최종적으로 다음과 같은 결론을 내렸다. 다음 내용에 따라 이 중에서 입찰부정에 실제로 가담한 사람을 모두 고르면?

> • 입찰부정에 가담한 사람은 두 명이다.
> • 이과장과 김대리는 함께 가담했거나 혹은 가담하지 않았다.
> • 윤부장이 가담하지 않았다면, 이과장과 강주임도 가담하지 않았다.
> • 박대리가 가담하지 않았다면 김대리도 가담하지 않았다.
> • 박대리가 가담하였다면 강주임도 분명히 가담하였다.

① 윤부장, 이과장            ② 이과장, 김대리
③ 김대리, 박대리            ④ 윤부장, 강주임
⑤ 이과장, 박대리

**13** 다음 그림과 같이 화살표 방향으로 종이를 접은 후 잘라 다시 펼쳤을 때 나올 수 있는 모양으로 옳은 것은?

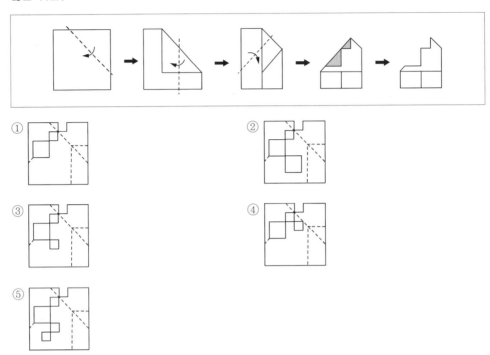

① ② ③ ④ ⑤

**14** 다음 그림과 같이 화살표 방향으로 종이를 접은 후 펀치로 구멍을 뚫어 다시 펼쳤을 때의 그림으로 옳은 것은?

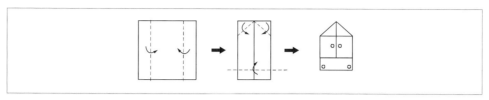

①

②

③

④

⑤

**15**

① ② ③ ④ ⑤

**16** 제시된 도형이 2번째 이전 도형과 모양이 일치하면 '같다'를, 일치하지 않으면 '다르다'를, 기억이
나지 않으면 '모르겠다'를 선택하시오.

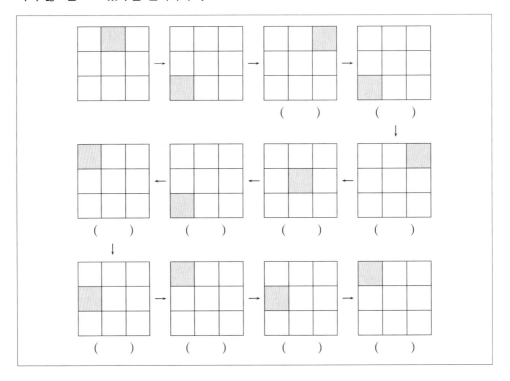

정답 다르다 → 같다 → 같다 → 다르다 → 다르다 → 다르다 → 다르다 → 같다 → 같다 → 같다

**17** 제시된 도형이 3번째 이전 도형과 모양이 일치하면 '같다'를, 일치하지 않으면 '다르다'를, 기억이
나지 않으면 '모르겠다'를 선택하시오.

## | 06 | 실행역량

※ 실행역량은 따로 정답을 제공하지 않는 영역이니 참고하시기 바랍니다.

**18** A사원의 직속 상사는 B대리이다. A사원은 항상 B대리의 업무 지시에 따라 업무를 수행해 왔다. 그러던 어느 날 C이사가 직접 A사원에게 지시를 내렸다. 그러나 C이사가 내린 지시는 B대리가 내렸던 지시와 상반된 내용이다. A사원이 할 행동으로 가장 적절한 것은?

① C이사의 직급이 더 높으므로 C이사의 지시에 따른다.
② B대리에게 이 사실을 말하고 C이사의 지시를 무시한다.
③ C이사에게 B대리의 지시와 다름을 말하되 C이사가 고집할 경우 이에 따른다.
④ D부장에게 이 사실을 말하고 도움을 요청한다.
⑤ 동료들과 이 사실을 이야기하여 C이사에 대한 반대 여론을 형성한다.

**19** A대리는 누구보다 열심히 프로젝트 발표를 준비해왔다. 그러나 발표 당일 상사인 T팀장은 이번에 새로 입사한 U사원에게 발표할 것을 지시하고 있다. 발표를 준비해온 것은 A대리이지만, U사원이 얼굴도 예쁘고 말도 잘하기 때문에 U사원이 하는 발표가 훨씬 더 설득력이 있을 거라는 이유에서이다. A대리가 할 행동으로 가장 적절한 것은?

① U사원을 찾아가 발표를 하지 않겠다고 말하도록 부탁한다.
② T팀장에게 개인적으로 찾아가 발표를 잘할 수 있다고 설득한다.
③ U사원의 발표 도중에 끼어들어 준비했던 발표를 마치도록 한다.
④ 외모 때문에 자신의 능력을 인정받지 못했으므로 성형 수술을 한다.
⑤ T팀장을 찾아가 발표를 시켜달라고 조른다.

**20** A대리는 업무 도중 휴대폰을 사용하지 말라는 회사 방침에 따라 긴급히 연락해야 하는 상황이 있어도 휴대폰이 아닌 회사의 전화기를 사용하고 있다. 그러던 어느 날 A대리는 얼마 전에 입사한 B사원이 T부장이 자리를 비울 때마다 몰래 휴대폰을 사용하고 있는 것을 발견하였다. A대리가 할 행동으로 가장 적절한 것은?

① T부장에게 B사원에 대해 이야기하고 주의 받도록 한다.
② B사원에게 가서 회사 방침을 들어 주의를 준다.
③ 상사로서 B사원이 휴대폰을 사용할 때 공개적으로 혼을 낸다.
④ B사원이 휴대폰을 사용하는 장면을 촬영하여 T부장에게 보여준다.
⑤ 큰소리로 휴대폰을 사용하지 못하니 전화기를 써야겠다고 혼잣말한다.

## | 01 | 언어이해

**01** 다음 문장을 논리적 순서대로 바르게 나열한 것은?

> (가) 창은 소리꾼이 가락에 맞추어 부르는 노랫소리이며, 아니리는 창을 하는 중간마다 소리꾼이 가락을 붙이지 않고 이야기하듯 엮어 나가는 사설을 일컫는다.
>
> (나) 고수는 북으로 장단을 맞추어 줄 뿐만 아니라 '얼쑤', '좋구나'와 같은 추임새를 넣어 흥을 돋우는 중요한 역할을 한다.
>
> (다) '창', '아니리', '발림'은 흔히 판소리의 3요소로 불린다.
>
> (라) 그리고 발림은 소리의 극적인 전개를 돕기 위하여 소리꾼이 몸짓이나 손짓으로 하는 동작을 의미한다.
>
> (마) 또한 판소리 공연에는 소리꾼뿐만 아니라 북을 치는 사람인 고수가 있어야 한다.

① (다) - (라) - (가) - (마) - (나)　　② (다) - (가) - (라) - (마) - (나)

③ (가) - (다) - (나) - (라) - (마)　　④ (가) - (다) - (라) - (나) - (마)

⑤ (나) - (다) - (라) - (마) - (가)

**02** 다음 글의 제목으로 가장 적절한 것은?

> 요한 제바스티안 바흐는 '경건한 종교음악가'로서 천직을 다하기 위한 이상적인 장소를 라이프치히라고 생각하여 27년 동안 그곳에서 열심히 칸타타를 써 나갔다고 알려졌다. 그러나 실은 7년째에 라이프치히의 칸토르(교회의 음악감독)직으로는 가정을 꾸리기에 수입이 충분치 못해서 다른 일을 하기도 했고 다른 궁정에 자리를 알아보기도 했다. 그것이 계기가 되어 칸타타를 쓰지 않게 되었다는 사실이 최근의 연구에서 밝혀졌다. 또한 볼프강 아마데우스 모차르트의 경우에는 비극적으로 막을 내린 35년이라는 짧은 생애에 걸맞게 '하늘이 이 위대한 작곡가의 죽음을 비통해하듯' 천둥 치고 진눈깨비 흩날리는 가운데 장례식이 행해졌고 그 때문에 그의 묘지는 행방을 알 수 없게 되었다고 하는데, 그 후 이러한 이야기는 빈 기상대에 남아 있는 기상자료와 일치하지 않는다는 사실도 밝혀졌다. 게다가 만년에 엄습해온 빈곤에도 불구하고 다수의 걸작을 남기고 세상을 떠난 모차르트가 실제로는 그 정도로 수입이 적지는 않았다는 사실도 드러나 최근에는 도박벽으로 인한 빈곤설을 주장하는 학자까지 등장하게 되었다.

① 음악가들의 쓸쓸한 최후　　② 미화된 음악가들의 이야기와 그 진실

③ 음악가들을 괴롭힌 근거 없는 소문들　　④ 음악가들의 명성에 가려진 빈곤한 생활

⑤ 음악가들의 헌신적인 열정

**03** 다음 글의 내용으로 적절하지 않은 것은?

서울의 청계광장에는 '스프링(Spring)'이라는 다슬기 형상의 대형 조형물이 설치돼 있다. 이것을 기획한 올덴버그는 공공장소에 작품을 설치하여 대중과 미술의 소통을 이끌어내려 했다. 이와 같이 대중과 미술의 소통을 위해 공공장소에 설치된 미술 작품 또는 공공 영역에서 이루어지는 예술 행위 및 활동을 공공미술이라 한다.

1960년대 후반부터 1980년대까지의 공공미술은 대중과 미술의 소통을 위해 작품의 설치 장소를 점차 확장했기 때문에 장소 중심의 공공미술이라 할 수 있다. 이전까지는 미술관에만 전시되던 작품을 사람들이 자주 드나드는 공공건물에 설치하기 시작했다.

하지만 이렇게 공공건물에 설치된 작품들은 건물의 장식으로 인식되어 대중과의 소통에 한계가 있었기 때문에, 작품은 공원이나 광장 같은 공공장소로 옮겨졌다. 그러나 공공장소에 놓인 작품 중에는 주변 공간과 어울리지 않거나, 미술가의 미학적 입장이 대중에게 수용되지 못하는 일들이 벌어졌다. 이는 소통에 대한 미술가의 반성으로 이어졌고, 시간이 지남에 따라 공공미술은 점차 주변의 삶과 조화를 이루는 방향으로 발전하였다.

1990년대 이후의 공공미술은 참된 소통이 무엇인가에 대해 진지하게 성찰하며, 대중을 작품 창작 과정에 참여시키는 쪽으로 전개되었기 때문에 '참여' 중심의 공공미술이라 할 수 있다. 이때의 공공미술은 대중을 작품 제작에 직접 참여하게 하거나, 작품을 보고 만지며 체험하는 활동 속에서 작품의 의미를 완성할 수 있도록 하여 미술가와 대중, 작품과 대중 사이의 소통을 강화하였다. 장소 중심의 공공미술이 이미 완성된 작품을 어디에 놓느냐에 주목하던 '결과 중심'의 수동적 미술이라면, 참여 중심의 공공미술은 작품의 창작 과정에 대중이 참여하여 작품과 직접 소통하는 '과정 중심'의 능동적 미술이라고 볼 수 있다.

한편 공공미술에서는 대중과의 소통을 위해 누구나 쉽게 다가가 감상할 수 있는 작품을 만들어야 하므로, 미술가는 자신의 미학적 입장을 어느 정도 포기해야 한다고 우려할 수 있다. 그러나 이러한 우려는 대중의 미적 감상 능력을 무시하는 편협한 시각이다. 왜냐하면 추상적이고 난해한 작품이라도 대중과의 소통의 가능성은 늘 존재하기 때문이다. 따라서 공공미술에서 예술의 자율성은 소통의 가능성과 대립하지 않는다. 공공미술가는 예술의 자율성과 소통의 가능성을 높이기 위해 대중의 예술적 감성이 어떠한지, 대중이 어떠한 작품을 기대하는지 면밀히 분석하며 작품을 창작해야 한다.

① 장소 중심의 공공미술은 결과 중심의 미술이다.
② 올덴버그의 '스프링'은 대중과의 소통을 위한 작품이다.
③ 장소 중심의 공공미술은 대중과의 소통에 한계가 있었다.
④ 장소 중심의 공공미술은 작품 창작에서 대중의 참여를 중요시하였다.
⑤ 공공 영역에서 이루어지는 예술 행위 및 활동은 공공미술이라 할 수 있다.

**04** 다음 글을 읽고 추론한 것으로 적절하지 않은 것은?

> 공장 굴뚝에서 방출된 연기나 자동차의 배기가스 등 대기 오염 물질은 기상이나 지형 조건에 의해 다른 지역으로 이동, 확산되거나 한 지역에 농축된다. 대기권 중 가장 아래층인 대류권 안에서 기온의 일반적인 연직 분포는 위쪽이 차갑고 아래쪽이 따뜻한 불안정한 상태를 보인다. 이러한 상황에서 따뜻한 공기는 위로, 차가운 공기는 아래로 이동하는 대류 운동이 일어나게 되고, 이 대류 운동에 의해 대기 오염 물질이 대류권에 확산된다.
>
> 반면, 아래쪽이 차갑고 위쪽이 따뜻한 경우에는 공기층이 매우 안정되기 때문에 대류 운동이 일어나지 않는다. 이와 같이 대류권의 정상적인 기온 분포와 다른 현상을 '기온 역전 현상'이라 하며, 이로 인해 형성된 공기층을 역전층이라 한다. 기온 역전 현상은 일교차가 큰 계절이나, 지표가 눈으로 덮이는 겨울, 호수나 댐 주변 등에서 많이 발생한다. 또한 역전층 상황에서는 지표의 기온이 낮기 때문에 공기 중의 수증기가 응결하여 안개가 형성되는데, 여기에 오염 물질이 많이 포함되어 있으면 스모그가 된다. 안개는 해가 뜨면 태양의 복사열로 지표가 데워지면서 곧 사라지지만, 스모그는 오염 물질이 포함되어 있어 오래 지속되기도 한다.

① 다른 조건이 동일한 상태에서 같은 부피라면 따뜻한 공기가 차가운 공기에 비해 가벼울 것이다.

② 겨울철 방바닥에 난방을 하면 실내에서도 대류현상이 일어날 것이다.

③ 대류권에서 역전층 현상이 발생했다면 위로 상승할수록 기온이 낮아질 것이다.

④ 대기 중 오염 물질의 농도가 같다면 스모그 현상은 공기층이 매우 안정된 상태에서 잘 발생할 것이다.

⑤ 해가 뜨면 안개가 사라지는 이유는 태양의 열로 인해 공기층이 불안정해지기 때문일 것이다.

**05** 주어진 명제가 모두 참일 때 다음 중 바르게 추론한 것은?

> • 영서는 연수보다 크다.
> • 연수는 수희보다 작다.
> • 주림이는 가장 작지는 않지만, 수희보다는 작다.
> • 수희는 두 번째로 크다.
> • 키가 같은 사람은 아무도 없다.

① 연수가 가장 작다.
② 연수가 세 번째로 크다.
③ 연수는 주림이보다 크다.
④ 영서는 주림이보다 작다.
⑤ 연수가 가장 크다.

**06** 최씨 남매와 김씨 남매, 박씨 남매 6명은 야구 경기를 관람하기 위해 함께 야구장에 갔다. 다음 〈조건〉을 참고할 때, 항상 옳은 것은?

> **조건**
> • 양 끝자리는 같은 성별이 앉지 않는다.
> • 박씨 여성은 왼쪽에서 세 번째 자리에 앉는다.
> • 김씨 남매는 서로 인접하여 앉지 않는다.
> • 박씨와 김씨는 인접하여 앉지 않는다.
> • 김씨 남성은 맨 오른쪽 끝자리에 앉는다.

[야구장 관람석]

|  |  |  |  |  |  |
|--|--|--|--|--|--|
|  |  |  |  |  |  |

① 최씨 남매는 왼쪽에서 첫 번째 자리에 앉을 수 없다.
② 최씨 남매는 서로 인접하여 앉는다.
③ 박씨 남매는 서로 인접하여 앉지 않는다.
④ 최씨 남성은 박씨 여성과 인접하여 앉는다.
⑤ 김씨 여성은 최씨 여성과 인접하여 앉지 않는다.

**07** L사에 근무하는 A ~ C 세 명은 협력업체를 방문하기 위해 택시를 타고 가고 있다. 다음 〈조건〉을 참고할 때, 다음 중 항상 옳은 것은?

> **조건**
> - 세 명의 직급은 각각 과장, 대리, 사원이다.
> - 세 명은 각각 검은색, 회색, 갈색 코트를 입었다.
> - 세 명은 기획팀, 연구팀, 디자인팀이다.
> - 택시 조수석에는 회색 코트를 입은 과장이 앉아있다.
> - 갈색 코트를 입은 연구팀 직원은 택시 뒷좌석에 앉아있다.
> - 셋 중 가장 낮은 직급의 C는 기획팀이다.

① A : 대리, 갈색 코트, 연구팀

② A : 과장, 회색 코트, 디자인팀

③ B : 대리, 갈색 코트, 연구팀

④ B : 과장, 회색 코트, 디자인팀

⑤ C : 사원, 검은색 코트, 기획팀

**08** 학교수업이 끝난 후 수민, 한별, 영수는 각각 극장, 농구장, 수영장 중 서로 다른 곳에 갔다. 이들 3명은 아래와 같이 진술하였는데, 이 중 1명의 진술은 참이고 2명의 진술은 모두 거짓이라고 할 때, 극장, 농구장, 수영장에 간 사람을 순서대로 바르게 나열한 것은?

> - 수민 : 나는 농구장에 갔다.
> - 한별 : 나는 농구장에 가지 않았다.
> - 영수 : 나는 극장에 가지 않았다.

① 수민, 한별, 영수

② 수민, 영수, 한별

③ 한별, 수민, 영수

④ 영수, 한별, 수민

⑤ 영수, 수민, 한별

**09** 다음은 우편매출액에 관한 자료이다. 자료에 대한 해석으로 옳지 않은 것은?

<우편매출액>

(단위 : 만 원)

| 구분 | 2018년 | 2019년 | 2020년 | 2021년 | 2022년 | | | | |
|---|---|---|---|---|---|---|---|---|---|
| | | | | | 소계 | 1분기 | 2분기 | 3분기 | 4분기 |
| 일반통상 | 11,373 | 11,152 | 10,793 | 11,107 | 10,899 | 2,665 | 2,581 | 2,641 | 3,012 |
| 특수통상 | 5,418 | 5,766 | 6,081 | 6,023 | 5,946 | 1,406 | 1,556 | 1,461 | 1,523 |
| 소포우편 | 3,390 | 3,869 | 4,254 | 4,592 | 5,017 | 1,283 | 1,070 | 1,292 | 1,372 |
| 합계 | 20,181 | 20,787 | 21,128 | 21,722 | 21,862 | 5,354 | 5,207 | 5,394 | 5,907 |

① 매년 매출액이 가장 높은 분야는 일반통상 분야이다.

② 1년 집계를 기준으로 매년 매출액이 꾸준히 증가하고 있는 분야는 소포우편 분야뿐이다.

③ 2022년 1분기에 특수통상 분야의 매출액이 차지하고 있는 비율은 20% 이상이다.

④ 2022년 소포우편 분야의 2018년 대비 매출액 증가율은 70% 이상이다.

⑤ 2021년에는 일반통상 분야의 매출액이 전체의 50% 이상을 차지하고 있다.

**10** 다음은 인구성장률을 나타낸 자료이다. 이에 대한 해석으로 옳은 것은?

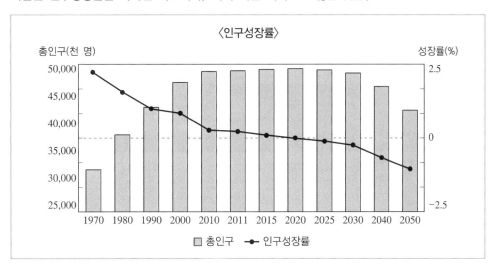

① 인구성장률은 2025년에 잠시 성장하다가 다시 감소할 것이다.

② 2011년부터 총인구는 감소할 것이다.

③ 2000 ~ 2010년 기간보다 2025 ~ 2030년 기간의 인구증가가 덜할 것이다.

④ 2040년에 총인구는 1990년 인구보다 적을 것이다.

⑤ 총인구는 2000년부터 계속해서 감소하는 모습을 보이고 있다.

**11** 다음은 자영업 종사자를 대상으로 실시한 업종 전환 의향에 대한 설문 조사 결과이다. 이에 대한 설명으로 옳은 것은?

〈업종 전환 의향 및 전환 이유에 대한 설문 조사 결과〉

(단위 : %)

| 구분 | | 전환 의향 | | 전환 이유 | | | | | |
|---|---|---|---|---|---|---|---|---|---|
| | | 있음 | 없음 | 영업이익 감소 | 동일 업종 내 경쟁 심화 | 권리금 수취 | 구인의 어려움 | 외식산업 내 경쟁 심화 | 제도적 규제 |
| 전체 | | 2.1 | 97.9 | 56.3 | 21.1 | 0.7 | 2.3 | 15.1 | 4.5 |
| 운영 형태별 | 프랜차이즈 | 1.3 | 98.7 | 45.1 | 20.2 | 6.0 | 10.6 | 13.1 | 5.0 |
| | 비(非) 프랜차이즈 | 2.3 | 97.7 | 57.9 | 21.2 | 0.0 | 1.1 | 15.3 | 4.5 |
| 매출액 규모별 | 5천만 원 미만 | 7.4 | 92.6 | 54.9 | 36.1 | 0.0 | 0.0 | 3.8 | 5.2 |
| | 5천만 원 이상 1억 원 미만 | 3.3 | 96.7 | 56.0 | 19.2 | 0.0 | 0.0 | 22.8 | 2.0 |
| | 1억 원 이상 5억 원 미만 | 1.2 | 98.8 | 57.4 | 12.0 | 2.1 | 6.5 | 14.7 | 7.3 |
| | 5억 원 이상 | 0.8 | 99.2 | 61.4 | 28.4 | 0.0 | 6.3 | 3.9 | 0.0 |

① 프랜차이즈 형태로 운영하는 경우, 그렇지 않은 경우보다 업종 전환 의향에 대한 긍정적 응답 비율이 높다.

② 매출액 규모가 클수록 업종 전환 이유에 대해 영업이익 감소의 응답 비율이 높다.

③ 구인난은 매출액 규모와 관계없이 업종 전환에 대한 이유가 될 수 있다.

④ 비(非)프랜차이즈 형태로 운영하는 경우, 업종 전환의 가장 큰 이유는 외식 산업 내 경쟁 심화이다.

⑤ 매출액이 5억 원 이상인 경우, 업종 전환의 가장 큰 이유는 제도적 규제이다.

**12** 다음은 소나무재선충병 발생지역에 대한 자료이다. 이를 이용하여 계산할 때, 고사한 소나무 수가 가장 많은 발생지역은?

〈소나무재선충병 발생지역별 소나무 수〉

(단위 : 천 그루)

| 발생지역 | 소나무 수 |
|---|---|
| 거제 | 1,590 |
| 경주 | 2,981 |
| 제주 | 1,201 |
| 청도 | 279 |
| 포항 | 2,312 |

〈소나무재선충병 발생지역별 감염률 및 고사율〉

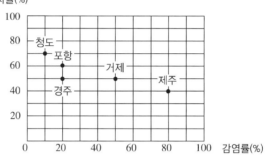

※ [감염률(%)] = $\dfrac{\text{(발생지역의 감염된 소나무 수)}}{\text{(발생지역의 소나무 수)}} \times 100$

※ [고사율(%)] = $\dfrac{\text{(발생지역의 고사한 소나무 수)}}{\text{(발생지역의 감염된 소나무 수)}} \times 100$

① 거제  ② 경주
③ 제주  ④ 청도
⑤ 포항

**13** 다음 룰렛에 적힌 수는 일정한 규칙을 갖는다. ㉠−㉡+㉢의 값은?

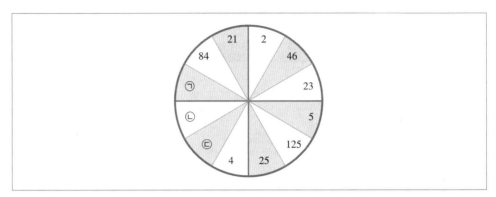

① 84

② 85

③ 86

④ 87

⑤ 88

**14** 영희는 회사에서 150km 떨어져 있는 지역에 운전하여 출장을 가게 되었다. 회사에서 출발하여 일정한 속력으로 가던 중 회사로부터 60km 떨어진 곳에서 차에 이상이 생겨 원래 속력에서 50% 느리게 운전했다. 목적지에 도착하는 데 총 1시간 30분이 걸렸다면 고장이 나기 전 처음 속력은?

① 180km/h

② 160km/h

③ 140km/h

④ 120km/h

⑤ 100km/h

**15** 영화관에서 영화를 보는 데 성인의 영화표 가격은 12,000원이고 청소년은 성인의 0.7배이다. 9명이 관람을 하는 데 90,000원을 지불하였다면 이 중 청소년은 몇 명인가?

① 3명                      ② 4명

③ 5명                      ④ 6명

⑤ 7명

**16** 내일 비가 올 확률은 $\dfrac{1}{3}$이다. 비가 온 다음 날 비가 올 확률은 $\dfrac{1}{4}$, 비가 안 온 다음 날 비가 올 확률은 $\dfrac{1}{5}$일 때, 내일모레 비가 올 확률은?

① $\dfrac{13}{60}$                   ② $\dfrac{9}{20}$

③ $\dfrac{11}{20}$                   ④ $\dfrac{29}{60}$

⑤ $\dfrac{31}{60}$

정답 및 해설 p.014

※ 다음은 L회사 건강 톡톡 게시판에 올릴 글이다. 이어지는 물음에 답하시오. [1~4]

매실은 유기산 중에서도 구연산(시트르산)의 함량이 다른 과일에 비해 월등히 많다. 구연산은 섭취한 음식을 에너지로 바꾸는 대사 작용을 돕고, 근육에 쌓인 젖산을 분해하여 피로를 풀어주며 칼슘의 흡수를 촉진하는 역할도 한다. 피로를 느낄 때, 매실 식초와 생수를 1 : 3 비율로 희석하여 마시면 피로 회복에 효과가 있다. 매실의 유기산 성분은 위장 기능을 활발하게 한다고 알려졌다. 매실의 신맛은 소화 기관에 영향을 주어 위장, 십이지장 등에서 소화액 분비를 촉진시켜 주어 소화 불량에 효능이 있다. 소화가 안 되거나 체했을 때 매실청을 타 먹는 것도 매실의 소화액 분비 촉진 작용 때문이다. 또한 장 내부를 청소하는 정장 작용은 물론 장의 연동 운동을 도와 변비를 예방하고 피부까지 맑아질 수 있다.

매실의 해독 작용은 『동의보감』에서도 인정하고 있다. 매실에 함유된 피루브산은 간의 해독 작용을 도와주며, 카테킨산은 장 속 유해 세균의 번식을 억제하는 효과가 있다. 매실의 해독 작용은 숙취 해소에도 효과가 있다. 매실즙이 알콜 분해 효소의 활성을 높여주기 때문이다. 또 이질균, 장티푸스균, 대장균의 발육을 억제하는 것은 물론, 장염 비브리오균에도 항균 작용을 하는 것으로 알려져 있다.

매실의 유기산 성분은 참으로 다양한 곳에서 효능을 발휘하는데 혈액을 맑게 해주고 혈액 순환을 돕는다. 혈액 순환이 좋아지면 신진대사가 원활해지고 이는 피부를 촉촉하고 탄력 있게 만들어 준다. 또한 매실은 인스턴트나 육류 등으로 인해 점점 몸이 산성화되어가는 체질을 중화시켜 주는 역할도 한다.

매실은 칼슘이 풍부하여 여성에게서 나타날 수 있는 빈혈이나 생리 불순, 골다공증에도 좋다고 한다. 특히 갱년기 장애를 느낄 때 매실로 조청을 만들어 꾸준히 먹는 것이 좋다. 꾸준한 복용을 추천하지만 적은 양으로도 농축된 효과가 나타나므로 불쾌한 갱년기 증세에 빠른 효과를 보인다고 알려져 있다. 또한 매실은 체지방을 분해해 주어 다이어트에도 효능이 있다.

**01** 다음 중 글의 제목으로 가장 적절한 것은?

① 알뜰살뜰, 매실청 집에서 담그는 법
② 여름철 '푸른 보약' 매실의 힘
③ 장수 비법 – 제철 과일의 효과
④ 색깔의 효능 : 초록색편 – 매실
⑤ 성인병 예방의 달인, 6월의 제철 식품

**02** 매실의 성분과 그 효능을 연결한 것으로 적절하지 않은 것은?

① 구연산 – 숙취 해소
② 유기산 – 소화 작용 촉진
③ 피루브산 – 해독 작용
④ 칼슘 – 빈혈 완화
⑤ 칼슘 – 생리 불순 완화

**03** 한 매실 음료 업체가 윗글을 마케팅 기획안에 반영하고자 한다. 예상할 수 있는 판매층으로 적절하지 않은 것은?

① 매일 학교 또는 학원에서 밤늦게까지 공부하는 학생들

② 외모에 관심이 많은 20대 여성들

③ 갱년기가 걱정되는 중년 여성들

④ 스마트폰 사용, TV 시청 등으로 시력 저하가 걱정되는 청소년들

⑤ 잦은 회식으로 간 건강이 걱정되는 직장인들

**04** 풋귤의 효능에 대해 다음과 같은 자료를 찾았다. 자료의 내용으로 적절하지 않은 것은?

감귤의 미숙과인 풋귤이 피부 관리에 도움이 되는 것으로 밝혀졌다. 풋귤 추출물이 염증 억제를 돕고 피부 보습력을 높이는 것이 실험을 통해 밝혀진 것이다. 우선 사람의 각질세포를 이용한 풋귤 추출물의 피부 보습 효과 실험을 살펴보면, 각질층에 수분이 충분해야 피부가 건강하고 탄력 있는데, 풋귤 추출물은 수분은 물론 주름과 탄성에도 영향을 주는 히알루론산을 많이 생성한다. 실험 결과 사람의 각질세포에 풋귤 추출물을 1% 추가하면 히알루론산이 40% 증가하는 것으로 나타났다. 또한 동물의 대식세포를 이용한 풋귤 추출물의 염증 억제 실험을 살펴보면 염증 반응의 대표 지표 물질인 산화질소와 염증성 사이토킨의 생성 억제 효과를 확인할 수 있다. 풋귤 추출물을 $200\mu g/mL$ 추가했더니 산화질소 생성이 40% 정도 줄어들었으며, 염증성 사이토킨 중 일부 성분은 30%에서 많으면 80%까지 억제된 것이다.

다음으로 풋귤은 완숙 감귤보다 폴리페놀과 플라보노이드 함량이 2배 이상 높은 것으로 나타났으며, 그밖에도 많은 기능성 성분과 신맛을 내는 유기산도 들어 있다. 특히 피로의 원인 물질인 젖산을 분해하는 구연산 함량이 1.5% ~ 2%로 완숙과보다 3배 정도 높아 지친 몸과 피부를 보호하는 데 도움이 될 수 있다.

이처럼 풋귤의 기능 성분들이 하나씩 밝혀지면서 솎아내 버려졌던 풋귤을 이용할 수 있을 것으로 보이며, 풋귤의 이용이 대량 유통으로 이어지면 감귤 재배 농가의 부가 소득 창출에도 기여할 수 있을 것으로 보인다. 또한 풋귤은 앞으로 피부 임상 실험 등을 거쳐 항염과 주름 개선 화장품 소재로도 개발될 수 있을 것이다.

① 풋귤은 감귤의 미숙과로 솎아내 버려지곤 했다.

② 풋귤 추출물은 피부 보습에 효과가 있다.

③ 풋귤 추출물은 산화질소와 사이토킨의 생성을 억제한다.

④ 풋귤은 구연산 함량이 완숙 감귤보다 3배 정도 낮아 피로 해소에 도움이 된다.

⑤ 풋귤은 앞으로 화장품 소재로도 개발될 수 있을 것이다.

※ L마트 온라인 홈페이지에서는 5월 가정의 달을 맞이하여 17일 하루 동안 원데이 특가 세일을 한다. 다음 자료를 보고 이어지는 질문에 답하시오. [5~8]

<5월 가정의 달 원데이 특가 세일>

| 상품명 | 정가 | 배송료 | 할인율 |
|---|---|---|---|
| 참목원 등심(500g) | 53,000원 | – | 15% |
| 진주 파프리카(1.5kg) | 13,900원 | 3,000원 | 40% |
| 진한홍삼(50mL×30포) | 60,000원 | 5,000원 | 57% |
| ◇◇비타민C(1,080mg×120정) | 10,800원 | 2,500원 | 40% |
| 밀푀유 등심돈까스(500g×2) | 17,000원 | 2,500원 | 10% |
| 제주고등어살(1kg) | 26,500원 | 3,000원 | 25% |
| 포기김치 5호(10kg) | 56,000원 | – | 15% |
| 무농약 밤(4kg) | 26,000원 | 2,500원 | 10% |
| ☆☆쌀(20kg) | 64,000원 | – | 10% |
| 연어회세트(200g+소스) | 20,000원 | 3,000원 | 20% |
| 좌석용 선풍기 | 75,000원 | – | 30% |
| 차량용 공기청정기 | 30,000원 | 2,500원 | 25% |
| 밀폐용기세트 | 12,000원 | 2,500원 | 10% |

※ 구매 전 꼭 확인하세요!
- 원데이 특가 세일은 오전 10시에 오픈되며, 할인 기간은 당일 오전 10시부터 익일 오전 10시까지입니다.
- 오전 10시부터 선착순 200명을 대상으로 전(全)상품을 무료로 배송합니다.
- 할인율은 수량에 상관없이 표에 제시된 할인율을 적용합니다.
- 도서 산간지역은 추가 배송료 5,000원이 적용됩니다(무료 배송 포함).
- 각 상품은 업체별 배송으로 배송료는 상품별로 각각 적용됩니다.
- 배송료가 있는 상품은 구매하는 수량에 상관없이 한 번만 적용됩니다.

**05** 울릉도에 살고 있는 주희는 5월 17일 오전 11시에 제주고등어살 2kg과 진한홍삼 30포를 주문했다. 최소한의 금액으로 결제를 했을 경우 배송비를 포함하여 주희가 결제한 금액은 총 얼마인가? (단, 무료 배송 이벤트는 오전 10시 30분에 끝난 상황이다)

① 45,700원
② 55,300원
③ 78,550원
④ 79,280원
⑤ 81,450원

**06** 5월 17일 오후 3시 현재 준혁이의 장바구니에 담긴 상품 목록은 아래와 같다. 상품의 총 가격을 계산해보니 생각보다 많이 구매한 것 같아 등심 하나와 좌석용 선풍기를 빼려고 할 때, 준혁이가 결제할 총 금액을 구하면?(단, 준혁이는 서울특별시 강남구에 거주하며, 무료 배송 이벤트는 끝난 상황이다)

| 상품명 | 수량 | 정가 | 할인율 | 배송비 |
|---|---|---|---|---|
| 참목원 등심 | 2 | 106,000원 | 15% | – |
| 진주 파프리카 | 4 | 55,600원 | 40% | 3,000원 |
| ☆☆쌀 | 1 | 64,000원 | 10% | – |
| 좌석용 선풍기 | 1 | 75,000원 | 30% | – |
| 무농약 밤 | 3 | 78,000원 | 10% | 2,500원 |

① 200,500원
② 208,710원
③ 209,210원
④ 211,710원
⑤ 213,000원

**07** 지희와 소미는 각각 원데이 특가 세일을 이용하여 다음과 같이 상품을 구매했다. 지희는 5월 17일 오전 10시에 구매하였고, 소미는 5월 18일 오전 10시 30분에 구매했다. 또한 지희는 운이 좋아 무료 배송 이벤트에 당첨됐다. 지희와 소미 중 누가 더 많은 금액을 결제하였고, 그 금액은 얼마인가?(단, 지희는 춘천에 거주하고, 소미는 서울에 거주한다)

| 지희가 구매한 상품 목록 | 소미가 구매한 상품 목록 |
|---|---|
| • 진한홍삼 30포<br>• 밀푀유 등심돈까스(500g×2)<br>• 포기김치 5호(10kg)<br>• 연어회세트(200g) | • 진주 파프리카 3kg<br>• ◇◇비타민C(120정)<br>• 무농약 밤(4kg)<br>• 제주고등어살 2kg |

① 지희, 104,700원
② 소미, 107,700원
③ 지희, 107,200원
④ 소미, 128,600원
⑤ 지희, 128,600원

**08** 연어회 세트를 배송하려는데 배송지까지의 거리가 총 50km이다. 60km/h의 속력으로 20km를 갔더니 배송시간이 얼마 남지 않아서, 90km/h의 속력으로 갔고 오후 3시에 배송을 완료할 수 있었다. 배송을 출발한 시각은?

① 오후 1시 40분
② 오후 2시
③ 오후 2시 20분
④ 오후 2시 40분
⑤ 오후 3시

※ 다음은 L회사의 사내 방송 대본이다. 이어지는 질문에 답하시오. [9~12]

생각해보면 참 당연하면서도 놀라운 사실. 언제부터 알게 됐는지 모르겠지만 우리는 마실 때는 시원하게 해서 맛있는 물의 온도를 맞추고 씻을 때는 너무 뜨겁거나 차갑지 않게 맞추면서 자연스럽게 알맞은 물의 온도를 인식해서 사용하고 있더라고요. 이럴 때면 경험이나 습관이라는 것이 얼마나 큰 지식인지 새삼 놀라게 됩니다. 이렇게 이미 익숙한 물의 온도를 대략 짐작해서 쓰고 있지만 실제로도 사용하는 곳에 따라 알맞은 물의 온도라는 것이 존재하는데요, 각 상황에 적절한 물의 온도는 어느 정도일까요?

㉠ 여름이 다가오고 날씨가 더워지면서 몸을 더 자주 씻게 되는데요, 여러분은 한여름에 샤워할 때 찬물로 하시나요, 아니면 따뜻한 물로 하시나요? 한여름의 즐거움이라고 하면 사실 땀을 뻘뻘 흘린 후에 온몸이 짜릿할 정도로 시원한 물을 뒤집어쓰는 것이지만 사실은 목욕할 때 아주 차거나 뜨거운 물보다는 30도에서 40도로 맞추어주는 것이 좋습니다. 겨울에 춥다고 아주 뜨거운 물로 씻으면 일순간 피로가 풀리거나 시원해지는 기분이 들기도 하지만 피부에 자극이 되고 건조해질 수 있고 또한 여름에 덥다고 해서 찬물로 목욕을 하면 그 순간은 시원하겠지만 내려간 체온을 유지하기 위하여 열이 발생하니 오히려 더 더워질 수도 있고요. 물론 너무 더운 날에는 이런 이론적인 이야기보다 그저 찬물 한 바가지가 절실하겠죠?

㉡ 어쨌든 이러한 물의 온도는 머리를 감을 때도 마찬가지인데요, 머리카락은 특히 약한 부위이기 때문에 너무 뜨겁거나 찬물은 모발과 두피에 좋지 않아서 머릿결을 상하게 합니다. 샴푸 CF에 나오는 것처럼 찰랑하고 빛나는 머릿결까진 아니더라도 탈모를 예방하는 차원에서 적당히 따뜻한 온도의 물로 씻어주는 것이 머릿결을 보호하는 하나의 방법입니다.

또, 최근에 건강에 좋은 여러 효과가 알려져 인기를 끌고 있는 반신욕. 집에서 반신욕 즐기는 분들 많으시죠? 반신욕을 하면 피부의 노폐물도 배출해주고 혈액 순환을 도와주기 때문에 많은 분이 즐기시는데요, 반신욕을 할 때 뜨거운 물에 오래 있을수록 땀도 많이 나고 효과가 좋을 것 같지만 실제로는 37 ~ 38도에서 20분 정도만 해주는 것이 가장 좋다고 해요. 노폐물의 배출도 좋지만 너무 오래 해서 피부 속 수분이 줄어들면 이 또한 피부에 좋지 않다는 사실! 뭐든 적당하게 즐기는 것이 좋답니다.

㉢ 아마 방송을 들었던 분들이라면 지난번 방송에서 차를 맛있게 마실 수 있는 온도에 대해서 이야기했던 것을 기억하실 텐데요, 기억나지 않는 분들을 위해 간단히 이야기해보자면 홍차와 우롱차는 95도 이상의 높은 온도에서, 녹차와 같은 생차(발효과정을 거치지 않은 차)는 70도 전후의 물에서 우리는 것이 가장 맛있게 즐길 수 있는 온도랍니다.

그렇다면 차로 마시는 물이 아니라 평소에 마시는 물은 어떤 온도가 가장 좋을까요? 가끔 드라마에서 보면 물병은 늘 식탁에 꺼내져 있고 그 물을 따라 마시는 것을 보면서 '냉장고에 보관하는 우리 집이랑 다른데?', '미지근한 물 싫은데?'하고 생각해보셨던 분들 계시겠죠? 물론 저도 포함해서요. 하지만 실제로 건강에는 미지근한 물이 좋다고 합니다. 너무 차가운 물은 체내 온도를 낮춰서 기초대사를 떨어뜨리거든요. 특히 아침에 일어나서 마시는 미지근한 물 한 잔은 위를 보호해주는 역할도 한답니다. 여름에는 어쩔 수 없이 시원한 얼음물 한 잔이 그리워지겠지만 너무 급하게 얼음물을 마시면 머리가 찡하고 두통이 오는 경험을 하게 되실지도 몰라요!

㉣ 이 외에도 옷을 세탁할 때에도 중요한 물의 온도! 수온에 따라 옷감을 상하게 하거나 옷을 변하게 할 수 있기 때문입니다. 갑자기 줄어든 옷에 속상해하지 않으려면 옷을 뒤집었을 때 안쪽에 붙어있는 안내표에 친절하게 표시된 숫자를 꼭 확인해보세요.

또 물의 온도가 생명과 직접 연관되는 경우도 있는데요, 바로 집에서 물고기나 거북이 등 어류를 키우려할 때입니다. 이 경우의 수온은 물에서 사는 동물들의 생명과 직접 연관된 문제이니 예쁜 열대어나 민물고기, 거북이와 오래오래 함께하려면 적절한 수온에 대해 꼭! 알아보셔야 해요.

**09** 방송을 듣고 이를 적절하게 이해한 사람은?

① 김사원 : 앞으로 옷을 세탁할 때는 뜨거운 물을 사용해야겠어요.

② 이대리 : 한여름 찬물 샤워를 즐겼는데 앞으로는 30 ~ 40도 정도의 물로 해야겠어.

③ 박과장 : 요즘 탈모로 고민인데, 뜨거운 물은 좋지 않으니 찬물로 머리를 감아야겠네.

④ 고차장 : 반신욕은 30분 이상 주 2회는 꼭 해야겠어.

⑤ 황부장 : 홍차는 시원하게 마셔야 맛있게 즐길 수 있구나.

1주 차

**10** 문단을 ㉠ ~ ㉣로 분류했을 때, 각 문단의 제목으로 적절하지 않은 것은?

① ㉠ : 목욕물의 적절한 온도는?

② ㉡ : 반신욕과 머리 감기, 적절한 온도는?

③ ㉢ : 차의 종류에 따른 가장 맛있는 온도는?

④ ㉣ : 물 온도, 동물의 생명과 직접적인 연관 있다!

⑤ 모두 적절하지 않다.

**11** 사내 방송을 통해 확인할 수 있는 내용으로 적절하지 않은 것은?

① 목욕할 때 물의 적정 온도

② 반신욕의 적정 온도와 시간

③ 발효차와 생차의 차이

④ 미지근한 물의 효능

⑤ 차를 맛있게 먹을 수 있는 적정온도

**12** 사내 방송의 전개 방식으로 가장 적절한 것은?

① 특정 주장을 비판하며 반박한다.

② 주장을 강하게 펼치며 설득한다.

③ 예시들을 열거하며 주장을 뒷받침한다.

④ 공감을 유도하며 정보를 전달한다.

⑤ 자신의 개인적인 경험이나 감정을 많이 섞어서 얘기한다.

※ L회사 직원들은 태국과 브라질 두 곳으로 해외연수를 가려고 한다. 다음 자료를 보고 이어지는 질문에 답하시오. [13~16]

〈이용가능 항공편 세부사항〉

| 항공편 | 출발시간(한국 기준) | 출발지 | 도착지 | 소요시간 | 금액(편도) |
|---|---|---|---|---|---|
| IC - 012 | 10월 10일 오전 11시 | 한국 | 태국 | 4:30 | 65만 원 |
| IC - 024 | 10월 11일 오후 2시 | 한국 | 태국 | 5:10 | 58만 원 |
| GR - 472 | 10월 10일 오전 9시 | 한국 | 브라질 | 8:20 | 91만 원 |
| GR - 451 | 10월 11일 오후 12시 | 한국 | 브라질 | 7:55 | 94만 원 |
| IC - 580 | 10월 12일 오전 10시 | 브라질 | 한국 | 9:15 | 102만 원 |
| IC - 310 | 10월 12일 오후 1시 | 브라질 | 한국 | 8:45 | 94만 원 |
| GR - 844 | 10월 11일 오전 8시 | 브라질 | 태국 | 3:45 | 43만 원 |
| GR - 614 | 10월 12일 오전 10시 | 브라질 | 태국 | 4:05 | 38만 원 |
| GR - 320 | 10월 11일 오후 1시 | 태국 | 한국 | 3:50 | 55만 원 |
| GR - 150 | 10월 12일 오후 4시 | 태국 | 한국 | 4:00 | 58만 원 |
| IC - 834 | 10월 11일 오후 8시 | 태국 | 브라질 | 2:35 | 57만 원 |
| IC - 714 | 10월 12일 오전 9시 | 태국 | 브라질 | 3:05 | 49만 원 |

※ 한국보다 태국이 3시간 빠르다.
※ 한국보다 브라질이 5시간 느리다.
※ IC항공권 1인당 2매 이상 구매 시 15% 할인, GR항공권 1인당 3매 이상 구매 시 10% 할인해준다.
※ 소요시간 4:30은 4시간 30분을 뜻한다.

**13** 다음 중 한국 – 태국 – 브라질 – 한국 노선과, 한국 – 브라질 – 태국 – 한국 노선을 탑승이 가능한 항공권 중 저렴한 항공편으로 예매할 때, 총 소요시간의 차이는 얼마인가?(단, 현지시각은 고려하지 않는다)

① 12시간 45분   ② 18시간 05분
③ 20시간 35분   ④ 24시간 10분
⑤ 27시간 15분

**14** 태국 현지시각으로 10월 10일 19시, 브라질 현지시각 10월 12일 18시에 열리는 회의에 참석하려고 한다. 다음 중 어떤 항공편을 이용해야 하는가?(단, 항공 소요시간이 짧은 항공을 선택하고, 그 외 시간을 고려하지 않는다)

① IC − 012, IC − 834
② IC − 012, IC − 714
③ IC − 024, IC − 834
④ IC − 024, IC − 714
⑤ IC − 024, IC − 310

**15** 사정상, 한국에 10월 12일 20시 전까지 도착해야한다. 가장 저렴한 항공편을 이용했다고 할 때, 한국에서 출발시각은?(단, 노선은 '한국 − 태국 − 브라질 − 한국' 또는 '한국 − 브라질 − 태국 − 한국'이며 현지시각은 고려하지 않는다)

① 10월 10일 오전 9시
② 10월 10일 오전 11시
③ 10월 10일 오후 2시
④ 10월 11일 오후 12시
⑤ 10월 11일 오후 2시

**16** 연수지에 도착하여 음식점 열 곳 중에서 세 곳을 골라 아침, 점심, 저녁을 먹으려고 한다. 가능한 경우의 수는?

① 420가지
② 560가지
③ 600가지
④ 720가지
⑤ 750가지

※ 다음은 해외출장에 필요한 해외여행자 휴대품 예상 조회 기준 조건을 공유한 정보이다. 이어지는 질문에 알맞은 답을 고르시오. [17~20]

〈해외여행자 휴대품 예상 조회 기준 조건〉

○ 1인당 휴대품 면세 범위(과세대상 : 국내면세점 및 해외 구입 물품)
  − 주류 1병(1리터, 400불 이하)
  − 향수 60mL
  − 담배 200개피(1보루)
  − 기타 합계 600불 이하의 물품
  ※ 단, 농림축산물, 한약재 등은 10만 원 이하로 한정하며, 품목별로 수량 또는 중량에 제한이 있습니다.
○ 면세범위 초과물품 예상세액 조회
  − 예상세액은 총 구입물품 가격에서 1인 기본면세범위 미화 600불을 선공제하고 각각의 관세율을 적용해 계산한 금액의 합산액을 기준으로 합니다.
  − 자진신고 시 관세의 30%(15만 원 한도)가 감면되는 혜택을 받을 수 있으며, 신고 미이행 시에는 납부세액의 40% 또는 60%(반복적 신고 미이행자)의 가산세가 부과됩니다.
○ 단일세율 : 의류 등 [물품설명]에서 단일세율 적용대상이라고 명시된 물품들은 합계 미화 1,000불까지 아래의 예시처럼 본래의 세율보다 낮은 단일세율(20%)을 적용받을 수 있습니다.
  예 모피제품(30%) 800불 1개, 의류(25%) 150불 1개, 신발(25%) 70불 1개인 경우 : 모피제품 단일세율 1개 20% 적용, 의류 단일세율 20% 적용, 신발은 본래의 세율 25% 적용(단일세율이 950불밖에 적용되지 않았지만 신발의 단가가 50불을 초과하여 합계 미화 1,000불을 초과하게 되면 신발은 단일세율을 적용받지 못한다)
○ 제한물품안내
  물품에 따라서는 면세범위에 포함되지 않거나 타법령에 의하여 반입이 제한될 수 있습니다. 농축산물, 멸종위기에 처한 동식물관련 제품, 한약재, 성분미상 의약품, 과일류 등은 제한 사항이 많으므로 자세한 내용은 관세청에 문의하시기 바랍니다.

**17** A사원은 해외출장을 다녀오면서 꽤 많은 물품들을 구매하였다. 아래는 A사원이 구매한 물품 내역서이다. 이 중 면세 물품에 포함되는 것은?

| | 물품 종류 | 구매가격 | 용량 및 크기 | 구매 장소 |
|---|---|---|---|---|
| ① | 향수 | 50$ | 100mL | 인천 면세점 |
| ② | GUCCY 가방 | 1,400$ | 500g | 이탈리아 시내 |
| ③ | 양주 1병 | 200$ | 1,000mL | 이탈리아 면세점 |
| ④ | NICE 신발 | 70$ | 80g | 인천 면세점 |
| ⑤ | 화장품 | 10$ | 20g | 프랑스 |

**18** B사원은 한국으로 돌아오는 비행기에서 해외에서 산 물품을 자진신고를 할지 말지 고민 중이다. 만약 성실신고를 하지 않으면, B사원은 신고 미이행특별부과세 40%가 추가로 가산됨을 알고 있다. B사원의 선택 및 납부해야 될 금액을 바르게 나열한 것은?(단, B사원은 반복적 신고 미이행자가 아니다)

<구매한 품목 내역>

| 물품명 | 수량(개) | 금액(유로) |
|---|---|---|
| LANQIN 향수 100mL | 1 | 80 |
| GUZZI 가방 | 1 | 1,400 |
| PRADD 지갑 | 1 | 350 |
| VALENCIAA 팔찌 | 1 | 100 |
| BOSSI 벨트 | 1 | 150 |

※ 계산의 편의성을 위해 환율은 '1,300원/유로, 1,100원/달러'로 계산한다. 또한 팔찌는 25%의 관세율이며 단일세율적용 품목대상이다. 이 밖의 물품은 모두 20%라고 가정한다.

　B사원은 이전 과거 기록을 통해 자신이 걸릴 확률을 80%, 걸리지 않을 확률을 20%라고 확신하고 있다.

※ B사원은 성실신고를 하지 않을 경우 발생한 기댓값 계산을 통해 20만 원을 초과하면 자진신고를 할 생각이다.

|     | 신고 여부 | 관세 금액 |
|-----|-----------|-----------|
| ① | 자진신고를 한다. | 122,640원 |
| ② | 자진신고를 안 한다. | 0원 |
| ③ | 자진신고를 한다. | 408,800원 |
| ④ | 자진신고를 한다. | 286,160원 |
| ⑤ | 자진신고를 안 한다. | 408,800원 |

**19** K부장은 이번 면세점에서 100달러 시계 1개, 350달러 포도주(400mL) 1병, 40달러 백팩 1개, 개당 200달러하는 골프채 2개, 70달러 향수(100mL) 1개, 125달러 코트, 130달러 담배 1보루를 샀다. 아래 각각의 세율에 관한 사항을 참고하여, K부장이 자진납세할 경우 지불해야 할 관세는 얼마인가?(단, 환율은 1,100원/달러로 계산한다)

〈구입 품목별 세율 세부사항〉

| 품목 | 적용 세율 |
|------|-----------|
| 시계 | 개별소비세 적용대상 물품이다. 총 세율은 1,852,000원까지는 20%이고, 초과되는 금액부분은 50%이다. |
| 향수 | 이 항목에는 방향성 화장품은 모두 해당된다. 총 세율은 간이세율 20%이다. 일반적으로 향수(Perfume)와 오데 퍼퓸(Eau de perfume) 오데 토일렛(Eau de toilette) 오데 코롱(Eau de cologne) 등 향수, 코롱, 분말향, 향낭 등이 모두 포함된다. |
| 담배 | 이 항목에는 일반적으로 통용되는 필터담배가 포함된다. 1보루는 10갑이다. 총 세액은 1보루당 관세(구입금액의 40%)＋개별소비세(1갑당 594원) 5,940원＋부가세((구입금액＋관세＋개별소비세)×10%)＋지방세14,490원(담배소비세 : 1갑당 1,007원＋지방교육세 : 담배소비세의 43.99%) |
| 백팩 | 이 항목에는 가방 또는 지갑이 해당된다. 개별소비세 적용대상 물품이다 총 세율은 1,852,000원까지는 20%이고 초과되는 금액부분은 50%이다. |
| 골프채 | 이 항목에는 거의 대부분의 운동기구, 운동용품, 레저용품 등이 해당된다. 총 세율은 간이세율 20%이다. 단, 스포츠 의류, 신발 등은 제외된다. |
| 주류 | 이 항목에는 포도주를 비롯하여 대부분의 발효 과실주가 포함된다. 총 세율은 약 68% 정도이다. |

① 20,530원　　　　　　　　　　② 20,790원

③ 23,580원　　　　　　　　　　④ 29,700원

⑤ 34,200원

**20** C사원은 해외출장팀을 마중 나가기 위해 공항에 간다. 회사에서 공항까지 갈 때는 속력 80km/h로, 회사로 돌아갈 때는 속력 120km/h로 왔다. 총 1시간이 걸렸을 때 공항과 회사의 거리는?

① 44km　　　　　　　　　　② 46km

③ 48km　　　　　　　　　　④ 50km

⑤ 52km

## |01| 언어이해

**01** 다음 글의 내용으로 적절하지 않은 것은?

> 최근 광화문광장 국제설계공모에서 'Deep Surface(과거와 미래를 깨우다.)'가 최종 선정되었다. 당선작의 공간구상을 살펴보면, 지상은 '비움', 지하는 '채움'으로 구성된다. 지상광장은 질서 없는 구조물의 배치를 정리해 경복궁과 그 뒤 북악산의 원경을 광장 어디서든 막힘없이 볼 수 있게 하고, 다양한 이벤트가 열릴 수 있도록 비움의 공간으로 조성될 예정이다. 지하광장은 휴식, 문화, 교육, 체험 공간으로 채워진다. 지상광장 바닥에는 종묘마당의 박석포장과 다양한 모양과 크기의 원형 패턴을 적용하고, 일부 바닥표면에는 조명을 설치해 독특한 야간경관을 연출한다. 지상광장은 지하에 자연광을 유도할 수 있게 해주는 선큰공간을 통해 지하로 연결된다. 선큰공간의 방문객들은 북악산의 녹음과 광화문의 전경을 바라보며 자연스럽게 역사광장과 만나게 된다. 광장과 맞닿아 있는 주변 건물도 광장의 일부분이 된다. 광장과 건축물 사이에 테라스, 바닥분수, 미니공원 등이 다양하게 조성되고 건물 외벽 등을 활용해 독창적인 경관을 연출한다.
> 국제설계공모 당선자에게는 기본 및 실시 설계권이 주어진다. 서울시는 당선자와 설계범위 등에 대해 구체적으로 협의한 뒤 2월 중 설계 계약을 체결하여 연내 설계를 마무리하고 내년 초 공사에 들어가 2021년 준공할 계획이다. 이 계획은 새로운 광화문광장의 밑그림으로, 2월 당선자와 계약을 체결한 후 본격적으로 지역주민과 시민들의 의견을 수렴하여 계획을 구체화해 나갈 예정이다.

① 광화문광장의 지상과 지하공간은 대조적 방식으로 구성될 예정이다.

② 광화문광장 주변의 건물을 제거하여 광장의 경관을 돋보이게 할 예정이다.

③ 광화문광장의 공사는 공모전의 당선작과 시민들의 의견을 고려하여 진행될 예정이다.

④ 선큰공간을 통해 방문객들은 지하에서부터 자연스럽게 광장의 경관을 접할 수 있게 될 예정이다.

**02** 다음 글의 주제로 적절한 것은?

싱가포르에서는 1982년부터 자동차에 대한 정기검사 제도가 시행되었는데, 그 체계가 우리나라의 검사제도와 매우 유사하다. 단, 국내와는 다르게 재검사에 대해 수수료를 부과하고 있고 금액은 처음 검사 수수료의 절반이다.

자동차검사에서 특이한 점은 2007년 1월 1일부터 디젤 자동차에 대한 배출가스 정밀검사가 시행되고 있다는 점이다. 안전도검사의 검사방법 및 기준은 교통부에서 주관하고 배출가스검사의 검사방법 및 기준은 환경부에서 주관하고 있다.

싱가포르는 사실상 자동차 등록 총량제에 의해 관리되고 있다. 우리나라와는 다르게 자동차를 운행할 수 있는 권리증을 자동차 구매와 별도로 구매하여야 하며 그 가격이 매우 높다. 또한 일정 구간(혼잡구역)에 대한 도로세를 우리나라의 하이패스 시스템과 유사한 시스템인 ERP시스템을 통하여 징수하고 있다.

강력한 자동차 안전도 규제, 이륜차에 대한 체계적인 검사와 ERP를 이용한 관리를 통해 검사진로 내에서 사진촬영보다 유용한 시스템을 적용한다. 그리고 분기별 기기 정밀도 검사를 시행하여 국민에게 신뢰받을 수 있는 정기검사 제도를 시행하고 국민의 신고에 의한 수시 검사제도를 통하여 불법 자동차 근절에 앞장서고 있다.

① 싱가포르 자동차 관리 시스템
② 싱가포르와 우리나라의 교통규제시스템
③ 싱가포르의 자동차 정기검사 제도
④ 싱가포르의 불법자동차 근절방법

기업은 상품의 사회적 마모를 촉진시키는 주체이다. 생산과 소비가 지속되어야 이윤을 남길 수 있기 때문에, 하나의 상품을 생산해서 그 상품의 물리적 마모가 끝날 때까지를 기다렸다가는 기업이 망하기 십상이다. 이러한 상황에서 늘 수요에 비해서 과잉 생산을 하는 기업이 살아남을 수 있는 길은 상품의 사회적 마모를 짧게 해서 사람들로 하여금 계속 소비하게 만드는 것이다.

그래서 ㉠ 기업들은 더 많은 이익을 내기 위해서는 상품의 성능을 향상시키기보다는 디자인을 변화시키는 것이 더 바람직하다고 생각한다. 산업이 발달하여 상품의 성능이나 기능, 내구성이 이전보다 더욱 향상되었는데도 불구하고 상품의 생명이 이전보다 더 짧아지는 것은 어떻게 생각하면 자본주의 상품이 지닌 모순이라고 할 수 있다. 섬유의 질은 점점 좋아지지만 그 옷을 입는 기간은 이에 비해서 점점 짧아지게 되는 것이 바로 자본주의 상품이 지니고 있는 모순이다. 산업이 계속 발달하여 상품의 성능이 향상되는데도 상품의 사회적인 마모 기간이 누군가에 의해서 엄청나게 짧아지고 있다. 상품의 질은 향상되고 내가 버는 돈은 늘어가는 것 같은데 늘 무엇인가 부족한 듯한 느낌이 드는 것도 이것과 관련이 있다.

**03**  윗글을 읽고 추론한 내용으로 적절하지 않은 것은?

① 기업은 물리적 마모가 짧을수록 유리하기 때문에 제품의 성능에 신경 쓰지 않는다.

② 사회적 마모 기간이 짧아지면 생산과 소비는 지속된다.

③ 기업은 이익을 위해 상품의 디자인 변화가 이윤추구에 더 바람직하다고 생각한다.

④ 자본주의 시대를 사는 사람들은 제품의 품질이 좋아져도 오래 사용하지 않는다.

**04**  다음 중 밑줄 친 ㉠에 대해 제기할 수 있는 반론으로 가장 적절한 것은?

① 상품의 성능은 그대로 두어도 향상될 수 있는가?

② 디자인에 관한 소비자들의 취향이 바뀌는 것을 막을 방안은 있는가?

③ 상품의 성능 향상을 등한시하며 디자인만 바꾼다고 소비가 증가할 것인가?

④ 사회적 마모 기간이 점차 짧아지면 디자인을 개발하는 것이 기업에 도움이 되겠는가?

**05**  다음은 공급원별 골재채취 현황(구성비)을 나타낸 자료이다. 이에 대한 설명으로 옳지 않은 것은?

〈공급원별 골재채취 현황(구성비)〉

(단위 : %)

| 구분 | 2017년 | 2018년 | 2019년 | 2020년 | 2021년 | 2022년 |
|------|--------|--------|--------|--------|--------|--------|
| 하천골재 | 16.6 | 19.8 | 21.3 | 14.8 | 17.0 | 9.9 |
| 바다골재 | 25.7 | 20.1 | 17.6 | 25.6 | 25.0 | 31.1 |
| 산림골재 | 48.8 | 53.1 | 54.5 | 52.5 | 52.0 | 53.4 |
| 육상골재 | 8.9 | 7.0 | 6.6 | 7.1 | 6.0 | 5.6 |
| 합계 | 100.0 | 100.0 | 100.0 | 100.0 | 100.0 | 100.0 |

※ 골재 : 하천·산림·공유수면 기타 지상·지하 등에 부존되어 있는 암석(쇄석용에 한함)·모래 또는 자갈로
　서 건설공사의 기초재료로 쓰이는 것
※ 골재채취 : 골재를 캐거나 들어내는 등 자연 상태로부터 분리하는 것

① 하천골재가 차지하는 비중은 2019년에 가장 높고, 2022년에 가장 낮다.
② 공급원별 골재채취 현황에서 다른 골재에 비해 산림골재가 차지하는 비중이 매년 가장 높다.
③ 2019년 산림골재가 차지하는 비중은 2017년 육상골재가 차지하는 비중의 8배 이상이다.
④ 2021년과 비교했을 때, 바다골재는 2022년에 차지하는 비중이 6.1%p 증가했다.

# 06

2019년부터 2022년까지 전년 대비 가장 크게 증가한 범죄의 발생 건수 비율과 체포 건수 비율의 증가량 차이를 구한 것은?

## ⟨범죄유형별 발생 건수 비율⟩

(단위 : %)

| 구분 | 2018년 | 2019년 | 2020년 | 2021년 | 2022년 |
|---|---|---|---|---|---|
| 흉악범죄 | 1.9 | 2.2 | 1.7 | 0.8 | 1.0 |
| 조폭범죄 | 3.4 | 2.6 | 1.6 | 1.4 | 1.3 |
| 절도죄 | 66.9 | 57.3 | 76.0 | 81.7 | 88.0 |
| 지능범죄 | 5.9 | 9.7 | 2.9 | 7.8 | 3.4 |
| 기타 | 21.9 | 28.2 | 17.8 | 8.3 | 6.3 |

## ⟨범죄유형별 체포 건수 비율⟩

(단위 : %)

| 구분 | 2018년 | 2019년 | 2020년 | 2021년 | 2022년 |
|---|---|---|---|---|---|
| 흉악범죄 | 3.7 | 3.1 | 3.3 | 3.5 | 4.7 |
| 조폭범죄 | 5.3 | 3.6 | 3.5 | 4.6 | 5.7 |
| 절도죄 | 55.6 | 49.4 | 56.3 | 56.4 | 57.5 |
| 지능범죄 | 4.7 | 7.4 | 3.1 | 8.3 | 5.9 |
| 기타 | 30.7 | 36.5 | 33.8 | 27.2 | 26.2 |

① 11.7%p  
② 11.8%p  
③ 12.9%p  
④ 13.0%p

※ 다음은 국유재산종류별 규모현황이다. 자료를 읽고 이어지는 질문에 답하시오. **[7~8]**

〈국유재산종류별 규모현황〉

(단위 : 억 원)

| 국유재산종류 | 2018년 | 2019년 | 2020년 | 2021년 | 2022년 |
|---|---|---|---|---|---|
| 총계 | 9,384,902 | 9,901,975 | 10,444,088 | 10,757,551 | 10,817,553 |
| 토지 | 4,374,692 | 4,485,830 | 4,670,080 | 4,630,098 | 4,677,016 |
| 건물 | 580,211 | 616,824 | 652,422 | 677,188 | 699,211 |
| 공작물 | 2,615,588 | 2,664,379 | 2,756,345 | 2,821,660 | 2,887,831 |
| 입목죽 | 108,049 | 110,789 | 80,750 | 128,387 | 88,025 |
| 선박·항공기 | 21,775 | 20,882 | 23,355 | 23,178 | 25,524 |
| 기계·기구 | 4,124 | 4,096 | 6,342 | 9,252 | 10,524 |
| 무체재산 | 10,432 | 10,825 | 11,334 | 11,232 | 11,034 |
| 유가증권 | 1,670,031 | 1,988,350 | 2,243,460 | 2,456,556 | 2,418,389 |

**07** 다음 중 2020년에 국유재산의 규모가 10조를 넘는 국유재산종류의 개수는?

① 2개  ② 3개
③ 4개  ④ 5개

**08** 다음 〈보기〉 중 자료에 대한 설명으로 옳은 것을 모두 고르면?

> **보기**
> ㄱ. 2020년과 2022년에 국유재산 종류별로 규모가 큰 순서는 동일하다.
> ㄴ. 2018년과 2019년에 규모가 가장 작은 국유재산은 동일하다.
> ㄷ. 2019년 국유재산 중 건물과 무체재산, 유가증권 규모의 합계는 260조 원보다 크다.
> ㄹ. 2018년부터 2021년까지 국유재산 중 선박·항공기와 기계·기구의 전년대비 증감추이는 동일하다.

① ㄴ, ㄷ  ② ㄴ, ㄹ
③ ㄱ, ㄴ, ㄷ  ④ ㄱ, ㄷ, ㄹ

**09**  서울에 사는 A씨는 결혼기념일을 맞이하여 가족과 함께 KTX를 타고 부산으로 여행을 다녀왔다. A씨의 가족이 이번 여행에서 지불한 교통비는 모두 얼마인가?

---

- A씨 부부에게는 만 6세인 아들, 만 3세인 딸이 있다.
- 갈 때는 딸을 무릎에 앉혀 갔고, 돌아올 때는 좌석을 구입했다.
- A씨의 가족은 일반석을 이용하였다.

〈KTX 좌석별 요금〉

| 구분 | 일반석 | 특실 |
|---|---|---|
| 가격 | 59,800원 | 87,500원 |

※ 만 4세 이상 13세 미만 어린이는 운임의 50%를 할인합니다.
※ 만 4세 미만의 유아는 보호자 1명당 2명까지 운임의 75%를 할인합니다.
 (단, 유아의 좌석을 지정하지 않을 시 보호자 1명당 유아 1명의 운임을 받지 않습니다)

---

① 299,000원  ② 301,050원
③ 307,000원  ④ 313,950원

**10**  P은행의 기획팀에서 근무하는 T사원은 세미나를 위한 장소를 예약하려고 한다. 세미나 장소의 선정 기준과 장소 조건이 다음과 같다면, 가장 적합한 장소는 어디인가?

---

〈세미나 장소 선정 기준〉

– 5시간 대여(식사 필요)
– 가장 저렴한 비용
– 빔 프로젝터 활용 시설 필요
– 수용인원 50명 이상(식사 50인분 예약)
– 은행에서 40분 이내의 이동거리

〈장소 조건〉

| 장소 명 | 수용인원 | 시간당 대여료 | 식사 제공 | 빔 프로젝터 | 이동거리 |
|---|---|---|---|---|---|
| G빌딩 다목적홀 | 100명 | 250,000원 | ○ | 1일 대여비 90,000원 | 15분 |
| O빌딩 세미나홀 | 60명 | 120,000원 | 1인당 6,000원 별도 지급 | ○ | 35분 |
| I공연장 | 70명 | 100,000원 | 1인당 8,000원 별도 지급 | 1일 대여비 50,000원 | 40분 |
| U펜션 강당 | 50명 | 50,000원 | 1인당 8,000원 별도 지급 | × | 60분 |

---

① G빌딩 다목적홀  ② O빌딩 세미나홀
③ I공연장  ④ U펜션 강당

※ 다음은 2022년 P공사 하반기 신입사원 채용공고이다. 공고문을 읽고 이어지는 질문에 답하시오.
**[11~12]**

---

### 〈2022년 하반기 P공사 신입사원 채용공고〉

- 채용인원 및 선발분야 : 총 ○○○명(기능직 ○○○명, 행정직 ○○○명)
- 지원자격

| 구분 | 주요내용 |
|------|---------|
| 학력 | – 기능직 : 해당 분야 전공자 또는 관련 자격 소지자<br>– 행정직 : 학력 및 전공 제한 없음 |
| 자격 | – 기능직의 경우 관련 자격증 소지 여부 확인<br>– 외국어 능력 성적 보유자에 한해 성적표 제출 |
| 연령 | – 만 18세 이상(채용공고일 2022. 10. 23. 기준) |
| 병역 | – 병역법에 명시한 병역기피 사실이 없는 자<br>  (단, 현재 군복무 중인 경우 채용예정일 이전 전역 예정자 지원가능) |
| 기타 | – 2022년 하반기 신입사원 채용부터 지역별 지원 제한 폐지 |

- 채용전형 순서 : 서류전형 – 필기전형 – 면접전형 – 건강검진 – 최종합격
- 채용예정일 : 2022년 11월 15일

---

**11** P공사 채용 Q&A 게시판에 다음과 같은 질문이 올라왔다. 질문에 옳게 답변한 것은?

> 안녕하세요.
> 이번 P공사 채용공고를 확인하고 지원하려고 하는데 지원 자격과 관련하여 여쭤보려고 합니다. 대학을 졸업하고 현재 군인 신분인 제가 이번 채용에 지원할 수 있는지 확인하고 싶어서요. 답변 부탁드립니다.

① 죄송하지만 이번 채용에서는 대학 졸업예정자만을 대상으로 하고 있습니다.
② 채용예정일 이전 전역 예정자라면 지원 가능합니다.
③ 기능직의 경우 필요한 자격증을 보유하고 있다면 누구든지 지원 가능합니다.
④ 지역별로 지원 제한이 있으므로 확인하시고 지원하시기 바랍니다.

**12** 다음 중 P공사에 지원할 수 없는 사람은 누구인가?

① 최종학력이 고등학교 졸업인 A
② 관련 학과를 전공하고 기능직에 지원한 B
③ 2022년 11월 10일 기준으로 만 18세가 된 C
④ 현재 군인 신분으로 2022년 11월 5일 전역 예정인 D

## | 04 | 추리

※ 일정한 규칙으로 수를 나열할 때, 빈칸에 들어갈 알맞은 수를 고르시오. [13~14]

**13**

| 5 | 7 | 10 | 14 | 19 | 25 | ( ) |

① 27                                     ② 30

③ 32                                     ④ 35

**14**

| -150 | -145 | -135 | -115 | ( ) | 5 | 165 |

① -60                                 ② -65

③ -70                                 ④ -75

**15** 사과 12개를 5명의 사람들이 나누어 먹고 다음과 같은 대화를 나눴다. 이 중에서 단 1명만이 진실을 말하고 있다고 할 때, 다음 중 사과를 가장 많이 먹은 사람과 적게 먹은 사람을 순서대로 짝지은 것은?(단, 모든 사람은 적어도 1개 이상의 사과를 먹었다)

A : 나보다 사과를 적게 먹은 사람은 없어.
B : 나는 사과를 2개 이하로 먹었어.
C : D는 나보다 사과를 많이 먹었고, 나는 B보다 사과를 많이 먹었어.
D : 우리 중에서 사과를 가장 많이 먹은 사람은 A야.
E : 나는 사과를 4개 먹었고, 우리 중에 먹은 사과의 개수가 같은 사람이 있어.

① B, D                                 ② B, C

③ E, A                                 ④ E, D

**16** P사가 해외공사에 사용될 설비를 구축할 업체 두 곳을 선정하려고 한다. 구축해야할 설비는 중동, 미국, 서부, 유럽에 2개씩 총 8개이며, 경쟁업체는 A ~ C기업이다. 주어진 〈정보〉가 '참' 또는 '거짓'이라고 할 때, 〈보기〉 중 '참'을 말하는 사람을 모두 고르면?

〈정보〉

- A기업은 최소한 3개의 설비를 구축할 예정이다.
- B기업은 중동, 미국, 서부, 유럽에 각 하나씩 설비를 구축할 예정이다.
- C기업은 중동지역 2개, 유럽지역 2개의 설비를 구축할 예정이다.

**보기**

- 이사원 : A기업이 참일 경우, B기업은 거짓이 된다.
- 김주임 : B기업이 거짓일 경우, A기업은 참이 된다.
- 장대리 : C기업이 참일 경우, A기업도 참이 된다.

① 이사원            ② 김주임

③ 장대리            ④ 이사원, 김주임

# 2주 차

## 실력 다지기

2주 차에는 앞서 학습한 삼성, SK, LG, 롯데, 포스코 5대 기업의 유형을 바탕으로, 좀 더 다양한 유형의 문제를 풀어보며 응용력을 키워야 합니다. 또한 단골출제유형인 문제에 최대한 익숙해져야 합니다. 언어의 내용일치, 수리의 거리・속력・시간, 추리의 삼단논법 등 반복되어 출제되는 빈출 유형은 풀이방법 자체를 외워두는 것이 좋으며, 익숙한 유형의 문제가 출제될 경우 풀이 시간을 줄일 수 있도록 꾸준한 연습이 필요합니다.

학습 CHECKLIST!
• 주어진 지문을 읽고 핵심을 빠르게 찾아낼 수 있는가?
• 기본 공식을 변형・응용하여 활용할 수 있는가?
• 주어진 조건과 정보를 바탕으로 어떠한 사실을 판별할 수 있는가?
• 여러 가지 평면도형과 입체도형을 변형한 형태를 추론할 수 있는가?

### | 01 | 수리논리

※ 일정한 규칙으로 수를 나열할 때, 빈칸에 들어갈 알맞은 수를 고르시오. **[1~2]**

**01**

| 27 | 81 | 9 | 243 | 3 | 729 | ( ) |

① 1  ② 2
③ 4  ④ 6
⑤ 8

**02**

| 3 | 7 | −15 | 11 | −37 | 37 | −85 | ( ) |

① 85  ② 111
③ 181  ④ 183
⑤ 189

**03** 일정한 규칙으로 수를 나열할 때, A−B의 값은?

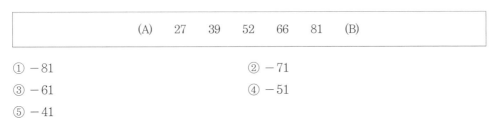

| (A) | 27 | 39 | 52 | 66 | 81 | (B) |

① −81  ② −71
③ −61  ④ −51
⑤ −41

**04** 일정한 규칙에 따라 수를 나열할 때, ?에 들어갈 알맞은 수는?

(15, 5)=[(20, 15), (30, 35), (15, 10)]
(30, 18)=[(18, 12), (12, 6), (42, 30)]
(20, 14)=[(10, 4), (38, 30), (12, ?)]

① 4                                                  ② 6
③ 8                                                  ④ 10
⑤ 12

**05** 다음은 국내 오렌지 수입량 현황에 관한 자료이다. ㉠, ㉡에 들어갈 수치가 알맞게 나열된 것은? (단, 각 수치는 매년 일정한 규칙으로 변화한다)

〈국가별 국내 오렌지 수입량〉

(단위 : 천 톤)

| 구분 | 2018년 | | 2019년 | | 2020년 | | 2021년 | | 2022년 | |
|---|---|---|---|---|---|---|---|---|---|---|
| | 상반기 | 하반기 | 상반기 | 하반기 | 상반기 | 하반기 | 상반기 | 하반기 | 상반기 | 하반기 |
| 미국 | 2.7 | 2.8 | 2.6 | 2.4 | 2.5 | 2.6 | 2.7 | 2.7 | 2.4 | 2.7 |
| 필리핀 | 2.9 | 3.0 | ㉠ | 2.7 | 2.8 | 3.1 | 2.9 | 3.5 | 2.8 | 2.9 |
| 뉴질랜드 | 2.2 | 2.1 | 2.4 | 2.3 | 1.9 | 2.4 | 2.4 | 2.4 | ㉡ | 2.4 |
| 태국 | 1.5 | 1.9 | 2.0 | 2.1 | 1.7 | 2.1 | 2.0 | 2.0 | 1.9 | 2.0 |

|    | ㉠ | ㉡ |    |    | ㉠ | ㉡ |
|---|---|---|---|---|---|---|
| ① | 2.5 | 2.2 |    | ② | 2.8 | 2.5 |
| ③ | 2.8 | 2.3 |    | ④ | 2.5 | 2.2 |
| ⑤ | 2.7 | 2.5 |    |    |    |    |

**06** 다음은 A ~ D사의 남녀 직원비율을 나타낸 자료이다. 이에 대한 설명으로 옳지 않은 것은?

<A ~ D사의 남녀 직원비율>

| 구분 | A | B | C | D |
|---|---|---|---|---|
| 남(%) | 54 | 48 | 42 | 40 |
| 여(%) | 46 | 52 | 58 | 60 |

① 여직원 대비 남직원 비율이 가장 높은 회사는 A사이며, 가장 낮은 회사는 D사이다.

② B, C, D사의 여직원 수의 합은 남직원 수의 합보다 크다.

③ A사의 남직원이 B사의 여직원보다 많다.

④ A사의 전체 직원 수가 B사 전체 직원 수의 2배이면 A, B사의 전체 직원 중 남직원이 차지하는 비율은 52%이다.

⑤ A, B, C사의 전체 직원 수가 같다면 A, C사 여직원 수의 합은 B사 여직원 수의 2배이다.

**07** 다음은 2023년도 경기전망을 나타낸 것이다. 경제성장률이 표에서 나타나는 것보다 2%p씩 상승하는 경우 경제성장률의 기댓값을 구하면?(단, 경제성장률이 변화해도 확률은 변하지 않는다)

<2023년도 경기전망>

| 경제성장률(확률변수) | 확률 |
|---|---|
| 5% | 0.2 |
| 15% | 0.4 |
| 20% | 0.4 |

※ (기댓값)={(확률변수)×(확률의 합)}

① 14%  　　　　　　　② 15%

③ 16%  　　　　　　　④ 17%

⑤ 18%

**08** 다음은 연령계층별 경제활동 인구를 나타낸 자료이다. 경제활동 참가율이 가장 높은 연령대와 가장 낮은 연령대의 차이는 얼마인가?(단, 경제활동 참가율은 소수점 둘째 자리에서 반올림한다)

〈연령계층별 경제활동 인구〉

(단위 : 천 명, %)

| 구분 | 전체 인구 | 경제활동 인구 | 취업자 | 실업자 | 비경제활동 인구 | 실업률 |
|---|---|---|---|---|---|---|
| 15 ~ 19세 | 2,944 | 265 | 242 | 23 | 2,679 | 8.7 |
| 20 ~ 29세 | 6,435 | 4,066 | 3,724 | 342 | 2,369 | 8.3 |
| 30 ~ 39세 | 7,519 | 5,831 | 5,655 | 176 | 1,688 | 3 |
| 40 ~ 49세 | 8,351 | 6,749 | 6,619 | 130 | 1,602 | 1.9 |
| 50 ~ 59세 | 8,220 | 6,238 | 6,124 | 114 | 1,982 | 1.8 |
| 60세 이상 | 10,093 | 3,885 | 3,804 | 81 | 6,208 | 2.1 |
| 합계 | 43,562 | 27,034 | 26,168 | 866 | 16,528 | 25.8 |

※ 경제활동 참가율(%) = $\dfrac{(\text{경제활동 인구})}{(\text{전체 인구})} \times 100$

① 54.2%p
② 66.9%p
③ 68.6%p
④ 71.8%p
⑤ 80.8%p

**09** 다음은 S연구기관의 직종별 인력 현황에 관한 자료이다. 인력 현황 중 연령을 그래프로 나타내려고 할 때 이를 바르게 나타낸 것은?

<S연구기관의 직종별 인력 현황>

(단위 : 명, 세, 만 원)

| 구분 | | 2018년 | 2019년 | 2020년 | 2021년 | 2022년 |
|---|---|---|---|---|---|---|
| 정원 | 연구 인력 | 80 | 80 | 85 | 90 | 95 |
| | 지원 인력 | 15 | 15 | 18 | 20 | 25 |
| | 소계 | 95 | 95 | 103 | 110 | 120 |
| 현원 | 연구 인력 | 79 | 79 | 77 | 75 | 72 |
| | 지원 인력 | 12 | 14 | 17 | 21 | 25 |
| | 소계 | 91 | 93 | 94 | 96 | 97 |
| 박사 학위 소지자 | 연구 인력 | 52 | 53 | 51 | 52 | 55 |
| | 지원 인력 | 3 | 3 | 3 | 3 | 3 |
| | 소계 | 55 | 56 | 54 | 55 | 58 |
| 평균 연령 | 연구 인력 | 42.1 | 43.1 | 41.2 | 42.2 | 39.8 |
| | 지원 인력 | 43.8 | 45.1 | 46.1 | 47.1 | 45.5 |
| 평균 연봉 지급액 | 연구 인력 | 4,705 | 5,120 | 4,998 | 5,212 | 5,430 |
| | 지원 인력 | 4,954 | 5,045 | 4,725 | 4,615 | 4,540 |

① (세)

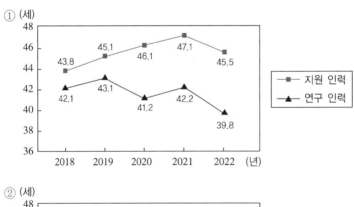

② (세)

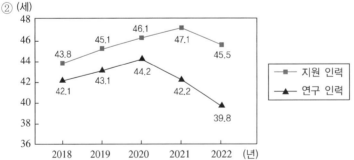

③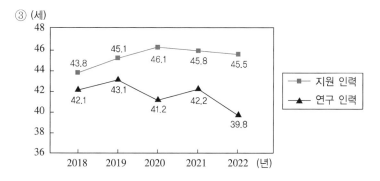

④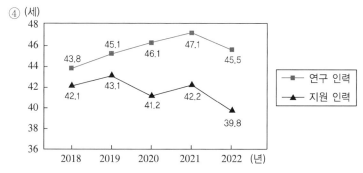

⑤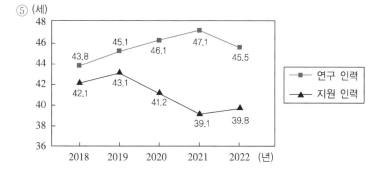

**10** 다음은 우리나라의 에너지원별 발전량과 화력에너지의 종류별 발전량을 나타낸 자료이다. 이에 대한 〈보기〉의 대화 중 옳은 설명을 한 사람을 모두 고르면?

〈에너지원별 발전량〉

(단위 : GWh)

| 구분 | 2020년 | 2021년 | 2022년 |
|------|--------|--------|--------|
| 원자력 | 164,762 | 161,995 | 148,427 |
| 화력 | 336,629 | 348,822 | 369,943 |
| 수력 | 3,650 | 3,787 | 4,186 |
| 신재생 | 23,050 | 25,837 | 30,817 |
| 기타 | – | – | 157 |
| 합계 | 528,091 | 540,441 | 553,530 |

〈화력에너지의 종류별 발전량〉

(단위 : GWh)

| 구분 | 2020년 | 2021년 | 2022년 |
|------|--------|--------|--------|
| 석탄 | 204,230 | 213,803 | 238,799 |
| 유류 | 31,616 | 14,001 | 8,358 |
| LNG | 100,783 | 121,018 | 122,785 |
| 합계 | 336,629 | 348,822 | 369,943 |

**보기**

영준 : 원자력에너지 발전량은 2021년부터 2022년까지 매년 감소했어.
진경 : 2022년 신재생에너지 발전량은 같은 해 화력에너지 발전량의 10%보다 많아.
현아 : 2020년 대비 2021년 LNG에너지 발전량의 증가율은, 2021년 대비 2022년의 석탄에너지 발전량 증가율의 2배 이상이야.
세종 : 2022년 대비 2023년 수력에너지 발전량의 증가율이 2021년 대비 2022년의 증가율과 같다면, 2023년 수력에너지 발전량은 4,600GWh 이상일 거야.

① 영준, 진경
② 영준, 세종
③ 진경, 현아
④ 진경, 세종
④ 현아, 세종

**11** 다음 짝지어진 단어 사이의 관계가 나머지와 다른 것은?

① 더위 – 열대야 – 에어컨          ② 싸움 – 갈등 – 화해

③ 피로 – 노동 – 휴식             ④ 비만 – 폭식 – 다이어트

⑤ 감기 – 추위 – 예방접종

**12** 다음 명제를 통해 얻을 수 있는 결론으로 타당한 것은?

> • 정직한 사람은 이웃이 많을 것이다.
> • 성실한 사람은 외롭지 않을 것이다.
> • 이웃이 많은 사람은 외롭지 않을 것이다.

① 이웃이 많은 사람은 성실할 것이다.

② 성실한 사람은 정직할 것이다.

③ 정직한 사람은 외롭지 않을 것이다.

④ 외롭지 않은 사람은 정직할 것이다.

⑤ 외로운 사람은 이웃이 많지 않지만 성실하다.

**13** S그룹에서 근무하는 A ~ E사원 중 한 명은 이번 주 금요일에 열리는 세미나에 참석해야 한다. 다음 A ~ E사원의 대화에서 2명이 거짓말을 하고 있다고 할 때, 다음 중 이번 주 금요일 세미나에 참석하는 사람은 누구인가?

> A사원 : 나는 금요일 세미나에 참석하지 않아.
> B사원 : 나는 금요일에 중요한 미팅이 있어. D사원이 세미나에 참석할 예정이야.
> C사원 : 나와 D는 금요일에 부서 회의에 참석해야 하므로 세미나는 참석할 수 없어.
> D사원 : C와 E 중 한 명이 참석할 예정이야.
> E사원 : 나는 목요일부터 금요일까지 휴가라 참석할 수 없어. 그리고 C의 말은 모두 사실이야.

① A사원                  ② B사원

③ C사원                  ④ D사원

⑤ E사원

**14** 다음은 형사가 피의자 P, Q, R, S, T를 심문한 후 보고한 내용이다. 이 결과로부터 검사가 죄를 판단한다고 할 때, 유죄인 사람을 모두 고르면?

- 유죄는 반드시 두 명이다.
- Q와 R은 함께 유죄이거나 무죄일 것이다.
- P가 무죄라면 Q와 T도 무죄이다.
- S가 유죄라면 T도 유죄이다.
- S가 무죄라면 R도 무죄이다.

① P, T               ② P, S
③ Q, R               ④ R, S
⑤ R, T

**15** A와 B의 주장을 도출할 수 있는 질문으로 가장 적절한 것은?

- A : 개인의 욕구를 충족시키고 자원을 배분하는 사회적 기능은 일차적으로 사적 영역인 가족이나 시장 등을 통해 이루어져야 한다. 다만 이것이 제대로 이루어지지 않을 때 사회 복지 제도가 잠정적이고 일시적으로 그 기능을 대신할 수 있지만, 자유주의 이념에 따라 사적 영역에 대한 국가의 관여는 최소 수준으로 제한해야 한다. 사회 복지의 대상도 노동시장에서 소득을 얻지 못하는 사람들과 같이 사적 영역에서 사회적 기능을 보장받지 못한 일부 사람들로 국한되어야 한다. 즉, 가족, 공동체, 민간 자원봉사, 시장 등의 민간 부문이 개인 복지의 중요한 역할을 담당하게 된다.
- B : 각 개인의 욕구 충족과 자기 성취를 돕기 위해서 국가가 사회 제도를 통해 보편적 복지 서비스를 제공하는 것이 필요하다. 이는 개인들이 자신의 힘만으로는 일상적 위험과 불안에 충분히 대처하기 어려우며, 가족이나 직장도 개인들의 기본적인 필요와 욕구를 충족해 줄 수는 없기 때문이다. 복지 국가의 이념에 따라 개인의 성별, 나이, 지위, 계층 등의 조건과 관계없이 국가가 모든 국민에게 복지 혜택을 제공함으로써, 국민들의 기본적인 욕구를 해결하고 생존의 불안과 위험을 최소화해야 한다. 국가는 사회 복지를 시장 논리에 내맡기지 않고 개인 또는 가족, 민간 부문에 그 책임을 전가하지 않아야 한다.

① 국가의 사회 복지 제도는 어느 수준으로 제공되어야 하는가?
② 개인의 욕구 충족을 위한 사회 복지 제도가 필요한가?
③ 민간기업의 복지 사업 참여는 정당한가?
④ 모든 국민에게 복지 혜택을 제공하기 위한 방법은 무엇인가?
⑤ 국가의 사회 복지 제도는 모두에게 보편적 서비스를 제공하는가?

**16** S전자 마케팅팀에는 부장 A, 과장 B·C, 대리 D·E, 신입사원 F·G 총 7명이 근무하고 있다. 마케팅팀 부장은 신입사원 입사 기념으로 팀원을 데리고 영화관에 갔다. 영화를 보기 위해 주어진 〈조건〉에 따라 자리에 앉는다고 할 때, 항상 옳은 것은?

> **조건**
> • 7명은 7자리가 일렬로 붙어 있는 좌석에 앉는다.
> • 양 끝자리 옆에는 비상구가 있다.
> • D와 F는 인접한 자리에 앉는다.
> • A와 B 사이에는 한 명이 앉아 있다.
> • G는 왼쪽에 사람이 있는 것을 싫어한다.
> • C와 G 사이에는 한 명이 앉아 있다.
> • G는 비상구와 붙어 있는 자리를 좋아한다.

① E는 D와 B 사이에 앉는다.

② G와 가장 멀리 떨어진 자리에 앉는 사람은 D이다.

③ C 양옆에는 A와 B가 앉는다.

④ D는 비상구와 붙어 있는 자리에 앉는다.

⑤ 가운데 자리에는 항상 B가 앉는다.

**17** 다음 중 논리적 오류를 범한 사람들을 모두 고르면?

> • 철이 : 폐암으로 인한 사망자의 90%는 흡연자라는 연구 결과가 나왔어. 너 담배 피우지? 그렇다면 폐암으로 죽을 확률이 90%야.
> • 영이 : A사 신발의 90%는 말레이시아에 있는 공장에서 생산되고 10%만 국내에서 생산된대. 어제 A사 신발을 샀는데 이거 말레이시아에서 만들었을 확률이 90%네.
> • 민지 : 어제 병원에 가서 폐렴에 감염되어 있는지 검사해 봤는데, 감염자는 양성으로 나올 확률이 99%인 정확한 검사방법을 사용했거든. 그런데 내가 양성으로 나온 거야. 내가 폐렴에 걸려 있을 확률이 99%라니 믿어지지 않아.
> • 유진 : 통계 자료에 의하면 기상청에서 비가 내린다고 예보한 다음날 실제로 비가 올 확률이 90%고, 맑을 것이라고 예보한 다음날 실제로 맑을 확률이 90%래. 지난번 소풍 간 날 비가 왔었잖아. 그렇다면 그 전날 비가 내린다고 예보했을 확률이 90%겠네.

① 철이, 영이

② 영이, 민지

③ 철이, 민지, 유진

④ 영이, 민지, 유진

⑤ 철이, 영이, 민지, 유진

**18** 다음 중 제시된 도형의 규칙을 보고 ?에 들어갈 알맞은 것을 고르면?

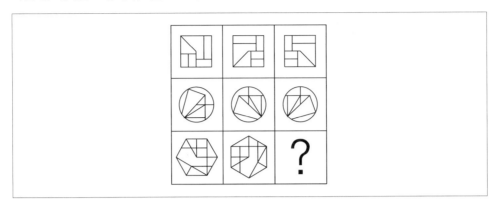

①

②

③

④

⑤

※ 다음 도식에서 기호들은 일정한 규칙에 따라 문자를 변화시킨다. ?에 들어갈 알맞은 문자를 고르시오.
[19~20]

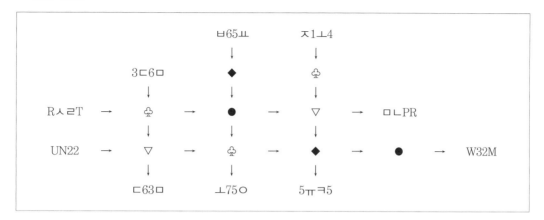

**19**

$$5ㅋㄷ7 \rightarrow \blacklozenge \rightarrow \clubsuit \rightarrow \bullet \rightarrow ?$$

6C4H → ▽ → ● → ?

① 2E4J
② A2F4
③ 8A6F
④ E6J4
⑤ F24A

**20**

5ㅋㄷ7 → ◆ → ♧ → ● → ?

① 3ㄱㅈ
② 6ㄴㅊ7
③ ㄷㅌ3
④ 6ㅌㄷ7
⑤ 5ㅊ7ㄴ

## | 01 |  수리(공통)

**01**   A ~ D 네 명이 저녁 식사를 하고 다음과 같이 돈을 지불했다. C가 지불한 금액은?

- A는 B, C, D가 지불한 금액 합계의 20%를 지불했다.
- C는 A와 B가 지불한 금액 합계의 40%를 지불했다.
- A와 B가 지불한 금액의 합과 C와 D가 지불한 금액의 합은 같다.
- D가 지불한 금액에서 16,000원을 빼면 A가 지불한 금액과 같다.

① 18,000원                    ② 20,000원
③ 22,000원                    ④ 24,000원
⑤ 26,000원

**02**   민호는 퇴근 후 취미생활로 목재공방에서 직육면체 모양의 정리함을 만드는 수업을 수강한다. 완성될 정리함의 크기는 가로 28cm이고, 세로 길이와 높이의 합은 27cm라고 한다. 부피가 5,040cm$^3$일 때, 정리함의 세로 길이는 얼마인가?(단, 높이의 길이가 세로 길이보다 길다)

① 12cm                        ② 13cm
③ 14cm                        ④ 15cm
⑤ 16cm

**03** A놀이공원에서는 공원 내 쓰레기를 수거해 올 때 포인트를 지급하는 제도를 시행하고 있다. 쓰레기 1g당 2포인트를 지급하고 젖은 쓰레기의 무게는 50% 감량해 적용한다. 어떤 방문객이 쓰레기를 수거하여 950포인트를 적립하였는데, 이 중 $\frac{1}{3}$이 젖은 쓰레기였다. 젖지 않은 쓰레기의 양은?

① 360g                 ② 370g

③ 380g                 ④ 390g

④ 420g

**04** 다음은 A, B국가의 사회이동에 따른 계층 구성비율의 변화를 나타낸 자료이다. 2000년과 비교한 2020년에 대한 설명으로 옳은 것은?

〈2000년 사회이동에 따른 계층 구성비율〉

| 구분 | A국가 | B국가 |
| --- | --- | --- |
| 상층 | 7% | 17% |
| 중층 | 67% | 28% |
| 하층 | 26% | 55% |

〈2020년 사회이동에 따른 계층 구성비율〉

| 구분 | A국가 | B국가 |
| --- | --- | --- |
| 상층 | 18% | 23% |
| 중층 | 23% | 11% |
| 하층 | 59% | 66% |

① A국가의 상층 비율은 9%p 증가하였다.
② 중층 비율은 두 국가가 증감폭이 같다.
③ A국가의 하층 비율 증가폭은 B국가의 증가폭보다 크다.
④ B국가에서 가장 높은 비율을 차지하는 계층이 바뀌었다.
⑤ B국가의 하층 비율의 증감률은 20년 전 대비 10% 증가하였다.

**05**  〈보기〉의 문장이 들어갈 자리로 가장 적절한 곳은?

글을 잘 짓는 사람은 병법을 잘 알고 있는 것이로다. 글자는 말하자면 군사요, 뜻은 말하자면 장수에 해당한다. 제목은 적국이요, 전거(典據)로 삼을 지식은 전장(戰場)의 보루(堡壘)와 같다. 글자를 묶어서 구로 만들고 구를 합해서 문장을 이루는 것은 대열을 짓고 진을 짜는 것과 같으며, 운을 가다듬어 소리를 내고 수사로써 빛을 내는 것은 북과 종을 울리고 깃발을 펄럭이는 것과 같은 것이다. (가) 전투를 잘하는 사람에게는 버릴 군사가 없고 글을 잘 짓는 사람에게는 쓰지 못할 글자가 없다. 만약에 적당한 장수만 얻는다면 괭이, 자루, 막대기만 든 농군이 날래고 사나운 군사가 될 수 있다. (나) 마찬가지로 나름대로 이치를 담고만 있다면 집안에서 나누는 일상 대화도 교과서에 실을 수 있고 아이들 노래와 속담도 훌륭한 고전의 사전에 넣을 수 있다. (다) 그러므로 글이 정교하지 못한 것이 글자의 탓은 아니다.

글 지을 줄 모르는 사람이 속으로 아무런 요량도 없이 갑자기 글 제목을 만났다고 하자. 겁결에 산 위의 풀과 나무에 지레 걸려 넘어지듯 눈앞의 붓과 먹이 다 결딴나고, 머릿속에 기억하고 외우던 문자조차 쓸모없이 흩어져서 남는 것이 없으리라. 그래서 글을 짓는 사람의 걱정은 언제나 제풀에 갈팡질팡 길을 잃고 요령(要領)을 잡지 못하는 데 있는 것이다. (라)

길을 잃어버리고 나면 한 글자도 어떻게 쓸 줄 모르는 채 더디고 까다로움만을 고되게 여기게 되고, 글의 전체 핵심을 잡지 못하면 겹겹으로 꼼꼼히 둘러싸 놓고서도 글이 허술하게 된다. (마) 한마디의 말만 가지고도 요점을 찌르며 나가면 마치 적의 아성(牙城)으로 감쪽같이 쳐들어가는 격이요, 단 한 구절의 말만 가지고도 핵심을 끌어낸다면 마치 적의 힘이 다 할 때를 기다렸다가 드디어 그 진지를 함락시키는 것과 같다. 글 짓는 묘리(妙理)는 바로 이와 같아야 최상이라 할 수 있다.

> **보기**
>
> 비유해 말하자면 아무리 맹장이라도 군대가 한 번 제 길을 잃어버릴 때에는 최후의 운명을 면치 못하며, 적의 움직임을 파악하지 못하면 아무리 물샐 틈 없이 포위한 때에라도 적이 빠져 도망칠 틈이 있는 것과 같다.

① (가)　　　　　　　　　　② (나)
③ (다)　　　　　　　　　　④ (라)
⑤ (마)

**06** 다음 글의 '셉테드'에 해당하는 것으로 적절하지 않은 것은?

> 1970년대 초 미국의 오스카 뉴먼은 뉴욕의 두 마을의 생활수준이 비슷한데도 불구하고 범죄 발생
> 수는 3배가량 차이가 난다는 것을 확인하고, 연구를 거듭하여 범죄 발생 빈도가 두 마을의 공간 디
> 자인의 차이에서 나타난다는 것을 발견하여 대중적으로 큰 관심을 받았다.
> 이처럼 셉테드는 건축물 설계 시에 시야를 가리는 구조물을 없애 공공장소에서의 범죄에 대한 자연
> 적 감시가 이뤄지도록 하고, 공적인 장소임을 표시하여 경각심을 일깨우며, 동선이 유지되도록 하여
> 일탈적인 접근을 거부하는 등 사전에 범죄를 차단할 수 있는 환경을 조성하는 데 그 목적이 있다.
> 우리나라에서는 2005년 처음으로 경기도 부천시가 일반주택단지를 셉테드 시범지역으로 지정하였
> 고, 판교·광교 신도시 및 은평 뉴타운 일부 단지에 셉테드를 적용하였다. 또한 국토교통부에서 「범
> 죄예방 건축기준 고시」를 2015년 4월 1일부터 제정해 시행하고 있다.

① 아파트 단지 내 놀이터 주변 수목을 낮은 나무 위주로 심는다.
② 지하주차장의 여성 전용 주차공간을 건물 출입구에 가깝게 배치한다.
③ 수도·가스 배관 등을 미끄러운 재질로 만든다.
④ 공공장소의 엘리베이터를 내부 확인이 가능하도록 유리로 설치한다.
⑤ 각 가정에서는 창문을 통한 침입을 방지하기 위해 방범창을 설치한다.

**07** 다음 글에 비추어 볼 때 합리주의적 입장이 아닌 것은?

> 어린이의 언어 습득을 설명하려는 이론으로는 두 가지가 있다. 하나는 경험주의 혹은 행동주의 이론
> 이요, 다른 하나는 합리주의 이론이다. 경험주의 이론에 의하면, 어린이가 언어를 습득하는 것은
> 어떤 선천적인 능력에 의한 것이 아니라 경험적인 훈련에 의해서 오로지 후천적으로만 이루어지는
> 것이다. 한편 합리주의적인 언어 습득 이론에 의하면, 어린이가 언어를 습득하는 것은 '거의 전적으
> 로 타고난 특수한 언어 학습 능력'과 '일반 언어 구조에 대한 추상적인 선험적 지식'에 의해서 이루
> 어지는 것이다.

① 어린이는 완전히 백지 상태에서 출발하여 반복 연습과 시행착오와 그 교정에 의해서 언어라는
   습관을 형성한다.
② 일정한 나이가 되면 모든 어린이가 예외 없이 언어를 통달하게 된다.
③ 많은 현실적 악조건에도 불구하고 어린이가 완전한 언어 능력을 갖출 수 있게 된다.
④ 성인이 따로 언어교육을 하지 않더라도 어린이는 스스로 언어를 터득한다.
⑤ 언어가 극도로 추상적이고 고도로 복잡한데도 불구하고 어린이들은 짧은 시일 안에 언어를 습득
   한다.

기존의 분자 생물학은 구성 요소를 하나하나 분해하여 개별적인 기능을 알아내는 환원주의적 방식을 통해 발전해 왔다. 그러나 유기체는 수많은 유전자와 단백질, 다수의 화합물이 복잡한 반응을 통해 끊임없이 상호작용하고 있기 때문에 환원주의적 접근만으로 생명 현상의 전모를 이해하는 데에는 한계가 있었다. 이러한 문제의식 속에서 대안으로 등장하게 된 것이 시스템 생물학이다.

시스템 생물학은 최근 들어 박테리아에서 인간에 이르는 거의 모든 생물체에 대한 생물학적 데이터가 대량으로 축적됨에 따라 주목을 받고 있다. 시스템 생물학자들은 축적된 생물학적 데이터를 바탕으로 특정 생명 현상과 관련된 구성 요소들을 파악하고, 그 구성 요소들 간에 그리고 그 구성 요소들을 포괄하는 시스템 내에 어떠한 상호 작용이 이루어지고 있는지 분석함으로써 고도의 복잡성을 지닌 생명 현상에 대해 설명하고자 한다. 그 방법 가운데 하나가 컴퓨터를 사용하여 생명체와 동일한 원리로 작동하는 프로그램을 만든 후, 그 메커니즘을 분석하는 것이다.

가상 심장을 최초로 개발한 데니스 노블은 이러한 방법으로 심장이 박동하는 현상 속에 작동하는 심장 근육 세포의 피드백 효과를 설명하였다. 지금까지 심장의 박동은 세포 내의 단백질 채널을 통해 이온의 흐름이 생기면, 그것이 심장의 근육 세포에 전압 변화를 가져옴으로써 발생된다고 설명되어 왔다.

노블은 심장 박동이 이러한 단일의 인과 관계에 의해 나타나는 것이 아니라, 단백질 채널이라는 구성 요소와 그것의 상부 구조라 할 수 있는 근육 세포 간의 상호작용에 의한 것이라고 보았다. 이를 입증하기 위해 살아 있는 심장을 컴퓨터로 모델화한 후, 다른 조건들은 그대로 둔 채 피드백 효과와 관련된 것만을 수행하지 않도록 만든 실험을 진행하였다. 그리고 이 과정에서 근육 세포의 전압 변화와 단백질 채널인 칼륨 채널, 칼슘 채널, 그리고 혼합 이온 채널의 변화를 살펴보았다.

먼저 처음 1초 동안에는 세포 전압의 진동과 이에 대응되는 단백질 채널의 진동이 네 차례 있었다. 네 차례의 진동 후 세포 전압을 일정하게 유지시켜 세포 전압에서 단백질 채널로의 피드백을 정지시켰다. 단백질 채널의 진동 중에 한 개라도 세포 전압의 진동을 만들어 낼 수 있다면 단백질 채널은 원래의 진동을 계속할 것이며, 그에 따라 세포 전압의 진동이 발생하게 될 것이다. 하지만 실험해 본 결과 단백질 채널의 진동이 멈추었고, 각 경우의 활동 수준을 보여주는 선(線)들이 편평해졌다. 이러한 결과는 단백질 채널의 작동만으로 심장의 박동이 설명될 수 없으며, 심장의 근육 세포에서 단백질 채널로의 피드백이 심장의 박동을 발생시키는 데 필수적이라는 사실을 증명하는 것이다.

이 실험은 생명 현상이 유전자나 단백질에서부터 세포 소기관이나 세포로 향하는 위 방향으로의 인과 관계로만 발생하는 것이 아니며, 이와 반대되는 아래 방향으로의 인과 관계도 생명 현상에 중요하게 작용하고 있음을 말해준다. 노블은 이러한 실험을 바탕으로 하여, 유전자를 중심으로 한 환원주의적 방식에서 벗어나 유기체 내의 다양한 생명 현상에 대해 전체적이고 통합적인 관점으로 접근할 필요가 있다고 주장하였다.

① 시스템 생물학이 출현하게 된 배경
② 기존 분자 생물학의 주된 연구 방식
③ 시스템 생물학자들의 다양한 연구 성과
④ 심장 박동 현상에 대한 노블의 실험 과정
⑤ 생명 현상의 인과 관계에 대한 노블의 주장

**09** E놀이공원 동물원에는 A ~ D 4개의 구역이 순차적으로 있다. 여기에는 독수리, 사슴, 악어, 호랑이가 한 구역에 한 마리씩 들어간다. 다음과 같이 동물이 위치한다고 할 때, 〈보기〉의 결론에 대한 판단으로 가장 적절한 것은?

> • 악어는 C 또는 D구역에 들어간다.
> • 사슴은 B구역을 제외하고 다 들어갈 수 있다.

> **보기**
> 악어와 호랑이가 이웃해 있다면 사슴은 D구역에 살 수 없다.

① 확실히 아니다.
② 확실하지 않지만 틀릴 확률이 높다.
③ 확실하지 않지만 맞을 확률이 높다.
④ 확실히 맞다.
⑤ 알 수 없다.

**10** S기업은 봉사활동의 일환으로 홀로 사는 노인들에게 아침 식사를 제공하기 위해 일일 식당을 운영하기로 했다. 다음 명제들이 모두 참이라고 할 때, 항상 옳은 것은?

> • 음식을 요리하는 사람은 설거지를 하지 않는다.
> • 주문을 받는 사람은 음식 서빙을 함께 담당한다.
> • 음식 서빙을 담당하는 사람은 설거지를 한다.

① A사원은 설거지를 하면서 음식을 요리하기도 한다.
② B사원이 설거지를 하지 않으면 음식을 요리한다.
③ C사원이 음식 주문을 받으면 설거지는 하지 않는다.
④ D사원은 음식을 요리하면서 음식 주문을 받기도 한다.
⑤ E사원이 설거지를 하지 않으면 음식 주문도 받지 않는다.

**11** 다음 〈조건〉에 따라 5명 중 2명만 합격한다고 했을 때, 합격한 사람은?

> **조건**
>
> • 점수가 높은 사람이 합격한다.
> • A와 B는 같이 합격하거나 같이 불합격한다.
> • C는 D보다 점수가 높다.
> • C와 E의 점수가 같다.
> • B와 D의 점수가 같다.

① A, B            ② A, C

③ C, D            ④ C, E

⑤ D, E

**12** S사는 신제품의 품번을 다음과 같은 규칙에 따라 정한다. 제품에 설정된 임의의 영단어가 'intellectual'라면 이 제품의 품번으로 옳은 것은?

> **〈규칙〉**
>
> 1단계 : 알파벳 a ~ z를 숫자 1, 2, 3, …으로 변환하여 계산한다.
> 2단계 : 제품에 설정된 임의의 영단어를 숫자로 변환한 값의 합을 구한다.
> 3단계 : 임의의 영단어 속 자음의 합에서 모음의 합을 뺀 값의 절댓값을 구한다.
> 4단계 : 2단계와 3단계의 값을 더한 다음 4로 나누어 2단계의 값에 더한다.
> 5단계 : 4단계의 값이 정수가 아닐 경우, 소수점 첫째 자리에서 버림한다.

① 120            ② 140

③ 160            ④ 180

⑤ 200

**13**  다음 중 주어진 도형을 만들기 위해 필요하지 않은 조각은?

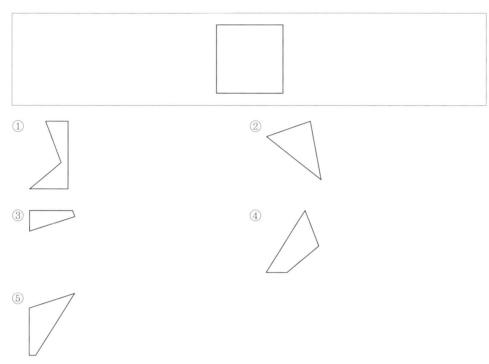

--------------------------------- 앞으로 접기

—·—·—·—·—·—·—·—·— 뒤로 접기

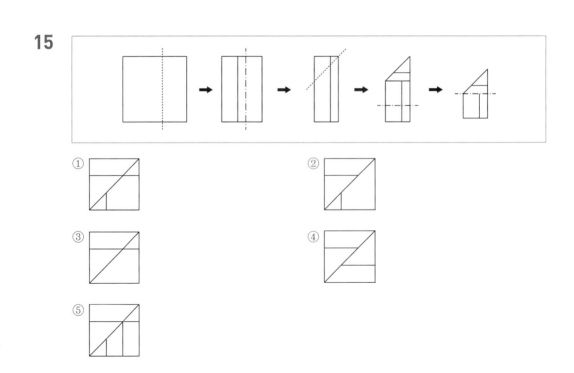

**14**

① ② ③ ④ ⑤

**15**

① ② ③ ④ ⑤

**16** 제시된 도형이 4번째 이전 도형과 모양이 일치하면 '같다'를, 일치하지 않으면 '다르다'를, 기억이 나지 않으면 '모르겠다'를 선택하시오.

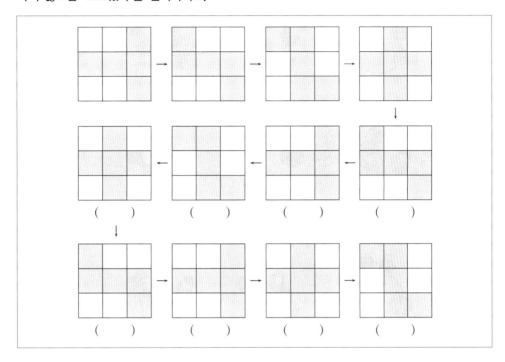

**17** 제시된 도형이 3번째 이전 도형과 모양이 일치하면 '같다'를, 일치하지 않으면 '다르다'를, 기억이 나지 않으면 '모르겠다'를 선택하시오.

정답  다르다 → 같다 → 같다 → 다르다 → 같다 → 다르다 → 다르다 → 같다 → 같다

※ 실행역량은 따로 정답을 제공하지 않는 영역이니 참고하시기 바랍니다.

**18** 다음과 같은 상황에서 김부장이 취할 수 있는 대응으로 가장 적절한 것은?

> S사에 근무 중인 김부장은 얼마 전 다음과 같은 기사를 읽었다.
>
> > ○○신문
> > 2022년 07월 01일
> >
> > 본업 외에도 다양한 일을 부업으로 하는 'N잡러'를 꿈꾸는 직장인들이 많은 것으로 나타났다. 한 조사에 따르면 직장인 1324명을 대상으로 '직장인 N잡러에 대한 인식'을 조사, 발표한 결과 전체 응답자 중 22.3%가 '부업을 하고 있다.', 68.9%가 '부업을 할 의향이 있다.'고 답했다. 조사에 참여한 전체 직장인 중 91.2%가 'N잡러'를 희망한 것이다.
>
> 기사를 읽고 팀원들을 살펴봤더니, 최근 들어 몇몇 직원들이 전보다 피로해하는 모습들이 보였다. 이에 직원 개개인 면담을 진행하였고, 그 결과 일부 직원들이 겸업을 하고 있는 것이 파악되었다. 하지만, S사는 근로계약서상 겸업 금지 조건이 명시되어 있는 상황이었다.

① 겸업 중인 직원들에게 빠른 시일 내에 겸업을 그만두고 회사에 집중할 것을 지시한다.
② 겸업 중인 직원들은 근로계약서상 조건을 위반한 것이므로 징계를 내린다.
③ 겸업 금지 규정으로 인한 처벌에 대한 내용을 더 강화하고 공지한다.
④ 겸업을 하더라도 회사 업무에 지장이 없으면 눈감아준다.
⑤ 다수의 의견을 고려하여 겸업 금지 규정을 없앤다.

**19** S부서에는 M팀과 K팀이 있다. 두 팀의 직원은 2년간 근무한 후 번갈아가며 M팀과 K팀을 순환하고 있다. A대리가 K팀에 온 지 1년 6개월이 되어갈 시점에 사적인 이유로 M팀의 팀장과 K팀의 팀장 사이에 심각한 불화가 생겨 팀원들은 눈치를 보며 생활하는 중이다. 개인의 입장에서 A대리가 할 행동으로 가장 적절한 것은?

① 현재 K팀 소속인 만큼 K팀 팀장의 의견에 맞장구 친다.
② 곧 M팀으로 옮기기 때문에 M팀 팀장의 의견에 맞장구 친다.
③ 사적인 일로 벌어진 상황인 만큼 신경 쓰지 않는다.
④ 팀원들과 대화 시 상대 팀장의 험담은 절대 하지 않는다.
⑤ 이러한 상황에 피해보고 싶지 않으므로 다른 부서로 이동을 신청한다.

**20** 다음과 같은 상황에서 김대리가 취할 수 있는 대응으로 가장 적절한 것은?

S사 영업팀에서 근무하고 있는 김팀장, 유대리, 이사원의 이번 주와 다음 주 일정은 다음과 같으며, A사와 B사의 제품 회의에는 영업팀 전원 참석하여야 한다.

| 16(월) | 17(화) | 18(수) | 19(목) | 20(금) |
|---|---|---|---|---|
| 김팀장 휴가 | 거래처 B사와 제품 회의 | 이사원 휴가 | 회사 창립기념일 | 유대리 휴가 |

| 23(월) | 24(화) | 25(수) | 26(목) | 27(금) |
|---|---|---|---|---|
| | | | 거래처 A사와 제품 회의 | |

이때, A사는 내부 일정 문제로 다음 주에 있을 회의 일정을 이번 주로 변경을 요청하였고, 이번 주에는 B사와의 회의를 포함한 팀원 개인일정과 회사 창립기념일로 자사 휴일이 있어 변경이 힘든 상황이다. 하지만, A사는 자사의 주요 납품처로 B사로 납품하는 물량의 5배 이상이 이르는 자사의 매출에 막대한 영향을 끼치고 있는 업체이다.

① 김팀장 또는 이사원에게 휴가를 다른 일자로 미룰 것을 부탁한다.
② 자신의 휴가를 다른 일자로 미룬다.
③ 거래처 B사에 양해를 구하고 다른 날로 회의 일정을 변경한다.
④ 회사 창립기념일에 영업팀 전 직원 출근하기로 한다.
⑤ A사에게 이번 주는 불가피하다고 가장 빠른 23일을 안내한다.

**21** 인사혁신실의 A실장은 D사원의 부서 이동에 따라 인사혁신실의 업무를 다음과 같이 분담하였다. 자신에게 나눠진 업무량이 공평하지 않다고 생각한 D사원이 취할 수 있는 대응으로 가장 적절한 것은?

| 〈인사혁신실 업무분장〉 | |
|---|---|
| 담당자 | 담당 업무 |
| B대리 | 신규 채용 |
| C주임 | 부서 / 직무별 교육계획 수립 |
| D사원 | 부서 / 직무별 교육계획 실행, 인사고과 정리, 사무실 · 사무기기 · 차량 등 업무지원 |

① 담당 업무가 상대적으로 적은 B대리에게 자신의 업무를 도와줄 것을 요청한다.
② 자신에게 맡겨진 업무는 자신이 모두 처리해야 하므로 어떻게든 주어진 업무를 수행한다.
③ 중요하지 않은 업무는 뒤로 미루고, 자신이 할 수 있는 만큼의 업무만 처리한다.
④ A실장에게 자신의 업무가 지나치게 많다는 것을 이야기하고, 다시 분담할 것을 요청한다.
⑤ B대리, C주임과 함께 불공평한 업무 분담에 대해 토론한다.

## | 01 | 언어이해

**01** 다음 글의 내용으로 적절한 것은?

> 독일의 발명가 루돌프 디젤이 새로운 엔진에 대한 아이디어를 내고 특허를 얻은 것은 1892년의 일이었다. 1876년 오토가 발명한 가솔린 엔진의 효율은 당시에 무척 떨어졌으며, 가동 비용도 많이 드는 단점이 있었다. 디젤의 목표는 고효율의 엔진을 만드는 것이었고, 그의 아이디어는 훨씬 더 높은 압축 비율로 연료를 연소시키는 것이었다.
>
> 일반적으로 가솔린 엔진은 기화기에서 공기와 연료를 먼저 혼합하고, 그 혼합 기체를 실린더 안으로 흡입하여 압축한 후, 점화 플러그로 스파크를 일으켜 동력을 얻는다. 이러한 과정에서 문제는 압축 정도가 제한된다는 것이다. 만일 기화된 가솔린에 너무 큰 압력을 가하면 멋대로 점화되어 버리는데, 이것이 엔진의 노킹 현상이다.
>
> 공기를 압축하면 뜨거워진다는 것은 알려져 있던 사실이다. 디젤 엔진의 기본 원리는 실린더 안으로 공기만을 흡입하여 피스톤으로 강하게 압축시킨 다음, 그 압축 공기에 연료를 분사하여 저절로 착화가 되도록 하는 것이다. 따라서 디젤 엔진에는 점화 플러그가 필요 없는 대신, 연료 분사기가 장착되어 있다. 또 압축 과정에서 디젤 엔진은 최대 12 : 1의 압축 비율을 갖는 가솔린 엔진보다 훨씬 더 높은 25 : 1 정도의 압축 비율을 갖는다. 압축 비율이 높다는 것은 그만큼 효율이 좋다는 것을 의미한다.
>
> 사용하는 연료의 특성도 다르다. 디젤 연료인 경유는 가솔린보다 훨씬 무겁고 점성이 강하며 증발하는 속도도 느리다. 왜냐하면 경유는 가솔린보다 훨씬 더 많은 탄소 원자가 길게 연결되어 있기 때문이다. 일반적으로 가솔린은 5 ~ 10개, 경유는 16 ~ 20개의 탄소를 가진 탄화수소들의 혼합물이다. 한편, 경유는 가솔린보다 에너지 밀도가 높다. 1갤런의 경유는 약 1억 5,500만 줄(Joule)의 에너지를 가지고 있지만, 가솔린은 1억 3,200만 줄을 가지고 있다. 이러한 연료의 특성들이 디젤 엔진의 높은 효율과 결합되면서, 디젤 엔진은 가솔린 엔진보다 좋은 연비를 내게 되는 것이다.
>
> 발명가 디젤은 디젤 엔진이 작고 경제적인 엔진이 되어야 한다고 생각했지만, 그의 생전에는 크고 육중한 것만 만들어졌다. 하지만 그 후 디젤의 기술적 유산은 이 발명가가 꿈꾼 대로 널리 보급되었다. 디젤 엔진은 원리상 가솔린 엔진보다 더 튼튼하고 고장도 덜 난다. 디젤 엔진은 연료의 품질에 민감하지 않고 연료의 소비 면에서도 경제성이 뛰어나 오늘날 자동차 엔진용으로 확고한 자리를 잡았다. 환경론자들이 걱정하는 디젤 엔진의 분진 배출 문제도 필터 기술이 나아지면서 점차 극복되고 있다.

① 디젤 엔진은 가솔린 엔진보다 내구성이 뛰어나다.
② 디젤 엔진은 가솔린 엔진보다 먼저 개발되었다.
③ 가솔린 엔진은 디젤 엔진보다 분진을 많이 배출한다.
④ 디젤 엔진은 가솔린 엔진보다 연료의 품질에 민감하다.
⑤ 가솔린 엔진은 디젤 엔진보다 높은 압축 비율을 가진다.

**02** 다음 글을 바탕으로 밑줄 친 ㉠과 같은 현상이 나타나게 된 이유를 추론해 볼 때 적절하지 않은 것은?

> 고려와 조선은 국가적으로 금속화폐의 통용을 추진한 적이 있다. 화폐 주조권을 장악하여 세금을 효과적으로 징수하고 효율적으로 저장하려는 것이 그 목적이었다. 그러나 물품화폐에 익숙한 농민들은 금속화폐를 불편하게 여겼으므로 금속화폐의 유통 범위는 한정되었고 끝내는 삼베를 비롯한 물품화폐에 압도당하고 말았다. ㉠ 조선 태종 때와 세종 때에도 동전의 유통을 시도하였지만 실패하였다. 조선 전기 은화(銀貨)는 서울을 중심으로 유통되었는데, 주로 왕실과 관청, 지배층과 상인, 역관(譯官) 등이 이용한 '돈'이었다. 그러나 은화(銀貨)는 고액 화폐였다. 그 때문에 서민의 경제생활에서는 여전히 무명 옷감이 화폐의 기능을 담당하였다.
> 그러한 가운데서도 농업생산력의 발전과 인구의 증가, 17세기 이후 지방시장의 성장은 금속화폐 통용을 위한 여건이 마련되었음을 뜻하였다. 17세기 전반 이미 개성에서는 모든 거래가 동전으로 이루어지고 있었다. 이러한 여건 아래에서 1678년(숙종 4년)부터 강력한 통용책이 추진되면서 금속화폐가 널리 보급될 수 있었다. 동전인 상평통보 1개는 1푼(分)이었다. 10푼이 1전(錢), 10전이 1냥(兩), 10냥이 1관(貫)이다. 대원군이 집권할 때 주조된 당백전(當百錢)과 1883년 주조된 당오전(當五錢)은 1개가 각각 100푼과 5푼의 가치를 가지는 동전이었다. 동전 주조가 늘면서 그 유통 범위가 경기, 충청지방으로부터 점차 확산되어 18세기 초에는 전국에 미칠 정도였다. 동전을 시전(市廛)에 무이자로 대출하고, 관리의 녹봉을 동전으로 지급하고, 일부 세금을 동전으로 거두어들이는 등의 국가 정책도 동전의 통용을 촉진하였다. 화폐경제의 성장은 상업적 동기를 촉진시키고 경제생활, 나아가 사회생활에 변화를 주었다.
> 이러한 가운데 일부 위정자들은 화폐경제로 인한 부작용을 우려했는데 특히 농촌 고리대금업(高利貸金業)의 성행을 가장 심각한 문제로 생각했다. 그래서 동전의 폐지를 주장하는 이도 있었다. 1724년 등극한 영조는 이 주장을 받아들여 동전 주조를 정지하였다. 그런데 당시에 동전은 이미 일상생활로 퍼졌기 때문에 동전의 수요에 비해 공급이 부족한 현상이 일어나 동전주조의 정지는 화폐 유통질서와 상품경제에 타격을 가하였다. 돈이 매우 귀하여 농민과 상인의 교역에 불편을 가져다 준 것이다. 또한 소수의 부유한 상인이 동전을 집중적으로 소유하여 고리대금업(高利貸金業) 활동을 강화함에 따라서 오히려 농민 몰락이 조장되었다. 결국 영조 7년 이후 동전은 다시 주조되기 시작했다.

① 화폐가 통용될 시장이 발달하지 않았군.
② 화폐가 주로 일부계층 위주로 통용되었군.
③ 백성들이 금속화폐보다 물품화폐를 선호하였군.
④ 국가가 화폐수요량에 맞추어 원활하게 공급하지 못했군.
⑤ 화폐가 필요할 만큼 농업생산력이 발전하지 못했군.

**03**  다음 글의 내용을 포괄하는 문장으로 가장 적절한 것은?

> 정의(正義)라는 것은 우리에게 주어진 절대적인 실질성을 가지고 있는 것이 아니라 인간이 그 실질성을 위하여 노력하는 목표라고 볼 수 있다. 그러므로 이것도 역시 우리의 영원한 과제일 수밖에 없다. 그렇다고 법의 이념이 정의라는 것을 부인하는 것은 아니며, 이것은 법 자체가 매우 주체적인 것이라는 데서 오는 필연적인 결말이라고도 할 수 있다. 정의가 구체적 사안에서 어떻게 작용하는가에 따라 구체적, 실질적 정의의 관념에 도달한다고 하겠다. 정의의 상징이라고 하는 자유와 평등이라는 것도 헌법에서 이것을 기본권으로 보장한 것만으로는 화중지병(畵中之餠)에 불과하다. 이것이 실질적으로 보장되어야 하며, 그것을 보장하는 것이 사법 과정의 임무일지도 모른다. 미국 연방 대법원의 현관에 '법 아래 평등한 정의'라는 글귀도 고전적, 시민적 정의를 나타낸 것이다. 자유와 평등은 법의 이념으로서의 정의의 내용이면서 어떤 의미에서는 이율배반적인 면을 가지고 있다. 즉, 자유를 극대화하면 불평등이 나타나고 평등을 극대화하면 부자유가 나타난다. 따라서 이 양자의 모순점을 어디에서 조화시켜 실질적인 자유와 평등을 아울러 실현시킬 것인가 하는 것이 법이 풀어야 할 또 하나의 과제라고 하겠다.
>
> 정의에 모순이 내재한다고 하더라도 정의는 자의(恣意)를 배척한다. 이 점에서 정의는 원칙적으로 일반화적(一般化的) 정의로서 나타난다. 이 일반화적 정의가 개개의 구체적 사안에 부딪쳐 오히려 부정의(不正義)의 결과가 될 수도 있다. 이리하여 개별화적(個別化的) 정의라는 관념이 나온다. 이 양자는 다 같이 정의이면서 서로 상극한다. 정의는 저울과 칼을 든 눈가림을 한 여신으로 상징되는 바와 같이 추상(秋霜)과 같은 날카로움을 가진 것이다. "세계는 망하더라도 정의는 일어서야 한다."라는 격언은 그것을 나타낸 것이며, 사형을 선고받고 탈옥을 거부하고 옥리(獄吏)가 준 독배를 마시고 죽은 소크라테스의 고사는 수동적인 정의의 실현이다. 그러나 법은 사회 규범이므로 성인이나 영웅이 아닌 평균인을 표준으로 한다. 일반화적 정의는 때로 성인이나 영웅에게나 기대할 수 있는 행위를 요구하나, 그것은 개별화적 정의의 수정을 받지 않을 수 없다.

① 법의 이념인 정의는 절대적인 실질성을 갖지 않으므로 일반화적 정의는 개별화된 정의를 통해 수정되어 나가야 한다.

② 자유와 평등이라는 정의의 이념은 모순을 내포하고 있으므로 양자를 조화하여 실현하는 것이 법의 과제이다.

③ 정의의 규정이 자의를 배척한다고 해서 일반화적 정의를 그대로 따르는 것은 수동적인 정의의 실현에 불과하다.

④ 법은 성인이나 영웅이 아닌 평균인을 표준으로 해야 하므로 일반화적 정의로는 법의 이념을 충실히 구현할 수 없다.

⑤ 정의는 법의 실질적인 목표가 아니라 이념적인 목표이므로 자의적으로 해석되어서는 안 된다.

**04** 다음 글에서 문맥을 고려할 때 이어질 글을 논리적 순서대로 바르게 나열한 것은?

> 산수만 가르치면 아이들이 돈의 중요성을 알게 될까? 돈의 가치를 어떻게 가르쳐야 아이들이 돈에 대하여 올바른 개념을 갖게 될까? 이런 생각은 모든 부모의 공통된 고민일 것이다.

> (가) 독일의 한 연구에 따르면 부모가 돈에 대한 개념이 없으면 아이들이 백만장자가 될 확률이 500분의 1인 것으로 나타났다. 반면 부모가 돈을 다룰 줄 알면 아이들이 백만장자로 성장할 확률이 5분의 1이나 된다. 특히 백만장자의 자녀들은 돈 한 푼 물려받지 않아도 백만장자가 될 확률이 일반인보다 훨씬 높다는 게 연구 결과의 요지다. 이는 돈의 개념을 이해하는 가정의 자녀들이 그렇지 않은 가정의 자녀들보다 백만장자가 될 확률이 100배 높다는 얘기다.
>
> (나) 연구 결과 만 7세부터 돈의 개념을 어렴풋이나마 짐작하게 되는 것으로 나타났다. 따라서 이때부터 아이들에게 약간의 용돈을 주는 것으로 돈에 대한 교육을 시작하면 좋다. 8세 때부터는 돈의 위력을 이해하기 시작한다. 소유가 뭘 의미하는지, 물물교환은 어떻게 하는지 등을 가르칠 수 있다. 아이들은 돈을 벌고자 하는 욕구를 느낀다. 이때부터 돈은 자연스러운 것이고, 건강한 것이고, 인생에서 필요한 것이라고 가르칠 필요가 있다.
>
> (다) 아이들에게 돈의 개념을 가르치는 지름길은 용돈이다. 용돈을 받아 든 아이들은 돈에 대해 책임감을 느끼게 되고, 돈에 대한 결정을 스스로 내리기 시작한다. 그렇다면 언제부터, 얼마를 용돈으로 주는 것이 좋을까?
>
> (라) 하지만 돈에 대해서 부모가 결코 해서는 안 될 일들도 있다. 예컨대 벌을 주기 위해 용돈을 깎거나 포상 명목으로 용돈을 늘려줘서는 안 된다. 아이들은 무의식적으로 잘못한 일을 돈으로 때울 수 있다고 생각하거나 사랑과 우정을 돈으로 살 수 있다고 생각하게 된다. 아이들은 우리의 미래다. 부모는 아이들이 돈에 대하여 정확한 개념과 가치관을 세울 수 있도록 좋은 본보기가 되어야 할 것이다. 그러한 노력만이 아이들의 미래를 아름답게 만들어 줄 것이다.

① (가) – (다) – (나) – (라)
② (다) – (나) – (라) – (가)
③ (다) – (가) – (나) – (라)
④ (나) – (라) – (가) – (다)
⑤ (다) – (나) – (가) – (라)

**05** 대학생의 취미생활에 대한 선호도를 조사한 결과 다음과 같은 결과가 나왔다. 결과를 바탕으로 바르게 추론한 것은?

> • 등산을 좋아하는 사람은 스케이팅을 싫어한다.
> • 영화 관람을 좋아하지 않는 사람은 독서를 좋아한다.
> • 영화 관람을 좋아하지 않는 사람은 조깅 또한 좋아하지 않는다.
> • 낮잠 자기를 좋아하는 사람은 스케이팅을 좋아한다.
> • 스케이팅을 좋아하는 사람은 독서를 좋아한다.

① 영화 관람을 좋아하는 사람은 스케이팅을 좋아한다.

② 낮잠 자기를 좋아하는 사람은 독서를 좋아한다.

③ 조깅을 좋아하는 사람은 독서를 좋아한다.

④ 스케이팅을 좋아하는 사람은 낮잠 자기를 싫어한다.

⑤ 스케이팅을 좋아하지 않는 사람은 낮잠 자기를 좋아한다.

**06** 다음 중 논리적 오류가 없는 것은?

① 향기로운 꽃에는 나비가 날아든다. 장미는 향기로운 꽃이다. 그러므로 장미에는 나비가 날아든다.

② 성미는 통근 버스를 놓치면 지각을 한다. 성미는 지각을 했다. 그러므로 성미는 통근 버스를 놓쳤다.

③ 눈이 오면 등산을 갈 수 없다. 눈이 오지 않는다. 따라서 등산을 갈 수 있다.

④ 컴퓨터 게임을 많이 하면 눈이 나빠진다. 철수는 컴퓨터 게임을 많이 하지 않는다. 그러므로 철수는 눈이 나빠지지 않는다.

⑤ 모든 사람은 죄인이다. 죄인은 감옥에 들어가야 한다. 그러므로 모든 사람은 감옥에 들어가야 한다.

**07** 영희는 회사 앞의 L빌라에 혼자 살고 있다. 빌라는 A동과 B동으로 각각 5층이며, 층별로 3호까지 있다(1호, 2호, 3호). 또한 빌라에 거주하고 있는 가구는 1인 가구 4가구(남자 2, 여자 2), 2인 가구 3가구(노부부, 중년부부, 신혼부부), 3인 가구 1가구, 4인 가구 1가구이며, 같은 층에 사는 총인원은 5명을 넘지 않는다. 다음 주어진 〈조건〉을 바탕으로 옳지 않은 것을 고르면?(단, A동 5층 3호와 B동 1층 2호는 사정상 창고로 사용하고 있다)

> **조건**
> • 여고를 졸업하고 취업 준비를 위해 혼자 상경한 은희는 영희와 학교 동창이고, 혼자 사는 영희의 옆집에 산다.
> • A동에 사는 총 인원은 11명으로, B동에 사는 총 인원보다 5명 더 많다.
> • 부부와 아들 한 명이 사는 집은 부부와 아들과 딸이 사는 집 바로 아래에 있다.
> • 일주일 전에 결혼한 신혼부부인 희수는 4층에 살고 있으며, 아직 같은 층 이웃은 없다.
> • 1인 가구 남자들은 모두 B동에 산다.
> • 노부부는 1층에 살고 있으며, 같은 층에는 총 4명이 산다.
> • A동 5층에는 1인 가구 여자들이 산다.

① 희수는 A동에 산다.
② 4인 가구와 3인 가구가 정확하게 몇 호에 사는지는 알 수 없다.
③ 노부부와 중년부부는 B동에 산다.
④ A동에는 중년부부가 산다.
⑤ B동에 사는 인원의 성비를 비교했을 때, 남자가 여자의 2배이다.

**08** 세미나에 참석한 A사원, B사원, C주임, D주임, E대리는 각자 숙소를 배정받았다. A사원, D주임은 여자이고, B사원, C주임, E대리는 남자이다. 다음과 같이 숙소가 배정되었을 때, 다음 중 옳지 않은 것은?

> • 숙소는 5층이며 각 층마다 1명씩 배정한다.
> • E대리의 숙소는 D주임의 숙소보다 위층이다.
> • 1층에는 주임을 배정한다.
> • 1층과 3층에는 남직원을 배정한다.
> • 5층에는 사원을 배정한다.

① D주임은 2층에 배정된다.
② 5층에 A사원이 배정되면 4층에 B사원이 배정된다.
③ 5층에 B사원이 배정되면 4층에 A사원이 배정된다.
④ C주임은 1층에 배정된다.
⑤ 5층에 B사원이 배정되면 3층에 E대리가 배정된다.

**09** 다음은 15 ～ 24세의 청년을 대상으로 가장 선호하는 직장에 대해 조사한 통계 자료이다. 이를 설명한 내용으로 옳지 않은 것은?

〈15 ～ 24세가 가장 선호하는 직장〉

(단위 : %)

| 구분 | | 국가기관 | 공기업 | 대기업 | 벤처기업 | 외국계기업 | 전문직기업 | 중소기업 | 해외취업 | 자영업 | 기타 |
|---|---|---|---|---|---|---|---|---|---|---|---|
| 성별 | 남성 | 32.2 | 11.1 | 19.5 | 5 | 2.8 | 11.9 | 2.9 | 1.8 | 11.9 | 0.9 |
| | 여성 | 34.7 | 10.9 | 14.8 | 1.8 | 4.5 | 18.5 | 2 | 3.7 | 7.9 | 1.2 |
| 연령 | 청소년(15 ～ 18세) | 35.9 | 8.1 | 18.4 | 4.1 | 3.1 | 17.2 | 2.2 | 2.7 | 7.1 | 1.2 |
| | 청소년(19 ～ 24세) | 31.7 | 13.2 | 16 | 2.7 | 4.2 | 14 | 2.6 | 2.8 | 11.9 | 0.9 |
| 학력 | 중학교 재학 | 35.3 | 10.3 | 17.6 | 3.5 | 3.9 | 16.5 | 2 | 3.1 | 6.7 | 1.1 |
| | 고등학교 재학 | 35.9 | 7.8 | 18.5 | 4.3 | 3 | 17.5 | 2.1 | 2.8 | 6.8 | 1.3 |
| | 대학교 재학 | 34.3 | 14.4 | 15.9 | 2.3 | 5.4 | 14.6 | 1.9 | 3.8 | 6.5 | 0.9 |
| | 기타 | 30.4 | 12.1 | 16.1 | 3 | 3.3 | 13.5 | 3.1 | 2.3 | 15.3 | 0.9 |
| 가구소득 | 100만 원 미만 | 31.9 | 9.5 | 18.5 | 3.9 | 2.8 | 15 | 3 | 2.5 | 11.3 | 1.6 |
| | 100 ～ 200만 원 미만 | 32.6 | 10.4 | 19.1 | 3.5 | 3.1 | 14.2 | 2.6 | 2.2 | 11.4 | 0.9 |
| | 200 ～ 300만 원 미만 | 34.7 | 11.2 | 15.9 | 3.1 | 3.1 | 16.1 | 2.5 | 2.5 | 9.8 | 1.1 |
| | 300 ～ 400만 원 미만 | 36.5 | 12 | 15.3 | 3.6 | 4 | 14.5 | 2.1 | 3 | 8.2 | 0.8 |
| | 400 ～ 600만 원 미만 | 31.9 | 12 | 17 | 2.4 | 6.4 | 16.5 | 1.9 | 4.6 | 6.5 | 0.8 |
| | 600만 원 이상 | 29.1 | 11.1 | 15.5 | 2.8 | 6.1 | 18 | 1.7 | 3.5 | 10.5 | 1.7 |

① 가구소득이 많을수록 중소기업을 선호하는 비율은 줄어들고 있다.

② 연령을 기준으로 3번째로 선호하는 직장은 15 ～ 18세의 경우와 19 ～ 24세의 경우가 같다.

③ 국가기관은 모든 기준에서 가장 선호하는 직장임을 알 수 있다.

④ 남성과 여성 모두 국가기관에 대한 선호 비율은 공기업에 대한 선호 비율의 3배 이상이다.

⑤ 학력별 공기업을 선호하는 비중이 가장 높은 학력은 대학교 재학이다.

**10** 다음은 2022년 경제자유구역 입주 사업체 투자재원조달 실태조사 자료이다. 자료에 대한 설명으로 옳은 것을 〈보기〉에서 모두 고르면?

〈2022년 경제자유구역 입주 사업체 투자재원조달 실태조사〉

(단위 : 백만 원, %)

| 구분 | | 전체 | | 국내투자 | | 해외투자 | |
|---|---|---|---|---|---|---|---|
| | | 금액 | 비중 | 금액 | 비중 | 금액 | 비중 |
| 국내<br>재원 | 자체 | 4,025 | 57.2 | 2,682 | 52.6 | 1,343 | 69.3 |
| | 정부 | 2,288 | 32.5 | 2,138 | 42.0 | 150 | 7.7 |
| | 기타 | 356 | 5.0 | 276 | 5.4 | 80 | 4.2 |
| | 소계 | 6,669 | 94.7 | 5,096 | 100.0 | 1,573 | 81.2 |
| 해외재원 | | 365 | 5.3 | 0 | 0.0 | 365 | 18.8 |
| 합계 | | 7,034 | 100.0 | 5,096 | 100.0 | 1,938 | 100.0 |

※ (전체)=(국내투자)+(해외투자)

**보기**

ㄱ. 자체 재원조달금액 중 국내투자에 사용되는 금액이 전체에서 차지하는 비중은 60%를 초과한다.

ㄴ. 해외재원은 모두 해외투자에 사용되고 있다.

ㄷ. 국내재원 중 정부조달금액이 차지하는 비중은 40%를 초과한다.

ㄹ. 국내재원 중 국내투자금액은 해외투자금액의 3배 미만이다.

① ㄱ, ㄴ      ② ㄱ, ㄷ

③ ㄴ, ㄷ      ④ ㄴ, ㄹ

⑤ ㄷ, ㄹ

11   다음은 주요 대상국별 김치 수출액에 관한 자료이다. 기타를 제외하고 2021년 수출액이 3번째로 많은 국가의 2021년 대비 2022년 김치 수출액의 증감률은?(단, 소수점 셋째 자리에서 반올림한다)

〈주요 대상국별 김치 수출액〉

(단위 : 천 달러, %)

| 구분 | 2021년 | | 2022년 | |
|---|---|---|---|---|
| | 수출액 | 점유율 | 수출액 | 점유율 |
| 일본 | 44,548 | 60.6 | 47,076 | 59.7 |
| 미국 | 5,340 | 7.3 | 6,248 | 7.9 |
| 호주 | 2,273 | 3.1 | 2,059 | 2.6 |
| 대만 | 3,540 | 4.8 | 3,832 | 4.9 |
| 캐나다 | 1,346 | 1.8 | 1,152 | 1.5 |
| 영국 | 1,919 | 2.6 | 2,117 | 2.7 |
| 뉴질랜드 | 773 | 1.0 | 1,208 | 1.5 |
| 싱가포르 | 1,371 | 1.9 | 1,510 | 1.9 |
| 네덜란드 | 1,801 | 2.4 | 2,173 | 2.7 |
| 홍콩 | 4,543 | 6.2 | 4,285 | 5.4 |
| 기타 | 6,093 | 8.3 | 7,240 | 9.2 |
| 합계 | 73,547 | 100 | 78,900 | 100 |

① − 5.06%
② − 5.68%
③ − 6.24%
④ − 6.82%
⑤ − 7.02%

**12** 다음은 수송부문 대기 중 온실가스 배출량을 나타낸 자료이다. 자료에 대한 해석으로 옳지 않은 것은?

〈수송부문 대기 중 온실가스 배출량〉

(단위 : ppm)

| 연도 | 구분 | 합계 | 이산화탄소 | 아산화질소 | 메탄 |
|---|---|---|---|---|---|
| 2018년 | 합계 | 83,617.9 | 82,917.7 | 197.6 | 502.6 |
| | 산업 부문 | 58,168.8 | 57,702.5 | 138 | 328.3 |
| | 가계 부문 | 25,449.1 | 25,215.2 | 59.6 | 174.3 |
| 2019년 | 합계 | 85,343 | 84,626.3 | 202.8 | 513.9 |
| | 산업 부문 | 59,160.2 | 58,686.7 | 141.4 | 332.1 |
| | 가계 부문 | 26,182.8 | 25,939.6 | 61.4 | 181.8 |
| 2020년 | 합계 | 85,014.3 | 84,306.8 | 203.1 | 504.4 |
| | 산업 부문 | 60,030 | 59,553.9 | 144.4 | 331.7 |
| | 가계 부문 | 24,984.3 | 24,752.9 | 58.7 | 172.7 |
| 2021년 | 합계 | 86,338.3 | 85,632.1 | 205.1 | 501.1 |
| | 산업 부문 | 64,462.4 | 63,936.9 | 151.5 | 374 |
| | 가계 부문 | 21,875.9 | 21,695.2 | 53.6 | 127.1 |
| 2022년 | 합계 | 88,261.37 | 87,547.49 | 210.98 | 502.9 |
| | 산업 부문 | 65,491.52 | 64,973.29 | 155.87 | 362.36 |
| | 가계 부문 | 22,769.85 | 22,574.2 | 55.11 | 140.54 |

① 이산화탄소의 비중은 어느 시기든 상관없이 가장 크다.

② 연도별 가계와 산업 부문의 배출량 차이 값은 2022년에 가장 크다.

③ 연도별 가계와 산업 부문의 배출량 차이 값은 해가 지날수록 지속적으로 증가한다.

④ 해당기간 동안 온실가스 총량은 지속적으로 증가하고 있다.

⑤ 모든 시기에서 아산화질소보다 메탄은 항상 많은 양이 배출되고 있다.

**13** 다음 정육면체 전개도는 일정한 규칙에 따라 나열된 수열이다. 아래와 같이 ?에 들어갈 값으로 알맞은 것은?

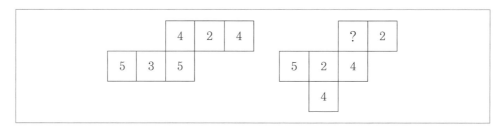

① 1                  ② 2

③ 3                  ④ 4

⑤ 5

**14** 학교에서 도서관까지 시속 40km로 갈 때와 시속 45km로 갈 때 걸리는 시간이 10분 차이가 난다면 학교에서 도서관까지의 거리는 얼마인가?

① 50km               ② 60km

③ 70km               ④ 80km

⑤ 90km

**15** L사는 신입사원 연수를 위해 숙소를 배정하려고 한다. 한 숙소에 4명씩 자면 8명이 남고, 5명씩 자면 방이 5개가 남으며 마지막 숙소에는 4명이 자게 된다. 이때 숙소의 수를 $a$개, 전체 신입사원 수를 $b$명이라고 한다면 $b - a$는?

① 105　　　　　　　　　　　② 110

③ 115　　　　　　　　　　　④ 120

⑤ 125

**16** 어느 공장에서 작년에 A제품과 B제품을 합하여 1,000개를 생산하였다. 올해는 작년에 비하여 A제품의 생산이 10% 증가하고, B제품의 생산은 10% 감소하여 전체 생산량은 4% 증가하였다. 올해에 생산된 A제품의 수는?

① 550개　　　　　　　　　　② 600개

③ 660개　　　　　　　　　　④ 700개

⑤ 770개

**17** 6%의 소금물 700g에서 한 컵의 소금물을 퍼내고, 퍼낸 양만큼 13%의 소금물을 넣었더니 9%의 소금물이 되었다. 이때, 퍼낸 소금물의 양은?

① 300g　　　　　　　　　　② 320g

③ 350g　　　　　　　　　　④ 390g

⑤ 450g

※ 업무 중 A씨는 특허 출원을 위하여 특허권 관련 법 규정의 일부를 숙지하게 되었다. 다음 규정을 읽고 이어지는 질문에 답하시오. **[1~4]**

---

**제○○조 특허출원 관련 수수료는 다음 각 호와 같다.**

1. 특허출원료
   가. 출원서를 서면으로 제출하는 경우 : 매건 5만 8천 원(단, 출원서의 첨부서류 중 명세서, 도면 및 요약서의 합이 20면을 초과하는 경우 초과하는 1면마다 1천 원을 가산한다)
   나. 출원서를 전자문서로 제출하는 경우 : 매건 3만 8천 원
2. 출원인 변경신고료
   가. 상속에 의한 경우 : 매건 6천 5백 원
   나. 법인의 분할·합병에 의한 경우 : 매건 6천 5백 원
   다. 기업구조조정 촉진법 제15조 제1항의 규정에 따른 약정을 체결한 기업이 경영정상화계획의 이행을 위하여 행하는 영업양도의 경우 : 매건 6천 5백 원
   라. '가'목 내지 '다'목 외의 사유에 의한 경우 : 매건 1만 3천 원

**제○○조 특허권 관련 수수료는 다음 각 호와 같다.**

1. 특허권의 실시권 설정 또는 그 보존등록료
   가. 전용실시권 : 매건 7만 2천 원
   나. 통상실시권 : 매건 4만 3천 원
2. 특허권의 이전등록료
   가. 상속에 의한 경우 : 매건 1만 4천 원
   나. 법인의 분할·합병에 의한 경우 : 매건 1만 4천 원
   다. 기업구조조정 촉진법 제15조 제1항의 규정에 따른 약정을 체결한 기업이 경영정상화계획의 이행을 위하여 행하는 영업양도의 경우 : 매건 1만 4천 원
   라. '가'목 내지 '다'목 외의 사유에 의한 경우 : 매건 5만 3천 원
3. 등록사항의 경정·변경(행정구역 또는 지번의 변경으로 인한 경우 및 등록명의인의 표시변경 또는 경정으로 인한 경우는 제외한다)·취소·말소 또는 회복등록료 : 매건 5천 원

---

**01**  다음 중 특허권 관련 법 규정의 내용으로 적절하지 않은 것은?

① 출원서를 서면으로 제출하는 경우가 전자문서로 제출하는 경우보다 특허출원 관련 수수료가 높다.
② 법인의 분할·합병에 의한 경우에 출원인 변경신고료는 매건 6천 5백 원이다.
③ 특허권의 실시권 중 통상실시권이 전용실시권보다 보존등록료가 낮다.
④ 기업구조조정 촉진법 제○○조 제1항의 규정에 따른 영업양도의 경우가 상속에 의한 경우보다 특허권의 이전등록료가 낮다.
⑤ '가'와 '다'목을 제외한 사유에 의한 경우 출원인 변경신고료는 매건 1만 3천 원이다.

**02** A씨는 한 건의 특허출원을 위해 특허출원서를 서면으로 작성하였다. A씨가 작성한 출원서의 첨부 서류 중 명세서는 12장, 도면 및 요약서는 27장일 때, 얼마의 특허출원료를 내야 하는가?

① 76,000원
② 77,000원
③ 78,000원
④ 79,000원
⑤ 80,000원

**03** 다음 중 한 건당 두 번째로 높은 금액의 수수료를 내야 하는 상황은?

① 법인의 분할·합병에 의해 출원인 변경을 해야 하는 경우
② 특허권의 통상실시권을 설정하는 경우
③ 특허출원서를 전자문서로 제출하는 경우
④ 특허권 등록사항의 회복등록료를 내야 하는 경우
⑤ 상속에 의하여 특허권을 이전하는 경우

**04** 다음 중 특허권의 이전등록료가 나머지와 다른 경우는?

① A법인회사가 B법인회사에 합병되어 B법인회사가 A법인회사의 특허권을 이전받는 경우
② C법인회사가 D회사와 E회사로 분할되면서, C법인회사가 가지고 있던 특허권을 E회사가 이전 받는 경우
③ F법인회사가 G법인회사에게 특허권을 판매하는 경우
④ 아버지의 특허권을 아들이 상속받는 경우
⑤ 기업구조조정 촉진법에 따라 경영정상화를 목적으로 기업의 영업권을 양도하는 경우

※ L회사의 해외영업팀은 팀 전체가 해외출장을 앞두고 있다. 해외출장에 앞서 총 책임을 맡은 A팀장은 유의사항을 확인하기 위해 위기상황별 대처매뉴얼을 찾아보았다. 자료를 참고하여 이어지는 질문에 답하시오. **[5~8]**

---

〈위기상황별 대처매뉴얼〉

■ **영사콜센터** – 24시간 연중무휴
  • 이용방법
    – 국내 : 02)3210-0404(유료)
    – 해외 : +822-3210-0404(유료)
  • 상담내용
    우리 국민 해외 사건·사고 접수, 신속해외송금지원제도 안내, 가까운 재외공관 연락처 안내 등 전반적인 영사민원 상담

■ **도난·분실 시**
  • 재외공관(대사관 혹은 총영사관)에서 사건 관할 경찰서의 연락처와 신고방법 및 유의사항을 안내받습니다.
  • 의사소통의 문제로 어려움을 겪을 경우, 통역 선임을 위한 정보를 제공받습니다.
  • 여권 분실
    – 여권을 분실한 경우, 가까운 현지 경찰서를 찾아가 여권 분실 증명서를 만듭니다. 재외공관에 분실 증명서, 사진 2장(여권용 컬러사진), 여권번호, 여권발행일 등을 기재한 서류를 제출합니다. 급히 귀국해야 할 경우 여행 증명서를 발급받습니다.
    ※ 여권 분실에 대비해 여행 전 여권을 복사해두거나, 여권번호, 발행 연월일, 여행지 우리 공관 주소 및 연락처 등을 메모해둡니다. 단, 여권을 분실했을 경우 해당 여권이 위·변조되어 악용될 수 있다는 점에 유의바랍니다.
  • 현금 및 수표 분실
    – 여행 경비를 분실·도난당한 경우, 신속해외송금지원제도를 이용합니다(재외공관 혹은 영사콜센터 문의).
    – 여행자 수표를 분실한 경우, 경찰서에 바로 신고한 후 분실 증명서를 발급받습니다.
  • 항공권 분실
    – 항공권을 분실한 경우, 해당 항공사의 현지 사무실에 신고하고, 항공권 번호를 알려줍니다.
    ※ 분실에 대비해 항공권 번호가 찍혀 있는 부분을 미리 복사해 두고, 구매한 여행사의 연락처도 메모해둡니다.
  • 수하물 분실
    – 수하물을 분실한 경우, 화물인수증(Claim Tag)을 해당 항공사 직원에게 제시하고, 분실 신고서를 작성합니다. 공항에서 짐을 찾을 수 없게 되면, 항공사에서 책임지고 배상합니다.
    ※ 현지에서 여행 중에 물품을 분실한 경우 현지 경찰서에 잃어버린 물건에 대해 신고를 하고, 해외여행자 보험에 가입한 경우 현지 경찰서로부터 도난 신고서를 발급받은 뒤, 귀국 후 해당 보험회사에 청구합니다.

---

**05** 다음 중 A팀장이 해외 출장 전 팀원들에게 당부할 내용으로 적절하지 않은 것은?

① 수하물을 분실했을 때 화물인수증이 없어도 해당 항공사 직원에게 항공권을 보여주면 항공사에서 책임지고 배상해주니 걱정하지 마세요.
② 여권 분실에 대비해서 여행 전 여권을 복사해둬야 합니다.
③ 여행 경비를 분실·도난당한 경우에 신속해외송금지원제도를 이용할 수 있으니 바로 제게 말씀해주시기 바랍니다.
④ 항공권을 분실할 경우를 대비해 항공권 번호가 있는 부분을 일괄적으로 모두 복사할 예정입니다.
⑤ 영사콜센터는 24시간 연중무휴로 운영되니 위급상황 시 주저하지 말고 전화하세요.

**06** A팀장은 위기상황별 대처매뉴얼을 기반으로 유인물을 만들어 팀원들에게 나눠주었다. 다음 중 팀원들의 질문에 대한 A팀장의 대답으로 적절하지 않은 것은?

① B대리 : 만약 여권을 분실했는데 그 사실을 한국으로 돌아가기 전날 알았다면 어떻게 하죠?

　A팀장 : 급히 귀국해야 하는 경우이니 여행 증명서를 발급받으면 됩니다.

② E사원 : 현지에서 잃어버린 물품에 대해 가입한 해외여행자 보험사에 청구하려 할 때는 어떤 서류가 필요한가요?

　A팀장 : 현지 경찰서로부터 도난 신고서를 발급받으면 자동으로 해당 보험회사에 정보가 넘어가니 따로 제출할 서류는 없습니다.

③ D주임 : 여행자 수표를 분실했을 때는 어떻게 해야 하나요?

　A팀장 : 경찰서에 바로 신고한 후 분실 증명서를 발급받습니다.

④ C사원 : 여행 경비를 강도에게 뺏기고 당장 쓸 돈이 한 푼도 없다면 어떻게 하나요?

　A팀장 : 영사관에서 제공하는 신속해외송금지원제도를 이용하면 됩니다. 재외공관이나 영사콜센터에 문의하면 자세히 가르쳐 줍니다.

⑤ F사원 : 영사콜센터는 무료로 이용 가능한가요?

　A팀장 : 영사콜센터는 유료이며 우리 국민의 해외 사건·사고 접수, 가까운 재외공관 연락처 안내, 신속해외송금지원제도 안내 등 전반적인 영사민원을 상담하고 있습니다.

**07** 비행기가 순항 중일 때에는 860km/h의 속력으로 날아가고, 기상이 악화되면 40km/h의 속력이 줄어든다. 3시간 30분 동안 비행하는 데 15분 동안 기상이 악화되었다면 날아간 총 거리는?

① 2,850km
② 2,900km
③ 2,950km
④ 3,000km
⑤ 3,050km

**08** 해외출장지에 도착한 A팀장은 가방에 넣었던 여권이 보이지 않자 도난상황임을 짐작하고 경찰서에 신고하였다. 하지만 어이없게도 여권이 A팀장의 주머니에서 발견되었다. 이 상황을 나타낸 사자성어로 가장 적절한 것은?

① 누란지위
② 등하불명
③ 수구초심
④ 조족지혈
⑤ 지란지교

※ 다음은 L사의 회의에 사용될 '블라인드 채용'에 관한 글이다. 다음 글을 읽고, 이어지는 질문에 답하시오. [9~12]

인사 담당자 또는 면접관이 지원자의 학벌, 출신 지역, 스펙 등을 평가하는 기존 채용 방식에서는 기업 성과에 필요한 직무능력 외 기타요인에 의한 불공정한 채용이 만연했다. 한 설문조사에서 구직자의 77%가 불공정한 채용 평가를 경험한 적이 있다고 답했으며, 그에 따라 대다수의 구직자들은 기업의 채용 공정성을 신뢰하지 않는다고 응답했다. 이러한 스펙 위주의 채용으로 기업, 취업 준비생 모두에게 시간적 · 금전적 비용이 과잉 발생하게 되었고, 직무에 적합한 인성 · 역량을 보여줄 수 있는 채용 제도인 블라인드 채용이 대두되기 시작했다.

블라인드 채용이란 입사지원서, 면접 등의 채용 과정에서 편견이 개입돼 불합리한 차별을 초래할 수 있는 출신지, 가족관계, 학력, 외모 등의 항목을 걷어내고 실력, 즉 직무 능력만으로 인재를 평가해 채용하는 방식이다. 서류 전형은 없애거나 블라인드 지원서로 대체하고, 면접 전형은 블라인드 오디션 또는 면접으로 진행함으로써 실제 지원자가 가진 직무 능력을 가릴 수 있는 요소들을 배제하고 직무에 적합한 지식, 기술, 태도 등을 종합적으로 평가한다. 서류 전형에서는 모든 지원자에게 공정한 기회를 제공하고, 필기 및 면접 전형에서는 기존에 열심히 쌓아온 실력을 검증한다. 또한 지원자가 쌓은 경험과 능력, 학교생활을 하며 양성한 지식, 경험, 능력 등이 모두 평가 요소이기에 그간의 노력이 저평가되거나 역차별 요소로 작용하지 않는다. 블라인드 채용의 서류 전형은 무서류 전형과 블라인드 지원서 전형으로 구분된다. 무서류 전형은 채용 절차 진행을 위한 최소한의 정보만을 포함한 입사지원서를 접수하되 이를 선발 기준으로 활용하지 않는 방식이다. 블라인드 지원서 전형에는 입사지원서에 최소한의 정보만 수집하여 선발 기준으로 활용하는 방식과 블라인드 처리되어야 할 정보까지 수집하되 온라인 지원서상 개인정보를 암호화하거나 서면 이력서상 마스킹 처리를 하는 등 채용담당자는 볼 수 없도록 기술적으로 처리하는 방식이 있다. 면접 전형의 블라인드 면접에는 입사지원서, 인 · 적성검사 결과 등의 자료 없이 면접을 진행하는 무자료 면접 방식과 면접관의 인지적 편향을 유발할 수 있는 항목을 제거한 자료를 기반으로 면접을 진행하는 방식이 있다. 이와 달리 블라인드 오디션은 오디션으로 작업 표본, 시뮬레이션 등을 수행하도록 함으로써 지원자의 능력과 기술을 평가하는 방식이다.

한편 ⊙ 기존 채용, ⓒ 국가직무능력표준(NCS) 기반 채용, ⓒ 블라인드 채용의 3가지 채용 모두 채용 공고, 서류 전형, 필기 전형, 면접 전형 등으로 채용 프로세스는 같지만 각 전형별 세부 사항과 취지에 차이가 있다. 기존의 채용은 기업이 지원자에게 자신이 인재임을 스스로 증명하도록 요구해 무분별한 스펙 경쟁을 유발했던 반면, NCS 기반 채용은 기업이 직무별로 원하는 요건을 제시하고 지원자가 자신의 준비 정도를 증명해 목표 지향적인 능력 · 역량 개발을 촉진한다. 블라인드 채용은 선입견을 품을 수 있는 요소들을 전면 배제해 실력과 인성만으로 평가받도록 구성한 것이다.

**09** 다음 중 '블라인드 채용'의 등장 배경으로 적절하지 않은 것은?

① 대다수의 구직자들은 기존 채용 방식의 공정성을 신뢰하지 못했다.
② 기존 채용 방식으로는 지원자의 직무에 적합한 인성 · 역량 등을 제대로 평가할 수 없었다.
③ 구직자의 77%가 불공정한 채용 평가를 경험했을 만큼 불공정한 채용이 만연했다.
④ 스펙 위주의 채용으로 인해 취업 준비생에게 시간적 · 금전적 비용이 과도하게 발생하였다.
⑤ 지원자의 직무 능력을 가릴 수 있는 요소들을 배제하는 기존의 방식이 불합리한 차별을 초래했다.

**10**  다음 중 '블라인드 채용'을 이해한 내용으로 적절한 것은?

① 무서류 전형에서는 입사지원서를 제출할 필요도 없겠어.

② 블라인드 온라인 지원서의 암호화된 지원자의 개인정보는 채용담당자만 볼 수 있어.

③ 별다른 자료 없이 진행되는 무자료 면접의 경우에도 인·적성검사 결과는 필요하군.

④ 블라인드 면접관은 선입견을 유발하는 항목이 제거된 자료를 기반으로 면접을 진행하기도 해.

⑤ 서류 전형을 없애면 기존에 쌓아온 능력·지식·경험 등은 아무런 쓸모가 없겠어.


**11**  다음 중 밑줄 친 ㉠ ~ ㉢에 대한 설명으로 적절하지 않은 것은?

① ㉠의 경우 기업은 지원자에게 자신이 적합한 인재임을 스스로 증명하도록 요구한다.

② ㉠ ~ ㉢은 모두 채용 공고, 서류 전형, 필기 전형, 면접 전형 등의 동일한 채용 프로세스로 진행된다.

③ ㉡은 ㉠과 달리 기업이 직무별로 필요한 조건을 제시하면 지원자는 이에 맞춰 자신의 준비 정도를 증명해야 한다.

④ ㉢은 선입견 요소들을 모두 배제하여 지원자의 실력과 인성만을 평가한다.

⑤ ㉠과 ㉡은 지원자가 자신의 능력을 증명해야 하므로 지원자들의 무분별한 스펙 경쟁을 유발한다.


**12**  L사의 A ~ F팀은 월요일부터 토요일까지 하루에 2팀씩 함께 회의를 진행한다. 다음 〈조건〉을 참고할 때, 반드시 참인 것은?(단, 월요일부터 토요일까지 각 팀의 회의 진행 횟수는 서로 같다)

> **조건**
> • 오늘은 목요일이고 A팀과 F팀이 함께 회의를 진행했다.
> • B팀은 A팀과 연이은 요일에 회의를 진행하지 않는다.
> • B팀은 오늘을 포함하여 이번 주에는 더 이상 회의를 진행하지 않는다.
> • C팀은 월요일에 회의를 진행했다.
> • D팀과 C팀은 이번 주에 B팀과 한 번씩 회의를 진행한다.
> • A팀과 F팀은 이번 주에 이틀을 연이어 함께 회의를 진행한다.

① E팀은 수요일과 토요일 하루 중에만 회의를 진행한다.

② 화요일에 회의를 진행한 팀은 B팀과 E팀이다.

③ C팀과 E팀은 함께 회의를 진행하지 않는다.

④ C팀은 월요일과 수요일에 회의를 진행했다.

⑤ F팀은 목요일과 금요일에 회의를 진행한다.

※ 다음은 L사의 성과급 기준 규정이다. 이어지는 질문에 답하시오. [13~16]

<성과급 지급 규정>

**제1조(성과급의 정의)**
성과급이란 조직원의 사기진작과 합리적인 임금 체계 구축을 위해 평가된 결과에 따라 차등 지급되는 보수를 말한다.

**제2조(지급대상)**
① 성과연봉의 지급대상자는 성과평가 대상기간 중 1개월 이상 L사 직원으로 근무한 자로 한다.
② 제1항의 근무기간에 휴직기간, 징계기간, 지위해제기간, 결근기간은 포함하지 않는다.
③ 1개월 이상 L사 직원으로 근무하였음에도 성과평가 결과를 부여받지 못한 경우에는 최하등급 기준으로 성과연봉을 지급한다.

**제3조(평가시기)**
평가는 분기별로 1회씩 이루어진다.

**제4조(평가기준)**
평가항목과 가중치에 따라 다음과 같은 기준을 제시한다.

| 구분 | 전문성 | 유용성 | 수익성 |
| --- | --- | --- | --- |
| 가중치 | 0.3 | 0.2 | 0.5 |

**제5조(점수별 등급)**
성과평가 점수에 따른 평가등급을 다음과 같이 제시한다.

| 성과평가 점수 | 9.0 이상 | 8.0 이상 ~ 9.0 미만 | 7.0 이상 ~ 8.0 미만 | 6.0 이상 ~ 7.0 미만 | 5.0 이상 ~ 6.0 미만 |
| --- | --- | --- | --- | --- | --- |
| 평가등급 | S등급 | A등급 | B등급 | C등급 | D등급 |

**제6조(지급기준)**
평가등급에 따라 다음과 같이 지급한다.

| 평가등급 | S등급 | A등급 | B등급 | C등급 | D등급 |
| --- | --- | --- | --- | --- | --- |
| 지급액 | 100만 원 | 80만 원 | 60만 원 | 40만 원 | 20만 원 |

**13** 다음 중 성과급 지급 규정에 대해 제대로 이해하지 못하고 있는 사람은?

① A사원 : 성과연봉을 받기 위해서는 성과평가 대상기간 중 1개월 이상의 기간은 직원으로 L사에서 근무해야 해.
② B사원 : 맞아. 1개월 이상 L사 직원으로 근무하였음에도 성과평가 결과를 부여받지 못한 경우에는 성과연봉이 하나도 지급되지 않아.
③ C사원 : 성과급 평가기준은 전문성, 유용성, 수익성으로 나뉘는데, 수익성 > 전문성 > 유용성 순으로 가중치가 커.
④ D사원 : 성과평가는 분기별로 한 번씩 이루어져.
⑤ E사원 : A가 말한 근무기간에 휴직기간, 징계기간, 지위해제기간, 결근기간은 포함하지 않아.

**14** L사에 근무하는 O대리의 평가점수가 다음과 같다고 할 때 1년 동안 총 얼마의 성과급을 받는가?

(단위 : 점)

| 구분 | 전문성 | 유용성 | 수익성 |
|------|--------|--------|--------|
| 1분기 | 6 | 8 | 7 |
| 2분기 | 7 | 7 | 6 |
| 3분기 | 8 | 6 | 7 |
| 4분기 | 7 | 8 | 9 |

① 200만 원      ② 210만 원

③ 220만 원      ④ 230만 원

⑤ 240만 원

**15** 성과급 지급 규정의 평가기준에서 수익성의 비중을 높여 전문성 0.3, 유용성 0.2, 수익성 0.6으로 가중치를 변경한다면, **14**번에서 계산한 O대리의 1년 총 성과급보다 얼마나 증가되는가?

① 40만 원      ② 50만 원

③ 60만 원      ④ 70만 원

⑤ 80만 원

**16** A사원과 B사원은 성과급을 받을 자격이 된다. A가 S등급을 받지 못할 확률이 $\frac{2}{3}$ 이고 B가 S등급을 받을 확률이 60%일 때 A, B 둘 다 S등급을 받을 확률은?

① 20%      ② 30%

③ 40%      ④ 50%

⑤ 60%

※ 홍보팀 사원인 L씨는 법무팀으로부터 최근 규제가 강화되고 있는 허위표시나 과대광고를 예방하기 위한 관련 법조문을 받았다. 다음 물음에 답하시오. [17~20]

〈㉠ <u>허위표시</u> 및 ㉡ <u>과대광고</u> 관련 법조문〉

제○○조

① 식품에 대한 허위표시 및 과대광고의 범위는 다음 각 호의 어느 하나에 ㉢ <u>해당</u>하는 것으로 한다.

1. 질병의 치료와 예방에 효능이 있다는 내용의 표시·광고
2. 각종 감사장·상장 또는 체험기 등을 이용하거나 '인증'·'보증' 또는 '추천'을 받았다는 내용을 사용하거나 이와 ㉣ <u>유사</u>한 내용을 표현하는 광고. 다만, 중앙행정기관·특별지방행정 기관 및 그 부속기관 또는 지방자치단체에서 '인증'·'보증'을 받았다는 내용의 광고는 제외한다.
3. 다른 업소의 제품을 비방하거나 비방하는 것으로 의심되는 광고나, 제품의 제조방법·품질·영양가·원재료·성분 또는 효과와 직접적인 관련이 적은 내용 또는 사용하지 않은 성분을 ㉤ <u>강조</u>함으로써 다른 업소의 제품을 간접적으로 다르게 인식하게 하는 광고

② 제1항에도 불구하고 다음 각 호에 해당하는 경우에는 허위표시나 과대광고로 보지 않는다.

1. 일반음식점과 제과점에서 조리·제조·판매하는 식품에 대한 표시·광고
2. 신체조직과 기능의 일반적인 증진, 인체의 건전한 성장 및 발달과 건강한 활동을 유지하는 데 도움을 준다는 표시·광고
3. 제품에 함유된 영양성분의 기능 및 작용에 관하여 식품영양학적으로 공인된 사실

**17** 법조문을 전달받은 L씨는 회사 계열사들이 허위표시 및 과대광고를 하고 있는지 알아보기 위해 계열사별 광고 문구를 확인하였다. 허위표시 및 과대광고를 하지 않은 곳을 모두 고르면?

ㄱ. (○○삼계탕 식당 광고) "고단백 식품인 닭고기와 스트레스 해소에 효과가 있는 인삼을 넣은 삼계탕은 인삼, 찹쌀, 밤, 대추 등의 유효성분이 어우러져 영양의 균형을 이룬 아주 훌륭한 보양 식입니다."

ㄴ. (○○라면의 표시·광고) "우리 회사의 라면은 폐식용유를 사용하지 않습니다."

ㄷ. (○○두부의 표시·광고) "건강유지 및 영양보급에 만점인 단백질을 많이 함유한 ○○두부"

ㄹ. (○○녹차의 표시·광고) "변비와 당뇨병 예방에 탁월한 ○○녹차"

ㅁ. (○○소시지의 표시·광고) "식품의약품안전처에서 인증 받은 ○○소시지"

① ㄱ, ㄴ        ② ㄹ, ㅁ

③ ㄱ, ㄴ, ㄹ        ④ ㄱ, ㄷ, ㅁ

⑤ ㄷ, ㅁ

**18** L씨는 법조문을 받은 후, 홍보팀 동료들과 메신저를 통해 허위표시 및 과대광고를 주제로 이야기를 나누었다. 다음 중 대화 내용으로 적절하지 않은 것은?

① A : 얼마 전 어머니가 당뇨병에 좋다며 사온 건강식품도 허위표시로 봐야 하는구나.

② B : 최근 인터넷 검색을 하면 체험후기가 많은데 그것도 모두 과대광고에 속하는 거지?

③ C : 어제 구매한 운동보조식품의 경우 신체의 건강한 발달에 도움이 된다고 광고한 것도 과대광고인 거지?

④ D : 혈관성 질환에 확실히 효과가 있다고 광고하는 것도 과대광고구나.

⑤ E : 제품의 성분이 식품영양학적으로 공인된 경우는 과대광고로 보지 않는구나.

**19** L씨는 법조문을 토대로 허위표시, 과대광고 예방 및 주의를 목적으로 하는 카드뉴스를 작성하게 되었다. 밑줄 친 단어들을 쉬운 우리말로 순화했을 때 적절하지 않은 것은?

① ㉠ 허위 → 엉터리, 거짓

② ㉡ 과대 → 부풀린, 불린

③ ㉢ 해당 → 들어맞는, 들어가는

④ ㉣ 유사 → 비슷한, 거의 같은

⑤ ㉤ 강조 → 두들기는, 휘두르는

**20** L씨는 허위표시나 과대광고 예방 관련 회의를 위해 회의실을 예약했다. 그런데 회의에 참석한 인원수에 비해 회의실에 놓인 테이블이 부족해 별도의 책상을 회의실의 뒷자리 양 옆에 각각 하나씩 추가로 배치하였다. 추가된 두 책상에 인원을 배치하는 방법이 총 30가지일 때, 회의에 참석한 총 인원수는?

① 6명               ② 7명

③ 8명               ④ 9명

⑤ 10명

정답 및 해설 p.040

## | 01 | 언어이해

※ 다음은 슈퍼푸드로 선정된 토마토를 소개한 글이다. 다음 글을 읽고 이어지는 질문에 답하시오. [1~2]

토마토는 우리말로 '일년감'이라 하며, 한자명은 남만시(南蠻柿)라고 한다. 우리나라에서는 토마토를 처음에는 관상용으로 심었으나 차츰 영양가가 밝혀지고 밭에 재배하기 시작했고 식용으로 대중화되었다. 토마토는 가짓과에 속하는 일년생 반덩굴성 식물열매이며 원산지는 남미 페루이다. 16세기 초 콜럼버스가 신대륙을 발견한 즈음 유럽으로 건너가 스페인과 이탈리아에서 재배되기 시작했다. 우리나라에는 19세기 초 일본을 거쳐서 들어왔다고 추정되고 있다. 한때 미국에서 정부와 업자 사이에 '토마토가 과일이냐 채소냐'의 논란이 있었는데, 이에 대법원에서는 토마토를 채소로 판결 내렸다. 어찌 됐든 토마토는 과일과 채소의 두 가지 특성을 갖추고 있으며 비타민과 무기질 공급원으로 아주 우수한 식품이다. 세계적인 장수촌으로 알려진 안데스 산맥 기슭의 빌카밤바(Vilcabamba) 사람들은 토마토를 많이 먹은 덕분에 장수를 누렸다고 전해 오고 있다.

토마토에 함유되어 있는 성분에는 구연산, 사과산, 호박산, 아미노산, 루틴, 단백질, 당질, 회분, 칼슘, 철, 인, 비타민 A, 비타민 B1, 비타민 B2, 비타민 C, 식이섬유 등이 있다. 특히 비타민 C의 경우 토마토 한 개에 하루 섭취 권장량의 절반가량이 들어 있다. 토마토가 빨간색을 띠는 것은 '카로티노이드'라는 식물 색소 때문인데, 특히 빨간 카로티노이드 색소인 라이코펜이 주성분이다. 라이코펜은 베타카로틴 등과 더불어 항산화 작용을 하는 물질이며, 빨간 토마토에는 대략 7 ~ 12mg의 라이코펜이 들어 있다.

파란 토마토보다 빨간 토마토가 건강에 더 유익하므로 완전히 빨갛게 익혀 먹는 것이 좋으며, 라이코펜이 많은 빨간 토마토를 그냥 먹을 경우 체내 흡수율이 떨어지므로 열을 가해 조리해서 먹는 것이 좋다. 열을 가하면 라이코펜이 토마토 세포벽 밖으로 빠져나와 우리 몸에 잘 흡수되기 때문이다. 실제 토마토 소스에 들어 있는 라이코펜의 흡수율은 생토마토의 5배에 달한다고 한다.

토마토의 껍질을 벗길 때는 끓는 물에 잠깐 담갔다가 건진 후 찬물에서 벗기면 손쉽게 벗길 수 있다. 잘 익은 토마토를 껍질을 벗기고 으깨 체에 밭쳐 졸인 것을 '토마토 퓨레(채소나 과일의 농축 진액)'라고 한다. 그리고 토마토 퓨레에 소금과 향신료를 조미한 것이 '토마토 소스'이며, 소스를 보다 강하게 조미하고 단맛을 낸 것이 '토마토 케첩'이다. 토마토의 라이코펜과 지용성 비타민은 기름에 익힐 때 흡수가 잘 되므로 기름에 볶아 푹 익혀서 퓨레 상태로 만들면 편리하다. 마늘과 쇠고기를 다져서 올리브유에 볶다가 적포도주 조금, 그리고 토마토 퓨레를 넣으면 토마토 소스가 된다. 토마토 소스에 파스타나 밥을 볶으면 쉽게 맛을 낼 수 있다.

그런데 토마토와 같이 산(酸)이 많은 식품을 조리할 때는 단시간에 조리하거나 스테인리스 스틸 재질의 조리 기구를 사용해야 한다. 알루미늄제 조리 기구를 사용하게 되면 알루미늄 성분이 녹아 나올 수 있기 때문이다. 세계보건기구(WHO)는 지난 1997년 알루미늄에 대해 신체 과다 노출 시 구토, 설사, 메스꺼움 등을 유발할 수 있다고 경고한 바 있다.

**01** 윗글의 각 문단 제목으로 적절하지 않은 것은?

① 첫 번째 문단 : 토마토가 우리에게 오기까지
② 두 번째 문단 : 토마토의 다양한 성분
③ 세 번째 문단 : 토마토를 건강하게 먹는 방법
④ 네 번째 문단 : 토마토가 사랑받는 이유

2주 차

**02** 윗글을 읽고 이해한 내용으로 적절하지 않은 것은?

① 토마토는 그냥 먹는 것보다 열을 가해 먹는 것이 더 좋다.
② 토마토는 일본을 거쳐 우리나라에 들어온 것으로 추정된다.
③ 토마토를 조리할 때는 알루미늄제 조리 기구를 사용해야 한다.
④ 토마토의 라이코펜은 기름에 익힐 때 흡수가 잘 된다.

**03** 다음 글의 내용으로 적절하지 않은 것은?

> 오랫동안 빛의 속도는 측정이 불가능하다고 여겨졌지만, 과학이 점차 발전함에 따라 빛 역시 측정 가능한 것으로 밝혀졌다. 빛의 속도를 처음으로 측정하려고 한 사람은 16세기에 태어난 갈릴레오이다. 그는 동료와 함께 각자 등불과 덮개를 가지고 약 1.6km쯤 떨어진 언덕 위에서 두 사람 사이를 빛이 왕복하는 데 걸리는 시간을 측정하였다. 처음에 두 사람 모두 덮개를 덮고 있다가 먼저 한 사람이 덮개를 열면 상대방은 그 빛을 보는 순간 자기의 덮개를 연다. 그러면 첫 번째 사람이 덮개를 여는 순간부터 상대방의 불빛을 본 순간까지 걸린 시간이 바로 빛이 두 사람 사이를 왕복하는 데 걸린 시간과 같을 것이라는 착상이었다.
>
> 1675년 덴마크의 천문학자 뢰머에 의하여 처음으로 빛의 속도가 성공적으로 측정되었다. 뢰머는 목성의 달 중 하나인 이오의 월식 관측 자료에 빛 속도 측정의 기반을 두었다. 이오는 목성 주위를 도는데, 목성이 지구와 이오 사이에 있는 동안 이오가 보이지 않는 월식이 일어난다. 뢰머는 이 월식이 일어나는 시간이, 지구가 목성에서 멀어질 때보다 목성 쪽으로 향할 때, 짧아진다는 것을 알아냈다. 그는 이러한 현상이 빛의 속도가 유한하기 때문에 생기는 것이라고 바르게 해석하였다.
>
> 이 월식을 수년간에 걸쳐 관측한 결과로 뢰머는 빛의 속도가 초속 225,000km 정도라고 계산하였다. 그 당시 목성과 지구 사이의 거리에 관한 정확한 지식이 없어 실제보다 약 1/3 정도 적은 값을 얻었다. 그러나 뢰머의 방법은 빛의 속도가 무한하지 않다는 명백한 증거를 제공하였고 실제 값에 대한 타당한 계산 값을 주었다.

① 빛의 속도를 측정하려는 시도는 16세기부터 시작되었다.

② 뢰머의 측정값이 실제 빛의 속도보다 적었던 것은 천체 간의 거리에 관한 지식이 부족했기 때문이다.

③ 이오의 월식은 지구와 목성 사이에 이오가 놓여 세 천체가 일직선상에 있을 때 발생한다.

④ 갈릴레이가 시행한 빛의 속도 측정 시험은 정확한 값을 얻어내기 어려운 것이었다.

**04** 다음 글의 주장으로 가장 적절한 것을 고르면?

우리는 우리가 생각한 것을 말로 나타낸다. 또 다른 사람의 말을 듣고, 그 사람이 무슨 생각을 가지고 있는지를 짐작한다. 그러므로 생각과 말은 서로 떨어질 수 없는 깊은 관계를 가지고 있다.

그러면 말과 생각이 얼마만큼 깊은 관계를 가지고 있을까? 이 문제를 놓고 사람들은 오랫동안 여러 가지 생각을 하였다. 그 가운데 가장 두드러진 것이 두 가지 있다. 그 하나는 '말'과 '생각'이 서로 꼭 달라붙은 쌍둥이인데 한 놈은 '생각'이 되어 속에 감추어져 있고 다른 한 놈은 '말'이 되어 사람 귀에 들리는 것이라는 생각이다. 다른 하나는 '생각'이 큰 그릇이고 '말'은 '생각' 속에 들어가는 작은 그릇이어서 '생각'에는 '말' 이외에도 다른 것이 더 있다는 생각이다.

이 두 가지 생각 가운데서 앞의 것은 조금만 깊이 생각해 보면 틀렸다는 것을 즉시 깨달을 수 있다. 우리가 생각한 것은 거의 대부분 말로 나타낼 수 있지만, 누구든지 가슴 속에 응어리진 어떤 생각이 분명히 있기는 한데 그것을 어떻게 말로 표현해야 할지 애태운 경험을 가지고 있을 것이다. 이것 한 가지만 보더라도 말과 생각이 서로 안팎을 이루는 쌍둥이가 아님은 쉽게 판명된다.

인간의 생각이라는 것은 매우 넓고 큰 것이며 말이란 결국 생각의 일부분을 주워 담는 작은 그릇에 지나지 않는다. 그러나 아무리 인간의 생각이 말보다 범위가 넓고 큰 것이라고 하여도 그것을 가능한 한 말로 바꾸어 놓지 않으면 그 생각의 위대함이나 오묘함이 다른 사람에게 전달되지 않기 때문에 말의 신세를 지지 않을 수가 없게 되어 있다. 그러니까 말을 통하지 않고는 생각을 전달할 수가 없는 것이다.

① 말은 생각의 폭을 확장시킨다.
② 말은 생각을 전달하기 위한 수단이다.
③ 생각은 말이 내면화된 쌍둥이와 같은 존재이다.
④ 말은 생각의 하위요소이다.

2주 차

**05** 다음은 업종별 해외 현지 자회사 법인 현황을 나타낸 자료이다. 이에 대한 설명으로 옳지 않은 것은?

〈업종별 해외 현지 자회사 법인 현황〉

(단위 : 개, %)

| 구분 | 사례 수 | 진출형태별 | | | | | |
|------|--------|----------|-------|--------|--------|--------|--------|
| | | 단독법인 | 사무소 | 합작법인 | 지분투자 | 유한회사 | 무응답 |
| 전체 | 387 | 47.6 | 20.4 | 7.8 | 1.0 | 0.8 | 22.4 |
| 주조 | 4 | 36.0 | 36.0 | – | – | – | 28.0 |
| 금형 | 92 | 35.4 | 44.4 | 14.9 | 1.7 | – | 3.5 |
| 소성가공 | 30 | 38.1 | – | 15.2 | – | – | 46.7 |
| 용접 | 128 | 39.5 | 13.1 | – | 1.7 | – | 45.7 |
| 표면처리 | 133 | 66.4 | 14.8 | 9.0 | – | 2.4 | 7.3 |
| 열처리 | – | – | – | – | – | – | – |

① 단독법인 형태의 소성가공 업체의 수는 10개 이상이다.
② 모든 업종에서 단독법인 형태로 진출한 현지 자회사 법인의 비율이 가장 높다.
③ 표면처리 업체의 해외 현지 자회사 법인 중 유한회사의 형태인 업체는 2곳 이상이다.
④ 전체 업체 중 용접 업체의 해외 현지 자회사 법인의 비율은 30% 이상이다.

**06** 다음은 P제철소에서 생산한 철강의 출하량을 분야별로 기록한 표이다. 2022년도에 세 번째로 많은 생산을 했던 분야에서 2020년 대비 2021년의 변화율을 바르게 표시한 것은?

〈A제철소 철강 출하량〉

(단위 : 천 톤)

| 구분 | 자동차 | 선박 | 토목 / 건설 | 일반기계 | 기타 |
|------|--------|------|------------|----------|------|
| 2020년 | 5,230 | 3,210 | 6,720 | 4,370 | 3,280 |
| 2021년 | 6,140 | 2,390 | 5,370 | 4,020 | 4,590 |
| 2022년 | 7,570 | 2,450 | 6,350 | 5,730 | 4,650 |

① 약 10% 증가하였다.　　　　② 약 10% 감소하였다.
③ 약 8% 증가하였다.　　　　④ 약 8% 감소하였다.

※ 다음은 동일제품을 제조하는 A사와 B사의 원재료·재공품 및 제품의 가격을 비교한 자료이다. 다음 자료를 참고하여 이어지는 질문에 답하시오. **[7~8]**

### 〈A사 · B사 가격 비교〉

(단위 : 원)

| 구분 | | 2018년 | 2019년 | 2020년 | 2021년 | 2022년 |
|---|---|---|---|---|---|---|
| 원재료 | A사 | 2,290 | 2,320 | 2,410 | 2,550 | 2,860 |
| | B사 | 2,100 | 2,250 | 2,280 | 2,460 | 2,680 |
| 재공품 | A사 | 11,830 | 12,210 | 12,840 | 13,350 | 13,960 |
| | B사 | 10,520 | 10,810 | 11,820 | 12,780 | 13,330 |
| 제품 | A사 | 35,430 | 35,820 | 36,210 | 36,660 | 37,210 |
| | B사 | 36,730 | 36,990 | 37,290 | 37,680 | 37,990 |

※ 원재료는 A사·B사가 다른 업체로부터 구매한 가격이고, 재공품과 제품은 A사·B사에서 판매하는 가격이다.
※ 순이익 원재료가격만 고려한다.
　• 재공품 판매 시 순이익＝(재공품 판매가)－(원재료 구매가)
　• 제품 판매 시 순이익＝(제품 판매가)－(원재료 구매가)

**07** 다음 중 자료에 대한 해석으로 옳은 것은?

① 원재료는 B사가 A사보다 저렴하게 판매한다.
② B사는 재공품, A사는 제품 판매 시 회사매출에 더 유리하다.
③ 2022년에 A사는 재공품 30개 판매보다 제품 10개 판매 시 매출이 더 높다.
④ 2019년에 B사의 제품 판매 순이익은 그 해 원재료 가격의 15배 이상이다.

**08** 다음 빈칸에 들어갈 내용으로 옳은 것은?(단, 소수점 이하는 버림한다)

> A사의 2018년 대비 2022년 제품가격 증가율은 　(가)　이고, B사의 2018년 대비 2022년 제품가격 증가율은 　(나)　이다.

|  | (가) | (나) |
|---|---|---|
| ① | 3% | 3% |
| ② | 3% | 5% |
| ③ | 5% | 1% |
| ④ | 5% | 3% |

**09** A는 인천에서 런던을 가고자 한다. 다음은 인천과 런던을 잇는 항공 노선과 그 관련 정보들이다. A는 노선지수가 낮은 노선을 선호한다고 할 때, 다음 중 A가 선택할 노선은?(단, 노선지수는 인천에서 런던까지의 각 요소의 총량의 합을 기준으로 계산한다)

〈노선 목록〉

| 노선 | 거리 | 시간 | 요금 | 마일리지 | 기타사항 |
|---|---|---|---|---|---|
| 인천 – 베이징 | 937km | 1시간 | 50만 원 | 104 | 잠정 폐쇄 |
| 인천 – 하노이 | 2,717km | 5시간 | 30만 원 | 302 | – |
| 인천 – 방콕 | 3,700km | 5시간 | 50만 원 | 411 | – |
| 인천 – 델리 | 4,666km | 6시간 | 55만 원 | 518 | – |
| 인천 – 두바이 | 6,769km | 8시간 | 65만 원 | 752 | – |
| 인천 – 카이로 | 8,479km | 8시간 | 70만 원 | 942 | – |
| 인천 – 상하이 | 843km | 1시간 | 45만 원 | 94 | – |
| 베이징 – 런던 | 8,147km | 9시간 | 100만 원 | 905 | – |
| 하노이 – 런던 | 9,244km | 10시간 | 90만 원 | 1,027 | – |
| 방콕 – 런던 | 9,542km | 11시간 | 55만 원 | 1,060 | 잠정 폐쇄 |
| 델리 – 런던 | 6,718km | 7시간 | 55만 원 | 746 | – |
| 두바이 – 런던 | 5,479km | 6시간 | 50만 원 | 609 | – |
| 카이로 – 런던 | 3,514km | 4시간 | 55만 원 | 390 | – |
| 상하이 – 런던 | 9,208km | 10시간 | 90만 원 | 1,023 | – |

※ (노선지수)=(총 거리순위×0.8)+(총 시간순위×0.7)+(총 요금순위×0.2)
※ 마일리지를 제외한 모든 요소는 값이 작을수록 순위가 높다.
※ 폐쇄노선은 현재 사용이 불가능하다.

① 인천 – 상하이 – 런던
② 인천 – 델리 – 런던
③ 인천 – 카이로 – 런던
④ 인천 – 하노이 – 런던

**10** P사는 자사의 진급 규정에 따라 2023년 5월 1일자로 진급 대상자를 진급시키기로 결정하였다. 다음 중 진급하는 사원은 총 몇 명이고, 가장 높은 점수를 받은 직원은 누구인가?

### 〈P사 진급 규정〉

- 진급 대상자
  - 사원 : 2년 이상 재직
  - 대리 : 5년 이상 재직
- 내용
  - 각 항목에 따른 점수 합산 결과, 최고점자 순으로 총 5명의 진급을 결정함
  - 각 항목당 최소 조건을 미달하는 경우 진급자에서 제외됨
- 진급 점수 항목

| 구분 | 내용 | 비고 |
|---|---|---|
| 총 재직기간 | - 3년 이내 : 2점<br>- 3년 초과 7년 이내 : 5점<br>- 7년 초과 : 10점 | 진급일을 기준으로 함 |
| 공인영어시험 | - 770점 이내 : 3점<br>- 880점 이내 : 5점<br>- 880점 초과 : 10점 | 최소 점수 : 660 |
| 필기시험 | - 80점 미만 : 10점<br>- 80점 이상 90점 미만 : 15점<br>- 90점 이상 : 20점 | 최소 점수 : 70점 |
| 면접시험 | - 70점 미만 : 5점<br>- 70점 이상 80 미만 : 10점<br>- 80점 이상 90점 미만 : 20점<br>- 90점 이상 : 30점 | 최소 점수 : 60점 |
| 인사평가점수 | - 85점 미만 : 5점<br>- 85점 이상 90점 미만 : 10점<br>- 90점 이상 : 20점 | 최소 점수 : 80점 |

### 〈P사 진급 대상자〉

| 성명 | 직급 | 입사일 | 공인영어 | 필기 | 면접 | 인사평가 |
|---|---|---|---|---|---|---|
| 최근원 | 사원 | 2020.3.1. | 680 | 75 | 88 | 81 |
| 김재근 | 대리 | 2013.5.1. | 720 | 72 | 78 | 78 |
| 이윤결 | 대리 | 2016.8.1. | 590 | 73 | 81 | 90 |
| 정리사 | 사원 | 2018.6.1. | 820 | 81 | 68 | 88 |
| 류이현 | 사원 | 2017.8.1. | 910 | 79 | 66 | 86 |
| 정연지 | 사원 | 2017.3.1. | 690 | 82 | 82 | 86 |
| 이지은 | 대리 | 2016.2.1. | 880 | 66 | 79 | 92 |
| 이윤미 | 사원 | 2018.3.1. | 460 | 91 | 67 | 92 |
| 최지나 | 대리 | 2017.5.1. | 690 | 89 | 55 | 77 |
| 류미래 | 사원 | 2020.9.1. | 710 | 90 | 59 | 91 |

① 3명, 정연지
② 3명, 정리사
③ 4명, 최근원
④ 4명, 정연지

※ 다음은 P사의 출장비 지급 규정이다. 다음을 보고 물음에 답하시오. [11~12]

---

〈출장비 지급 규정〉

• 일비는 각 직급별로 지급되는 금액을 기준으로 출장일수에 맞게 지급한다.
• 교통비는 대중교통(버스, 기차 등) 및 택시를 이용한 금액만 실비로 지급한다.
• 숙박비는 1박당 제공되는 숙박비를 넘지 않는 선에서 실비로 지급한다.
• 식비는 각 직급별로 지급되는 금액을 기준으로 1일당 3식으로 계산하여 지급한다.

〈출장 시 지급 비용〉

(단위 : 원)

| 구분 | 일비(1일) | 숙박비(1박) | 식비(1식) |
|---|---|---|---|
| 사원 | 20,000 | 100,000 | 6,000 |
| 대리 | 30,000 | 120,000 | 8,000 |
| 과장 | 50,000 | 150,000 | 10,000 |
| 부장 | 60,000 | 180,000 | 10,000 |

---

**11** 대리 1명과 과장 1명이 2박 3일간 부산으로 출장을 다녀왔다면, 지급받을 수 있는 출장비는 총 얼마인가?

〈부산 출장 지출내역〉

• 서울 시내버스 및 지하철 이동 : 3,200원(1인당)
• 서울 – 부산 KTX 이동(왕복) : 121,800원(1인당)
• 부산 ○○호텔 스탠다드 룸 : 150,000원(1인당, 1박)
• 부산 시내 택시 이동 : 10,300원

① 1,100,300원
② 1,124,300원
③ 1,179,300원
④ 1,202,300원

---

**12** 사원 2명과 대리 1명이 1박 2일간 강릉으로 출장을 다녀왔다면, 지급받을 수 있는 출장비는 총 얼마인가?

〈강릉 출장 지출내역〉

• 서울 – 강릉 자가용 이동(왕복) : 주유비 100,000원
• 강릉 ○○호텔 트리플룸 : 80,000원(1인당, 1박)
• 식비 : 총 157,000원

① 380,000원
② 480,000원
③ 500,000원
④ 537,000원

## | 04 |  추리

**13**    다음 명제가 참일 때, 빈칸에 들어갈 명제로 적절한 것은?

> • 연필을 좋아하는 사람은 지우개를 좋아한다.
> • 볼펜을 좋아하는 사람은 수정테이프를 좋아한다.
> • 지우개를 좋아하는 사람은 샤프를 좋아한다.
> • 성준이는 볼펜을 좋아한다.
> 따라서 _____

① 볼펜을 좋아하는 사람은 연필을 좋아한다.
② 지우개를 좋아하는 사람은 볼펜을 좋아한다.
③ 성준이는 수정테이프를 좋아한다.
④ 연필을 좋아하는 사람은 수정테이프를 좋아한다.

**14**    다음 제시문을 바탕으로 추론할 수 있는 것은?

> • 효주는 지영이보다 나이가 많다.
> • 효주와 채원이는 같은 회사에 다니고, 이 회사는 나이 많은 사람이 승진을 더 빨리 한다.
> • 효주는 채원이보다 승진을 빨리 했다.

① 효주는 나이가 가장 많다.
② 채원이는 지영이보다 나이가 많다.
③ 채원이는 효주보다 나이가 많다.
④ 지영이는 채원이보다 나이가 많다.

※ 다음 조건을 토대로 내린 A, B의 결론에 대한 판단으로 옳은 것을 고르시오. [15~16]

**15**

- 주현이는 수지의 바로 오른쪽에 있다.
- 지은이와 지영이는 진리의 옆에 있지 않다.
- 지영이와 지은이는 주현이의 옆에 있지 않다.
- 지은이와 진리는 수지의 옆에 있지 않다.

A : 수지가 몇 번째로 서 있는지는 정확히 알 수 없다.
B : 지영이는 수지 옆에 있지 않다.

① A만 옳다.                    ② B만 옳다.
③ A, B 모두 옳다.              ④ A, B 모두 틀리다.

**16**

- 어느 카페에서는 커피, 주스, 샌드위치, 와플을 판매한다.
- 가장 많이 팔리는 것은 커피이다.
- 매출액이 가장 높은 것은 샌드위치인데, 팔린 개수는 가장 적다.
- 커피와 주스의 가격은 같다.
- 와플의 단가는 가장 낮고, 팔린 개수는 두 번째로 적다.

A : 주스는 매출액이 세 번째로 높다.
B : 커피와 주스의 매출액은 같다.

① A만 옳다.                    ② B만 옳다.
③ A, B 모두 옳다.              ④ A, B 모두 틀리다.

# 3주 차

## 실력 높이기

---

3주 차는 2주간 학습한 내용을 바탕으로, 조금 더 난도가 높고 새로운 유형에 도전하기 위한 기간입니다. 앞서 학습한 문제들이 정답률 약 50 ~ 70% 정도의 중하 난이도라면, 3주 차의 문제들은 20 ~ 30%의 수험생들만이 맞힐 수 있는 중상 ~ 상 수준의 고난이도 문제들로 구성되어 있습니다. 실제 시험장에서 시간이 부족하다면 미련 없이 버려야 할 문제이지만, 고득점을 위해서라면 반드시 맞혀야 할 문제이기도 합니다. 2주 차까지의 문제를 풀었을 때 정답률이 80% 이상이었다면, 고난도 문제의 풀이에 도전하여 고득점을 노려야 할 차례입니다.

학습 CHECKLIST!
• 20줄 이상의 긴 지문을 읽는 데 최대 2분을 넘지 않는가?
• 여러 가지 공식이나 조건을 복합적으로 적용하여 구하고자 하는 답을 도출할 수 있는가?
• 답을 구하는 데 문제당 최대 2분을 넘지 않는가?
• 여러 단계를 거쳐 복잡한 형태의 도형을 변형하였을 때 모습을 추론할 수 있는가?

## | 01 |  수리논리

※ 일정한 규칙으로 수를 나열할 때, 빈칸에 들어갈 알맞은 숫자를 고르시오. [1~2]

**01**

$$3 \quad 5 \quad 1 \quad 7 \quad 4 \quad -8 \quad 6 \quad (\quad) \quad 7 \quad 3 \quad -5 \quad 15$$

① $-10$        ② $-6$

③ $2$        ④ $3$

⑤ $6$

**02**

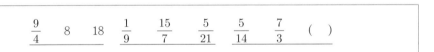

$$\frac{9}{4} \quad 8 \quad 18 \quad \frac{1}{9} \quad \frac{15}{7} \quad \frac{5}{21} \quad \frac{5}{14} \quad \frac{7}{3} \quad (\quad)$$

① $\dfrac{5}{6}$        ② $\dfrac{2}{3}$

③ $\dfrac{1}{3}$        ④ $\dfrac{1}{4}$

⑤ $\dfrac{1}{6}$

**03** 다음과 같은 규칙으로 수를 나열할 때, 9행 2열에 들어갈 수는?

|  | 1열 | 2열 | 3열 |
|---|---|---|---|
| 1행 | 2 | 5 | 8 |
| 2행 | 4 | 8 | 12 |
| 3행 | 6 | 9 | 12 |
| 4행 | 8 | 12 | 16 |
| 5행 | 18 | … | |

① 161

② 162

③ 163

④ 164

⑤ 165

**04** 냉장고 88대와 창고 10개가 있다. 한 창고에 냉장고를 9대까지 보관이 가능하다면 냉장고를 창고에 보관할 수 있는 경우의 수는?

① 40가지

② 45가지

③ 50가지

④ 55가지

⑤ 60가지

**05** 현진이가 강에서 10km/h의 속력을 내는 배로 7km 떨어진 두 지점을 왕복했다. 배로 강을 거슬러 올라갈 때는 20km/h의 속력으로, 내려갈 때는 5km/h의 속력으로 이동했더니 총 40분이 걸렸다. 이때 현진이가 배를 타고 거슬러 올라간 거리는 얼마인가?

① 1km

② 3km

③ 4km

④ 6km

⑤ 8km

**06** 기온이 10℃일 때 소리의 속력은 337m/s이고, 35℃일 때 소리의 속력은 352m/s이다. 소리의 속력이 364m/s일 때 기온은?(단, 온도에 따른 소리의 속력 변화는 일정하다)

① 40℃

② 45℃

③ 50℃

④ 55℃

⑤ 60℃

**07** 다음은 시도별 자전거도로 현황을 나타낸 자료이다. 이에 대한 설명으로 옳은 것은?

〈시도별 자전거도로 현황〉

(단위 : km)

| 구분 | 합계 | 자전거전용도로 | 자전거보행자 겸용도로 | 자전거전용차로 | 자전거우선도로 |
|---|---|---|---|---|---|
| 전국 | 21,176 | 2,843 | 16,331 | 825 | 1,177 |
| 서울특별시 | 869 | 104 | 597 | 55 | 113 |
| 부산광역시 | 425 | 49 | 374 | 1 | 1 |
| 대구광역시 | 885 | 111 | 758 | 12 | 4 |
| 인천광역시 | 742 | 197 | 539 | 6 | – |
| 광주광역시 | 638 | 109 | 484 | 18 | 27 |
| 대전광역시 | 754 | 73 | 636 | 45 | – |
| 울산광역시 | 503 | 32 | 408 | 21 | 42 |
| 세종특별자치시 | 207 | 50 | 129 | 6 | 22 |
| 경기도 | 4,675 | 409 | 4,027 | 194 | 45 |
| 강원도 | 1,498 | 105 | 1,233 | 62 | 98 |
| 충청북도 | 1,259 | 202 | 824 | 76 | 157 |
| 충청남도 | 928 | 204 | 661 | 13 | 50 |
| 전라북도 | 1,371 | 163 | 1,042 | 112 | 54 |
| 전라남도 | 1,262 | 208 | 899 | 29 | 126 |
| 경상북도 | 1,992 | 414 | 1,235 | 99 | 244 |
| 경상남도 | 1,844 | 406 | 1,186 | 76 | 176 |
| 제주특별자치도 | 1,324 | 7 | 1,299 | 0 | 18 |

① 제주특별자치도는 전국에서 다섯 번째로 자전거도로가 길다.
② 광주광역시를 볼 때, 전국 대비 자전거전용도로의 비율이 자전거보행자겸용도로의 비율보다 낮다.
③ 경상남도의 모든 자전거도로는 전국에서 9% 이상의 비율을 가진다.
④ 전국에서 자전거전용도로의 비율은 약 13.4%의 비율을 차지한다.
⑤ 자전거보행자겸용도로를 볼 때, 부산광역시가 전국에서 가장 짧다.

**08** 다음은 주택전세가격 동향을 나타낸 자료이다. 이에 대한 설명으로 옳지 않은 것은?

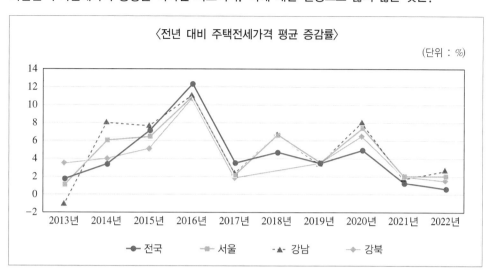

① 전국 주택전세가격은 2013년부터 2022년까지 매년 증가하고 있다.
② 2016년 강북의 주택전세가격은 2014년과 비교해 20% 이상 증가했다.
③ 2019년 이후 서울의 주택전세가격 증가율은 전국 평균 증가율보다 높다.
④ 강남 지역의 전년 대비 주택전세가격 증가율이 가장 높은 시기는 2016년이다.
⑤ 2013년부터 2022년까지 전년 대비 주택전세가격이 감소한 적이 있는 지역은 한 곳뿐이다.

**09** 다음은 A국의 2022년 공항 운항 현황을 나타낸 자료이다. 이에 대한 설명 중 옳은 것은?

### 〈운항 횟수 상위 5개 공항〉

(단위 : 회)

| 국내선 | | | 국제선 | | |
|---|---|---|---|---|---|
| 순위 | 공항 | 운항 횟수 | 순위 | 공항 | 운항 횟수 |
| 1 | AJ | 65,838 | 1 | IC | 273,866 |
| 2 | KP | 56,309 | 2 | KH | 39,235 |
| 3 | KH | 20,062 | 3 | KP | 18,643 |
| 4 | KJ | 5,638 | 4 | AJ | 13,311 |
| 5 | TG | 5,321 | 5 | CJ | 3,567 |
| A국 전체 | | 167,040 | A국 전체 | | 353,272 |

※ 일부 공항은 국내선만 운항함

### 〈전년 대비 운항 횟수 증가율 상위 5개 공항〉

(단위 : %)

| 국내선 | | | 국제선 | | |
|---|---|---|---|---|---|
| 순위 | 공항 | 증가율 | 순위 | 공항 | 증가율 |
| 1 | MA | 229.0 | 1 | TG | 55.8 |
| 2 | CJ | 23.0 | 2 | AJ | 25.3 |
| 3 | IC | 17.3 | 3 | KH | 15.1 |
| 4 | TA | 16.1 | 4 | KP | 5.6 |
| 5 | AJ | 11.2 | 5 | IC | 5.5 |

① 2022년 국제선 운항 공항 수는 7개 이상이다.

② 2022년 KP공항의 운항 횟수는 국제선이 국내선의 $\frac{1}{3}$ 이상이다.

③ 전년 대비 국내선 운항 횟수가 가장 많이 증가한 공항은 MA공항이다.

④ 국내선 운항 횟수 상위 5개 공항의 국내선 운항 횟수 합은 전체 국내선 운항 횟수의 90% 미만이다.

⑤ 국내선 운항 횟수와 전년 대비 국내선 운항 횟수 증가율 모두 상위 5개 안에 포함된 공항은 AJ공항이 유일하다.

**10** A~G는 각각 차례대로 바이올린, 첼로, 콘트라베이스, 플루트, 클라리넷, 바순, 심벌즈를 연주하고 악기 연습을 위해 〈조건〉에 따라 연습실 1, 2, 3을 빌렸다. 연습 장소와 시간을 확정하려면 추가로 필요한 〈조건〉은?

> **조건**
> • 연습실은 오전 9시에서 오후 6시까지 운영하고 모든 시간에 연습이 이루어진다.
> • 각각 적어도 3시간 이상, 한 번 연습을 한다.
> • 연습실 1에서는 현악기를 연습할 수 없다.
> • 연습실 2에서 D가 두 번째로 5시간 동안 연습을 한다.
> • 연습실 3에서 처음 연습하는 사람이 연습하는 시간은 연습실 2에서 D가 연습하는 시간과 2시간이 겹친다.
> • 연습실 3에서 두 번째로 연습하는 사람은 첼로를 켜고 타악기 연습시간과 겹치면 안 된다.

① E는 연습실 운영시간이 끝날 때까지 연습한다.
② C는 A보다 오래 연습한다.
③ E는 A와 연습시간이 같은 시간에 끝난다.
④ A와 F의 연습시간은 3시간이 겹친다.
⑤ A는 연습실 2를 사용한다.

**11** 다음 명제가 모두 참일 때, 결론으로 적절한 것을 고르면?

> • A카페에 가면 타르트를 주문한다.
> • 빙수를 주문하면 타르트를 주문하지 않는다.
> • 타르트를 주문하면 아메리카노를 주문한다.

① 아메리카노를 주문하면 빙수를 주문하지 않는다.
② 빙수를 주문하지 않으면 A카페를 가지 않았다는 것이다.
③ 아메리카노를 주문하지 않으면 A카페를 가지 않았다는 것이다.
④ 타르트를 주문하지 않으면 빙수를 주문한다.
⑤ 빙수를 주문하는 사람은 아메리카노를 싫어한다.

**12** 다음 제시된 낱말의 대응 관계로 볼 때, 빈칸에 들어가기에 적절한 낱말끼리 짝지어진 것은?

너울너울 : 넘실넘실 = (　　) : (　　)

① 빨리빨리, 느릿느릿
② 우물쭈물, 쭈뼛쭈뼛
③ 싱글벙글, 울먹울먹
④ 거칠거칠, 보들보들
⑤ 멈칫멈칫, 까불짝까불짝

※ 다음 도식에서 기호들은 일정한 규칙에 따라 문자를 변화시킨다. ?에 들어갈 알맞은 문자를 고르시오.
[13~14]

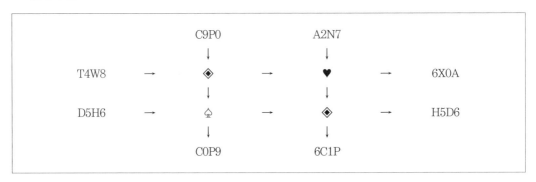

**13**

L53I → ♤ → ◈ → ?

① 35LI
② 43PJ
③ 26KJ
④ 53NL
⑤ 63MH

**14**

G6M5 → ◈ → ♥ → ?

① 7L8P
② 6J9R
③ 8M7P
④ 8K7Q
⑤ 0K8O

**15** 다음 글을 통해 추론할 수 있는 것은?

> 딸의 생일 선물을 깜빡 잊은 아빠가 "내일 우리 집보다 더 큰 곰인형 사 올게."라고 말했을 때, 아빠가 발화한 문장은 상황에 적절한 발화인가 아닌가?
>
> 발화의 적절성 판단은 상황에 의존하고 있다. 화행(話行) 이론은 요청, 명령, 질문, 약속, 충고 등의 발화가 상황에 적절한지를 판단하는 기준으로 적절성 조건을 제공한다. 적절성 조건은 상황에 대한 배경적 정보와 관련되는 예비 조건, 그 행위에 대한 진실된 심리적 태도와 관련되는 진지성 조건, 그 행위가 본래의 취지대로 이행되도록 만드는 발화 효과와 관련되는 기본 조건으로 나뉜다. 어떤 발화가 적절한 것으로 판정되기 위해서는 이 세 가지 조건이 전부 충족되어야 한다.
>
> 적절성 조건을 요청의 경우에 적용해 보자. 청자가 그 행위를 할 능력이 있음을 화자가 믿는 것이 예비 조건, 청자가 그 행위를 하기를 화자가 원하는 것이 진지성 조건, 화자가 청자로 하여금 그 행위를 하게 하고자 하는 것이 기본 조건이다. "산타 할아버지를 만나게 해 주세요."라는 발화는, 산타클로스의 존재를 믿는 아들의 입장에서는 적절한 발화이지만 수행할 능력이 없는 부모의 입장에서는 예비 조건을 어긴 요청이 된다. "저 좀 미워해 주세요."라는 요청은, 화자가 진심으로 원하는 상황이라면 적절하지만 진심으로 원하지 않는 상황이라면 진지성 조건을 어긴 요청이 된다. "저 달 좀 따다 주세요."라는 요청은, 화자가 청자로 하여금 정말로 달을 따러 가게 하지 않을 것이므로 기본 조건을 어긴 요청이 된다.
>
> 둘 이상의 조건을 어긴 발화도 있다. 앞서 예로 들었던 "저 달 좀 따다 주세요."의 경우, 화자는 청자가 달을 따다 줄 능력이 없음을 알고 있고 달을 따다 주기를 진심으로 원하지도 않으며 또 달을 따러 가게 할 생각도 없는 것이 일반적인 상황이므로, 세 조건을 전부 어기고 있다. 그런데도 이 발화가 동서고금을 막론하고 빈번히 사용되고 또 용인되는 이유는 무엇일까? 화자는 이 발화가 세 조건을 전부 어기고 있음을 알고 있지만 오히려 이를 이용해서 모종의 목적을 이루고자 하고 청자 또한 그런 점을 이해하기 때문에, 이 발화는 적절하지는 않지만 유효한 의사소통의 방법으로 용인된다.
>
> 화행 이론은 적절성 조건을 이용하여 상황에 따라 달라지는 발화의 적절성에 대해 유용한 설명을 제공한다. 그러나 발화가 이루어지는 상황은 너무나 복잡다단하여 이것만으로 발화와 상황의 상호 관계를 다 설명할 수는 없다. 이러한 한계는 발화 상황과 연관 지어 언어를 이해하고 설명하려는 언어 이론의 공통적 한계이기도 하다.

① 적절성 조건을 어긴 문장은 문법적으로도 잘못이다.
② 예비 조건은 다른 적절성 조건들보다 우선 적용된다.
③ 적절성 조건이 가장 잘 적용되는 발화 행위는 요청이다.
④ 하나의 발화도 상황에 따라 적절성 여부가 달라질 수 있다.
⑤ 적절성 조건을 어긴 발화는 그렇지 않은 발화보다 의사소통에 효과적이다.

**16** 다음 제시된 도형의 규칙을 보고 ?에 들어갈 알맞은 것을 고르면?

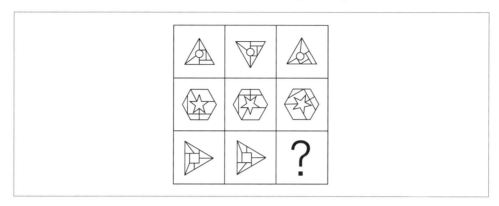

①

②

③

④

⑤

## | 01 | 수리(공통)

**01** 같은 회사에서 근무하는 A와 B의 보폭은 60cm로 같다. 퇴근 후 회사에서 출발하여 A는 동쪽으로 8걸음/9초의 속력으로, B는 북쪽으로 6걸음/9초의 속력으로 21분 동안 직진하였다. 두 사람이 업무를 위해 이전과 같은 속력으로 같은 시간 동안 최단 거리로 움직여 다시 만난다고 할 때, A는 얼마나 이동해야 하는가?

① 480m

② 490m

③ 500m

④ 510m

⑤ 520m

**02** A팀과 B팀은 보안을 위해 아래와 같은 〈조건〉에 따라 각 팀의 비밀번호를 지정하였다. 다음 중 A팀과 B팀에 들어갈 수 있는 암호배열은?

> **조건**
>
> • 1～9까지의 숫자로 (한 자리 수)×(두 자리 수)=(세 자리 수)=(두 자리 수)×(한 자리 수) 형식의 비밀번호로 구성한다.
> • 가운데에 들어갈 세 자리 수의 숫자는 156이며 숫자는 중복 사용할 수 없다. 즉, 각 팀의 비밀번호에 1, 5, 6이란 숫자가 들어가지 않는다.

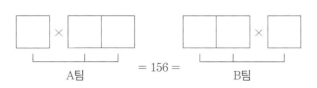

① 23

② 27

③ 29

④ 37

⑤ 39

**03** 다음은 신재생에너지 산업통계 자료이다. 이를 그래프로 나타낸 자료 중 옳지 않은 것은?

〈신재생에너지원별 산업 현황〉

(단위 : 억 원)

| 구분 | 기업체 수 (개) | 고용인원 (명) | 매출액 | 내수 | 수출액 | 해외공장 매출 | 투자액 |
|---|---|---|---|---|---|---|---|
| 태양광 | 127 | 8,698 | 75,637 | 22,975 | 33,892 | 18,770 | 5,324 |
| 태양열 | 21 | 228 | 290 | 290 | 0 | 0 | 1 |
| 풍력 | 37 | 2,369 | 14,571 | 5,123 | 5,639 | 3,809 | 583 |
| 연료전지 | 15 | 802 | 2,837 | 2,143 | 693 | 0 | 47 |
| 지열 | 26 | 541 | 1,430 | 1,430 | 0 | 0 | 251 |
| 수열 | 3 | 46 | 29 | 29 | 0 | 0 | 0 |
| 수력 | 4 | 83 | 129 | 116 | 13 | 0 | 0 |
| 바이오 | 128 | 1,511 | 12,390 | 11,884 | 506 | 0 | 221 |
| 폐기물 | 132 | 1,899 | 5,763 | 5,763 | 0 | 0 | 1,539 |
| 합계 | 493 | 16,177 | 113,076 | 49,753 | 40,743 | 22,579 | 7,966 |

① 신재생에너지원별 기업체 수(단위 : 개)

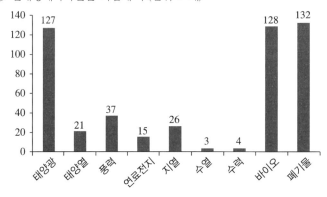

② 신재생에너지원별 고용인원(단위 : 명)

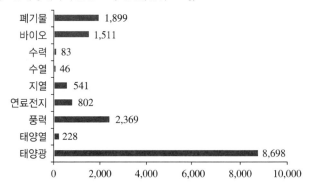

③ 신재생에너지원별 고용인원 비율

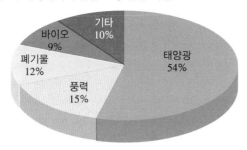

④ 신재생에너지원별 내수 현황(단위 : 억 원)

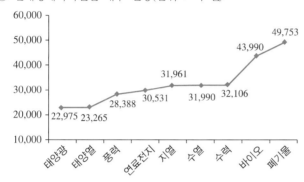

⑤ 신재생에너지원별 해외공장매출 비율

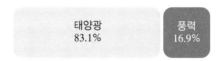

**04** 6개의 무게가 모두 다른 A ~ F의 추들이 놓여 있다. 추의 무게가 다음 〈조건〉을 만족할 때 두 번째로 무거운 추는 무엇인가?

> **조건**
> - A+C+E<2A
> - A+2E<B+F
> - B>D
> - F>A
> - A+D+F<C+E+2F
> - A+F<B+C

① B                 ② F

③ D                 ④ A

⑤ C

**05** 오각형 모서리의 숫자들이 일정한 규칙에 따라 다음과 같이 증가한다고 할 때, 여섯 번째 오각형 모서리의 숫자들의 합은 얼마인가?

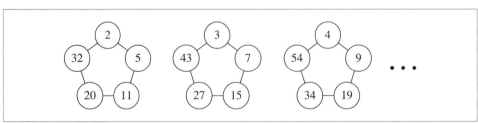

① 175                 ② 185

③ 195                 ④ 205

⑤ 215

**06** 다음 글이 비판의 대상으로 삼는 주장으로 가장 적절한 것은?

경제 문제는 대개 해결이 가능하다. 대부분의 경제 문제에는 몇 개의 해결책이 있다. 그러나 모든 해결책은 누군가가 상당한 손실을 반드시 감수해야 한다는 특징을 갖고 있다. 하지만 누구도 이 손실을 자발적으로 감수하고자 하지 않으며, 우리의 정치제도는 누구에게도 이 짐을 짊어지라고 강요할 수 없다. 즉, 우리의 정치적·경제적 구조로는 실질적으로 제로섬(Zero-sum)적인 요소를 지니는 경제 문제에 전혀 대처할 수 없다.

대개의 경제적 해결책은 대규모의 제로섬적인 요소를 갖기 때문에 큰 손실을 수반한다. 모든 제로섬 게임에는 승자가 있다면 반드시 패자가 있으며, 패자가 존재해야만 승자가 존재할 수 있다. 경제적 이득이 경제적 손실을 초과할 수도 있지만, 손실의 주체에게 손실의 의미란 상당한 크기의 경제적 이득을 부정할 수 있을 만큼 매우 중요하다. 어떤 해결책으로 인해 평균적으로 사회는 더 잘살게 될 수도 있지만, 이 평균이 훨씬 더 잘살게 된 수많은 사람들과 훨씬 더 못살게 된 수많은 사람들을 감춘다. 만약 당신이 더 못살게 된 사람 중 하나라면 내 수입이 줄어든 것보다 다른 누군가의 수입이 더 많이 늘었다고 해서 위안을 얻지는 않을 것이다. 결국 우리는 우리 자신의 수입을 보호하기 위해 경제적 변화가 일어나는 것을 막거나 혹은 사회가 우리에게 손해를 입히는 공공정책이 강제로 시행되는 것을 막기 위해 싸울 것이다.

① 빈부격차를 해소하는 것만큼 중요한 정책은 없다.
② 사회의 총생산량이 많아지게 하는 정책이 좋은 정책이다.
③ 경제문제에서 모두가 만족하는 해결책은 존재하지 않는다.
④ 경제적 변화에 대응하는 정치제도의 기능에는 한계가 존재한다.
⑤ 경제정책의 효율성을 높이는 방법은 일관성을 유지하는 것이다.

**07** 다음 글의 빈칸에 들어갈 내용으로 가장 적절한 것은?

> 어떻게 그 공이 세 가지가 있다고 말하는가, 그 하나는 직통(直通)이요 다른 하나는 합통(合通)이요 또 다른 하나는 추통(推通)이다. 직통(直通)이라는 것은 많은 여러 물건을 일일이 취하되 순수하고 섞이지 않는 것이다. 합통(合通)이라는 것은 두 물건을 화합하여 아울러서 거두되 그렇고 그렇지 않은 것을 분별한다. 추통(推通)이라는 것은 이 물건으로써 전 물건에 합하고 또 다른 물건에 유추하는 것이다. 직통(直通)은 모두 참되고 오류가 없으니 하나의 사물이 스스로 하나의 사물이 되기 때문이다. 합통(合通)과 추통(推通)은 참도 있고 오류도 있으니 이것으로써 저것에 합하고, 맞는 것도 있고 맞지 않은 것도 있다. _____ 더욱 많으면 맞지 않은 경우가 있기 때문이다.
>
> – 최한기, 『기학』

① 이것으로 저것에 합하는 것은 참이고, 이것으로 저것을 분별하는 것은 거짓이니

② 이것으로써 저것에 합하고 또 다른 것을 유추하는 데는 위험이 더욱 많으니

③ 이것으로써 저것에 합하는 것은 맞지 않는 것보다 맞는 것이 더욱 많으니

④ 무릇 추통은 다만 사람만이 가능하고 유추하는 데는 위험이 더욱 적으니

⑤ 무릇 추통은 다만 사람은 가능하지만 금수는 추통을 하지 못하니

**08** 다음 '철학의 여인'의 논지를 따를 때, (가)에 해당하는 내용으로 적절한 것을 〈보기〉에서 모두 고르면?

다음은 철학의 여인이 비탄에 잠긴 보에티우스에게 건네는 말이다.

"나는 이제 네 병의 원인을 알겠구나. 이제 네 병의 원인을 알게 되었으니 (가) 너의 건강을 회복할 방법을 찾을 수 있게 되었다. 그 방법은 병의 원인이 되는 잘못된 생각을 바로잡아 주는 것이다. 너는 너의 모든 소유물을 박탈당했다고, 사악한 자들이 행복을 누리게 되었다고, 네 운명의 결과가 불의하게도 제멋대로 바뀌었다는 생각으로 비탄에 빠져 있다. 그런데 그런 생각은 잘못된 전제에서 비롯된 것이다. 네가 눈물을 흘리며 너 자신이 추방당하고 너의 모든 소유물을 박탈당했다고 생각하는 것은 행운이 네게서 떠났다고 슬퍼하는 것과 다름없는데, 그것은 네가 운명의 본모습을 모르기 때문이다. 그리고 사악한 자들이 행복을 가졌다고 생각하는 것이나 사악한 자가 선한 자보다 더 행복을 누린다고 한탄하는 것은 네가 실로 만물의 목적이 무엇인지 모르고 있기 때문이다. 다시 말해 만물의 궁극적인 목적이 선을 지향하는 데 있다는 것을 모르고 있기 때문이다. 또한, 너는 세상이 어떤 통치 원리에 의해 다스려지는지 잊어버렸기 때문에 제멋대로 흘러가는 것이라고 믿고 있다. 그러나 만물의 목적에 따르면 악은 결코 선을 이길 수 없으며 사악한 자들이 행복할 수는 없다. 따라서 세상은 결국에 불의가 아닌 정의에 의해 다스려지게 된다. 그럼에도 불구하고 너는 세상의 통치 원리가 정의와는 거리가 멀다고 믿고 있다. 이는 그저 병의 원인일 뿐 아니라 죽음에 이르는 원인이 되기도 한다. 그러나 다행스럽게도 자연은 너를 완전히 버리지는 않았다. 이제 너의 건강을 회복할 작은 불씨가 생명의 불길로 타올랐으니 너는 조금도 두려워할 필요가 없다."

**보기**

㉠ 만물의 궁극적인 목적이 선을 지향하는 데 있다는 것을 아는 것
㉡ 세상이 제멋대로 흘러가는 것이 아니라 정의에 의해 다스려진다는 것을 깨닫는 것
㉢ 자신이 박탈당했다고 여기는 모든 것, 즉 재산, 품위, 권좌, 명성 등을 되찾을 방도를 아는 것

① ㉠
② ㉡
③ ㉠, ㉡
④ ㉡, ㉢
⑤ ㉠, ㉡, ㉢

**09** 다음 글의 내용으로 적절한 것은?

제2차 세계대전 중, 태평양의 한 전투에서 일본군은 미군 흑인 병사들에게 자신들은 유색인과 전쟁할 의도가 없으니 투항하라고 선전하였다. 이 선전물을 본 백인 장교들은 그것이 흑인 병사들에게 미칠 영향을 우려하여 급하게 부대를 철수시켰다. 사회학자인 데이비슨은 이 사례에서 아이디어를 얻어서 대중매체가 수용자에게 미치는 영향과 관련한 '제3자 효과(third-person effect)' 이론을 발표하였다.

이 이론의 핵심은 대중매체의 영향력을 차별적으로 인식한다는 데에 있다. 곧 사람들은 수용자의 의견과 행동에 미치는 대중매체의 영향력이 자신보다 다른 사람들에게서 더 크게 나타나리라고 믿는 경향이 있다는 것이다. 예를 들어 선거 때 어떤 후보에게서 탈세 의혹이 있다는 신문보도를 보았다고 하자. 그때 사람들은 후보를 선택하는 데 자신보다 다른 독자들이 더 크게 영향을 받을 것이라고 여긴다.

제3자 효과는 대중매체가 전달하는 내용에 따라 다르게 나타난다. 예컨대 대중매체가 건강 캠페인과 같이 사회적으로 바람직한 내용을 전달할 때보다 폭력물이나 음란물처럼 유해한 내용을 전달할 때, 사람들은 자신보다 다른 사람들에게 미치는 영향력을 더욱 크게 인식한다는 것이다. 이러한 인식은 수용자의 구체적인 행동에도 영향을 미쳐, 제3자 효과가 크게 나타나는 사람일수록 내용물의 심의, 검열, 규제와 같은 법적·제도적 조치에 찬성하는 성향을 보인다.

제3자 효과 이론은 사람들이 다수의 의견처럼 보이는 것에 영향받을 수 있다는 이론과 연결되면서, 여론의 형성 과정을 설명하는 데도 이용되었다. 이 설명에 따르면, 사람들은 자신은 대중매체의 전달 내용에 쉽게 영향 받지 않는다고 생각하면서도 다른 사람들이 영향 받을 것을 고려하여 자신의 태도와 행위를 결정한다. 즉, 다른 사람들에게서 소외되어 고립되는 것을 염려한 나머지, 자신의 의견을 포기하고 다수의 의견이라고 생각하는 것을 따라가게 된다는 것이다.

① 태평양 전쟁 당시 흑인 병사들에게 나타난 제3자 효과는 미군 철수의 원인이 되었다.
② 대중매체의 영향을 크게 받는 사람일수록 대중매체에 대한 법적·제도적 조치에 반대하는 경향이 있다.
③ 사람들이 제3자 효과에 휩싸이는 이유는 대중매체가 다수의 의견을 반영하기 때문이다.
④ 제3자 효과가 나타나는 사람은 일단 한번 대중매체를 타면 어떤 내용이든지 동등한 수준으로 다른 이들에게 영향을 끼친다고 믿는다.
⑤ 사람들은 자신이 타인에 비해 대중매체의 영향을 덜 받는다 생각하면서도 결과적으로 타인과 의견을 같이하는 경향이 있다.

**10** A ~ C 세 팀은 한 세트당 여섯 발씩, 총 6세트로 진행되는 양궁대회 단체전에 참가했다. 1세트 경기결과와 세 팀이 쏜 발수를 점수별로 다음과 같이 정리했을 때, 1세트에서 8점을 연달아 쏜 팀이 얻은 최대 점수와 5점을 연달아 쏜 팀의 최대 점수를 바르게 나열한 것은?

〈1세트 경기결과〉

- 세 팀 모두 1점을 한 번씩 쏘았고, 여섯 발 중 두 발을 연달아 같은 점수에 쏘았다.
- 각 팀은 여섯 발 중 홀수 점수를 세 번, 짝수 점수를 세 번 쏘았다.
- A, B, C팀이 첫 번째 발에서 얻은 점수는 각각 7점, 4점, 3점이고 마지막 발에서 얻은 점수는 각각 9점, 5점, 1점이다.
- 세 팀이 1세트에서 얻은 총점은 모두 33점으로 동점이었다.

| 점수 | 1점 | 2점 | 3점 | 4점 | 5점 | 6점 | 7점 | 8점 | 9점 | 10점 |
|------|-----|-----|-----|-----|-----|-----|-----|-----|-----|------|
| 발수 | 3 | – | 1 | 2 | 2 | 3 | 2 | 3 | 1 | 1 |

① 7점, 9점
② 8점, 9점
③ 9점, 8점
④ 10점, 8점
⑤ 8점, 10점

**11** 김씨, 박씨, 최씨, 세 부부는 어느 날 밤 친구 집에 초대되었다. 대화를 하는 과정에서 이 6명 중 1명이 지난 회의 1,000만 원 복권에 당첨된 것을 알았다. 다음의 정보로 추론하였을 때, 복권에 당첨된 사람은?(단, 트럼프 놀이는 한 사람당 한 번만 할 수 있다)

- 당첨자의 배우자는 그날 밤 트럼프 놀이에서 졌다.
- 김씨는 요양 중이므로 운동은 할 수 없다.
- 박씨 부인은 또 한 사람의 부인에게 트럼프를 이겼다.
- 박씨는 최씨 부인에게 그날 밤 처음으로 소개되었다.
- 자신의 부인과 둘이서만 트럼프 놀이를 한 김씨는 부인에게 이겼다.
- 박씨는 전날 당첨자와 골프를 쳤다.

① 김씨
② 박씨
③ 최씨
④ 박씨 부인
⑤ 최씨 부인

**12**  하정이는 사내규정에 따라 비품을 구매하려고 한다. 어느 해 가을을 제외한 계절에 가습기와 에어컨을 구매했다면, 다음 중 참이 아닌 것은?(단, 가습기는 10만 원 미만, 에어컨은 50만 원 이상이다)

---

〈사내규정〉

- 매년 10만 원 미만, 10만 원 이상, 30만 원 이상, 50만 원 이상의 비품으로 구분지어 구매 목록을 만든다.
- 봄, 여름, 가을, 겨울에 구매하며, 매 계절 적어도 구매 목록 중 하나는 구매한다.
- 매년 최대 6번까지 비품을 구매할 수 있다(예 겨울에 30만 원 이상 비품과 50만 원 이상 비품 구입 가능).
- 한 계절에 같은 가격대의 구매 목록을 2번 이상 구매하지 않는다.
- 두 계절 연속으로 같은 가격대의 구매 목록을 구매하지 않는다(해가 바뀌는 경우도 포함).
- 50만 원 이상 구매 목록은 매년 2번 구매한다.
- 봄에 30만 원 이상 구매 목록을 구매한다.

---

① 가을에 30만 원 이상 구매 목록을 구매한다.
② 여름에 10만 원 미만 구매 목록을 구매한다.
③ 봄에 50만 원 이상 구매 목록을 구매한다.
④ 겨울에 10만 원 이상 구매 목록을 구매한다.
⑤ 여름에 50만 원 이상 구매 목록을 구매한다.

**13** 다음 〈조건〉에 따라 A팀과 B팀이 팔씨름 시합을 한다. 첫 번째 경기 시작 전에 B팀에서는 A팀이 첫 번째 경기에 장사를 출전시킨다는 확실한 정보를 입수했다고 할 때, 옳지 않은 것은?

> **조건**
> • A팀과 B팀은 각각 장사 1명, 왼손잡이 1명, 오른손잡이 2명(총 4명)으로 구성되어 있다.
> • 한 사람당 한 경기에만 출전할 수 있으며, 총 네 번의 경기를 치러 승점의 합이 많은 팀이 우승을 차지한다. 이때 이길 경우 3점, 비길 경우 1점, 질 경우는 0점의 승점이 주어진다.
> • 양 팀은 첫 번째 경기 시작 전에 각 경기별 출전선수 명단을 심판에게 제출해야 하며 제출한 선수 명단을 바꿀 수 없다.
> • 각 팀에 속하는 팀원의 특징은 다음과 같다.
>  – 장사 : 왼손잡이, 오른손잡이 모두에게 이긴다.
>  – 왼손잡이 : 장사에게는 지고, 오른손잡이에게는 이긴다.
>  – 오른손잡이 : 장사, 왼손잡이 모두에게 진다.
> • 누구든 같은 특징의 상대를 만나면 비긴다.

① B팀이 첫 번째 경기에 장사를 출전시키면 최대 승점 5점을 얻을 수 있다.
② B팀이 첫 번째 경기에 왼손잡이를 출전시키면 최대 승점 4점을 얻을 수 있다.
③ B팀이 첫 번째 경기에 오른손잡이를 출전시키면 최대 승점 7점을 얻을 수 있다.
④ A팀이 두 번째 경기에 왼손잡이를 출전시킨다는 확실한 정보를 B팀이 입수한다면, B팀이 우승할 수 있으며 이때 얻을 수 있는 최대 승점은 7점이다.
⑤ B팀이 얻을 수 있는 최소 승점은 4점이다.

**14** 제시된 전개도를 접었을 때, 나타나는 입체도형으로 알맞은 것은?

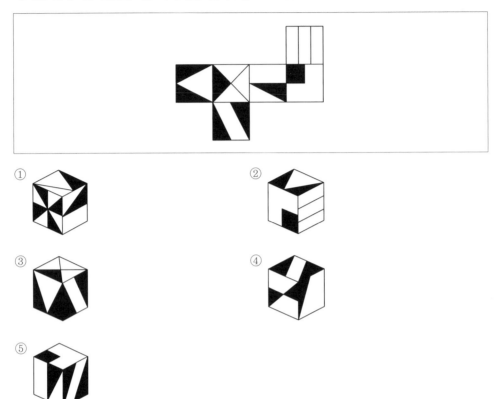

①                         ②

③                         ④

⑤

※ 다음 주어진 입체도형 중 일치하지 않는 것을 고르시오. [15~16]

**15**
①

②

③

④

⑤

**16**
①
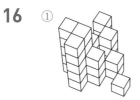

②

③
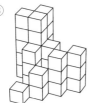

④

⑤
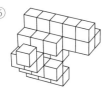

**17** 제시된 도형이 2번째 이전 도형과 모양이 일치하면 '같다'를, 일치하지 않으면 '다르다'를, 기억이 나지 않으면 '모르겠다'를 선택하시오.

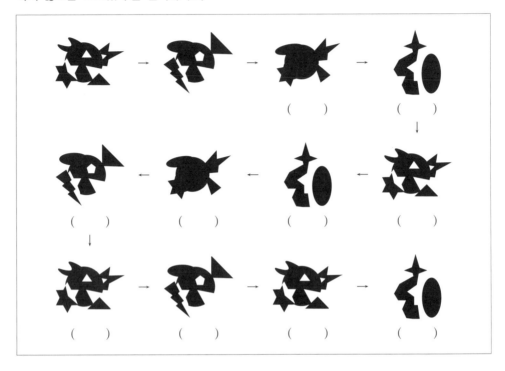

정답   다르다 → 다르다 → 다르다 → 같다 → 다르다 → 다르다 → 다르다 → 같다 → 같다 → 다르다

**18**  제시된 도형이 2번째 이전 도형과 모양이 일치하면 '같다'를, 일치하지 않으면 '다르다'를, 기억이 나지 않으면 '모르겠다'를 선택하시오.

정답  다르다 → 같다 → 다르다 → 다르다 → 같다 → 다르다 → 다르다 → 같다 → 같다 → 다르다

실행역량은 따로 정답을 제공하지 않는 영역이니 참고하시기 바랍니다.

※ 다음 S사의 업무 분장표를 보고, 이어지는 질문에 답하시오. [19~21]

〈업무 분장표〉

| 부서명 | | 업무 |
|---|---|---|
| 마케팅 1팀 | 김팀장 | • 시장분석 및 마케팅 경쟁전략 수립<br>• 매출 관리 및 목표달성방안 수립 |
| | 김대리 | • 프로모션기획 및 운영업무 |
| | 최대리 | • MPR 기획 |
| | 신사원 | • 상품 차별화 포인트 발굴 / 정교화 |
| 고객지원팀 | 송팀장 | • 고객센터 관련 업무 총괄 |
| | 하대리 | • 고객 요금 청구 및 수납 |
| | 박대리 | • 사업자 간 상호접속료 정산 |
| | 이사원 | • 각종 고객 민원 대응<br>• VOC 수집 / 분류 |
| 영업팀 | 이팀장 | • 전체적인 영업전략 기획 |
| | 강대리 | • 판매전략 수립 및 운영 |
| | 김사원 | • 매장 내 통신상품 판매 및 판매 지원<br>• 재고관리 |
| 마케팅 2팀 | 최팀장 | • 외부 언론에 대한 모니터링 및 대응 |
| | 이대리 | • 사내홍보 및 옥외 매체 광고 업무<br>• 정기 / 비정기적 전시 업무 |
| | 박사원 | • CSV 활동을 통한 사회적 책임에 대한 업무 |

**19** 마케팅 1팀 입사 3년 차인 김대리는 본인이 기획한 상품을 이용하는 고객들의 다양한 의견을 분석하고자 한다. 다음 중 김대리가 취할 수 있는 대응으로 가장 적절한 것은?

① 해당 업무와 관련이 있는 직원들의 일정을 확인한 후 회의를 진행한다.
② 관련 업무를 담당하고 있는 고객지원팀의 이사원을 만나 의견을 듣는다.
③ 영업팀의 담당 직원 일정을 확인한 후 업무 협조 요청서를 작성한다.
④ 비슷한 업무를 담당하였던 동료 직원에게 도움을 요청한다.
⑤ 해당 상품을 이용한 고객을 대상으로 설문조사 이벤트를 기획한다.

**20** 해외지사에서 근무 중인 김부장은 현지에서 자사의 제품에 대한 악의적인 내용이 담긴 방송을 보았다. 회사 이미지에 큰 타격을 받게 되는 상황에서 김부장이 취할 수 있는 대응으로 가장 적절한 것은?

① 방송 내용을 정리하여 마케팅 2팀 팀장에게 메일을 전송한다.

② 마케팅 2팀 팀장에게 방송에 대한 정정 및 대응을 요청한다.

③ 방송 내용에 대한 자사의 입장문을 작성하여 마케팅 2팀 담당자에게 메일을 전송한다.

④ 해당 방송사로 연락하여 부적절한 방송 내용에 대하여 항의한다.

⑤ 마케팅 1팀 팀장에게 새로운 마케팅 전략을 수립할 것을 요청한다.

**21** 영업팀 김사원은 이팀장이 오늘 오전까지 요청한 재고관리 현황 문서를 작성하고 있었는데, 이팀장이 자리를 비운 사이에 고객지원팀의 송팀장이 찾아와 고객이 문의한 제품의 재고 수량을 지금 바로 파악해달라고 지시하였다. 다음 중 김사원이 취할 수 있는 대응으로 가장 적절한 것은?

① 송팀장에게 자신은 영업팀이므로 영업팀 팀장과 상의할 것을 이야기한다.

② 먼저 이팀장에게 지시받은 업무를 끝낸 후 송팀장이 지시한 업무를 진행한다.

③ 송팀장이 지시한 업무가 더 급한 일이므로 송팀장이 지시한 업무를 먼저 끝낸다.

④ 이팀장에게 송팀장이 지시한 업무에 대해 보고한 후 업무 일정을 조정한다.

⑤ 자신의 팀과 관련이 없으므로 송팀장의 업무 지시는 정중하게 거절한다.

## | 01 | 언어이해

**01** 다음 글을 읽고 추론할 수 있는 것을 〈보기〉에서 모두 고르면?

> 박람회의 목적은 여러 가지가 있다. 박람회를 개최하려는 사람들은 우선 경제적인 효과를 따진다. 박람회는 주최하는 도시뿐 아니라 인접 지역, 크게는 국가적인 차원에서 경제 활성화의 자극이 된다. 박람회에서 전시되는 다양한 최신 제품들은 이러한 기회를 이용하여 소비자들에게 훨씬 가깝게 다가가게 되고, 판매에서도 큰 성장을 이룰 수 있다. 그 밖에도 박람회장 자체가 최신 유형의 건축물과 다양한 오락 시설을 설치하여 거의 이상적이면서 완벽한 모델도시를 보여줌으로써 국가적 우월성을 확보할 수 있다.
>
> 그러나 이러한 실질적이고 명목적인 이유들 외에도 박람회가 가지고 있는 사회적인 효과가 있다. 박람회장이 보여주는 이미지는 바로 '다양성'에 있다. 수많은 다양한 볼거리에서 사람들은 마법에 빠져든다. 그러나 보다 자세하게 그 다양성을 살펴보면 그것에는 결코 다양하지 않은 박람회 주최국가와 도시의 지도이념이 숨어 있음을 확인하게 된다. 박람회의 풍성한 진열품, 다양한 세계의 민족과 인종들은 주최국가의 의도를 표현하고 있다. 그런 의미에서 박람회는 그것이 가지고 있는 다양성에도 불구하고 결국은 주최국가와 도시의 인종관, 국가관, 세계관, 진보관이 하나로 뒤섞여서 나타나는 '이데올로기적 통일성'을 표현하는 또 다른 방식이라고 할 수 있다. 여기서 '이데올로기적 통일성'이라고 사용할 때 특히 의식적으로 나타내려는 바는, 한 국가가 국내외에서 자신의 의지를 표현하려고 할 때 구성하는 주요 성분들이다. 이는 '신념, 가치, 근심, 선입관, 반사작용'의 총합으로서 역사적인 시간에 따라 변동한다. 그러나 중요한 것은 당시의 '사회적 인식'을 기초로 해서 당시의 기득권 사회가 이를 그들의 합법적인 위치의 정당성과 권력을 위해 진행하고 있는 투쟁에서 의식적으로 조작된 정치적 무기로서 조직, 설립, 통제를 위한 수단으로 사용하고 있다는 점이다. 19 ~ 20세기의 박람회는 바로 그런 측면을 고스란히 가지고 있는 가장 대표적인 한 공간이었다.

> **보기**
> ⊙ 글쓴이는 박람회의 경제적 효과뿐만 아니라 사회적 효과에도 주목하고 있다.
> ⓒ 정부는 박람회의 유치 및 운영을 통하여 노동, 이민, 인종 등에서 일어나는 불협화음을 조정하는 '헤게모니의 유지'를 관철시키려 한다.
> ⓒ 박람회는 한 집단의 사회적인 경험에 합법적인 정당성과 소명의식을 확보하기 위한 장치로서의 '상징적 우주(Symbolic Universe)'라고 할 수 있다.
> ② 박람회는 지배계급과 피지배계급 간의 갈등을 다양한 볼거리 속에서 분산시켜, 노동계급에 속하는 사람들을 하나의 개인으로 '타자화(他者化)'하고 정책에 순응하게 하려는 전략의 산물이다.

① ⊙

② ⊙, ⓒ, ⓒ

③ ⊙, ⓒ, ②

④ ⓒ, ⓒ, ②

⑤ ⊙, ⓒ, ⓒ, ②

(가) 나는 하나의 생각하는 것이다. 즉, 의심하고, 긍정하고, 부정하고, 약간의 것을 알고 많은 것을 모르며, 바라고 바라지 않으며, 또 상상하고, 감각하는 어떤 것이다. 왜냐하면 앞서 내가 깨달은 바와 같이 설사 내가 감각하고 상상하는 것들이 내 밖에서는 아마도 무(無)라고 할지라도 내가 감각 및 상상이라고 부르는 이 사고방식만큼은, 그것이 하나의 사고방식인 한, 확실히 내 속에 있음을 내가 확신하기 때문이다. 그리고 이 몇 마디 말로써 나는 내가 참으로 알고 있는 것을 혹은 지금까지 알고 있다고 생각한 모든 것을 요약했다고 믿는다.

(나) 하지만 전에 내가 매우 확실하고 명백하다고 인정한 것으로서 그 후 의심스러운 것이라고 알게 된 것이 많다. 무엇이 이런 것들이었는가? 그것은 땅, 하늘, 별들, 이밖에 내가 감각을 통하여 알게 된 모든 것이었다. (다) 그러면 나는 이것들에 대해서 무엇을 명석하게 지각하고 있었는가? 물론 이것들의 관념 자체, 즉 이것들에 대한 생각이 내 정신에 나타났다고 하는 것이다. 그리고 이러한 관념들이 내 속에 있다는 것에 대해서는 나는 지금도 부정하지 않는다.

(라) 그러나 한편 나는, 내가 아주 명석하게 지각하는 것들을 바라볼 때마다 다음과 같이 외치지 않을 수 없다. 누구든지 나를 속일 수 있거든 속여 보라. 그러나 내가 나를 어떤 무엇이라고 생각하고 있는 동안은 결코 나를 무(無)이게끔 할 수는 없을 것이다. 혹은 내가 있다고 하는 것이 참이라고 할진대 내가 현존한 적이 없었다고 하는 것이 언젠가 참된 것이 될 수는 없을 것이다. 또 혹은 2에 3을 더할 때 5보다 크게 되거나 작게 될 수 없으며, 이 밖에 이와 비슷한 일, 즉 거기서 내가 명백한 모순을 볼 수 있는 일이 생길 수는 없을 것이라고. 그리고 확실히 나에게는 어떤 하느님이 기만자라고 보아야 할 아무 이유도 없고, 또 도대체 한 하느님이 있는지 없는지도 아직 충분히 알려져 있지 않으므로 그저 저러한 선입견에 기초를 둔 의심의 이유는 매우 박약하다. (마)

---

**보기**

그러나 산술이나 기하학에 관하여 아주 단순하고 쉬운 것, 가령 2에 3을 더하면 5가 된다고 하는 것 및 이와 비슷한 것을 내가 고찰하고 있었을 때, 나는 적어도 이것들을 참되다고 긍정할 만큼 명료하게 직관하고 있었던 것은 아닐까? 확실히 나는 나중에 이것들에 관해서도 의심할 수 있다고 판단하기는 했으나 이것은 하느님과 같은 어떤 전능자라면, 다시없이 명백하다고 여겨지는 것들에 관해서도 속을 수 있는 본성을 나에게 줄 수 있었다고 하는 생각이 내 마음에 떠올랐기 때문일 따름이었다.

① (가)　　　　　　　　　② (나)
③ (다)　　　　　　　　　④ (라)
⑤ (마)

**03** 다음 중 빈칸에 들어갈 말로 가장 적절한 것은?

현대 의학에서는 노화를 생명체가 가지는 어쩔 수 없는 노쇠 현상이라는 생각에서 벗어나 하나의 '질병'으로 인식하게 되었다. 노화가 운명이라면 순응할 수밖에 없지만, 만약 질병이라면 이에 대처할 가능성이 열리게 된다. 아직 노화의 정확한 원인은 모르지만, 노화에 대처할 수 있는 여러 가능성을 찾아내게 되었는데, 그 이론들을 요약하면 다음과 같다.

첫째, 인간의 생체를 기계에 비유하는 소모설이 있다. 기계를 오래 쓰면 부품이 마모되고 접합부가 낡아서 고장이 잦아지는 것과 같이 인간도 세월의 흐름에 부대끼다 보면 아무래도 여기저기가 낡고 삐걱대기 마련인데, 이게 노화라는 것이다. 생체를 너무 오래, 그리고 험하게 쓰면 가동률이 떨어져서 늙어버리고 결국은 죽게 된다는 것이 이 주장의 요지인데, 이는 ＿＿＿＿＿＿＿＿＿＿＿＿＿을 완전히 무시하고 있다.

둘째, 생체는 태어날 때 이미 어느 정도의 한계 에너지를 가지고 있다는 생체 에너지설이 있다. 곤충이나 파충류들의 경우, 겨울잠을 자는 동안에는 대사율을 극소화하여 생명을 연장하지만, 실제로 활동을 시작하면 고작 며칠 또는 길어야 몇 달 후에는 생명이 소진되어 죽는 종류가 많다는 점이 이 가설을 뒷받침해 준다. 그러나 인간의 경우에는 예외가 많아서 확실하지 않은 '가설'일 뿐이다.

셋째, DNA 에러설이다. 우리 몸의 세포는 끊임없이 분열한다. 세포가 분열할 때마다 DNA 역시 복제되는데, DNA의 염기쌍은 염색체마다 적게는 5천만 개에서 많게는 2억 5천만 개쯤 존재한다. 물론 DNA 합성 효소의 에러 발생률은 1천만 분의 1 정도로 낮은데다가 프루프 리딩(Proof Reading)이라고 하여 복제 상의 에러 발생을 다시 확인하여 고치는 기능도 갖고 있지만, 워낙 많은 숫자를 복제하다 보니 어쩔 수 없이 에러가 생기게 마련이라는 것이다. 사람이 나이를 먹으면 먹을수록 세포 분열 횟수도 늘어나고, 그만큼 DNA에 에러가 많이 축적되므로 결국은 그 스트레스를 이기지 못하고 세포가 죽게 되며, 그만큼의 수명이 줄어든다는 것이다. 또한, 이런 DNA 에러들은 담배나 석면, 탄 음식 등에 섞여 있는 발암물질, 각종 공해물질, 방사선 등 외부의 해로운 물질에 많이 노출되면 훨씬 늘어나게 되는데, 이런 유해 물질에 되도록 적게 노출되면 그만큼 DNA 에러를 줄일 수 있어서 수명을 연장할 수 있다는 것이다. 담배를 끊고, 맑은 공기를 마시고, 생식을 하면 건강해져 노화를 지연시킬 수 있다는 말은 이 설에 근거를 둔 이야기이다.

넷째, 유해한 산소가 체내의 단백질을 산화시켜서 세포에 치명적인 영향을 준다는 유해산소설이 있다. 인간은 호흡으로 들이마신 산소를 가지고 음식을 산화시켜 에너지를 만들어 내는데, 그 과정에서 불가피하게 유독물질인 유해산소가 발생하여 우리 몸에 손상을 입히게 된다. 다행히 인체는 유해산소를 처리할 수 있는 능력이 있지만, 체내의 방어능력으로는 처리하지 못할 정도의 과다한 유해산소가 발생한다면 문제는 심각해진다. 공해물질, 담배, 과도한 약물, 화학 처리가 된 가공식품 등의 '이물질'이 들어가면 유해산소가 더 많이 발생한다. 이물질이 들어오면 인간의 몸은 이를 처리하기 위해 장기간 가동을 하게 되고, 어쩔 수 없이 대사 과정의 부산물인 유해산소도 필요 이상으로 생성된다. 또한, 식물성보다는 동물성 음식을 섭취할 때, 그리고 과식을 하거나 스트레스를 많이 받을 때에도 에너지를 많이 발산하기 때문에 유해산소의 양이 그만큼 늘어난다는 것이다. 이 경우, 유해산소의 양을 줄일 수 있다면 노화를 방지할 수 있다.

이 밖에 신진대사 과정에서 생긴 유해 물질이 체외로 배설되지 않고 축적되어 세포 기능을 쇠퇴시켜 노화를 일으킨다는 유해 물질 축적설, 유기체마다 각각의 DNA에 얼마나 오래 살 것인가를 결정하는 유전 부호가 있어 프로그래밍이 된 세포 분열 횟수만큼 분열하고 나면 유기체는 기능이 쇠퇴하고 결국 죽는다는 DNA 프로그램 가설 등 다양한 노화 가설이 있다.

① 생체는 유전자를 생성해 낸다는 것
② 생체의 기능이 서서히 노화된다는 것
③ 생체는 돌연변이를 일으켜 진화한다는 것
④ 생체는 기계와 달리 재생 능력이 있다는 것
⑤ 생체에는 노화를 억제하는 호르몬이 있다는 것

**04** 다음 글의 서술상 특징으로 가장 적절한 것은?

> 미국의 언어생태학자 '드와잇 볼링거'는 물과 공기 그리고 빛과 소리처럼 흐르는 것은 하나같이 오염 물질을 지니고 있으며 그것은 언어도 예외가 아니라고 밝힌다. 실제로 환경 위기나 생태계 위기 시대에 언어 오염은 환경오염에 못지않게 아주 심각하다. 환경오염이 자연을 죽음으로 몰고 가듯이 언어 오염도 인간의 정신을 황폐하게 만든다.
>
> 그동안 말하고 글을 쓰는 방법에서 그야말로 엄청난 변화가 일어났다. 얼마 전까지만 하더라도 사람들은 말을 하거나 글을 쓸 때에는 어느 정도 격식과 형식을 갖추었다. 그러나 구어든 문어든 지금 사람들이 사용하는 말이나 글은 불과 수십 년 전 사람들이 사용하던 그것과는 달라서 마치 전보문이나 쇼핑 목록을 적어 놓은 쪽지와 같다. 전통적인 의사소통에서는 '무엇'을 말하느냐와 마찬가지로 중요한 것이 '어떻게' 말하느냐 하는 것이었다. 그러나 지금은 '어떻게' 말하느냐는 뒷전으로 밀려나고 오직 '무엇'을 말하느냐가 앞쪽에 나선다. 그러다 보니 말이나 글이 엑스레이로 찍은 사진처럼 살은 없고 뼈만 앙상하게 드러나 있다.
>
> 전자 기술의 눈부신 발달에 힘입어 영상 매체가 활자 매체를 밀어내고 그 자리에 이미지의 왕국을 세우면서 언어 오염은 날이 갈수록 더욱 심해져만 간다. 문명이 발달하면서 어쩔 수 없이 환경오염이 생겨나듯이 언어 오염도 문명의 발달에 따른 자연스러운 언어 현상이므로 그렇게 우려할 필요가 없다고 주장하는 학자도 없지 않다. 그러나 컴퓨터를 통한 통신어에 따른 언어 오염은 이제 위험 수준을 훨씬 넘어 아주 심각한 지경에 이르렀다. 환경오염을 그대로 방치해 두면 환경 재앙을 맞게 될 것이 불을 보듯 뻔한 것처럼 언어 오염도 인간의 영혼과 정신을 멍들게 할 뿐만 아니라 궁극적으로는 아예 의사소통 자체를 불가능하게 만들지도 모른다. '언어 재앙'이 이제 눈앞의 현실로 바짝 다가왔다.

① 구체적인 근거를 제시하여 자신의 주장을 뒷받침하고 있다.
② 기존의 견해를 비판하면서 새로운 견해를 제시하고 있다.
③ 비유를 사용하여 상대방의 논리를 지지하고 있다.
④ 권위 있는 학자의 주장을 인용하여 내용을 전개하고 있다.
⑤ 현상의 문제점을 분석하고, 이에 대한 해결책을 제시하고 있다.

**05** 사내 워크숍 준비를 위해 A ~ E직원의 참석 여부를 조사하고 있다. 다음 〈조건〉을 참고하여 C가 워크숍에 참석한다고 할 때, 다음 중 워크숍에 참석하는 직원을 모두 고르면?

> **조건**
> • B가 워크숍에 참석하면 E는 참석하지 않는다.
> • D는 B와 E가 워크숍에 참석하지 않을 때 참석한다.
> • A가 워크숍에 참석하면 B 또는 D 중 한 명이 함께 참석한다.
> • C가 워크숍에 참석하면 D는 참석하지 않는다.
> • C가 워크숍에 참석하면 A도 참석한다.

① A, B, C

② A, C, D

③ A, C, D, E

④ A, B, C, D

⑤ A, B, C, E

**06** 다음 중 같은 유형의 추론상 오류를 범하는 것을 모두 고르면?

> ⊙ 국회의원 홍길순씨는 경기를 활성화하기 위해 고소득자의 세금 부담을 경감하자는 취지의 법안을 제출했다. 하지만 그는 최근 일어난 뇌물 사건에 연루된 인물이므로 이 법안은 반드시 거부되어야 한다.
> ⓒ 김갑수씨를 우리 회사의 새 경영자로 초빙하는 것은 좋은 생각이 아닌 듯싶다. 지난 15년간 그는 5개의 사업을 했는데, 그의 무능한 경영의 결과로 모두 다 파산하였다.
> ⓒ 새 시장이 선출된 이후 6개월 동안 버스가 전복되고, 교량이 붕괴되고, 그리고 시내 대형 건물에서 화재가 발생하는 사고가 있었다. 시민의 안전을 위해 시장을 물러나게 할 수밖에 없다.
> ⓔ 박길수씨는 최근 우리 회사에서 일어난 도난 사건의 가장 유력한 용의자가 김씨라고 주장한다. 이 주장은 틀림없다. 왜냐하면 김씨는 최근 음주운전 사고로 물의를 일으킨 적이 있기 때문이다.

① ⊙, ⓒ

② ⊙, ⓒ

③ ⓒ, ⓒ

④ ⊙, ⓔ

⑤ ⓒ, ⓔ

**07** A휴게소의 물품 보관함에는 자물쇠로 잠긴 채 오랫동안 방치되고 있는 보관함 네 개가 있다. 휴게소 관리 직원인 L씨는 방치 중인 보관함을 정리하기 위해 사무실에서 보유하고 있는 1 ~ 6번까지의 열쇠로 네 개의 자물쇠를 모두 열어 보았다. 다음과 같이 정리했을 때 항상 참인 것은?(단, 하나의 자물쇠는 정해진 하나의 열쇠로만 열린다)

- 첫 번째 자물쇠는 1번 또는 2번 열쇠로 열렸다.
- 두 번째 자물쇠와 네 번째 자물쇠는 3번 열쇠로 열리지 않았다.
- 6번 열쇠로는 어떤 자물쇠도 열지 못했다.
- 두 번째 또는 세 번째 자물쇠는 4번 열쇠로 열렸다
- 세 번째 자물쇠는 4번 또는 5번 열쇠로 열렸다.

① 첫 번째 자물쇠는 반드시 1번 열쇠로 열린다.
② 두 번째 자물쇠가 2번 열쇠로 열리면, 세 번째 자물쇠는 5번 열쇠로 열린다.
③ 세 번째 자물쇠가 5번 열쇠로 열리면, 네 번째 자물쇠는 2번 열쇠로 열린다.
④ 네 번째 자물쇠가 5번 열쇠로 열리면, 두 번째 자물쇠는 2번 열쇠로 열린다.
⑤ 3번 열쇠로는 어떤 자물쇠도 열지 못한다.

**08** 희재는 수국, 작약, 장미, 카라 4종류의 꽃을 총 12송이 가지고 있다. 이 꽃들을 12명의 사람에게 한 송이씩 주려고 한다. 다음 주어진 정보가 모두 참일 때, 〈보기〉에서 옳은 것을 모두 고르면?

〈정보〉
- 꽃 12송이는 수국, 작약, 장미, 카라 4종류가 모두 1송이 이상씩 있다.
- 작약을 받은 사람은 카라를 받은 사람보다 적다.
- 수국을 받은 사람은 작약을 받은 사람보다 적다.
- 장미를 받은 사람은 수국을 받은 사람보다 많고, 작약을 받은 사람보다 적다.

**보기**
ㄱ. 카라를 받은 사람이 4명이면, 수국을 받은 사람은 1명이다.
ㄴ. 카라와 작약을 받은 사람이 각각 5명, 4명이면, 장미를 받은 사람은 2명이다.
ㄷ. 수국을 받은 사람이 2명이면, 작약을 받은 사람이 수국을 받은 사람보다 2명 많다.

① ㄱ
② ㄴ
③ ㄱ, ㄴ
④ ㄷ
⑤ ㄴ, ㄷ

**09** 다음은 L보험사에서 조사한 직업별 생명보험 가입 건수를 나타낸 자료이다. 이에 대한 설명으로 옳지 않은 것은?

〈직업별 생명보험 가입 건수〉

(단위 : %)

| 구분 | 사례 수 | 1건 | 2건 | 3건 | 4건 | 5건 | 6건 | 7건 이상 | 평균 |
|---|---|---|---|---|---|---|---|---|---|
| 관리자 | 40건 | 1.6 | 30.2 | 14.9 | 25.9 | 3.9 | 8.9 | 14.6 | 4건 |
| 전문가 및 관련종사자 | 108건 | 7.3 | 20.1 | 19.5 | 18.3 | 5.3 | 12.6 | 16.9 | 4.3건 |
| 사무 종사자 | 410건 | 10.3 | 16.9 | 16.8 | 24.1 | 18.9 | 5.9 | 7.1 | 3.8건 |
| 서비스 종사자 | 259건 | 13.4 | 18.9 | 20.5 | 20.8 | 12.1 | 4.1 | 10.2 | 3.7건 |
| 판매 종사자 | 443건 | 10.6 | 22.2 | 14.5 | 18.6 | 12 | 10.7 | 11.4 | 4건 |
| 농림어업 숙련 종사자 | 86건 | 26.7 | 25.2 | 22.2 | 13.6 | 6.1 | 4.1 | 2.1 | 2.7건 |
| 기능원 및 관련 종사자 | 124건 | 7.3 | 25.6 | 17.1 | 21.3 | 19.4 | 6.2 | 3.1 | 3.5건 |
| 기계조작 및 조립 종사자 | 59건 | 11.0 | 18.3 | 18.2 | 25.4 | 17.6 | 5.4 | 4.1 | 3.7건 |
| 단순 노무 종사자 | 65건 | 26.0 | 33.8 | 15.4 | 9.3 | 3.5 | 7.2 | 4.8 | 2.8건 |
| 주부 | 9건 | 55.2 | 13.7 | 20.8 | 0 | 10.3 | 0 | 0 | 2건 |
| 기타 | 29건 | 19.9 | 39.2 | 6.1 | 15.1 | 6.2 | 5.6 | 7.9 | 3.1건 |

① 3건 가입한 사례 수를 비교하면 판매 종사자 가입 건수가 서비스 종사자 가입 건수보다 많다.

② 5건 가입한 사례 수를 비교하면 가입 건수가 가장 많은 직업은 사무 종사자이다.

③ 전문가 및 관련종사자와 단순 노무 종사자 모두 가입 건수는 2건 가입한 사례 수가 가장 많다.

④ 기계조작 및 조립 종사자가 단순 노무 종사자보다 평균적으로 생명보험을 많이 가입함을 알 수 있다.

⑤ 6건 가입한 사례 수를 비교하면, 서비스 종사자 가입 건수가 기능원 및 관련 종사자 가입 건수보다 적다.

**10** 다음은 우리나라 국가채권 현황을 나타낸 자료이다. 이에 대한 〈보기〉의 설명 중 옳은 것을 모두 고르면?

〈우리나라 국가채권 현황〉

(단위 : 조 원)

| 구분 | 2019년 | | 2020년 | | 2021년 | | 2022년 | |
|---|---|---|---|---|---|---|---|---|
| | 국가채권 | 연체채권 | 국가채권 | 연체채권 | 국가채권 | 연체채권 | 국가채권 | 연체채권 |
| 합계 | 238 | 27 | 268 | 31 | 298 | 36 | 317 | 39 |
| 조세채권 | 26 | 18 | 30 | 22 | 34 | 25 | 38 | 29 |
| 경상 이전수입 | 8 | 7 | 8 | 7 | 9 | 8 | 10 | 8 |
| 융자회수금 | 126 | 0 | 129 | 0 | 132 | 0 | 142 | 0 |
| 예금 및 예탁금 | 73 | 0 | 97 | 0 | 118 | 0 | 123 | 0 |
| 기타 | 5 | 2 | 4 | 2 | 5 | 3 | 4 | 2 |

**보기**

㉠ 2019년 총 연체채권은 2021년 총 연체채권의 80% 이상이다.
㉡ 국가채권 중 조세채권의 전년 대비 증가율은 2020년이 2022년보다 높다.
㉢ 융자회수금의 국가채권과 연체채권의 총합이 가장 높은 해에는 경상 이전수입의 국가채권과 연체채권의 총합도 가장 높다.
㉣ 2019년 대비 2022년 경상 이전수입 중 국가채권의 증가율은 경상 이전수입 중 연체채권의 증가율보다 낮다.

① ㉠, ㉡
② ㉠, ㉢
③ ㉡, ㉢
④ ㉡, ㉣
⑤ ㉢, ㉣

**11** 다음은 농업부문 생산액 전망을 나타낸 자료이다. 이에 대한 설명으로 옳은 것은?(단, 비율 및 증감률은 소수점 둘째 자리에서 반올림한다)

〈농업부문 생산액 전망〉

(단위 : 십억 원)

| 구분 | | 2018년 | 2019년 | 2020년 | 2021년 | 2022년 | 증감률(%) | |
|---|---|---|---|---|---|---|---|---|
| | | | | | | | 19/18 | 20/19 |
| 농업 총생산액 | | 44,519 | 42,937 | 43,277 | 44,474 | 48,886 | -3.6 | 0.8 |
| | 재배업 | 25,307 | 24,673 | 24,342 | 24,496 | 25,060 | -2.5 | -1.3 |
| | 곡물류 | 8,830 | 7,633 | 7,741 | 6,850 | 6,200 | -13.6 | 1.4 |
| | 채소류 | 8,989 | 9,700 | 9,194 | 9,752 | 10,278 | 7.9 | -5.2 |
| | 과실류 | 3,687 | 3,453 | 3,531 | 3,742 | 4,069 | -6.3 | 2.2 |
| | 기타 | 1,474 | 1,466 | 1,465 | 1,638 | 1,871 | -0.5 | -0.1 |
| | 축잠업 | 19,212 | 18,264 | 18,935 | 19,978 | 23,826 | -4.9 | 3.7 |
| | 한육우 | 4,708 | 4,465 | 4,388 | 4,700 | 5,374 | -5.2 | -1.7 |
| | 돼지 | 6,967 | 6,770 | 6,660 | 7,077 | 8,497 | -2.8 | -1.6 |
| | 닭 | 1,910 | 1,990 | 2,084 | 2,286 | 2,865 | 4.2 | 4.7 |
| | 계란 | 1,837 | 1,563 | 2,214 | 1,947 | 2,441 | -14.9 | 41.6 |
| | 젖소 | 2,285 | 2,215 | 2,219 | 2,316 | 2,464 | -3.1 | 0.2 |
| | 오리 | 814 | 618 | 706 | 915 | 1,313 | -24.0 | 14.2 |

※ 재배업과 축잠업의 하위항목 중 일부만 표시하였다.
※ 19/18은 2018년 대비 2019년 증감률, 20/19는 2019년 대비 2020년 증감률이다.

① 2018 ~ 2022년까지 재배업과 축잠업의 생산액의 증감 추이는 동일하다.
② 2019년 재배업 항목에서 두 번째로 높은 항목이 2021년도에 농업 총생산액에서 차지하는 비중은 20% 이상이다.
③ 젖소의 2020년 전년 대비 증감률은 2022년 축잠업 항목에서 세 번째로 높은 항목의 2020년 전년 대비 증감률보다 5.0%p 이상 더 높다.
④ 2021년에 농업 총생산액에서 재배업의 기타, 축잠업의 닭, 오리 생산액 비율은 약 10.9%이다.
⑤ 2020년부터 2022년까지 전년 대비 생산액의 증감 추이가 계속 증가하는 재배업 항목 수와 축잠업 항목 수는 같다.

**12** 다음은 A국에서 2022년에 채용한 공무원 인원을 나타낸 자료이다. 자료에 대한 〈보기〉의 설명 중 옳은 것을 모두 고르면?

### 〈A국의 2022년 공무원 채용 인원〉

(단위 : 명)

| 구분 | 공개경쟁채용 | 경력경쟁채용 | 합계 |
|---|---|---|---|
| 고위공무원 | – | 73 | 73 |
| 3급 | – | 17 | 17 |
| 4급 | – | 99 | 99 |
| 5급 | 296 | 205 | 501 |
| 6급 | – | 193 | 193 |
| 7급 | 639 | 509 | 1,148 |
| 8급 | – | 481 | 481 |
| 9급 | 3,000 | 1,466 | 4,466 |
| 연구직 | 17 | 357 | 374 |
| 지도직 | – | 3 | 3 |
| 우정직 | – | 599 | 599 |
| 전문경력관 | – | 104 | 104 |
| 전문임기제 | – | 241 | 241 |
| 한시임기제 | – | 743 | 743 |
| 합계 | 3,952 | 5,090 | 9,042 |

※ 채용방식은 공개경쟁채용과 경력경쟁채용으로만 이루어진다.
※ 공무원 구분은 자료에 제시된 것으로 한정된다.

**보기**

㉠ 2022년에 공개경쟁채용을 통해 채용이 이루어진 직렬은 총 4개이다.
㉡ 2022년 우정직 채용 인원은 7급 채용 인원의 절반 이상이다.
㉢ 2022년에 공개경쟁채용을 통해 채용이 이루어진 직렬은 공개경쟁채용 인원이 경력경쟁채용 인원보다 많다.
㉣ 2022년부터 9급 공개경쟁채용 인원을 해마다 전년 대비 10%씩 늘리고 그 외 나머지 채용 인원은 2021년과 같게 유지하여 채용한다면, 2023년 전체 공무원 채용 인원 중 9급 공개경쟁채용 인원의 비중은 40% 이하가 된다.

① ㉠, ㉡
② ㉠, ㉢
③ ㉢, ㉣
④ ㉠, ㉡, ㉣
⑤ ㉡, ㉢, ㉣

**13** 다음은 일정한 규칙에 따라 나열된 수열이다. $A^2 + B$의 값은?

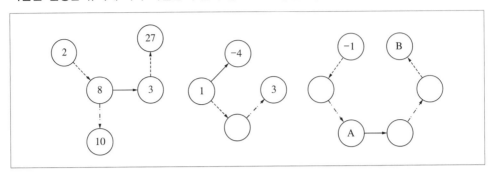

① $-7$

② $-63$

③ $65$

④ $-8$

⑤ $64$

**14** 수돗가에 서로 각기 다른 물의 양이 나오는 수도꼭지 A~C가 있다. 비어있는 양동이에 물을 완전히 채우기 위해 A~C 수도꼭지 모두 틀었더니 10분이 걸렸고, B와 C만으로 채우면 30분이 걸렸다. A수도꼭지에서 1분당 물이 나오는 양은 B수도꼭지의 8배였다. 이때, C수도꼭지만으로 양동이를 가득 채우는 데 걸리는 시간은 몇 분인가?

① 20분

② 25분

③ 30분

④ 40분

⑤ 55분

**15** 우람이는 자전거로 집에서 출발하여 도서관에 갔다가 우체국에 가야 한다. 도서관은 우람이네 집을 기준으로 서쪽에 있고, 우체국은 집을 기준으로 동쪽에 있다. 집에서 도서관까지는 시속 5km로 이동하고, 도서관에서 집을 거쳐 우체국까지는 시속 3km로 이동한다. 집에서 우체국까지의 거리가 10km이고, 도서관에 갔다가 우체국에 갈 때까지 걸리는 시간이 4시간 이내라면 도서관은 집에서 최대 몇 km 떨어진 지점 내에 있어야 하는가?

① 1km

② $\dfrac{3}{2}$ km

③ 2km

④ $\dfrac{7}{4}$ km

⑤ $\dfrac{5}{4}$ km

**16** 프로농구 결승전에서 A, B 두 팀이 시합을 했다. 2쿼터까지 A팀은 B팀보다 7점을 더 얻었고, 3쿼터와 4쿼터에 A팀은 B팀이 얻은 점수의 $\dfrac{3}{5}$ 을 얻어 75 : 78로 B팀이 이겼다. A팀이 3쿼터, 4쿼터에 얻은 점수는?

① 15점
② 20점
③ 25점
④ 30점
⑤ 35점

**17** L전자 서울 영업점에서 노트북 판매를 담당하는 C사원은 기본금 150만 원에 한 달 동안 판매한 금액의 3%를 수당으로 합해 월급을 받는다. 노트북 한 대의 가격이 200만 원이라고 할 때, 월급을 250만 원 이상 받기 위해서 C사원은 매달 최소 몇 대 이상의 노트북을 판매해야 하는가?

① 14대
② 15대
③ 16대
④ 17대
⑤ 18대

※ 다음은 L사의 창립기념일 기념행사 공고에 관한 자료이다. 자료를 참고하여 문제에 답하시오. **[1~4]**

〈창립기념일 기념행사 공고〉

▶ 일시 : 20××년 7월 22일(금) ~ 23일(토)
▶ 장소 : 대부도 내 기관 연수원
▶ 세부 일정

| 1일 차 | | 2일 차 | |
|---|---|---|---|
| ~ 12:00 | 연수원 집결 | 08:00 ~ 10:00 | 아침식사 |
| 12:00 ~ 14:00 | 점심식사 | 10:00 ~ 12:00 | 팀워크 향상 도미노 게임 |
| 14:00 ~ 14:15 | 개회식<br>(진행 : 김지우 대리, 이다인 대리) | 12:00 ~ 13:30 | 폐회식 및 점심식사<br>(기념품 지급) |
| 14:15 ~ 14:45 | 대표님 말씀 | 13:30 ~ | 귀가 |
| 14:45 ~ 15:00 | 기념영상 상영 | | |
| 15:00 ~ 15:10 | 휴식 | | |
| 15:10 ~ 16:00 | 시상식<br>(장기근속자, 우수 동호회, 우수팀, 우수 사원) | | – |
| 16:00 ~ 16:10 | 휴식 | | |
| 16:10 ~ 18:00 | 팀 장기자랑 및 시상<br>(1등, 2등, 3등, 인기상) | | |
| 18:00 ~ | 연회 및 팀별 자유 시간 | | |

▶ 차량운행
  • 회사 → 대부도 연수원
  • 대부도 연수원 → 회사

**01** 다음 중 비용 지출 항목의 성격이 다른 것은?

① 차량운행에 필요한 차량 대여료 및 기사님 섭외비
② 도미노 게임 진행을 맡아 줄 전문 진행자 행사비
③ 각종 시상 상품과 기념품 구입을 위한 구입비
④ 창립기념일 기념영상 제작 업체 섭외비
⑤ 식사를 챙겨줄 출장뷔페 및 조리사 섭외비

**02** 아래의 예산 항목과 지출 근거 중 적절하지 않은 내역은?

| | 예산 항목 | 지출 근거 |
|---|---|---|
| ① | 인쇄비 | 기념품 내 기관 로고 삽입 |
| ② | 답사비 | 대부도 연수원 위치, 시설 및 주변 답사 |
| ③ | 다과비 | 복도 비치용 다과 구입, 팀별 자유 시간용 다과 구입 |
| ④ | 식대 | 연회용 출장 뷔페 섭외 |
| ⑤ | 섭외비 | 게임 진행자, 기사님, 업체, 조리사 섭외 |

**03** 상기 행사 공고가 나간 후 약 40%의 직원들이 앞당기거나 미룰 수 없는 외부 미팅으로 인해 점심시간 내 도착이 어렵다는 이야기를 해왔다. 다음 중 예산절약을 위해 행사 담당자가 취해야 하는 행동으로 적절하지 않은 것은?

① 외부 일정으로 인해 정해진 시간 내에 도착하지 못하는 인원을 파악한다.

② 예정되어 있던 점심식사 관련 내역의 수정 여부를 확인한다.

③ 예정되어 있던 인원에 따라 점심식사를 신청한다.

④ 상황에 따라 일정을 조정할지, 예정대로 진행할지 의사결정을 한다.

⑤ 자칫 예산낭비가 될 수 있기 때문에 강행하지 않고 의견을 모아 차선책을 생각한다.

**04** 대부도 연수원은 회사에서 128km 떨어진 거리에 있다. 버스를 타고 중간에 있는 휴게소까지는 시속 40km로 이동하였고, 휴게소부터 대부도 연수원까지는 시속 60km로 이동하여 총 3시간 만에 도착하였다면, 회사에서 휴게소까지의 거리는 얼마인가?(단, 휴게소에서 머문 시간은 포함하지 않는다)

① 24km  ② 48km

③ 72km  ④ 104km

⑤ 110km

※ A씨는 L업체의 서비스 상담직원으로 근무하고 있으며, 다음의 A/S 규정에 기반하여 당사의 제품을 구매한 고객들의 문의를 응대하는 업무를 맡고 있다. 다음 L업체의 A/S 규정을 참고하여 이어지는 질문에 답하시오. [5~8]

<A/S 규정>

■ 제품 보증기간
 • 제품의 보증기간은 제품 구매일을 기준으로 하며, 구매일을 증명할 수 있는 자료(구매영수증, 제품보증서 등)가 없을 경우에는 제품 생산일을 기준으로 산정한다.
 • 단, 보증기간(1년 이내) 중 소비자 취급주의, 부적절한 설치, 자가 수리 또는 개조로 인한 고장 발생 및 천재지변(화재 및 수해 낙뢰 등)으로 인한 손상 또는 파손된 경우에는 보증기간 기준을 제외한다.

■ A/S 처리기준
 • 제품보증기간 1년 이내 무상A/S를 실시한다.
 • 초기불량 및 파손의 경우를 제외한 사용 이후의 불량은 각 제품의 제조사 또는 판매자가 처리함을 원칙으로 한다.
 • 당사는 제품의 미개봉 판매를 원칙으로 하며, 모든 사후처리는 당사의 A/S 규정과 원칙에 준한다.

■ 교환 · 환불 배송 정책
 • A/S에 관련된 운송비는 제품 초기불량일 경우에만 당사에서 부담한다.
 • 당사의 교환 및 환불 정책은 수령한 날짜로부터 7일 이내 상품이 초기불량 및 파손일 경우에 한하며, 그 외의 경우에는 복구비용을 소비자가 부담하여야 한다.
 • 당사에서 판매한 제품의 환불은 소비자법 시행령 제12조에 준한 사후처리를 원칙으로 한다.
 • 제품의 온전한 상태를 기준으로 하며, 수령 후 제품을 사용하였을 경우에는 환불이 불가능하다.
 • 단순변심으로는 미개봉 상태에서 3일 이내에 환불신청을 해야 한다.

■ 서비스 처리 비용

| 구성 | 수리조치 사항 | | 고객부담금(원) | 비고 |
|---|---|---|---|---|
| DVR 녹화기 관련 | 모델별 펌웨어 업그레이드 설치 | | 20,000 | 회당 |
| | 하드 디스크 초기화 및 기능 점검 | | 10,000 | 회당 |
| | 이전 설치로 인한 네트워크 관련 작업 | | 20,000 | – |
| | PC장착 카드형 DVR CD-Key | | 10,000 | 개당 |
| | DVR 메인보드 파손 | | 수리 시 50,000 교체 시 100,000 | – |
| CCTV 카메라 관련 | 각종 카메라 이전 설치 | | 건물 내 30,000 건물 외 50,000 | – |
| | 각종 카메라 추가 설치 | | 건물 내 10,000 건물 외 20,000 | 제품 구매비 별도 |
| | 영상관련 불량 | 1) 기본 27만 화소 모듈 | 15,000 | 개당 |
| | | 2) 27만 화소 IR 모듈 | 20,000 | 개당 |
| | | 3) 41만 화소 IR 모듈 | 30,000 | 개당 |
| | 각종 카메라 전면 유리 파손 교체 | | 3,000 | 개당 |
| | 카메라 전원 · 영상 배선 교체 | | 8,000 | – |
| | 소비자 과실로 인한 내부 파손 | | 수리 시 50,000 교체 시 100,000 | – |

**05** 다음은 L사의 제품을 구매한 고객이 문의한 사항이다. 다음 중 A씨의 답변으로 적절하지 않은 것은?

> 고객 : 안녕하세요? 3일 전에 CCTV 제품을 구매해 설치하였습니다. 항상 켜두는 제품이라 고장이 쉽게 날 수 있을 것 같은데, A/S 규정이 어떻게 되는지 안내해주실 수 있나요?
> A씨 : 안녕하세요? 고객님. 저희 업체의 제품을 이용해 주셔서 감사합니다.
> 문의하신 A/S 규정에 대해서 간략하게 안내드리겠습니다.

① 보증기간 1년 이내에 발생하는 고장에 대해서는 무상으로 수리를 해드리고 있으나, 고객님의 취급주의나 부적절한 설치, 자가 수리 또는 개조로 인하여 고장이 발생하였을 경우에는 무상A/S를 받으실 수 없습니다.

② 당사는 제품을 미개봉한 상태에서 판매하는 것을 원칙으로 하고 있습니다. 온전한 제품을 수령한 후 사용하였을 때에는 환불이 불가합니다.

③ 다만, 제품을 수령한 날로부터 7일 이내에 초기불량 및 파손이 있을 경우에는 당사에서 교환 또는 환불해 드리고 있으니 언제든지 연락주시길 바랍니다.

④ 수령한 날짜로부터 7일 이내 상품이 초기불량 및 파손일 경우 외의 문제가 발생하면, 운송비를 제외한 복구 시 발행되는 모든 비용에 대해 고객님께서 부담하셔야 합니다.

⑤ 단순변심으로는 미개봉 상태에서 3일 이내에 환불신청을 해야 한다.

**06** 다음 문의를 읽고 A씨가 고객에게 안내하여야 할 수리비용은 얼마인가?

> 고객 : 안녕하세요? 재작년에 L사 DVR녹화기를 구매했었는데요. 사용 중에 문제가 생겨 연락드렸습니다. 며칠 전에 CCTV와 DVR을 다른 장소로 옮겨 설치했는데 네트워크 설정이 필요하다고 뜨면서 제대로 작동하지 않네요. 혹시 제가 제품을 구매한 후로 펌웨어 업그레이드를 한 번도 안했었는데, 그것 때문일까요? 어찌 되었든 저에게 방문하는 수리기사에게 업그레이드 뿐만 아니라 하드 디스크도 함께 점검해 달라고 요청해주세요. 그럼 수리비용은 얼마나 나올까요?

① 60,000원   ② 50,000원

③ 40,000원   ④ 30,000원

⑤ 20,000원

**07** 다음은 수리기사가 보내온 A/S 점검 결과 내용이다. 이를 토대로 고객에게 청구하여야 할 비용은 얼마인가?

<A/S 점검표>

점검일자 : 2022년 5월 27일(금)

| 대상제품 | | MD-RO439 model CCTV 카메라 1대 |
| --- | --- | --- |
| 제품위치 | | 건물 내부 |
| 점검항목 | | 점검내용 |
| 외부 | 전면 헤드 | 전면 유리 파손 교체 |
| | 후면 고정대 | 이상 무 |
| | 본체 | 이상 무 |
| 내부 | 메인보드 | 이상 무, 클리너 사용(비용 ×) |
| | 전원부 | 전원 배선 교체 |
| | 출력부 | 41만 화소 IR 교체 |
| 기타사항 | | 로비 CCTV 1대 추가 설치(제품비 80,000원) |

① 101,000원
② 111,000원
③ 121,000원
④ 131,000원
⑤ 141,000원

**08** 고객이 1년 내에 무상A/S를 신청했다. A/S센터에서 1.5km 떨어진 고객에게 가는데 15분 안에 도착해야 한다. 처음에는 분속 40m로 걷다가 지각하지 않기 위해 남은 거리는 분속 160m로 달렸다면 걸어간 거리는 몇 m인가?

① 280m
② 290m
③ 300m
④ 310m
⑤ 320m

※ 다음은 L교육기관의 사회통합프로그램을 소개하는 글이다. 글을 읽고 이어지는 질문에 답하시오.
[9~12]

### 〈사회통합프로그램 소개〉

Ⅰ. 과정 및 이수시간(2022년 4월 현재)

| 구분 | 0단계 | 1단계 | 2단계 | 3단계 | 4단계 | 5단계 |
|------|------|------|------|------|------|------|
| 과정 | 한국어와 한국문화 | | | | | 한국사회의 이해 |
| | 기초 | 초급 1 | 초급 2 | 중급 1 | 중급 2 | |
| 이수시간 | 15시간 | 100시간 | 100시간 | 100시간 | 100시간 | 50시간 |
| 사전평가 | 구술 3점 미만 (필기점수 무관) | 총점 3 ~ 20점 | 총점 21 ~ 40점 | 총점 41 ~ 60점 | 총점 61 ~ 80점 | 총점 81 ~ 100점 |

Ⅱ. 사전평가
  1. 평가 대상 : 사회통합프로그램 참여 신청자는 모두 응시해야 함
  2. 평가 내용 : 한국어능력 등 기본소양 정도
  3. 평가 장소 : 관할 출입국에서 지정하는 별도 장소
  4. 평가 방법 : 필기시험 및 구술시험(총 50문항, 100점)
     가. 필기시험(45문항, 90점)
        − 문항 수는 총 45문항으로 객관식(43), 단답형 주관식(2)
        − 시험시간은 총 50분
        − 답안지는 OMR카드를 사용함
     나. 구술시험(5문항, 10점)
        − 문항 수는 총 5문항으로 읽기, 이해하기, 대화하기, 듣고 말하기 등으로 구성
        − 시험시간은 총 10분
     ※ 사전평가일로부터 6개월 이내에 교육에 참여하지 않은 경우 해당 평가는 무효가 되며, 다시 사전 평가에 응시하여 단계배정을 다시 받아야만 교육 참여가능 → 이 경우에는 재시험 기회가 추가로 부여되지 않음(평가 결과에 불만이 있더라도 재시험을 신청할 수 없음)
     ※ 사회통합프로그램의 '0단계(한국어와 한국문화 기초)'부터 참여하기를 희망하는 경우에 한해 사전평가를 면제받을 수 있음. 사전평가를 면제받고자 할 경우에는 사회통합프로그램 참여신청 화면의 '사전평가 응시여부'에 '아니요'를 체크해야 함

Ⅲ. 참여 시 참고사항
  1. 참여 도중 출산, 치료, 가사 등 불가피한 사유로 30일 이상 계속 참여가 불가능할 경우 참여자는 사유발생일로부터 15일 이내에 사회통합정보망(마이페이지)을 통해 이수정지 신청을 해야 함 → 이 경우 사유 종료 후 과거 이수사항 및 이수시간이 계속 승계되어 해당 과정에 참여할 수 있으며, 이수정지 후 2년 이상 재등록하지 않을 경우 직권제적 대상이 되므로, 계속 참여 의사가 있는 경우에는 2년 이내에 재등록해야 함
  2. 참여 도중 30일 이상 무단으로 결석할 경우 제적 조치하고, 이 경우에는 해당단계에서 이미 이수한 사항은 모두 무효 처리함

**09** 다음 〈보기〉 중 2022년 4월에 같은 강의를 듣는 사람끼리 바르게 짝지은 것은?

> **보기**
>
> ㉠ 사전평가에서 구술 10점, 필기 30점을 받은 A씨
> ㉡ 사전평가에서 구술 2점, 필기 40점을 받은 B씨
> ㉢ 1년 전 초급 1 과정을 30시간 들은 후 이수정지 신청을 한 후 재등록한 C씨
> ㉣ 사전평가에 응시하지 않겠다고 의사를 표시한 후 참여를 신청한 D씨

① ㉠, ㉡  
② ㉠, ㉢  
③ ㉡, ㉢  
④ ㉡, ㉣  
⑤ ㉢, ㉣

**10** A사원은 온라인 상담게시판에 올라와 있는 한 고객의 상담문의를 읽었다. 문의내용에 따라 고객이 다음 단계에 이수해야 할 과정과 이수시간을 바르게 나열한 것은?

| 고객 상담 게시판 | |
| --- | --- |
| [1 : 1 **상담요청**] 제목 : 이수과목 관련 문의드립니다. | 2022-04-01 |
| 안녕하세요. 2020년 10월에 한국어와 한국문화 초급 2 과정을 수료한 후, 중급 1 과정 30시간을 듣다가 출산 때문에 이수정지 신청을 했습니다. 다음 달부터 다시 프로그램에 참여하고자 하는데, 어떤 과정을 몇 시간 더 들어야 하나요? 답변 부탁드립니다. | |

| | 과정 | 이수시간 |
| --- | --- | --- |
| ① | 기초 | 15시간 |
| ② | 초급 2 | 70시간 |
| ③ | 초급 2 | 100시간 |
| ④ | 중급 1 | 70시간 |
| ⑤ | 중급 1 | 100시간 |

**11** 3일 동안 교육에 참여해야 하는데 버스를 타고 갈 확률이 $\frac{1}{3}$, 걸어갈 확률이 $\frac{2}{3}$일 때, 3일 중 첫 날은 버스를 타고, 남은 2일은 순서에 상관없이 버스 한 번, 걸어서 한 번 갈 확률은?

① $\frac{1}{27}$

② $\frac{2}{27}$

③ $\frac{3}{27}$

④ $\frac{4}{27}$

⑤ $\frac{5}{27}$

**12** 다음 중 사회통합프로그램 소개 글을 잘못 이해한 교육생은?

① A : 필기시험에서 답안지는 OMR 카드를 사용하는구나.

② B : 구술시험에서는 문항 수는 총 5문항으로 읽기, 이해하기, 대화하기, 듣고 말하기 등으로 구성되어 있어.

③ C : 사회통합프로그램의 '0단계'부터 참여하기를 희망하는 경우에 한해 사전평가를 면제받을 수 있네.

④ D : 사전평가를 면제받고자 할 경우에는 사회통합프로그램 참여 신청 화면의 '필기시험 응시여부'에 '아니요'를 체크해야 해.

⑤ E : 사전평가의 평가 장소는 아직 공지되지 않았어.

※ 다음은 L사에서 교육 중에 나눠준 계약서에 대한 설명이다. 글을 읽고 이어지는 질문에 답하시오.
[13~16]

계약서란 계약의 당사자 간의 의사표시에 따른 법률행위인 계약 내용을 문서화한 것으로 당사자 사이의 권리와 의무 등 법률관계를 규율하고 의사표시 내용을 항목별로 구분한 후, 구체적으로 명시하여 어떠한 법률행위를 어떻게 ㉠ <u>하려고</u> 하는지 등의 내용을 특정한 문서이다. 계약서의 작성은 미래에 계약에 관한 분쟁 발생 시 중요한 증빙자료가 된다.

계약서의 종류를 살펴보면, 먼저 임대차계약서는 임대인 소유의 부동산을 임차인에게 임대하고, 임차인은 이에 대한 약정을 합의하는 내용을 담고 있다. 임대차는 당사자의 한쪽이 상대방에게 목적물을 사용·수익하게 할 수 있도록 약정하고, 상대방이 이에 대하여 차임을 지급할 것을 ㉡ <u>약정함으로써</u> 그 효력이 생긴다. 부동산 임대차의 경우 목적 부동산의 전세, 월세에 대한 임차보증금 및 월세를 지급할 것을 내용으로 하는 계약이 여기에 해당하며, 임대차계약서는 주택 등 집합건물의 임대차계약을 작성하는 경우에 사용되는 계약서이다. 주택 또는 상가의 임대차계약은 민법에 대한 특례를 규정한 주택임대차보호법 및 상가건물 임대차보호법의 적용을 받으며, 이 법의 적용을 받지 않은 임대차에 관하여는 민법상의 임대차 규정을 적용하고 있다.

다음으로 근로계약서는 근로자가 회사(근로기준법에서는 '사용자'라고 함)의 지시 또는 관리에 따라 일을 하고 이에 대한 ㉢ <u>댓가</u>로 회사가 임금을 지급하기로 한 내용의 계약서로 유상·쌍무계약을 말한다. 근로자와 사용자의 근로관계는 서로 동등한 지위에서 자유의사에 의하여 결정한 계약에 의하여 성립한다. 이러한 근로관계의 성립은 구술에 의하여 약정되기도 하지만 통상적으로 근로계약서 작성에 의하여 행해지고 있다.

마지막으로 부동산 매매계약서는 당사자가 계약 목적물을 매매할 것을 합의하고, 매수인이 매도자에게 매매대금을 지급할 것을 약정함으로 인해 그 효력이 발생한다. 부동산 매매계약서는 부동산을 사고, 팔기 위하여 매도인과 매수인이 약정하는 계약서로 매매대금 및 지급시기, 소유권 이전, 제한권 소멸, 제세공과금, 부동산의 인도, 계약의 해제에 관한 사항 등을 약정하여 교환하는 문서이다. 부동산거래는 상황에 따라 다양한 매매조건이 ㉣ <u>수반되기</u> 때문에 획일적인 계약내용 외에 별도 사항을 기재하는 수가 많으므로 계약서에 서명하기 전에 계약내용을 잘 확인하여야 한다.

이처럼 계약서는 계약의 권리와 의무의 발생, 변경, 소멸 등을 도모하는 중요한 문서로 계약서를 작성할 때에는 신중하고 냉철하게 판단한 후, 권리자와 의무자의 관계, 목적물이나 권리의 행사방법 등을 명확하게 전달할 수 있도록 육하원칙에 따라 간결하고 명료하게 그리고 정확하고 ㉤ <u>평이하게</u> 작성해야 한다.

**13** 다음 중 글의 내용으로 적절하지 않은 것은?

① 계약 체결 이후 관련 분쟁이 발생할 경우 계약서가 중요한 증빙자료가 될 수 있다.
② 주택 또는 상가의 임대차계약은 민법상의 임대차규정의 적용을 받는다.
③ 근로계약을 통해 근로자와 사용자가 동등한 지위의 근로관계를 성립한다.
④ 부동산 매매계약서는 획일적인 계약내용 외에 별도 사항을 기재하기도 한다.
⑤ 계약서를 작성할 때는 간결·명료하고 정확한 표현을 사용하여야 한다.

**14** 밑줄 친 ㉠ ~ ㉤ 중 맞춤법이 적절하지 않은 것은?

① ㉠

② ㉡

③ ㉢

④ ㉣

⑤ ㉤

**15** 영업팀의 A ~ E사원은 교육 참여로 인해 L호텔에 투숙하게 되었다. L호텔은 5층 건물로 A ~ E사원이 서로 다른 층에 묵는다고 할 때, 다음에 근거하여 바르게 추론한 것은?

- A사원은 2층에 묵는다.
- B사원은 A사원보다 높은 층에 묵지만, C사원보다는 낮은 층에 묵는다.
- D사원은 C사원 바로 아래층에 묵는다.

① E사원은 1층에 묵는다.

② B사원은 4층에 묵는다.

③ E사원은 가장 높은 층에 묵는다.

④ C사원은 D사원보다 높은 층에 묵지만, E사원보다는 낮은 층에 묵는다.

⑤ 가장 높은 층에 묵는 사람은 알 수 없다.

**16** 영업팀 A와 B가 함께 호텔에서 나와 교육장을 향해 분당 150m의 속력으로 가고 있다. 30분 정도 걸었을 때, A는 호텔에 두고 온 중요한 서류를 가지러 분당 300m의 속력으로 호텔에 갔다가 같은 속력으로 다시 교육장을 향해 뛰어간다고 한다. B는 처음 속력 그대로 20분 뒤에 교육장에 도착했을 때, A는 B가 교육장에 도착하고 나서 몇 분 후에 교육장에 도착하는가?

① 20분

② 25분

③ 30분

④ 35분

⑤ 40분

※ 다음은 A사원이 회의에 앞서 준비한 자료이다. 글을 읽고 물음에 답하시오. [17~20]

최근 컴퓨터로 하여금 사람의 신체 움직임을 3차원적으로 인지하게 하여, 이 정보를 기반으로 인간과 컴퓨터가 상호작용하는 다양한 방법들이 연구되고 있다. 리모컨 없이 손짓으로 TV 채널을 바꾼다거나 몸짓을 통해 게임 속 아바타를 조종하는 것 등이 바로 그것이다. 이때 컴퓨터가 인지하고자 하는 대상이 3차원 공간 좌표에서 얼마나 멀리 있는지에 대한 정보가 필수적인데 이를 '깊이 정보'라 한다.

깊이 정보를 획득하는 방법으로 우선 수동적 깊이 센서 방식이 있다. 이는 사람이 양쪽 눈에 보이는 서로 다른 시각 정보를 결합하여 3차원 공간을 인식하는 것과 비슷한 방식으로, 두 대의 카메라로 촬영하여 획득한 2차원 영상에서 깊이 정보를 추출하는 것이다. 하지만 이 방식은 두 개의 영상을 동시에 처리해야 하므로 시간이 많이 걸리고, 또한 한쪽 카메라에는 보이지만 다른 카메라에는 보이지 않는 부분에 대해서는 정확한 깊이 정보를 얻기 어렵다. 두 카메라가 동일한 수평선상에 정렬되어 있어야 하고, 카메라의 광축도 평행을 이루어야 한다는 제약 조건도 따른다.

그래서 최근에는 능동적 깊이센서 방식인 TOF(Time of Flight) 카메라를 통해 깊이 정보를 직접 획득하는 방법이 주목받고 있다. TOF 카메라는 LED로 적외선 빛을 발사하고, 그 신호가 물체에 반사되어 돌아오는 시간차를 계산하여 거리를 측정한다. 한 대의 TOF 카메라가 1초에 수십 번 빛을 발사하고 수신하는 것을 반복하면서 밝기 또는 색상으로 표현된 동영상 형태로 깊이 정보를 출력한다.

㉠ TOF 카메라는 기본적으로 '빛을 발사하는 조명'과 '대상에서 반사되어 돌아오는 빛을 수집하는 두 개의 센서'로 구성된다. 그중 한 센서는 빛이 발사되는 동안만, 나머지 센서는 빛이 발사되지 않는 동안만 활성화된다. 전자는 A센서, 후자는 B센서라 할 때 TOF 카메라가 깊이 정보를 획득하는 기본적인 과정은 다음과 같다. 먼저 조명이 켜지면서 빛이 발사된다. 동시에, 대상에서 반사된 빛을 수집하기 위해 A센서도 켜진다. 일정 시간 후 조명이 꺼짐과 동시에 A센서도 꺼진다. 조명과 A센서가 꺼지는 시점에 B센서가 켜진다. 만약 카메라와 대상 사이가 멀어서 반사된 빛이 돌아오는 데 시간이 걸려 A센서가 활성화되어 있는 동안에 A센서로 다 들어오지 못하면 나머지 빛은 B센서에 담기게 된다. 결국 대상에서 반사된 빛이 A센서와 B센서로 나뉘어 담기게 되는데 이러한 과정이 반복되면서 대상과 카메라 사이가 가까울수록 A센서에 누적되는 양이 많아지고, 멀수록 B센서에 누적되는 양이 많아진다. 이렇게 A, B 각 센서에 누적되는 반사광의 양의 차이를 통해 깊이 정보를 얻을 수 있는 것이다.

TOF 카메라도 한계가 없는 것은 아니다. 적외선을 사용하기 때문에 태양광이 있는 곳에서는 사용하기 어렵고, 보통 10m 이내로 촬영 범위가 제한된다. 하지만 실시간으로 빠르고 정확하게 깊이 정보를 추출할 수 있기 때문에 다양한 분야에서 응용되고 있다.

**17**  윗글의 내용으로 적절하지 않은 것은?

① 능동적 깊이 센서 방식은 실시간으로 깊이 정보를 제공해 준다.
② 능동적 깊이 센서 방식은 한 대의 카메라로 깊이 정보를 측정할 수 있다.
③ 수동적 깊이 센서 방식은 사람이 3차원 공간을 인식하는 방법과 유사하다.
④ 수동적 깊이 센서 방식은 두 대의 카메라가 대상을 앞과 뒤에서 촬영하여 깊이 정보를 측정한다.
⑤ 컴퓨터가 대상을 3차원적으로 인지하기 위해서는 깊이 정보가 필요하다.

**18** 윗글을 읽은 회의참여자가 ㉠에 대해 이해한 내용으로 적절한 것은?

① 대상의 깊이 정보를 수치로 표현하겠군.

② 햇빛이 비치는 밝은 실외에서 더 유용하겠군.

③ 빛 흡수율이 높은 대상일수록 깊이 정보 획득이 용이하겠군.

④ 손이나 몸의 상하좌우뿐만 아니라 앞뒤 움직임도 인지하겠군.

⑤ 사물이 멀리 있을수록 깊이 정보를 더욱 정확하게 측정하겠군.

**19** A사원은 항상 발표가 두려웠고 극복하기 위해 항상 자료조사를 철저히 하며 노력한다. A사원에게 격려해줄 말로 적절한 것은?

① 안빈낙도                    ② 호가호위

③ 각주구검                    ④ 우공이산

⑤ 사면초가

**20** A사원은 다음 〈조건〉에 따라 회의준비를 해야 한다. 다음 A, B의 결론에 대한 판단으로 옳은 것은?

> **조건**
> • 회의장을 세팅하는 사람은 회의록을 작성하지 않는다.
> • 회의에 쓰일 자료를 복사하는 사람은 자료 준비에 참여한 것이다.
> • 자료 준비에 참여하는 사람은 회의장 세팅에 참여하지 않는다.
> • 자료 준비를 하는 사람은 회의 중 회의록을 작성한다.

> • A : 회의록을 작성하지 않으면 회의 자료를 복사하지 않는다.
> • B : 회의장을 세팅하면 회의 자료를 복사한다.

① A만 옳다.

② B만 옳다.

③ A, B 모두 옳다.

④ A, B 모두 틀리다.

⑤ A, B 모두 옳은지 틀린지 판단할 수 없다.

정답 및 해설 p.064

## | 01 | 언어이해

※ 다음 글을 읽고 물음에 답하시오. [1~2]

『서경』의 「홍범(洪範)」편에 "치우침이 없고 사사로움이 없으면 왕도가 넓고 평평할 것이며, 어긋남이 없고 기울어짐이 없으면 왕도가 정직할 것이니, 그렇게 되면 모든 정사가 중앙으로 모여 공명정대한 데로 돌아가리라."라고 하였다. 이처럼 극(極)을 세운 도는 마침내 탕평(蕩平)으로 돌아가게 되는데, 탕평의 요점은 한쪽으로의 치우침과 사사로운 마음을 막는 것보다 더 좋은 것이 없다는 것이다. 그러므로 치우치고 사사롭게 하면 어긋나고 기울어지게 되며, 넓고 공평하게 하면 바르고 곧게 될 것이다.

중등 이상의 사람은 말로써 그 잘못을 깨우칠 수 있으나, 중등 이하의 사람은 그 잘못을 고치기 위해서 말이 아니라 이로움으로 인도하는 것이 중요하다. 그렇게 하지 않으면 끝내 그 말을 듣고 기뻐하기만 하고 그 뜻을 되새기지 않을 것이며, 그 말을 따르기만 하고 정작 자신의 잘못을 고치지 않을 것이다.

이로운 것을 좇고 해로운 것을 피하는 것은 사람들의 똑같은 마음이다. 연(燕)나라 사람과 월(越)나라 사람이 배를 함께 탔을 때, 성품도 다르고 기질도 다르지만 풍랑을 막는 데에서는 지혜와 힘을 기울임이 한결같으니, 이는 이해(利害)가 같기 때문이다. 부부가 한집에 사는데 씨족도 다르고 습속도 다르지만 살림을 하는 데에서는 다른 마음이나 생각을 갖지 않으니, 이 또한 이해가 같기 때문이다. 조정에 있는 대소의 관원들이 한마음 한뜻으로 단결하여, 연나라 사람과 월나라 사람이 배를 함께 타고, 부부가 한집에서 살림하는 것처럼 한다면 탕평이 이룩될 것이다. 그러나 한쪽은 총애하고 한쪽은 소홀히 하여 한쪽은 즐겁고 한쪽은 괴로우며, 부귀와 빈천의 간격을 고르게 하지 못하고서 한갓 빈말로 타이르고 실상이 없는 꾸지람을 하는 데 구구하게 힘을 허비하면서, 자기 몸에 절실한 이해를 버리고 남의 권유를 따르라고만 한다면 탕평이 어려울 것이다. 이로 보아 「홍범」에서 ㉠ "임금이 극(極)을 세운다."라고 말한 의미를 짐작할 수 있다.

당나라·송나라 때에는 과거 시험을 널리 베풀어 인재 선발이 빈번하였다. 따라서 영화와 총애를 바라는 데 급급해하는 것이 그 시대의 도도한 흐름이었다. 이로운 데로 나아가는 구멍은 하나뿐인데 백 사람이 뚫고 들어가려 하니, 어떻게 은혜를 널리 베풀어 원망을 없게 할 수 있겠는가? 등용하고 물리침에 극(極)이 바로 서지 못하면 왕도(王道)는 이루어지지 않는다.

당쟁의 화는 대체로 과거 시험을 자주 베풀어 사람을 너무 많이 뽑았기 때문이다. 그러한 줄 알았으면 오늘부터라도 사람 뽑는 것을 점차 줄여야 한다. 국가에 경사(慶事)가 자주 있는데, 그럴 때마다 반드시 과거 시험을 실시한다. 과거(科擧)와 경사가 무슨 상관이 있단 말인가? 과거 시험에 합격하는 자는 몇 사람일 뿐 수많은 사람이 눈물을 흘리는데, 어찌 경사를 함께한다고 하겠는가? 더구나 과거 시험에 합격한 자는 모두 귀족이나 세도가의 자제들뿐, 사방에서 모여든 한미(寒微)한 사람은 그 속에 들지 못하는 데 있어서랴?

— 이익, 『탕평(蕩平)』

**01** 윗글에서 사용한 글쓰기 전략으로 적절한 것은?

① 구체적인 사례를 들어 독자의 이해를 돕는다.

② 특수한 현상에 대한 다양한 이론을 소개한다.

③ 제재를 하위 항목으로 나누어 체계적으로 전개한다.

④ 현상의 원인을 설명하고, 그것이 초래할 결과를 예측한다.

**02** 윗글의 핵심 논지를 고려할 때, 밑줄 친 ㉠의 의미를 가장 적절하게 이해한 것은?

① 절제하지 않으면 찻잔의 물이 흘러넘치듯이, 나라가 강성해지려면 임금이 지나친 욕심을 버리고 자제해야 한다는 의미라고 할 수 있다.

② 배를 풍랑에서 보호하려면 지혜를 모아야 하듯이, 나라를 내우외환으로부터 보호하려면 임금이 학문에 정진해야 한다는 의미라고 할 수 있다.

③ 기둥이 한쪽으로 기울어져 있으면 건물이 무너지듯이, 임금이 정사를 펼칠 때 치우침이 없어야 왕도가 바로 설 수 있다는 의미라고 할 수 있다.

④ 일정한 기준이 있어야 그림 조각을 짜 맞출 수 있듯이, 흩어진 왕도를 바로잡으려면 임금이 국가의 예법을 다시 세워야 한다는 의미라고 할 수 있다.

**03** 다음 글의 주장으로 적절한 것은?

사피어 – 워프 가설은 어떤 언어를 사용하느냐에 따라 사고의 방식이 정해진다는 이론이다. 이에 따르면 언어는 인간의 사고나 사유를 반영함은 물론이고, 그 언어를 쓰는 사람들의 사고방식에까지 영향을 미친다.

공동체의 언어 습관이 특정한 해석을 선택하도록 하기 때문에 우리는 일반적으로 우리가 행한 대로 보고 듣고 경험한다고 한 사피어의 관점에 영향을 받아, 워프는 언어가 경험을 조직한다고 주장했다. 한 문화의 구성원으로서, 특정한 언어를 사용하는 화자로서, 우리는 언어를 통해 암묵적 분류를 배우고 이 분류가 세계의 정확한 표현이라고 간주한다. 그리고 그 분류는 사회마다 다르므로, 각 문화는 서로 다른 의견을 가질 수 있는 개인들로 구성됨에도 불구하고 독특한 합의를 보여 준다. 가령, 에스키모어에는 눈에 관한 낱말이 많은데 영어로는 한 단어인 '눈(snow)'을 네 가지 다른 단어, 즉 땅 위의 눈(aput), 내리는 눈(quana), 바람에 날리는 눈(piqsirpoq), 바람에 날려 쌓이는 눈(quiumqsuq) 등으로 표현한다는 것이다. 북아프리카 사막의 유목민들은 낙타에 관해 10개 이상의 단어를 가지고 있으며, 우리도 마찬가지다. 영어의 'rice'에 해당하는 우리말은 '모', '벼', '쌀', '밥' 등이 있다.

그렇다면 언어와 사고, 언어와 문화의 관계는 어떻게 볼 수 있을까? 일단 우리는 언어와 정신 활동이 상호 의존성을 갖는다고 말할 수 있을 것이다. 하지만 그들 간의 관계 중 어떤 것이 우월한 것인지를 잘 식별할 수 없는 정도로 인식이 되고 나면, 우리의 생각은 언어 우위 쪽으로 기울기 쉽다. 왜냐하면 언어의 사용에 따라 사고가 달라지는 것이라고 규정하는 것이 사고를 통해 언어가 만들어진다는 것보다 훨씬 더 쉽게 이해되기 때문이다. 이러한 면에서 사피어 – 워프 가설은 언어 우위론적 입장을 보인다고 할 수 있다.

그러나 사피어 – 워프 가설이 언어 우위론의 근거로만 설명되는 것은 아니다. 앞의 에스키모어의 예를 보면, 사람들이 눈을 인지하는 방법이 달라진 것(사고의 변화)으로 인해 언어도 달라지게 되었는지, 반대로 언어 체계가 달라진 것으로 인해 눈을 인지하는 방법이 달라졌는지를 명확하게 설명할 수 없기 때문이다.

① 사피어 – 워프 가설은 언어 우위론으로 입증할 수 있다.
② 사피어 – 워프 가설의 예로 에스키모어가 있다.
③ 사피어 – 워프 가설은 우리의 언어 생활과 밀접한 이론이다.
④ 언어와 사고의 관계에 대한 사피어 – 워프 가설을 증명하기는 쉽지 않다.

**04** 다음 글을 읽고 추론한 내용으로 적절하지 않은 것은?

> 낭만주의의 초석이라 할 수 있는 칸트는 인간 정신에 여러 범주들이 내재하기 때문에 이것들이 우리가 세계를 지각하는 방식을 선험적으로 결정한다고 주장한 바 있다. 이 범주들은 공간, 시간, 원인, 결과 등의 개념들이다. 우리는 이 개념들을 '배워서' 아는 것이 아니다. 즉, 경험에 앞서 이미 아는 것이다. 경험에 앞서는 범주를 제시했다는 점에서 혁명적 개념이었고, 경험을 강조한 베이컨 주의에 대한 강력한 반동인 셈이다.
>
> 칸트 스스로도 이것을 철학에 있어 '코페르니쿠스적 전환'이라고 보았다. "따라서 우리는 자신의 인식에 부분적으로 책임이 있고, 자기 존재의 부분적 창조자다." 인간이라는 존재는 백지에 쓴 경험의 총합체가 아니며, 그만큼 우리는 권리와 의무를 가진 주체적인 결정권자라는 선언이었다. 세상은 결정론적이지 않고 인간은 사회의 기계적 부품 같은 존재가 아님을 강력히 암시하고 있다.
>
> 칸트가 건설한 철학적 관념론은 우리 외부에서 지각되는 대상은 사실 우리 정신의 내용과 연관된 관념일 뿐이라는 것을 명백히 했다. 현실적인 것은 근본적으로 심리적이라는 것이라는 신념으로서, 객관적이고 물질적인 것에서 근본을 찾는 유물론과는 분명한 대척점에 있는 관점이다.
>
> 그 밖에도 "공간과 시간은 경험적으로 실재적이지만 초월적으로는 관념적이다.", "만일 우리가 주관을 제거해버리면 공간과 시간도 사라질 것이다. 현상으로서 공간과 시간은 그 자체로서 존재할 수 없고 단지 우리 안에서만 존재할 수 있다."처럼 시간과 공간의 실재성에도 의문을 품었던 칸트의 생각들은 독일 철학의 흐름 속에 이어지다가 후일 아인슈타인에게도 결정적 힌트가 되었다. 그리고 결국 아인슈타인은 상대성이론으로 뉴턴의 세계를 무너뜨린다.

① 칸트에 의하면 공간, 시간 등의 개념들은 태어나면서부터 아는 것이다.
② 낭만주의와 베이컨 주의는 상반된 견해를 가지고 있다.
③ 칸트에 의하면 현실의 공간과 시간은 인간에 의해 존재한다.
④ 칸트와 아인슈타인의 견해는 같다고 볼 수 있다.

**05** 다음은 연도별 우리나라 국민들의 해외 이주 현황을 조사한 자료이다. 이에 대한 설명으로 옳은 것은?

〈해외 이주 현황〉

(단위 : 명)

| 구분 | 2014년 | 2015년 | 2016년 | 2017년 | 2018년 | 2019년 | 2020년 | 2021년 | 2022년 |
|---|---|---|---|---|---|---|---|---|---|
| 합계 | 23,008 | 20,946 | 22,425 | 21,018 | 22,628 | 15,323 | 8,718 | 7,367 | 7,131 |
| 미국 | 14,032 | 12,829 | 13,171 | 12,447 | 14,004 | 10,843 | 3,185 | 2,487 | 2,434 |
| 캐나다 | 2,778 | 2,075 | 3,483 | 2,721 | 2,315 | 1,375 | 457 | 336 | 225 |
| 호주 | 1,835 | 1,846 | 1,749 | 1,608 | 1,556 | 906 | 199 | 122 | 107 |
| 뉴질랜드 | 942 | 386 | 645 | 721 | 780 | 570 | 114 | 96 | 96 |
| 기타 | 3,421 | 3,810 | 3,377 | 3,521 | 3,973 | 1,629 | 4,763 | 4,326 | 4,269 |

① 전체 해외 이주민의 수는 해마다 감소하고 있다.

② 2022년의 기타를 제외한 4개국의 해외 이주자의 합은 2019년 대비 약 80% 이상 감소했다.

③ 2022년의 캐나다 해외 이주자는 2014년보다 약 94% 이상 감소하였다.

④ 기타를 제외한 4개국의 2021년 대비 2022년 해외 이주자의 감소율이 가장 큰 나라는 캐나다이다.

**06** 다음 표는 A ~ D시의 인구, 도로연장 및 인구 1,000명당 자동차 대수를 나타낸 것이다. D시의 도로 1km당 자동차 대수는?(단, 계산은 일의 자리에서 반올림한다)

| 도시 | 인구(만 명) | 도로연장(km) | 1,000명당 자동차 대수 |
|---|---|---|---|
| A시 | 108 | 198 | 205 |
| B시 | 75 | 148 | 130 |
| C시 | 53 | 315 | 410 |
| D시 | 40 | 103 | 350 |

① 약 1,039대  ② 약 1,163대

③ 약 1,294대  ④ 약 1,360대

※ 다음은 2010년과 2020년의 사교육 현황을 조사한 자료이다. 자료를 보고 이어지는 질문에 답하시오.
 **[7~8]**

〈2010년, 2020년 학년별 사교육 현황〉

(단위 : %)

| 구분 | 유치원생 | | 초등학생 | | 중학생 | | 고등학생 | |
|---|---|---|---|---|---|---|---|---|
| | 2010년 | 2020년 | 2010년 | 2020년 | 2010년 | 2020년 | 2010년 | 2020년 |
| 입시 | 8 | 9.8 | 48 | 60 | 56 | 77 | 64 | 86.4 |
| 어학원 | 6 | 9.6 | 26 | 35 | 16 | 11 | 14 | 6 |
| 운동 | 50 | 58 | 65 | 52 | 44 | 28 | 28 | 16 |
| 음악 | 68 | 42 | 55 | 33 | 12 | 19 | 8 | 5.5 |
| 미술 | 21 | 28 | 27 | 22 | 2.6 | 3.4 | 11 | 12.2 |
| 연기 | 1.5 | 1.8 | 2.4 | 1.8 | 0.4 | 5.2 | 4.2 | 18.2 |
| 요리 | 0.2 | 0.6 | 4.2 | 3.5 | 0.2 | 14.5 | 2.1 | 5.2 |

※ 교육은 중복 수강이 가능하다.

**07** 다음 중 자료에 대한 설명으로 옳은 것은?

① 2010년 대비 2020년 입시 교육 증가율은 중학생이 고등학생보다 3%p 더 높다.

② 2020년 입시 교육을 받는 초등학생의 수는 2010년보다 증가하였다.

③ 2010년 초등학생 중 운동과 음악을 중복하여 수강하는 학생 수는 최소 10%이다.

④ 2010년 초등학생 응답자가 250명이고, 운동과 미술은 다른 교육과 중복하여 수강하지 않았다고 할 때, 응답자 중 운동과 미술을 수강하지 않은 초등학생은 20명이다.

**08** 다음 중 자료에 대한 설명으로 옳은 것은?

① 2010년과 2020년의 입시교육 비율 차는 중학생이 초등학생의 1.5배이다.

② 유치원생의 2010년 대비 2020년의 어학원수강 증가율은 70% 이상이다.

③ 2010년 대비 2020년 초등학생의 사교육 비율은 입시를 제외하고 모두 감소하였다.

④ 2010년 대비 2020년 고등학생의 사교육 중 수강비율이 증가한 것은 4가지이다.

**09** P사에서는 사업주의 직업능력개발훈련 시행을 촉진하기 위해 훈련방법과 기업규모에 따라 지원금을 차등 지급하고 있다. 다음 자료를 토대로 원격훈련으로 직업능력개발훈련을 시행하는 X, Y, Z 세 기업과 각 기업의 원격훈련 지원금을 바르게 짝지은 것은?

〈기업규모별 지원 비율〉

| 기업 | 훈련 | 지원 비율 |
|---|---|---|
| 우선지원대상 기업 | 향상·양성훈련 등 | 100% |
| 대규모 기업 | 향상·양성훈련 | 60% |
| | 비정규직대상훈련 / 전직훈련 | 70% |
| 상시근로자 1,000인 이상 대규모 기업 | 향상·양성훈련 | 50% |
| | 비정규직대상훈련 / 전직훈련 | 70% |

〈원격훈련 종류별 지원금〉

| 훈련종류 / 심사등급 | 인터넷 | 스마트 | 우편 |
|---|---|---|---|
| A등급 | 5,600원 | 11,000원 | 3,600원 |
| B등급 | 3,800원 | 7,400원 | 2,800원 |
| C등급 | 2,700원 | 5,400원 | 1,980원 |

※ 인터넷·스마트 원격훈련 : 정보통신매체를 활용하여 훈련이 시행되고 훈련생 관리 등이 웹상으로 이루어지는 훈련
※ 우편 원격훈련 : 인쇄매체로 된 훈련교재를 이용하여 훈련이 시행되고 훈련생 관리 등이 웹상으로 이루어지는 훈련
※ (원격훈련 지원금)=(원격훈련 종류별 지원금)×(훈련시간)×(훈련수료인원)×(기업규모별 지원 비율)

〈세 기업의 원격훈련 시행 내역〉

| 구분 | 기업규모 | 종류 | 내용 | 시간 | 등급 | 수료인원 |
|---|---|---|---|---|---|---|
| X기업 | 우선지원대상 기업 | 스마트 | 향상·양성훈련 | 6시간 | C등급 | 7명 |
| Y기업 | 대규모 기업 | 인터넷 | 비정규직 대상훈련 / 전직훈련 | 3시간 | B등급 | 4명 |
| Z기업 | 상시근로자 1,000인 이상 대규모 기업 | 스마트 | 향상·양성훈련 | 4시간 | A등급 | 6명 |

① X기업 – 201,220원
② X기업 – 226,800원
③ Y기업 – 34,780원
④ Z기업 – 98,000원

**10** K사원은 영국시각으로 1월 3일 오후 4시에 시작되는 국제영유아정신건강학회 참석을 위해 런던으로 출장을 다녀왔다. 학회에 참석하기 전 경유지인 베이징에서 S대리를 만났는데, 그때 시각은 공항 전광판 기준 오전 10시였다. K사원과 S대리가 학회에 늦지 않게 참석했을 때 K사원이 탄 항공편으로 적절한 것은?

<비행 스케줄>

| 항공 | 출발도시 / 현지시간 | 도착도시 |
|------|------|------|
| A항공 | 서울 / 2022 – 01 – 03(수) 08:40 | 베이징 |
| | 베이징 / 2022 – 01 – 03(수) 11:25 | 런던 |
| B항공 | 서울 / 2022 – 01 – 03(수) 09:30 | 베이징 |
| | 베이징 / 2022 – 01 – 03(수) 13:50 | 런던 |
| C항공 | 서울 / 2022 – 01 – 03(수) 08:20 | 베이징 |
| | 베이징 / 2022 – 01 – 03(수) 11:15 | 런던 |
| D항공 | 서울 / 2022 – 01 – 03(수) 07:30 | 베이징 |
| | 베이징 / 2022 – 01 – 03(수) 12:40 | 런던 |

<시차>

| 기준도시 | 비교도시 | 시차 |
|------|------|------|
| 서울 | 이슬라마바드 | −4 |
| 모스크바 | 런던 | −3 |
| 두바이 | 파리 | −3 |
| 이슬라마바드 | 베이징 | +3 |
| 서울 | 모스크바 | −6 |
| 싱가포르 | 케이프타운 | −6 |
| 서울 | 두바이 | −5 |
| 케이프타운 | 런던 | −2 |

※ 비행시간은 서울 – 베이징 2시간, 베이징 – 런던 12시간이다.
※ 런던 히드로공항에서 학회장까지 이동시간은 40분이다.
※ 이외에 나머지 시간은 고려하지 않는다.

① A항공  
② B항공  
③ C항공  
④ D항공

※ 다음의 자료를 읽고 이어지는 질문에 답하시오. [11~12]

A씨는 P기업에서 인사업무를 담당하고 있으며, 최근 입사한 신입사원 4명에 대한 평가서를 바탕으로 부서 배치 업무를 진행하고 있다.

■ 신입사원 평가서

| 성명 | 평가항목 | | | | | 희망부서 | | |
|------|--------|--------|--------|--------|----------|------|------|------|
| | 태도성 | 성실성 | 독창성 | 사회성 | 업무이해도 | 1순위 | 2순위 | 3순위 |
| 권규오 | 8 | 10 | 6 | 6 | 8 | 재무부 | 영업부 | 기획부 |
| 강은영 | 8 | 7 | 8 | 10 | 5 | 기획부 | 재무부 | 영업부 |
| 박재성 | 6 | 10 | 5 | 10 | 7 | 영업부 | 기획부 | 재무부 |
| 심다례 | 8 | 7 | 6 | 8 | 9 | 영업부 | 재무부 | 기획부 |

■ 신입사원 부서배치 기준
- 각 부서에서 요구하는 능력을 갖춘 인재를 선발하여 적재적소에 배치함
- 신입인원 평가점수를 기반으로 부서별 요구능력에 해당하는 항목의 점수를 모두 합한 값을 총점으로 함
- 부서 단위로 각 인원에 대해 총점을 산출한 뒤 필요인원 수 이내에서 총점이 가장 높은 인원을 선발함
- 단, 선발된 자가 여러 부서와 중복될 경우에는 그 인원이 희망하는 부서에 우선 배치함
  (가장 먼저 1순위를 고려하되, 불가할 경우 그다음 순위에 따름)

**11** 각 부서에서 요구하는 능력은 다음과 같다. 신입사원 부서배치 기준을 토대로 배치를 하였을 경우, 다음 중 1순위로 적은 희망부서에 가지 못하는 신입사원은?

| 부서명 | 요구능력 | | | 필요 인원 수 |
|--------|----------|----------|------------|--------------|
| 재무부 | 태도성 | 성실성 | 업무이해도 | 2명 이내 |
| 기획부 | 성실성 | 독창성 | 사회성 | 2명 이내 |
| 영업부 | 태도성 | 사회성 | 업무이해도 | 2명 이내 |

① 권규오        ② 강은영

③ 박재성        ④ 심다례

**12** 신입사원 부서배치 기준에 대해서 상사가 다음과 같은 추가지침을 지시했다면, 부서배치가 달라지는 사원은 누구인가?

> 상사 : 각 부서마다 요구하는 능력에 대해서 뛰어난 인재를 선발하는 것도 중요하나, 비슷한 능력을 갖춘 인재들이 한 부서에 모여 있다면 너무 획일화되지 않겠는가? 다른 능력에 대해서도 우수한 평가가 있다면 가점을 주는 것이 옳다고 보네. 각 부서마다 요구하는 능력 이외의 것에서 8점 이상 평가를 받은 경우에 각 +1점을, 9점 이상 평가를 받은 경우에는 각 +2점을 가점으로 부여하게나. 그렇게 재평가한 후 다시 보고하게.

① 권규오        ② 강은영

③ 박재성        ④ 심다례

## | 04 |  추리

※ 불고기 버거, 치킨 버거, 새우 버거가 각각 두 개씩 있고 A ~ D 4명이 전부 나눠 먹는다고 할 때, 다음 〈조건〉을 참고하여 물음에 답하시오. [13~14]

- 모든 사람은 반드시 하나 이상의 버거를 먹으며, 최대 두 개의 버거를 먹을 수 있다.
- 한 사람이 같은 종류의 버거 2개를 먹을 수는 없다.
- A는 불고기 버거를 먹었다.
- B는 치킨 버거를 먹지 않았다.
- C는 새우 버거를 먹었다.
- C와 D 중 한 명은 불고기 버거를 먹었다.

**13** 다음 중 반드시 참인 것은?

① A는 불고기 버거만 먹었다.
② B는 새우 버거를 먹었다.
③ C는 치킨 버거를 먹었다.
④ D는 불고기 버거를 먹었다.

**14** C가 불고기 버거를 먹었다고 할 때, 다음 중 참이 아닌 것은?

① A는 치킨 버거를 먹었다.
② B는 두 개의 버거를 먹었다.
③ D는 한 개의 버거만 먹었다.
④ D는 치킨 버거를 먹었다.

※ P사의 건물은 5층이며, 각 층마다 화분이 놓여있다. 다음 〈조건〉을 참고하여 물음에 답하시오. [15~16]

**조건**

• 1층에는 2층보다 많은 화분이 놓여있다.
• 3층에는 4층보다 적은 화분이 놓여있다.
• 3층에는 2층보다 적은 화분이 놓여있다.
• 5층에는 4층보다 적은 화분이 놓여있지만 화분이 가장 적은 것은 아니다.

**15** 다음 중 반드시 참인 것은?

① 3층의 화분 수가 가장 적다.
② 2층과 5층의 화분 수는 같다.
③ 2층의 화분 수는 4층의 화분 수보다 적다.
④ 4층의 화분 수는 2층의 화분 수보다 많다.

**16** 2층의 화분 수가 4층의 화분 수보다 많다고 할 때, 다음 중 참이 아닌 것은?

① 1층의 화분 수가 가장 많다.
② 5층의 화분 수는 3층의 화분 수보다 많다.
③ 2층의 화분 수는 5층의 화분 수보다 많다.
④ 4층의 화분 수가 P사 건물 내 모든 화분의 평균 개수이다.

아는 것을 안다고 하고, 모르는 것을 모른다고 말하는 것이, 그것이 아는 것이다.

– 논어 –

# FINAL

## 최종점검 모의고사

최종점검 모의고사는 삼성, SK, LG, 롯데, 포스코 5대 기업의 유형을 반영하여 평균적인 영역, 문항 수 및 시간을 고려하여 임의로 구성하였으므로, 기업별 문항 수 및 시간은 본서의 기업별 채용안내 및 기업별 채용공고를 참조하시기 바랍니다.

**〈영역 및 문항 수〉**

| 영역 | 문항 수 | 시간 |
|------|--------|------|
| 언어 | 25문항 | 30분 |
| 수리 | 25문항 | 40분 |
| 추리 | 25문항 | 35분 |
| 도형 | 10문항 | 15분 |

## |01| 언어

**01** 다음 밑줄 친 부분과 같은 의미로 쓰인 것은?

> 대한민국 국군은 연평도 포격 당시 전군에 비상을 <u>걸었다</u>.

① 그녀는 4년 만에 금메달을 목에 <u>걸었다</u>.

② 자신의 일에 나를 <u>걸고</u> 넘어지는 그가 미웠다.

③ 그가 아들에게 <u>거는</u> 기대가 크다는 것은 모두가 아는 사실이다.

④ 차는 발동을 <u>걸고</u> 있었으며 그들이 올라타자 차는 무섭게 쿨렁이기 시작했다.

⑤ 게임이 풀리지 않아 감독은 작전 타임을 <u>걸었다</u>.

**02** 다음 지문의 빈칸 ㉮ ~ ㉰에 들어갈 단어를 〈보기〉에서 적절하게 짝지은 것은?

> 한국계 이민 사회에서 자영업의 비중이 상대적으로 높은 것에 대해 여러 가지 이유를 찾을 수 있다. 일반적으로 영어 능력의 ( ㉮ )에서 그 이유를 찾는다. 그런데 이민 1세대 한국계 자영업자들의 영어 능력과 교육 수준이 사기업에 ( ㉯ )하는 한국계 임금 노동자보다 더 높다는 조사 결과도 있다. 그럼에도 불구하고 자영업자들의 영어 능력이 주류 사회의 직장에 취업할 정도에 이른다고 하기는 어렵고, 비록 대학 졸업자의 비중이 높다고 하나 한국에서 이들이 ( ㉰ )한 학력이나 자격증은 자신들이 원하는 직업을 구하는 과정에서 거의 인정받지 못했다는 것도 사실이다. 이렇게 주류 사회의 선호 직업에 접근하기 어려운 사람들이 쉽게 가질 수 있는 직업은 주류 사회 사람들과의 직접적인 경쟁을 피할 수 있는 직업이다. 이는 주류 사회의 사람들이 더 이상 이익을 기대할 수 없어 ( ㉱ )하거나 떠나 버린 분야이다. 대표적으로 소수 민족 소비자를 상대하는 사업이나 노동 집약적 사업 등이 있다. 이런 성격의 자영업이 한국계 미국인들의 사업상의 특징을 이룬다.

> **보기**
>
> | ㉠ 한계 | ㉡ 한도 | ㉢ 종사 | ㉣ 종속 |
> |---|---|---|---|
> | ㉤ 취득 | ㉥ 터득 | ㉦ 회피 | ㉧ 도피 |

| | ㉮ | ㉯ | ㉰ | ㉱ | | | ㉮ | ㉯ | ㉰ | ㉱ |
|---|---|---|---|---|---|---|---|---|---|---|
| ① | ㉠ | ㉢ | ㉤ | ㉦ | | ② | ㉠ | ㉣ | ㉤ | ㉧ |
| ③ | ㉡ | ㉢ | ㉥ | ㉦ | | ④ | ㉡ | ㉢ | ㉥ | ㉧ |
| ⑤ | ㉢ | ㉣ | ㉤ | ㉦ | | | | | | |

**03** 다음 중 〈보기〉의 단어가 나타내는 뜻을 모두 포괄할 수 있는 단어를 고르면?

보기

| 묻다 | 남다 | 기대다 | 감추다 | 따지다 |

① 묻다
② 남다
③ 기대다
④ 감추다
⑤ 따지다

**04** 다음 지문의 빈칸에 들어갈 단어를 〈보기〉에서 적절하게 짝지은 것은?

긴급복지지원이란 가구의 주요 소득자의 사망, 가출, 가구구성원의 질병, 학대, 폭력, 그리고 화재 등으로 갑자기 생계를 유지하기 ( ㉮ )해졌을 때, 1개월간 정부의 도움을 받을 수 있도록 한 제도이다. 「긴급복지지원법 시행령(안)」이 ( ㉯ )됨에 따라 갑작스럽게 경제적·사회적 어려움에 처한 사람을 조기에 발견하여 생계비, 의료·주거서비스 등을 ( ㉰ )에 지원함으로써 이들이 위기상황을 벗어나는 데 크게 도움을 주고 있다.

보기

| ㉠ 곤란 | ㉡ 심란 | ㉢ 부결 | ㉣ 의결 | ㉤ 적기 | ㉥ 불시 |

|  | ㉮ | ㉯ | ㉰ |  |  | ㉮ | ㉯ | ㉰ |
|---|---|---|---|---|---|---|---|---|
| ① | ㉠ | ㉣ | ㉤ | ② |  | ㉠ | ㉣ | ㉥ |
| ③ | ㉡ | ㉢ | ㉤ | ④ |  | ㉡ | ㉢ | ㉥ |
| ⑤ | ㉡ | ㉣ | ㉤ |  |  |  |  |  |

**05** 다음 문단을 논리적인 순서대로 바르게 나열한 것은?

> (가) 정해진 극본대로 연기를 하는 연극의 서사는 논리적이고 합리적이다. 그러나 연극 밖의 현실은 비합리적이고, 그 비합리성을 개인의 합리에 맞게 해석한다. 연극 밖에서도 각자의 합리성에 맞춰 연극을 하고 있는 것이다.
>
> (나) 사전적 의미로 불합리한 것, 이치에 맞지 않는 것을 의미하는 부조리는 실존주의 철학에서는 현실에서는 전혀 삶의 의미를 발견할 가능성이 없는 절망적인 한계상황을 나타내는 용어이다.
>
> (다) 이것이 비합리적인 세계에 대한 자신의 합목적적인 희망이라는 사실을 깨달았을 때, 삶은 허망해지고 인간은 부조리를 느끼게 된다.
>
> (라) 부조리라는 개념을 처음 도입한 대표적인 철학자인 알베르 카뮈는 연극에 비유하여 부조리에 대해 설명한다.

① (나) – (다) – (가) – (라)  　　　② (나) – (가) – (다) – (라)

③ (나) – (라) – (가) – (다)  　　　④ (가) – (라) – (나) – (다)

⑤ (가) – (다) – (나) – (라)

다음 제시된 단락을 읽고, 이어질 단락을 논리적 순서대로 바르게 나열한 것을 고르면?

청화백자란 초벌구이한 백자에 코발트 안료를 사용하여 장식한 후 백자 유약을 시유(施釉)하여 구운 그릇을 말한다.

(가) 원대에 제작된 청화백자는 잘 정제되고 투명한 색상을 보이며, 이슬람의 문양과 기형을 중국의 기술과 전통적인 도자(陶瓷) 양식에 결합시킨 전 세계인의 애호품이자 세계적인 무역품이었다. 이러한 청화백자는 이전까지 유행하던 백자 바탕에 청자 유약을 입혀 청백색을 낸 청백자를 밀어내고 중국 최고의 백자로 자리매김하였다.

(나) 조선시대 청화백자의 특징은 문양의 주제와 구도, 필치(筆致) 등에서 찾을 수 있다. 조선시대 청화백자는 19세기 이전까지 대부분 조선 최고의 도화서 화원들이 그림을 담당한 탓에 중국이나 일본과 비교할 때 높은 회화성을 유지할 수 있었다. 또한 여백을 중시한 구도와 농담(濃淡) 표현이 자연스러운 놀라운 필치, 그리고 여러 상징 의미를 재현한 문양 주제들도 볼 수 있었다. 청화백자에 사용된 여러 문양들은 단지 장식적인 효과를 고려하여 삽입된 것도 있지만 대부분은 그 상징 의미를 고려한 경우가 많았다.

(다) 청화백자가 우리나라에서 제작된 것은 조선시대부터였다. 전세계적인 도자(陶瓷) 상품인 청화백자에 대한 정보와 실제 작품이 유입되자, 청화백자에 대한 소유와 제작의 열망이 점차 커지게 되었고, 이후 제작에도 성공하게 되었다. 청화백자의 유입 시기는 세종과 세조 연간에 집중되었으며, 본격적으로 코발트 안료를 찾기 위한 탐색을 시작하였고, 그 이후 수입된 청화 안료로 도자(陶瓷) 장인과 화원들의 손으로 결국 조선에서도 청화백자 제작이 이루어지게 되었다.

(라) 청화백자의 기원은 멀리 9세기 중동의 이란 지역에서 비롯되는데 이때는 자기(瓷器)가 아닌 굽는 온도가 낮은 하얀 도기(陶器) 위에 코발트를 사용하여 채색을 시도하였다. 이러한 시도가 백자 위에 결실을 맺은 것은 14세기 원대에 들어서의 일이다. 이전 당·송대에도 여러 차례 시도는 있었지만 오늘날과 같은 1,250도 이상 높은 온도의 백자가 아닌 1,000도 이하의 낮은 온도의 채색 도기여서 일반적으로 이야기하는 청화백자로 보기에는 부족함이 많았다.

① (다) – (나) – (라) – (가)　　　② (다) – (라) – (가) – (나)
③ (라) – (다) – (가) – (나)　　　④ (라) – (가) – (다) – (나)
⑤ (라) – (가) – (나) – (다)

## 07 다음 글에서 〈보기〉의 문장이 들어갈 위치로 가장 적절한 곳은?

제2차 세계 대전이 끝나고 나서 미국과 소련 및 그 동맹국들 사이에서 공공연하게 전개된 제한적 대결 상태를 냉전(冷戰)이라고 한다. 냉전의 기원에 관한 논의는 냉전이 시작된 직후부터 최근까지 계속 진행되었다. 이는 단순히 냉전의 발발 시기와 이유에 대한 논의만이 아니라, 그 책임 소재를 묻는 것이기도 하다. 그 연구의 결과를 편의상 세 가지로 나누어 볼 수 있다.

가장 먼저 나타난 전통주의는 냉전을 유발한 근본적 책임이 소련의 팽창주의에 있다고 보았다. 소련은 세계를 공산화하기 위한 계획을 수립했고, 이 계획을 실행하기 위해 특히 동유럽 지역을 시작으로 적극적인 팽창 정책을 수행하였다. 그리고 미국이 자유 민주주의 세계를 지켜야 한다는 도덕적 책임감에 기초하여 그에 대한 봉쇄 정책을 추구하는 와중에 냉전이 발생했다고 본다. (가) 그리고 미국의 봉쇄 정책이 성공적으로 수행된 결과 냉전이 종식되었다는 것이 이들의 입장이다.

여기에 비판을 가한 수정주의는 기본적으로 냉전의 책임이 미국 쪽에 있고, 미국의 정책은 경제적 동기에서 비롯했다고 주장했다. 즉, 미국은 전후 세계를 자신들이 주도해 나가야 한다고 생각했고, 전쟁 중에 급증한 생산력을 유지할 수 있는 시장을 얻기 위해 세계를 개방 경제 체제로 만들고자 했다. (나) 무엇보다 소련은 미국에 비해 국력이 미약했으므로 적극적 팽창 정책을 수행할 능력이 없었다는 것이 수정주의의 기본적 입장이었다. 오히려 미국이 유럽에서 공격적인 정책을 수행했고, 소련은 이에 대응했다는 것이다.

냉전의 기원에 관한 또 다른 주장인 탈수정주의는 위의 두 가지 주장에 대한 절충적 시도로서 냉전의 책임을 일방적으로 어느 한 쪽에 부과해서는 안 된다고 보았다. 즉, 냉전은 양국이 추진한 정책의 '상호 작용'에 의해 발생했다는 것이다. (다) 또 경제 중심으로만 냉전을 보아서는 안 되며 안보 문제 등도 같이 고려하여 파악해야 한다고 보았다. (라) 소련의 목적은 주로 안보 면에서 제한적으로 추구되었는데, 미국은 소련의 행동에 과잉 반응했고, 이것이 상황을 악화시켰다는 것이다. (마) 이로 인해 냉전 책임론은 크게 후퇴하고 구체적인 정책 형성에 대한 연구가 부각되었다.

> **보기**
>
> 그러므로 미국 정책 수립의 기저에 깔린 것은 이념이 아니라는 것이다.

① (가)
② (나)
③ (다)
④ (라)
⑤ (마)

다음 글을 내용에 따라 세 부분으로 적절하게 나눈 것은?

> (가) 오늘날과 같이 자본주의가 꽃을 피우게 된 가장 결정적인 이유는 생산력의 증가에 있었다. 그 시초는 16세기에서 18세기까지 지속된 영국의 섬유 공업의 발달이었다. 그 시기에 영국 섬유 공업은 비약적으로 생산력이 발달하여 소비를 빼고 남은 생산 잉여가 과거와는 비교할 수 없을 만큼 엄청난 양으로 증가되었다. 생산량이 증대했음에도 불구하고 소비는 과거 시절과 비슷한 정도였으므로 생산 잉여는 당연한 것이었다.
>
> (나) 물론 그 이전에도 이따금 생산 잉여가 발생했지만 그렇게 남은 이득은 대개 경제적으로 비생산적인 분야에 사용되었다. 이를테면 고대에는 이집트의 피라미드를 짓는 데에, 그리고 중세에는 유럽의 대성당을 건축하는 데에 그것을 쏟아 부었던 것이다. 그러나 자본주의 시대의 서막을 올린 영국의 섬유 공업의 생산 잉여는 종전과는 달리 공업 생산을 더욱 확장하는 데 재투자되었다.
>
> (다) 더구나 새로이 부상한 시민 계급의 요구에 맞춰 성립된 국민 국가의 정책은 경제 발전에 필수적인 단일 통화 제도와 법률 제도 등의 사회적 조건을 만들어 주었다. 자본주의가 점차 사회적으로 공인되어 감에 따라 그에 맞게 화폐 제도나 경제와 관련된 법률 제도도 자본주의적 요건에 맞게 정비되었던 것이다.
>
> (라) 이러한 경제적·사회적 측면 이외에 정신적인 측면에서 자본주의를 가능하게 한 계기는 종교 개혁이었다. 잘 알다시피 16세기 독일의 루터(M. Luther)가 교회의 면죄부 판매에 대해 85개조 반박문을 교회 벽에 내걸고 교회에 맞서 싸우면서 시작된 종교 개혁의 결과, 구교에서부터 신교가 분리되기에 이르렀다. 가톨릭의 교리에서는 현실적인 부, 즉 재산을 많이 가지는 것을 금기시하고 현세에서보다 내세에서의 행복을 강조했다. 그러면서도 막상 내세와 하느님의 사도인 교회와 성직자들은 온갖 부정한 방법으로 축재하고 농민들을 착취했으니 실로 아이러니가 아닐 수 없었다.
>
> (마) 당시의 타락한 가톨릭교회에 대항하여 청교도라 불린 신교 세력의 이념은 기도와 같은 종교적 활동 외에 현실에서의 세속적 활동도 하느님의 뜻에 어긋나는 것이 아니라고 가르쳤다. 특히, 정당한 방법으로 재산을 모은 것은 근면하고 부지런하게 살았다는 증표이며, 오히려 하느님의 영광을 나타내 보인다는 것이었다. 기업의 이윤 추구는 하느님이 '소명'하신 것이며, 돈을 빌려 주고 이자를 받는 일도 부도덕한 것이 아니었다. 재산은 중요한 미덕이므로 경제적 불평등은 정당화될 수 있었다. 근면한 사람은 부자인 것이 당연하고 게으른 사람은 가난뱅이일 수밖에 없다고 생각했던 것이다. 이러한 이념은 도시의 상공업적 경제 질서를 옹호해 주었으므로 한창 떠오르고 있는 시민 계급의 적극적인 호응을 받았다. 현세에서의 성공이 장차 천국의 문으로 들어갈 수 있는 입장권이라는 데 반대할 자본가는 아무도 없었다.

① (가) / (나), (다) / (라), (마)

② (가) / (나), (다), (라) / (마)

③ (가), (나) / (다) / (라), (마)

④ (가), (나) / (다), (라) / (마)

⑤ (가), (나), (다) / (라) / (마)

(가) 오늘날의 도덕교육에서, 밴두라와 바우마이스터의 자기 조절 개념을 바탕으로 할 때 인간의 비도덕적 행동은 도덕적 행동이라는 목표를 달성하지 못했다는 점에서 결국 자기 조절에 실패한 것이라고 볼 수 있다.

(나) 자기 판단은 목표 성취와 관련된 개인의 내적 기준인 개인적 표준, 현재 자신이 처한 상황, 그리고 자신이 하게 될 행동 이후 느끼게 될 정서 등을 고려하여 자신이 하고자 하는 행동을 결정하는 것을 말한다. 그리고 자기 반응은 자신이 한 행동 이후에 자신에게 부여하는 정서적 현상을 의미하는데, 자신이 지향하는 목표와 관련된 개인적 표준에 부합하는 행동은 만족감이나 긍지라는 자기 반응을 만들어 내고 그렇지 않은 행동은 죄책감이나 수치심이라는 자기 반응을 만들어 낸다.

(다) 인간은 보편적인 도덕규범을 알고 있으면서 비도덕적 행동을 하기도 한다. 이런 비도덕적 행동이 발생하는 원인과 도덕적 행동을 유도하는 방법을 설명하는 데 있어, 자기 조절이라는 개념을 중심으로 도덕교육에 시사점을 주는 현대 심리학 이론들이 있다. 자기 조절은 목표 달성을 위해 자신의 사고, 감정, 욕구, 행동 등을 바꾸려는 시도인데, 목표를 달성한 경우는 자기 조절의 성공을, 반대의 경우는 자기 조절의 실패를 의미한다. 이에 대한 대표적인 이론으로는 앨버트 밴두라의 '사회 인지 이론'과 로이 바우마이스터의 '자기 통제 힘 이론'이 있다.

(라) 한편 바우마이스터의 자기 통제 힘 이론은, 사회 인지 이론의 기본적인 틀을 유지하면서 인간의 심리적 현상에 대해 자연과학적 근거를 찾으려는 경향이 대두되면서 등장하였다. 이 이론에서 말하는 자기 조절은 개인의 목표 성취와 관련된 개인적 표준, 자신의 행동을 관찰하는 모니터링, 개인적 표준에 도달할 수 있게 하는 동기, 자기 조절에 들이는 에너지로 구성된다. 바우마이스터는 그중 에너지의 양이 목표 성취의 여부에 결정적인 영향을 준다고 보기 때문에 자기 조절에서 특히 에너지의 양적인 측면을 중시한다.

(마) 바우마이스터에 따르면, 다양한 자기 조절 과업에서 개인은 자신이 가지고 있는 에너지를 사용하는데 그 양은 제한되어 있어서 지속적으로 자기 조절에 성공하기 위해서는 에너지를 효율적으로 사용해야 한다. 그런데 에너지를 많이 사용한다 하더라도 에너지가 완전히 고갈되는 상황은 벌어지지 않는다. 그 이유는 인간이 긴박한 욕구나 예외적인 상황을 대비하여 에너지의 일부를 남겨 두기 때문이다.

(바) 밴두라의 사회 인지 이론에서는 인간이 자기 조절 능력을 선천적으로 가지고 있다고 본다. 이런 특징을 가진 인간은 가치 있는 것을 획득하기 위해 행동하거나 두려워하는 것을 피하기 위해 행동한다. 밴두라에 따르면, 자기 조절은 세 가지의 하위 기능인 자기 검열, 자기 판단, 자기 반응의 과정을 통해 작동한다. 자기 검열은 자기 조절의 첫 단계로, 선입견이나 감정을 배제하고 자신이 지향하는 목표와 관련하여 자신이 놓여 있는 상황과 현재 자신의 행동을 감독, 관찰하는 것을 말한다.

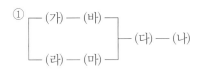

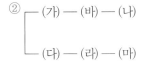

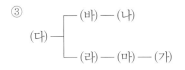

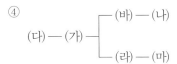

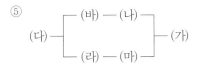

## 10 다음 글의 제목으로 가장 적절한 것은?

사회 방언은 지역 방언과 함께 2대 방언의 하나를 이룬다. 그러나 사회 방언은 지역 방언만큼 일찍부터 방언 학자의 주목을 받지는 못하였다. 어느 사회에나 사회 방언이 없지는 않았으나, 일반적으로 사회 방언 간의 차이는 지역 방언들 사이의 그것만큼 그렇게 뚜렷하지 않기 때문이었다. 가령 20대와 60대 사이에는 분명히 방언차가 있지만 그 차이가 전라도 방언과 경상도 방언 사이의 그것만큼 현저하지는 않은 것이 일반적이며, 남자와 여자 사이의 방언차 역시 마찬가지다. 사회 계층 간의 방언차는 사회에 따라서는 상당히 현격한 차이를 보여 일찍부터 논의의 대상이 되어 왔다. 인도에서의 카스트에 의해 분화된 방언, 미국에서의 흑인 영어의 특이성, 우리나라 일부 지역에서 발견되는 양반 계층과 일반 계층 사이의 방언차 등이 그 대표적인 예들이다. 이러한 사회 계층 간의 방언 분화는 최근 사회 언어학의 대두에 따라 점차 큰 관심의 대상이 되어 가고 있다.

① 2대 방언 – 지역 방언과 사회 방언
② 최근 두드러진 사회 방언에 대한 관심
③ 부각되는 계층 간의 방언 분화
④ 사회 언어학의 대두와 사회 방언
⑤ 사회 방언의 특징

※ 다음 글의 내용으로 적절하지 않은 것을 고르시오. [11~12]

11

종종 독버섯이나 복어 등을 먹고 사망했다는 소식을 접한다. 그럼에도 우리는 흔히 천연물은 안전하다고 생각한다. 자연에 존재하는 독성분이 천연화합물이라는 것을 쉽게 인지하지 못하는 것이다. 이처럼 외부에 존재하는 물질 외에 우리 몸 안에도 여러 천연화합물이 있는데, 부신에서 생성되는 아드레날린이라는 호르몬이 그 예이다.

아드레날린은 1895년 폴란드의 시불스키(Napoleon Cybulski)가 처음으로 순수하게 분리했고, 1897년 미국 존스홉킨스 대학의 아벨(John Jacob Abel)이 그 화학 조성을 밝혔다. 처음에는 동물의 부신에서 추출한 아드레날린을 판매하였으나, 1906년, 합성 아드레날린이 시판되고부터 현재는 모두 합성 제품이 사용되고 있다.

우리가 경계하거나 위험한 상황에 처하면, 가슴이 두근거리면서 심박과 순환하는 혈액의 양이 늘어나게 되는데 이는 아드레날린 때문이다. 아드레날린은 뇌의 신경 자극을 받은 부신에서 생성되어 혈액으로 들어가 빠르게 수용체를 활성화시킨다. 이처럼 아드레날린은 위험을 경계하고 그에 대응해야 함을 알리는 호르몬으로 '경계, 탈출의 호르몬'이라고도 불린다. 또한 아드레날린은 심장마비, 과민성 쇼크, 심한 천식, 알레르기 등에 처방되고 있으며, 안구 수술 전 안압 저하를 위한 안약으로 쓰이는 등 의학에서 널리 쓰이고 있다.

그러나 아드레날린은 우리 몸에서 생산되는 천연물임에도 독성이 매우 커 LD50(50%가 생존 또는 사망하는 양)이 체중 킬로그램당 4mg이다. 이처럼 아드레날린은 생명을 구하는 약인 동시에, 심장이 약한 사람이나 환자에게는 치명적인 독이 된다. 천연물은 무독하거나 무해하다는 생각은 버려야 한다.

① 아드레날린은 우리 몸속에 존재한다.
② 우리가 놀랄 때 가슴이 두근거리는 것은 아드레날린 때문이다.
③ 현재는 합성 아드레날린을 사용하고 있다.
④ 천연 아드레날린은 합성 아드레날린과는 다른 물질이다.
⑤ 독버섯 등에 포함된 독성분은 천연화합물이다.

**12**

인간의 삶과 행위를 하나의 질서로 파악하고 개념과 논리를 통해 이해하고자 하는 시도는 소크라테스와 플라톤을 기점으로 시작된 가장 전통적인 방법론이라고 할 수 있다. 이는 결국 경험적이고 우연적인 요소를 배제하여 논리적 필연으로 인간을 규정하고자 한 것이다. 이에 반해 경험과 감각을 중시하고 욕구하는 실체로서의 인간을 파악하고자 한 이들이 소피스트들이다. 이 두 관점은 두 개의 큰 축으로 서구 지성사에 작용해 온 것이 사실이다.

하지만 이는 곧 소크라테스와 플라톤의 관점에서는 삶과 행위의 구체적이고 실제적인 일상이 무시된 채 본질적이고 이념적인 영역을 추구하였다는 것이며, 소피스트들의 관점에서는 고정적 실체로서의 도덕이나 정당화의 문제보다는 변화하는 실제적 행위만이 인정되었다는 이야기로 환원되어 왔다. 그리고 이와 같은 문제를 제대로 파악한 것이 바로 고대 그리스의 웅변가이자 소피스트인 '이소크라테스'이다.

이소크라테스는 소피스트들에 대해서는 그들의 교육이 도덕이나 시민적 덕성의 함양과는 무관하게 탐욕과 사리사욕을 위한 교육에 그치고 있다고 비판했으며, 동시에 영원불변하는 보편적 지식의 무용성을 주장했다. 그는 시의적절한 의견들을 통해 더 좋은 결과에 이를 수 있는 능력을 얻으려는 자가 바로 철학자라고 주장했다. 그렇기에 이소크라테스의 수사학은 플라톤의 이데아론은 물론 소피스트들의 무분별한 실용성을 지양하면서도, 동시에 삶과 행위의 문제를 이론적이고도 실제적으로 해석하는 것으로 평가할 수 있다.

① 이소크라테스의 주장에 따르면 플라톤의 이데아론은 과연 그것이 현실을 살아가는 이들에게 무슨 의미가 있는가에 대한 필연적인 물음에 맞닥뜨리게 된다.

② 소피스트들의 주장과 관점은 현대사회의 물질만능주의를 이해하기에 적절한 사례가 된다.

③ 소피스트와 이소크라테스는 영원불변하는 보편적 지식의 존재를 부정하며 구체적이고 실제적인 일상을 중요하게 여겼다.

④ 이소크라테스를 통해 절대적인 진리를 추구하지 않는 것이 반드시 비도덕적인 일로 환원된다고는 볼 수 없음을 확인할 수 있다.

⑤ 훌륭한 말과 미덕을 갖춘 지성인은 이소크라테스가 추구한 목표에 가장 가까운 존재라고 할 수 있다.

※ 다음 글의 내용으로 적절한 것을 고르시오. [13~14]

**13**

극의 진행과 등장인물의 대사 및 감정 등을 관객에게 설명했던 변사가 등장한 것은 1900년대이다. 미국이나 유럽에서도 변사가 있었지만, 그 역할은 미미했을 뿐더러 그마저도 자막과 반주 음악이 등장하면서 점차 소멸하였다. 하지만 주로 동양권, 특히 한국과 일본에서는 변사의 존재가 두드러졌다. 한국에서 변사가 본격적으로 등장한 것은 극장가가 형성된 1910년부터인데, 한국 최초의 변사는 우정식으로, 단성사를 운영하던 박승필이 내세운 인물이었다. 그 후 김덕경, 서상호, 김영환, 박응면, 성동호 등이 변사로 활약했으며 당시 영화 흥행의 성패를 좌우할 정도로 그 비중이 컸다. 단성사, 우미관, 조선 극장 등의 극장은 대개 5명 정도의 변사를 전속으로 두었으며 2명 또는 3명이 교대로 무대에 올라, 한 영화를 담당하였다. 4명 또는 8명의 변사가 한 무대에 등장하여 영화의 대사를 교환하는 일본과 달리, 한국에서는 한 명의 변사가 영화를 설명하는 방식을 취하였으며, 영화가 점점 장편화되면서부터는 2명 또는 4명이 번갈아 무대에 등장하는 방식으로 바뀌었다. 변사는 악단의 행진곡을 신호로 무대에 등장하였으며, 소위 전설(前說)을 하였는데 전설이란 활동사진을 상영하기 전에 그 개요를 앞서 설명하는 것이었다. 전설이 끝나면 활동사진을 상영하고 해설을 시작하였다. 변사는 전설과 해설 이외에도 막간극을 공연하기도 했는데 당시 영화관에는 영사기가 대체로 한 대밖에 없었기 때문에 필름을 교체하는 시간을 이용하여 코믹한 내용을 공연하였다.

① 한국과는 달리 일본에서는 변사가 막간극을 공연했다.
② 한국에 극장가가 형성되기 시작한 것은 1900년경이었다.
③ 한국은 영화의 장편화로 무대에 서는 변사의 수가 늘어났다.
④ 자막과 반주 음악의 등장으로 변사의 중요성이 더욱 높아졌다.
⑤ 한국 최초의 변사는 단성사를 운영하던 박승필이다.

**14**

정치 갈등의 중심에는 불평등과 재분배의 문제가 자리하고 있다. 이 문제로 좌파와 우파는 오랫동안 대립해 왔다. 두 진영이 협력하여 공동의 목표를 이루려면 두 진영이 일치하지 않는 지점을 찾아 이 지점을 올바르고 정확하게 분석해야 한다. 바로 이것이 우리가 논증하고자 하는 바이다.

우파는 시장 원리, 개인 주도성, 효율성이 장기 관점에서 소득 수준과 생활환경을 실제로 개선할 수 있다고 주장한다. 따라서 정부 개입을 통한 재분배는 그 규모가 크지 않아야 한다. 이 점에서 이들은 선순환 메커니즘을 되도록 방해하지 않는 원천징수나 근로장려세 같은 조세 제도만을 사용해야 한다고 주장한다.

반면, 19세기 사회주의 이론과 노동조합 운동을 이어받은 좌파는 사회 및 정치 투쟁이 극빈자의 불행을 덜어주는 더 좋은 방법이라고 주장한다. 이들은 불평등을 누그러뜨리고 재분배를 이루려면 우파가 주장하는 조세 제도만으로는 부족하고, 생산수단을 공유화하거나 노동자의 급여 수준을 강제하는 등 보다 강력한 정부 개입이 있어야 한다고 주장한다. 정부의 개입이 생산 과정의 중심에까지 영향을 미쳐야 시장원리의 실패와 이 때문에 생긴 불평등을 해소할 수 있다는 것이다.

좌파와 우파의 대립은 두 진영이 사회정의를 바라보는 시각이 다른 데서 비롯된 것이 아니다. 오히려 불평등이 왜 생겨났으며 그것을 어떻게 해소할 것인가를 다루는 사회경제 이론이 다른 데서 비롯되었다. 사실 좌우 진영은 이미 사회정의의 몇 가지 기본 원칙에 합의했다.

행운으로 얻었거나 가족에게 물려받은 재산의 불평등은 개인이 통제할 수 없다. 개인이 통제할 수 없는 요인 때문에 생겨난 불평등을 그런 재산의 수혜자에게 책임지우는 것은 옳지 않다. 이 점에서 행운과 상속의 혜택을 받은 이들에게 이런 불평등 문제를 해결하라고 요구하는 것은 바람직하지 않다. 혜택 받지 못한 이들, 곧 매우 불리한 형편에 부닥친 이들의 처지를 개선하려고 애써야 할 당사자는 당연히 국가이다. 정의로운 국가라면 국가가 사회 구성원 모두 평등권을 되도록 폭넓게 누리도록 보장해야 한다는 정의의 원칙은 좌파와 우파 모두에게 널리 받아들여진 생각이다.

불리한 형편에 놓인 이들의 삶을 덜 나쁘게 하고 불평등을 누그러뜨려야 하는 국가의 목표를 이루는 데 두 진영이 협력하는 첫걸음이 무엇인지는 이제 거의 분명해졌다.

① 사회정의를 위한 기본 원칙에 대해 좌파와 우파는 합의하지 않는다.

② 상속으로 생겨난 재산의 불평등 문제는 상속의 혜택을 받은 이들이 해결해야 한다.

③ 우파는 불평등과 재분배의 문제에 정부의 강력한 개입이 필요하다고 주장한다.

④ 사회정의를 바라보는 시각이 다른 데서 좌파와 우파의 대립이 비롯되었다.

⑤ 좌우 진영은 모두 국가가 사회 구성원 모두의 평등권을 보장해야 한다는 데 동의한다.

**15** 다음 글의 내용 전개 방식으로 가장 적절한 것은?

지구가 스스로 빙빙 돈다는 것, 또 그런 상태로 태양 주변을 빙빙 돌고 있다는 것은 선구자들의 연구 덕분에 증명된 사실이다. 하지만 돌고 있는 것은 지구뿐만이 아니다. 물 역시 지구 내에서 끊임없이 돌고 있다. '물이 돌고 있다.'는 의미는 지구처럼 물이 시계방향이나 반시계방향으로 빙빙 돌고 있다는 뜻은 아니다. 지구 내 물의 전체 양은 변하지 않은 채 상태와 존재 위치만 바뀌면서 계속해서 '순환'하고 있음을 말한다.

그러면 '물의 순환'을 과학적으로 어떻게 정의할 수 있을까? 한마디로 물이 기체, 액체, 고체로 그 상태를 바꾸면서 지표면과 지하, 대기 사이를 순환하고, 이 과정에서 비와 눈 같은 여러 가지 기상 현상을 일으킨다고 할 수 있다. 강과 바다에서 물이 증발하면 수증기가 되는데, 수증기가 상공으로 올라가다 보면 기압이 낮아져 팽창하게 된다. 그러면서 에너지를 쓰게 되고 온도가 낮아지다 보면 수증기는 다시 작은 물방울이나 얼음 조각으로 변하는데, 그것이 우리가 알고 있는 구름이다. 구름의 얼음 조각이 커지거나 작은 물방울들이 합해지면 큰 물방울이 눈이나 비가 되어 내리고, 지표 사이로 흘러 들어간 물은 다시 강과 바다로 가게 된다. 이러한 현상은 영원히 반복된다.

이처럼 물의 순환은 열을 흡수하느냐 방출하느냐에 따라 물의 상태가 변함으로써 발생한다. 쉽게 말해 얼음이 따뜻한 곳에 있으면 물이 되고, 물에 뜨거운 열을 가하면 수증기가 되는 것처럼, '고체 → 액체 → 기체' 혹은 '고체 → 기체'로 변화할 때는 열을 흡수하고, 반대의 경우에는 열을 방출하는 것이다. 흡수된 열에너지는 운동에너지로 전환되어 고체보다는 액체, 액체보다는 기체 상태에서 분자 사이의 움직임을 더 활발하게 만든다.

① 대상에 대한 다양한 관점을 소개하면서 이를 서로 절충하고 있다.

② 전문가의 견해를 토대로 현상의 원인을 분석하고 있다.

③ 비유의 방식을 통해 대상의 속성을 드러내고 있다.

④ 대상의 상태 변화 과정을 통해 현상을 설명하고 있다.

⑤ 묘사를 통해 대상을 구체적으로 설명하고 있다.

**16** 다음 글의 주장에 대한 반박으로 가장 적절한 것은?

현재 우리나라는 드론의 개인 정보 수집과 활용에 대해 '사전 규제' 방식을 적용하고 있다. 이는 개인 정보 수집과 활용을 원칙적으로 금지하면서 예외적인 경우에만 허용하는 방식으로 정보 주체의 동의 없이 개인 정보를 수집·활용하기 어려운 것이다. 이와 관련하여 개인 정보를 대부분의 경우 개인 동의 없이 활용하는 것을 허용하고, 예외적인 경우에 제한적으로 금지하는 '사후 규제' 방식을 도입해야 한다는 의견이 대두하고 있다. 그러나 나는 사전 규제 방식의 유지에 찬성한다.

드론은 고성능 카메라나 통신 장비 등이 장착되어 있는 경우가 많아 사전 동의 없이 개인의 초상, 성명, 주민등록 번호 등의 정보뿐만 아니라 개인의 위치 정보까지 저장할 수 있다. 또한 드론에서 수집한 정보를 검색하거나 전송하는 중에 사생활이 노출될 가능성이 높다. 더욱이 드론의 소형화, 경량화 기술이 발달하고 있어 사생활 침해의 우려가 커지고 있다. 드론은 인명 구조, 시설물 점검 등의 공공 분야뿐만 아니라 제조업, 물류 서비스 등의 민간 분야까지 활용 범위가 확대되고 있는데, 동시에 개인 정보를 수집하는 일이 많아지면서 사생활 침해 사례도 증가하고 있다.

헌법에서는 주거의 자유, 사생활의 비밀과 자유 등을 명시하여 개인의 사생활이 보호받도록 하고 있고, 개인 정보를 자신이 통제할 수 있는 정보의 자기 결정권을 부여하고 있다. 이와 같은 기본권이 안정적으로 보호될 때 드론 기술과 산업의 발전으로 얻게 되는 사회적 이익은 더욱 커질 것이다.

① 드론을 이용하여 개인 정보를 자유롭게 수집하게 되면 사생활 침해는 더욱 심해지고, 개인 정보의 복제, 유포, 훼손, 가공 등 의도적으로 악용하는 사례까지 증가할 것이다.

② 사전 규제를 통해 개인 정보의 수집과 활용에 제약이 생기면 개인의 기본권이 보장되어 오히려 드론을 다양한 분야에 활용할 수 있고, 드론 기술과 산업은 더욱더 빠르게 발전할 수 있다.

③ 산업적 이익을 우선시하면 개인 정보 보호에 관한 개인의 기본권을 등한시하는 결과를 초래할 수 있다.

④ 개인 정보의 복제, 유포, 위조 등으로 정보 주체에게 중대한 손실을 입힐 경우 손해액을 배상하도록 하여 엄격하게 책임을 묻는다면 사전 규제 없이도 개인 정보를 효과적으로 보호할 수 있다.

⑤ 사전 규제 방식을 유지하면서도 개인 정보 수집과 활용에 동의를 얻는 절차를 간소화하고 편의성을 높이면 정보의 활용이 용이해져 드론 기술과 산업의 발전을 도모할 수 있다.

**17** 다음 글의 주제로 가장 적절한 것은?

> 주어진 개념에 포섭시킬 수 없는 대상(의 표상)을 만난 경우, 상상력은 처음에는 기지의 보편에 포섭시킬 수 있도록 직관의 다양을 종합할 것이다. 말하자면 뉴턴의 절대 공간, 역학의 법칙 등의 개념(보편)과 자신이 가지고 있는 특수(빛의 휘어짐)가 일치하는가, 조화로운가를 비교할 것이다. 하지만 일치되는 것이 없으므로, 상상력은 또 다시 여행을 떠난다. 즉 새로운 형태의 다양한 종합 활동을 수행해 볼 것이다. 이것은 미지의 세계로 향한 여행이다. 그리고 이 여행에는 주어진 목적지가 없기 때문에 자유롭다.
> 이런 자유로운 여행을 통해 예를 들어 상대 공간, 상대 시간, 공간의 만곡, 상대성 이론이라는 새로운 개념들을 가능하게 하는 새로운 도식들을 산출한다면, 그 여행은 종결될 것이다. 여기서 우리는 왜 칸트가 상상력의 자유로운 유희라는 표현을 사용하는지 이해할 수 있게 된다. '상상력의 자유로운 유희'란 이렇게 정해진 개념이나 목적이 없는 상황에서 상상력이 그 개념이나 목적을 찾는 과정을 의미한다고 볼 수 있다. 이는 게임이다. 그리고 그 게임에 있어서 반드시 성취해야 할 그 어떤 것이 없다면, 순수한 놀이(유희)가 성립할 수 있을 것이다.
>
> – 칸트, 『판단력 비판』

① 상상력의 재발견
② 인식능력으로서의 상상력
③ 목적 없는 상상력의 활동
④ 자유로운 유희로서의 상상력의 역할
⑤ 과학적 발견의 원동력으로서의 상상력

---

※ 다음 빈칸에 들어갈 문장으로 가장 적절한 것을 고르시오. [18~19]

**18**

> 과거, 민화를 그린 사람들은 정식으로 화업을 전문으로 하는 사람이 아니었다. 대부분 타고난 그림 재주를 밑천으로 그림을 그려 가게에 팔거나 필요로 하는 사람에게 그려주고 그 대가로 생계를 유지했던 사람들이었던 것이다. 그들은 민중의 수요를 충족시키기 위해 정형화된 내용과 상투적 양식의 그림을 반복적으로 그렸다.
> 민화는 당초부터 세련된 예술미 창조를 목표로 하는 그림이 아니었다. 단지 이 세상을 살아가는 데 필요한 진경(珍景)의 염원과 장식 욕구를 충족할 수만 있으면 그것으로 족한 그림이었던 것이다. 그래서 표현 기법이 비록 유치하고, 상투적이라 해도 화가나 감상자(수요자) 모두에게 큰 문제가 되지 않았던 것이다.
> _____ 다시 말해 민화는 필력보다 소재와 그것에 담긴 뜻이 더 중요한 그림이었던 것이다. 문인 사대부들이 독점 향유해 온 소재까지도 서민들은 자기 식으로 해석, 번안하고 그 속에 현실적 욕망을 담아 생활 속에 향유했다. 민화에 담은 주된 내용은 세상에 태어나 죽을 때까지 많은 자손을 거느리고 부귀를 누리면서 편히 오래 사는 것이었다.

① '어떤 기법을 쓰느냐'에 따라 민화는 색채가 화려하거나 단조로울 수 있다.
② '어떤 기법을 쓰느냐'보다 '무엇을 어떤 생각으로 그리느냐'를 중시하는 것이 민화였다.
③ '어떤 기법을 쓰느냐'보다 '감상자가 작품에 만족을 하는지'를 중시하는 것이 민화였다.
④ '어떤 기법을 쓰느냐'에 따라 세련된 그림이 나올 수도 있고, 투박한 그림이 나올 수 있다.
⑤ '어떤 기법을 쓰느냐'와 '무엇을 어떤 생각으로 그리느냐'가 모두 중시하는 것이 민화다.

**19**

일반적으로 물체, 객체를 의미하는 프랑스어 오브제는 라틴어에서 유래된 단어로, 어원적으로는 앞으로 던져진 것을 의미한다. 미술에서 대개 인간이라는 '주체'와 대조적인 '객체'로서의 대상을 지칭할 때 사용되는 오브제가 미술사 전면에 나타나게 된 것은 입체주의 이후이다.

20세기 초 입체파 화가들이 화면에 나타나는 공간을 자연의 모방이 아닌 독립된 공간으로 인식하기 시작하면서 회화는 재현미술로서의 단순한 성격을 벗어나기 시작한다. 즉, '미술은 그 자체가 실재이다. 또한 그것은 객관세계의 계시 혹은 창조이지 그것의 반영이 아니다.'라는 세잔의 사고에 의하여 공간의 개방화가 시작된 것이다. 이는 평면에 실제 사물이 부착되는 콜라주 양식의 탄생과 함께 일상의 평범한 재료들이 회화와 자연스레 연결되는 예술과 비예술의 결합으로 차츰 변화하게 된다. 이러한 오브제의 변화는 다다이즘과 쉬르리얼리즘에서 '일용의 기성품과 자연물 등을 원래의 그 기능이나 있어야 할 장소에서 분리하고, 그대로 독립된 작품으로서 제시하여 일상적 의미와는 다른 상징적·환상적인 의미를 부여하는' 것으로 일반화된다. 그리고 동시에, 기존 입체주의에서 단순한 보조수단에 머물렀던 오브제를 캔버스와 대리석의 대체하는 확실한 표현방법으로 완성시켰다.

이후 오브제는 그저 예술가가 지칭하는 것만으로도 우리의 일상생활과 환경 그 자체가 곧 예술작품이 될 수 있음을 주장한다. _____ 거기에서 더 나아가 오브제는 일상의 오브제를 다양하게 전환시켜 다양성과 대중성을 내포하고, 오브제의 진정성과 상징성을 제거하는 팝아트에서 다시 한 번 새롭게 변화하기에 이른다.

① 무너진 베를린 장벽의 조각을 시내 한복판에 장식함으로써 예술과 비예술이 결합한 것이다.
② 화려하게 채색된 소변기를 통해 일상성에 환상적인 의미를 부여한 것이다.
③ 평범한 세면대일지라도 예술가에 의해 오브제로 정해진다면 일상성을 간직한 미술과 일치되는 것이다.
④ 폐타이어나 망가진 금관악기 등으로 제작된 자동차를 통해 일상의 비일상화를 나타낸 것이다.
⑤ 기존의 수프 통조림을 실크 스크린으로 동일하게 인쇄하여 손쉽게 대량생산되는 일상성을 풍자하는 것이다.

**20** 다음 글의 빈칸에 들어갈 문장을 〈보기〉에서 골라 순서대로 바르게 나열한 것은?

글쓰기 양식은 글 내용을 담는 그릇으로 내용을 강제한다. 이런 측면에서 다산 정약용이 '원체(原體)'라는 문체를 통해 정치라는 내용을 담고자 했던 '양식 선택의 정치학'은 특별한 의미를 갖는다. 원체는 작가가 당대(當代)의 정치적 쟁점이 되는 핵심 개념을 액자화하여 새롭게 의미를 환기하려는 의도를, 과학적 방식에 의거하여 설득하려는 정치·과학적 글쓰기라고 할 수 있다. 당나라 한유(韓愈)가 다섯 개의 원체 양식의 문장을 지은 이후 후대의 학자들은 이를 모범으로 삼았다. 원체는 고문체는 아니지만 새롭게 부상한 문체로서, 당대 사상의 핵심 개념에 대해 정체성을 추구하는 분석적이고 학술적인 글쓰기이자 정치적 글쓰기로 정립되었다. _____

그런데 다산은 단순히 개인적인 차원에서 원체를 선택한 것이 아니었다. _____ 다산의 원체와 유비될 수 있는 것으로 당시 새롭게 등장한 미술 사조인 정선(鄭敾)의 진경(眞景) 화법을 들 수 있다. 진경 화법에서 다산의 글쓰기와 구조적으로 유사한 점들을 찾을 수 있다. 진경 화법의 특징은 경관(景觀)을 모사하는 사경(寫景)에 있는 것이 아니라 회화적 재구성을 통하여 경관에서 받은 미적 감흥을 창조적으로 구현하는 데 있다. 이와 같은 진경 화법은 각 지방의 무수한 사경에서 터득한 시각의 정식화를 통해 만들어졌다. _____ 다산이 쓴 『원정』은 기존 정치 개념의 답습 또는 모방이 아니라 정치의 정체성에 대한 질문을 통하여 그가 생각하는 정치에 관한 새로운 관점을 정식화하여 제시한 것이다.

> **보기**
>
> ㉠ 다산은 원체가 가진 이러한 정치·과학적 힘을 인식하고 『원정(原政)』이라는 글을 남겼다.
> ㉡ 그것은 새로운 시각의 정식화라는 당대의 문화적 추세를 반영한 것이었다.
> ㉢ 실경을 새로운 기법을 통하여 정식화한 진경 화법은 다산이 전통적인 형식을 탈피하고 새로운 관점으로 정치를 포착하고 표현하기 위해 채택한 원체의 글쓰기와 다를 바 없다

① ㉠, ㉡, ㉢                              ② ㉠, ㉢, ㉡
③ ㉡, ㉠, ㉢                              ④ ㉡, ㉢, ㉠
⑤ ㉢, ㉡, ㉠

**21** 다음 글을 읽고 추론한 내용으로 적절한 것은?

> 미국 사회에서 동양계 미국인 학생들은 '모범적 소수 인종(Model Minority)'으로, 즉 미국의 교육 체계 속에서 뚜렷하게 성공한 소수 인종의 전형으로 간주되어 왔다. 그리고 그들은 성공적인 학교생활을 통해 주류 사회에 동화되고 이것에 의해 사회적 삶에서 인종주의의 영향을 약화시킨다는 주장으로 이어졌다. 하지만 동양계 미국인 학생들이 이렇게 정형화된 이미지처럼 인종주의의 장벽을 넘어 미국 사회의 구성원으로 참여하고 있는가는 의문이다. 미국 사회에서 동양계 미국인 학생들의 인종적 정체성은 다수자인 '백인'의 특성이 장점이라고 생각하는 것과 소수자인 동양인의 특성이 단점이라고 생각 하는 것의 사이에서 구성된다. 그리고 이것은 그들에게 두 가지 보이지 않는 결과를 제공한다. 하나는 대부분의 동양계 미국인 학생들이 인종적인 차이에 대한 그들의 불만을 해소하고 인종 차이에서 발생하는 차별을 피하고자 백인이 되기를 원하는 것이다. 다른 하나는 다른 사람들이 자신을 동양인으로 연상하지 않도록 자신 스스로 동양인들의 전형적인 모습에서 벗어나려고 하는 것이다. 그러므로 모범적 소수 인종으로서의 동양계 미국인 학생은 백인에 가까운 또는 동양인에서 먼 '미국인'으로 성장할 위험 속에 있다.

① '모범적 소수 인종'은 특유의 인종적 정체성을 내면화하고 있다.
② '동양계 미국인 학생들'의 성공은 일시적이고 허구적인 것이다.
③ 여러 소수 인종 집단은 인종 차이가 초래할 부정적인 효과에 대해 의식하고 있다.
④ 여러 집단의 인종은 사회에서 한정된 자원의 배분을 놓고 갈등하고 있다.
⑤ 다인종 사회에서 다수파 인종은 은폐된 형태로 인종 차별을 지속시키고 있다.

**22** 다음 글을 읽고 추론한 내용으로 적절하지 않은 것은?

세계적으로 저명한 미국의 신경과학자들은 '의식에 관한 케임브리지 선언'을 통해 동물에게도 의식이 있다고 선언했다. 이들은 포유류와 조류 그리고 문어를 포함한 다른 많은 생물도 인간처럼 의식을 생성하는 신경학적 기질을 갖고 있다고 주장하였다. 즉, 동물도 인간과 같이 의식이 있는 만큼 합당한 대우를 받아야 한다는 이야기이다. 그러나 이들과 달리 아직도 동물에게 의식이 있다는 데 회의적인 과학자가 많다.

인간의 동물관은 고대부터 두 가지로 나뉘어 왔다. 그리스의 철학자 피타고라스는 윤회설에 입각하여 동물에게 경의를 표해야 한다는 것을 주장했으나, 아리스토텔레스는 '동물에게는 이성이 없으므로 동물은 인간의 이익을 위해서만 존재한다.'고 주장했다. 이러한 동물관의 대립은 근세에도 이어졌다. 17세기 철학자 데카르트는 '동물은 정신을 갖고 있지 않으며, 고통을 느끼지 못하므로 심한 취급을 해도 좋다.'라고 주장한 반면, 18세기 계몽철학자 루소는 『인간불평등 기원론』을 통해 인간과 동물은 동등한 자연의 일부라는 주장을 처음으로 제기했다.

그러나 인간은 오랫동안 동물의 본성이나 동물답게 살 권리를 무시한 채로 소와 돼지, 닭 등을 사육해왔다. 오로지 더 많은 고기와 달걀을 얻기 위해 '공장식 축산' 방식을 도입한 것이다. 공장식 축산이란 가축 사육 과정이 공장에서 규격화된 제품을 생산하는 것과 같은 방식으로 이루어지는 것을 말하며, 이러한 환경에서는 소와 돼지, 닭 등이 몸조차 자유롭게 움직일 수 없는 좁은 공간에 갇혀 자라게 된다. 가축은 스트레스를 받아 면역력이 떨어지게 되고, 이는 결국 항생제 대량 투입으로 이어질 수밖에 없다. 우리는 그렇게 생산된 고기와 달걀을 맛있다고 먹고 있는 것이다.

이와 같은 공장식 축산의 문제를 인식하고, 이를 개선하려는 동물 복지 운동은 1960년대 영국을 중심으로 유럽에서 처음 시작되었다. 인간이 가축의 고기 등을 먹더라도 최소한의 배려를 함으로써 항생제 사용을 줄이고, 고품질의 고기와 달걀을 생산하자는 것이다. 한국도 올해부터 먼저 산란계를 시작으로 '동물 복지 축산농장 인증제'를 시행하고 있다. 배고픔·영양 불량·갈증으로부터의 자유, 두려움·고통으로부터의 자유 등의 5대 자유를 보장하는 농장만이 동물 복지 축산농장 인증을 받을 수 있다.

동물 복지는 가축뿐만이 아니라 인간의 건강을 위한 것이기도 하다. 따라서 정부와 소비자 모두 동물 복지에 좀 더 많은 관심을 가져야 한다.

① 피타고라스는 동물에게도 의식이 있다고 생각했다.
② 아리스토텔레스와 데카르트의 동물관에는 일맥상통하는 점이 있다.
③ 좁은 공간에 갇혀 자란 돼지는 그렇지 않은 돼지에 비해 면역력이 낮을 것이다.
④ 공장식 축산에서의 항생제 대량 사용은 결국 인간에게 안 좋은 영향을 미칠 것이다.
⑤ 동물 복지 축산농장 인증제는 1960년대 영국에서 처음 시행되었다.

**23** 다음 중 밑줄 친 ㉠의 주장에 가장 가까운 것은?

문화가 발전하려면 저작자의 권리 보호와 저작물의 공정 이용이 균형을 이루어야 한다. 저작물의 공정 이용이란 저작권자의 권리를 일부 제한하여 저작권자의 허락이 없어도 저작물을 자유롭게 이용하는 것을 말한다. 비영리적인 사적 복제를 허용하는 것이 그 예이다. 우리나라의 저작권법에서는 오래전부터 공정 이용으로 볼 수 있는 저작권 제한 규정을 두었다.

그런데 디지털 환경에서 저작물의 공정 이용은 여러 장애에 부딪혔다. 디지털 환경에서는 저작물을 원본과 동일하게 복제할 수 있고 용이하게 개작할 수 있다. 따라서 저작물이 개작되더라도 그것이 원래 창작물인지 이차적 저작물인지 알기 어렵다. 그 결과 디지털화된 저작물의 이용 행위가 공정 이용의 범주에 드는 것인지 가늠하기가 더 어려워졌고 그에 따른 처벌 위험도 커졌다.

이러한 문제를 해소하기 위한 시도의 하나로 포괄적으로 적용할 수 있는 '저작물의 정한 이용' 규정이 저작권법에 별도로 신설되었다. 그리하여 저작권자의 동의가 없어도 저작물을 공정하게 이용할 수 있는 영역이 확장되었다. 그러나 공정 이용 여부에 대한 시비가 자율적으로 해소되지 않으면 예나 지금이나 법적인 절차를 밟아 갈등을 해소해야 한다.

저작물 이용자들이 처벌에 대한 불안감을 여전히 느낀다는 점에서 저작물의 자유 이용 허락 제도와 같은 '저작물의 공유' 캠페인이 주목을 받고 있다. 이 캠페인은 저작권자들이 자신의 저작물에 일정한 이용 허락 조건을 표시해서 이용자들에게 무료로 개방하는 것을 말한다. 캠페인 참여자들은 저작권자와 이용자들의 자발적인 참여를 통해 자유롭게 활용할 수 있는 저작물의 양과 범위를 확대하려고 노력한다. 이들은 저작물의 공유가 확산되면 디지털 저작물의 이용이 활성화되고 그 결과 인터넷이 더욱 창의적이고 풍성한 정보 교류의 장이 될 것이라고 본다. 그러나 캠페인에 참여한 저작물을 이용할 때 허용된 범위를 벗어난 경우 법적 책임을 질 수 있다.

한편 ㉠ 다른 시각을 가진 사람들도 있다. 이들은 저작물의 공유 캠페인이 확산되면 저작물을 창조하려는 사람들의 동기가 크게 감소할 것이라고 우려한다. 이들은 결과적으로 활용 가능한 저작물이 줄어들게 되어 이용자들도 피해를 당하게 된다고 주장한다. 또 디지털 환경에서는 사용료 지불 절차 등이 간단해져서 '저작물의 공정한 이용' 규정을 별도로 신설할 필요가 없었다고 본다. 이들은 저작물의 공유 캠페인과 신설된 공정 이용 규정으로 인해 저작권자들의 정당한 권리가 침해받고 있으므로 이를 시정하는 것이 오히려 공익에 더 도움이 된다고 말한다.

① 이용 허락 조건을 저작물에 표시하면 창작 활동이 더욱 활성화된다.
② 저작권자의 정당한 권리 보호를 위해 저작물의 공유 캠페인이 확산되어야 한다.
③ 비영리적인 경우 저작권자의 동의가 없어도 복제가 허용되는 영역을 확대해야 한다.
④ 저작권자가 자신들의 노력에 상응하는 대가를 정당하게 받을수록 창작 의욕이 더 커진다.
⑤ 자신의 저작물을 자유롭게 이용하도록 양보하는 것은 다른 저작권자의 저작권 개방을 유도하여 공익을 확장시킨다.

현대 물리학의 확장 과정을 고려해 볼 때 우리는 현대 물리학의 발전 과정을 산업이나 공학, 다른 자연과학, 나아가서는 현대 문화 전반에 걸친 영역에서의 발전 과정과 분리해서 생각할 수 없다. 현대 물리학은 베이컨·갈릴레이·케플러의 업적, 그리고 17 ~ 18세기에 걸쳐 이루어진 자연과학의 실제적인 응용 과정에서부터 형성된 과학 발전의 맥락을 타고 탄생된 결과이다. 또한, 산업 과학의 진보, 새로운 산업계 장치의 발명과 증진은 자연에 대한 첨예한 지식을 촉구하는 결과를 낳았다. 그리고 자연에 대한 이해력의 성숙과 자연 법칙에 대한 수학적 표현의 정교함은 산업과학의 급격한 진전을 이루게 하였다.

자연과학과 산업과학의 성공적인 결합은 인간 생활의 폭을 넓히게 되는 결과를 낳았다. 교통과 통신망의 발전으로 인해 기술 문화의 확장 과정이 더욱 촉진되었고, 의심할 바 없이 지구상의 생활 조건은 근본에서부터 변화를 가져왔다. 우리들이 그 변화를 긍정적으로 보든 부정적으로 보든, 또한, 그 변화가 진정으로 인류의 행복에 기여하는 것인지 저해하는 것인지는 모르지만, 어쨌든 우리는 그 변화가 인간의 통제 능력 밖으로 자꾸 치닫고 있음을 인정할 수밖에 없는 상황에 놓여있다.

특히 핵무기와 같은 새로운 무기의 발명은 이 세계의 정치적 판도를 근본적으로 바꾸어 놓았다. 핵무기를 갖지 않은 모든 국가는 어떤 방식으로든지, 핵무기 소유국에 의존하고 있으므로 독립국가라는 의미조차도 다시 생각해 보아야 할 것이다. 또한, 핵무기를 수단으로 해서 전쟁을 일으키려는 것은 실제로 자멸의 길을 스스로 택하는 격이 된다. 그 역으로 이런 위험 때문에 전쟁은 결코 일어나지 않는다는 낙관론도 많이 있지만, 이 입장은 자칫 잘못하면 그 낙관론 자체에만 빠질 우려가 있다.

핵무기의 발명은 과학자에게 새로운 방향으로의 문제 전환을 가져다주었다. 과학의 정치적 영향력은 제2차 세계 대전 이전보다 비약적으로 증대되어 왔다. 이로 인해 과학자, 특히 원자 물리학자들은 이중의 책임감을 떠안게 되었다. 첫 번째로 그들은 그가 속한 사회에 대하여 과학의 중요성을 인식시켜야 하는 책임감을 갖고 있다. 어떤 경우에, 그들은 대학 연구실의 굴레에서 벗어나야만 하는 일도 생긴다. 두 번째 그의 부담은 과학에 의해서 생긴 결과에 대한 책임감이다. 과학자들은 정치적인 문제에 나서기를 꺼려한다. 그리고 위정자들은 자신의 무지 때문에 과학의 소산물을 잘못 이용할 수가 있다. 그러므로 과학자는 항상 과학의 소산물이 잘못 이용될 때에 생기는 예기치 못한 위험 상황을 위정자들에게 자세히 알려줄 의무가 있다. 또한, 과학자는 사회 참여를 자주 요청받고 있다. 특히, 세계 평화를 위한 결의안에의 참여 등이 그것이다. 동시에 과학자는 자신의 분야에 있어서 국제적인 공동 작업의 조성을 위하여 최선을 다해야만 한다. 오늘날 많은 국가의 과학자들이 모여 핵물리학에 대한 탐구를 하고 있는 것은 아주 중요한 일로 평가된다.

**24** 윗글의 핵심 내용을 가장 잘 파악한 것은?

① "현대 물리학의 발전에 공헌한 베이컨, 갈릴레이 그리고 케플러의 지대한 업적은 아무리 높게 평가해도 지나치지 않아."

② "과학의 진보에 의해 인간 생활의 폭이 넓혀졌다고 했으니, 나도 과학 연구에 매진하여 인류 문명 발전에 이바지하고 싶어."

③ "핵무기를 소유하고 있어야만 진정한 독립 국가로 대접받을 수 있다고 생각하니, 우리나라도 하루 빨리 핵무기를 개발해야 할 것 같아."

④ "과학이 가치중립적이라고들 하지만 잘못 쓰일 때는 예기치 못한 재앙을 가져올 수도 있으므로 과학자의 역할이 그 어느 때보다 중요한 것 같아."

⑤ "현대 사회의 위기는 과학의 소산물을 잘못 이용하는 위정자들에 의해 초래된 것인데, 그 책임을 과학자들에게 전가하는 것은 주객이 전도된 것 같아."

최종점검

**25** 윗글의 내용으로 볼 때, 과학자의 역할로 적절하지 않은 것은?

① 그가 속한 사회에 대해 과학의 중요성을 인식시켜야 한다.

② 과학에 의해 생긴 결과에 대해 책임을 져야 한다.

③ 위정자들의 잘못된 정치관을 바로잡아 줄 수가 있어야 한다.

④ 세계 평화를 위한 과학자의 책무를 외면해서는 안 된다.

⑤ 과학의 분야에서 국제적인 공동 작업의 조성을 위해 최선을 다해야 한다.

## | 02 | 수리

**01** 여름을 맞이하여 가방가게를 운영하는 K씨는 샌들 원가가 20,000원인데 40%의 이익을 붙여서 정가를 정했다. 그런데 판매가 잘 되지 않아 할인을 하고자 하는데 몇 %를 할인해야 원가의 10% 이익을 얻을 수 있는가?(단, 소수점 둘째 자리에서 반올림한다.)

① 약 20.5%
② 약 21.4%
③ 약 22.5%
④ 약 23.7%
⑤ 약 24.5%

**02** K호텔은 고객들을 위해 무료로 이벤트를 하고 있다. 매일 분수쇼와 퍼레이드를 보여주고 있으며, 시간은 오전 10시부터 시작한다. 분수쇼는 10분 동안 하고 35분 쉬고, 퍼레이드는 20분 공연하고, 40분의 휴식을 한다. 사람들이 오후 12시부터 오후 7시까지 분수쇼와 퍼레이드의 시작을 함께 볼 수 있는 기회는 몇 번인가?

① 1번
② 2번
③ 3번
④ 4번
⑤ 5번

**03** 다음은 세탁기 광고문이다. 물 사랑 세탁기로 빨래를 할 때 사용되는 물의 양은?

**환경 친화 시대의 세탁기! 자원 절약 시대의 세탁기!**

친환경 제품과 에너지 절약 제품의 개발을 기업의 최우선 목표로 생각하는 저희 회사에서는 기존 세탁기보다 물 사용량을 현저히 줄인 '물 사랑 세탁기'를 새롭게 출시하였습니다.
보통 기존의 세탁기로는 빨래를 할 때 ___L, 헹굼을 할 때 120L, 총 ___L의 물을 사용합니다. 그러나 물 사랑 세탁기로 빨래와 헹굼을 하면 기존 세탁기의 물 사용량 대비 빨래를 할 때는 30%를, 헹굼을 할 때는 60%를 절약하여 기존 총 사용량의 절반밖에 안 되는 물로 세탁할 수 있습니다.

① 40L
② 41L
③ 42L
④ 43L
⑤ 44L

**04**  최근 ○○고속도로의 어느 한 구간에서 교통사고 발생이 잦아 이를 예방하기 위해 규제 표지판을 설치하려 한다. 구간이 시작되는 지점에서 A지점까지의 거리는 70km이고, A지점에서 구간이 끝나는 지점까지의 거리는 42km이다. 해당구간에 같은 간격으로 표지판의 개수가 최소가 되도록 설치할 때, 필요한 표지판의 개수는?(단, 구간의 양 끝과 A지점에는 표지판을 반드시 설치하고 표지판의 너비는 고려하지 않는다)

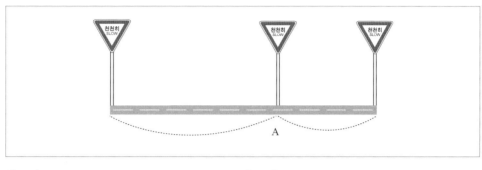

① 8개  ② 9개
③ 10개  ④ 11개
⑤ 12개

**05**  C도시에는 N저수지가 있다. 어느 정도 물이 가득한 저수지에서 작업능률이 같은 펌프 2대로 물을 모두 퍼내는 데에 8분, 3대로는 5분이 걸린다고 한다. 같은 펌프 11대로 저수지의 물을 모두 퍼내는 데 걸리는 시간은?(단, 저수지의 물은 일정한 양이 하천에서 흘러든다)

① 1분  ② 1분 15초
③ 1분 30초  ④ 1분 45초
⑤ 2분

**06**  A씨는 오후 2시에 예정되어 있는 면접을 보기 위해 집에서 오후 1시에 출발하였다. 시속 80km인 버스를 타고 가다가 1시 30분에 갑자기 사고가 나서 바로 버스에서 내렸다. 집에서 면접 장소까지 50km 떨어져 있고 남은 거리를 걸어간다고 할 때, 면접 장소까지 늦지 않으려면 최소 몇 km/h로 가야 하는가?

① 10km/h  ② 15km/h
③ 20km/h  ④ 25km/h
⑤ 30km/h

**07** 어떤 마을에 A장터는 25일마다 열리고 B장터는 30일마다 열리는데 1월 18일에 두 장터가 같이 열렸다. 1월 18일이 목요일이라면, 다음 두 장터가 같이 열리는 날은 무슨 요일이겠는가?

① 일요일      ② 월요일
③ 화요일      ④ 수요일
⑤ 금요일

**08** 직원 A ~ P 16명이 야유회에 가서 4명씩 4개의 조로 행사를 한다. 첫 번째 이벤트에서 같은 조였던 사람은 두 번째 이벤트에서 같은 조가 될 수 없다. 두 번째 이벤트에서 1, 4조가 〈보기〉처럼 주어졌을 때, 두 번째 이벤트에서 나머지 두 개 조를 짜는 경우의 수는?

> **보기**
> • 1조 : I, J, K, L
> • 4조 : M, N, O, P

① 8가지      ② 10가지
③ 12가지      ④ 14가지
⑤ 16가지

**09** S회사의 감사팀은 과장 2명, 대리 3명, 사원 3명으로 구성되어 있다. A ~ D지역의 지사로 두 명씩 나눠서 출장을 간다고 할 때, 각 출장 지역에 대리급 이상이 한 명 이상 포함되어 있어야 하고 과장 2명이 각각 다른 지역으로 가야 한다. 과장과 대리가 한 조로 출장에 갈 확률은?

① $\dfrac{1}{2}$      ② $\dfrac{1}{3}$

③ $\dfrac{2}{3}$      ④ $\dfrac{3}{4}$

⑤ $\dfrac{3}{8}$

**10** 한국인의 혈액형 중 O, A, B, AB형이 차지하는 비율이 3 : 4 : 2 : 1이라면 한국인 2명을 임의로 선택할 때, 혈액형이 다를 확률은?

① $\dfrac{1}{10}$　　　　　　　　　② $\dfrac{3}{10}$

③ $\dfrac{1}{2}$　　　　　　　　　④ $\dfrac{7}{10}$

⑤ $\dfrac{9}{10}$

**11** 다음은 1,000명을 대상으로 5개 제조사 타이어 제품에 대한 소비자 선호도 조사 결과에 관한 자료이다. 1차 선택 후, 일주일간 사용하고 다시 2차 선택을 하였다. 다음 두 가지 질문에 대한 답을 순서대로 짝지은 것은?

〈5개 제조사 타이어 제품에 대한 소비자 선호도 조사 결과〉

| 1차 선택 \ 2차 선택 | A사 | B사 | C사 | D사 | E사 | 총계 |
|---|---|---|---|---|---|---|
| A사 | 120 | 17 | 15 | 23 | 10 | 185 |
| B사 | 22 | 89 | 11 | (가) | 14 | 168 |
| C사 | 17 | 11 | 135 | 13 | 12 | 188 |
| D사 | 15 | 34 | 21 | 111 | 21 | 202 |
| E사 | 11 | 18 | 13 | 15 | 200 | 257 |
| 총계 | 185 | 169 | 195 | 194 | 157 | 1,000 |

• (가)에 들어갈 수는?
• 1차에서 D사를 선택하고, 2차에서 C사를 선택한 소비자 수와 1차에서 E사를 선택하고 2차에서 B사를 선택한 소비자 수의 차이는?

① 32, 3　　　　　　　　　② 32, 6

③ 12, 11　　　　　　　　　④ 12, 3

⑤ 24, 3

**12** 다음은 보건복지부에서 발표한 2022년 12월 말 기준 어린이집 보육교직원 현황이다. 총계에서 원장을 제외한 나머지 인원이 차지하는 비율은?(단, 소수점 첫째자리에서 반올림한다)

〈어린이집 보육교직원 현황〉

(단위 : 명)

| 구분 | | | 계 | 원장 | 보육교사 | 특수교사 | 치료사 | 영양사 | 간호사 | 사무원 | 취사부 | 기타 |
|---|---|---|---|---|---|---|---|---|---|---|---|---|
| 계(전국) | | 총계 | 248,635 | 39,546 | 180,247 | 1,341 | 550 | 706 | 891 | 934 | 17,457 | 6,963 |
| | | 국·공립 | 22,229 | 2,099 | 15,376 | 502 | 132 | 85 | 147 | 132 | 2,669 | 1,087 |
| | | 법인 | 17,491 | 1,459 | 12,037 | 577 | 336 | 91 | 117 | 162 | 1,871 | 841 |
| | 민간 | 법인외 | 7,724 | 867 | 5,102 | 54 | 20 | 35 | 50 | 101 | 899 | 596 |
| | | 민간개인 | 112,779 | 14,030 | 85,079 | 198 | 62 | 415 | 508 | 408 | 8,379 | 3,700 |
| | | 가정 | 82,911 | 20,557 | 58,674 | 5 | – | 1 | 8 | 53 | 2,997 | 616 |
| | | 부모협동 | 485 | 88 | 328 | 1 | – | 3 | – | 3 | 51 | 11 |
| | | 직장 | 5,016 | 446 | 3,651 | 4 | – | 76 | 61 | 75 | 591 | 112 |

① 75.7%

② 76.4%

③ 80.3%

④ 84.1%

⑤ 85.4%

**13** 다음은 경기도 지역별 초등학생 사교육 참여율에 관한 자료이다. ㉠과 ㉡에 들어갈 수치가 바르게 나열된 것은?(단, 각 수치는 매년 일정한 규칙으로 변화한다)

〈지역별 초등학생 사교육 참여율〉

(단위 : %)

| 구분 | 2016년 | 2017년 | 2018년 | 2019년 | 2020년 | 2021년 | 2022년 |
|---|---|---|---|---|---|---|---|
| 성남시 | 53.2 | 58.4 | 60.2 | 60.1 | 64.0 | 63.7 | 65.0 |
| 수원시 | 47.2 | 45.6 | 48.2 | 50.9 | 57.6 | 58.6 | 58.4 |
| 안양시 | 52.1 | 51.7 | 49.6 | 50.8 | 52.3 | 55.6 | 57.1 |
| 고양시 | 24.5 | 29.5 | 27.6 | 30.1 | 31.5 | 34.2 | 35.2 |
| 안산시 | 21.3 | 24.1 | 23.5 | 26.4 | 25.7 | 26.6 | 25.9 |
| 안성시 | ㉠ | 35.7 | 37.2 | 38.7 | 40.2 | 41.7 | 43.2 |
| 파주시 | 18.5 | 19.6 | 19.7 | 18.5 | 18.6 | 20.7 | 22.9 |
| 평택시 | 17.5 | 18.5 | 17.7 | 16.4 | 18.5 | 19.3 | 20.9 |
| 시흥시 | 40.9 | 42.7 | 44.5 | 46.3 | ㉡ | 49.9 | 51.7 |
| 군포시 | 46.2 | 46.8 | 45.2 | 48.9 | 47.2 | 49.6 | 50.1 |

|   | ㉠ | ㉡ |
|---|---|---|
| ① | 34.2 | 48.1 |
| ② | 35.2 | 48.1 |
| ③ | 34.2 | 48.5 |
| ④ | 35.2 | 47.1 |
| ⑤ | 35.2 | 48.1 |

**14** 다음은 2022년 공항철도를 이용한 월별 여객 수송실적이다. 다음 자료를 보고 (A), (B), (C)에 들어갈 수를 바르게 짝지은 것은?

〈공항철도 이용 여객 현황〉

(단위 : 명)

| 구분 | 수송인원 | 승차인원 | 유입인원 |
|------|----------|----------|----------|
| 1월 | 209,807 | 114,522 | 95,285 |
| 2월 | 208,645 | 117,450 | (A) |
| 3월 | 225,956 | 133,980 | 91,976 |
| 4월 | 257,988 | 152,370 | 105,618 |
| 5월 | 266,300 | 187,329 | 78,971 |
| 6월 | (B) | 189,243 | 89,721 |
| 7월 | 328,450 | 214,761 | 113,689 |
| 8월 | 327,020 | 209,875 | 117,145 |
| 9월 | 338,115 | (C) | 89,209 |
| 10월 | 326,307 | 219,077 | 107,230 |

※ 유입인원은 환승한 인원이다.
※ (수송인원)=(승차인원)+(유입인원)

|     | (A) | (B) | (C) |
|-----|-----|-----|-----|
| ① | 101,195 | 278,884 | 243,909 |
| ② | 101,195 | 268,785 | 243,909 |
| ③ | 91,195 | 268,785 | 248,906 |
| ④ | 91,195 | 278,964 | 248,906 |
| ⑤ | 90,095 | 278,964 | 249,902 |

**15** 다음은 A사 직원들의 평균보수에 관한 자료이다. 이에 대한 설명으로 옳지 않은 것은?

〈직원 평균보수 현황〉

(단위 : 천 원)

| 구분 | 2019년 결산 | 2020년 결산 | 2021년 결산 | 2022년 결산 | 2023년 예산 |
|---|---|---|---|---|---|
| 기본급 | 31,652 | 31,763 | 32,014 | 34,352 | 34,971 |
| 고정수당 | 13,868 | 13,434 | 12,864 | 12,068 | 12,285 |
| 실적수당 | 2,271 | 2,220 | 2,250 | 2,129 | 2,168 |
| 복리후생비 | 946 | 1,056 | 985 | 1,008 | 1,027 |
| 성과급 | 733 | 1,264 | 1,117 | 862 | 0 |
| 기타 상여금 | 5,935 | 5,985 | 6,979 | 5,795 | 5,898 |
| 1인당 평균 보수액 | 55,405 | 55,722 | 56,209 | 56,214 | 56,349 |

① 2020년부터 2022년까지 기본급은 전년도 대비 계속 증가했다.

② 기타 상여금이 가장 높은 해의 1인당 평균 보수액은 복리후생비의 50배 이상이다.

③ 2019 ~ 2022년 동안 고정수당의 증감 추이와 같은 항목은 없다.

④ 1인당 평균 보수액에서 성과급이 차지하는 비중은 2020년이 2022년보다 낮다.

⑤ 2023년 성과급의 전년 대비 증가율이 실적수당과 같다면, 그 금액은 90만 원 미만이다.

**16** 다음은 세종특별시에 거주하는 20 ~ 30대 청년들의 주거 점유형태에 대한 통계자료이다. 통계 자료를 참고할 때, 이에 대한 설명으로 옳은 것은?(단, 소수점 둘째 자리에서 반올림한다)

〈20 ~ 30대 청년 주거 점유형태〉

(단위 : 명)

| 구분 | 자가 | 전세 | 월세 | 무상 | 합계 |
|---|---|---|---|---|---|
| 20 ~ 24세 | 537 | 1,862 | 5,722 | 5,753 | 13,874 |
| 25 ~ 29세 | 795 | 2,034 | 7,853 | 4,576 | 15,258 |
| 30 ~ 34세 | 1,836 | 4,667 | 13,593 | 1,287 | 21,383 |
| 35 ~ 39세 | 2,489 | 7,021 | 18,610 | 1,475 | 29,595 |
| 합계 | 5,657 | 15,584 | 45,778 | 13,091 | 80,110 |

① 20 ~ 24세 전체 인원 중 월세 비중은 38.2%이고, 자가 비중은 2.9%이다.

② 20 ~ 24세를 제외한 20 ~ 30대 청년 중에서 무상이 차지하는 비중이 월세 비중보다 더 높다.

③ 20 ~ 30대 청년 인원대비 자가 비율보다 20대 청년 중에서 자가가 차지하는 비율이 더 낮다.

④ 연령대가 높아질수록 연령대별로 자가 비중이 높아지고, 월세 비중이 낮아진다.

⑤ 20 ~ 30대 연령대에서 월세에 사는 25 ~ 29세 연령대가 차지하는 비율은 10% 이상이다.

**17** 다음은 2018년부터 2022년까지 생활 폐기물 처리 현황에 대한 자료이다. 이에 대한 설명으로 옳지 않은 것은?(단, 비율은 소수점 둘째 자리에서 반올림한다)

〈생활 폐기물 처리 현황〉

(단위 : 톤)

| 처리방법 | 2018년 | 2019년 | 2020년 | 2021년 | 2022년 |
|---|---|---|---|---|---|
| 매립 | 9,471 | 8,797 | 8,391 | 7,613 | 7,813 |
| 소각 | 10,309 | 10,609 | 11,604 | 12,331 | 12,648 |
| 재활용 | 31,126 | 29,753 | 28,939 | 29,784 | 30,454 |
| 합계 | 50,906 | 49,159 | 48,934 | 49,728 | 50,915 |

① 매년 생활 폐기물 처리량 중 재활용 비율이 가장 높다.
② 전년대비 소각 증가율은 2020년이 2021년의 2배 이상이다.
③ 2018~2022년 소각량 대비 매립량은 60% 이상이다.
④ 생활 폐기물 처리방법 중 매립은 2018년부터 2021년까지 계속 감소하고 있다.
⑤ 생활 폐기물 처리 현황에서 2022년 재활용 비율은 2018년 소각량 비율의 3배보다 작다.

**18** 다음은 우리나라 강수량에 관한 자료이다. 이를 그래프로 바르게 나타낸 것은?

〈2022년 우리나라 강수량〉

(단위 : mm, 위)

| 구분 | 1월 | 2월 | 3월 | 4월 | 5월 | 6월 | 7월 | 8월 | 9월 | 10월 | 11월 | 12월 |
|---|---|---|---|---|---|---|---|---|---|---|---|---|
| 강수량 | 15.3 | 29.8 | 24.1 | 65.0 | 29.5 | 60.7 | 308.0 | 241.0 | 92.1 | 67.6 | 12.7 | 21.9 |
| 역대순위 | 32 | 23 | 39 | 30 | 44 | 43 | 14 | 24 | 26 | 13 | 44 | 27 |

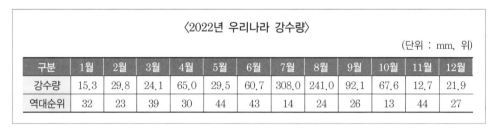

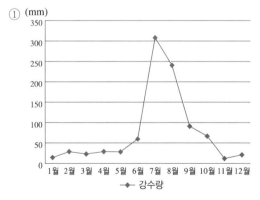

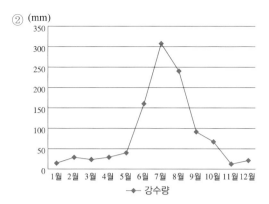

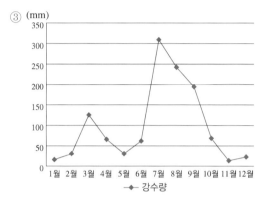

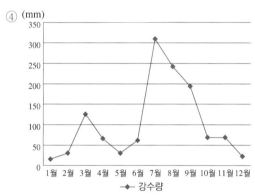

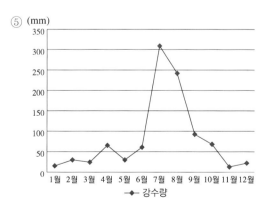

※ 다음은 전체 인구를 유년인구, 생산가능인구 및 노인인구로 구분하여 인구구성비 추이를 나타낸 자료이다. 이어지는 질문에 답하시오. [19~20]

〈인구구성비 추이〉

(단위 : %)

| 구분 | | 1970년 | 1980년 | 1990년 | 2000년 | 2005년 | 2010년 | 2015년 | 2020년 | 2030년 |
|------|------|--------|--------|--------|--------|--------|--------|--------|--------|--------|
| 유년<br>인구비 | 전국 | 42.5 | 34.0 | 25.6 | 21.1 | 19.1 | 16.3 | 13.9 | 12.6 | 11.2 |
| | 서울 | 36.3 | 31.3 | 24.7 | 18.6 | 16.8 | 14.7 | 13.4 | 12.4 | 10.5 |
| | 인천 | 39.8 | 31.9 | 27.1 | 23.4 | 20.2 | 16.5 | 13.8 | 12.7 | 11.4 |
| | 울산 | 40.2 | 36.2 | 30.1 | 25.1 | 21.9 | 17.4 | 13.9 | 12.4 | 11.2 |
| | 경기 | 42.9 | 32.7 | 26.8 | 24.1 | 21.5 | 18.1 | 15.4 | 13.9 | 12.2 |
| | 충남 | 45.9 | 35.6 | 24.3 | 20.1 | 18.8 | 16.3 | 13.8 | 12.4 | 11.5 |
| | 전남 | 46.8 | 38.9 | 25.8 | 20.0 | 18.4 | 13.9 | 11.3 | 9.2 | 9.1 |
| 생산가능<br>인구비 | 전국 | 54.4 | 62.2 | 69.3 | 71.7 | 71.8 | 72.8 | 73.2 | 71.7 | 64.7 |
| | 서울 | 62.1 | 66.2 | 71.8 | 76.1 | 76.1 | 75.9 | 74.6 | 72.5 | 66.9 |
| | 인천 | 58.0 | 65.2 | 68.9 | 71.2 | 72.9 | 75.0 | 75.5 | 73.7 | 64.7 |
| | 울산 | 56.4 | 61.0 | 66.7 | 70.9 | 72.9 | 75.7 | 76.8 | 74.6 | 64.9 |
| | 경기 | 54.0 | 63.6 | 68.8 | 70.2 | 71.5 | 73.4 | 74.6 | 73.7 | 66.7 |
| | 충남 | 50.3 | 58.9 | 67.8 | 68.0 | 66.9 | 68.3 | 69.7 | 69.5 | 64.2 |
| | 전남 | 48.9 | 55.6 | 66.4 | 66.6 | 64.1 | 64.8 | 65.6 | 64.9 | 55.7 |
| 노인<br>인구비 | 전국 | 3.1 | 3.8 | 5.1 | 7.2 | 9.1 | 10.9 | 12.9 | 15.7 | 24.1 |
| | 서울 | 1.7 | 2.5 | 3.5 | 5.3 | 7.1 | 9.4 | 12.0 | 15.1 | 22.6 |
| | 인천 | 2.2 | 2.9 | 4.0 | 5.5 | 6.9 | 8.5 | 10.6 | 13.6 | 23.9 |
| | 울산 | 3.5 | 2.9 | 3.1 | 4.0 | 5.2 | 6.9 | 9.3 | 13.0 | 23.9 |
| | 경기 | 3.0 | 3.7 | 4.5 | 5.7 | 7.1 | 8.5 | 10.0 | 12.4 | 21.1 |
| | 충남 | 3.8 | 5.5 | 7.9 | 11.9 | 14.4 | 15.5 | 16.5 | 18.0 | 24.3 |
| | 전남 | 4.3 | 5.5 | 7.9 | 13.4 | 17.5 | 21.3 | 23.2 | 25.9 | 35.2 |

※ 고령화사회 : 전체 인구 중 노인인구가 7% 이상 14% 미만
※ 고령사회 : 전체 인구 중 노인인구가 14% 이상 20% 미만
※ 초고령사회 : 전체 인구 중 노인인구가 20% 이상

※ (인구부양비)$=\dfrac{(유년인구)+(노인인구)}{(생산가능인구)}$

※ (유년부양비)$=\dfrac{(유년인구)}{(생산가능인구)}$

※ (노년부양비)$=\dfrac{(노인인구)}{(생산가능인구)}$

**19** 2030년 전국 노년부양비는?(단, 소수점 셋째 자리에서 버린다)

① 약 0.27

② 약 0.32

③ 약 0.37

④ 약 0.41

⑤ 약 0.46

**20** 초고령사회로 분류되는 지역이 처음으로 발생하는 연도는?

① 2010년

② 2015년

③ 2020년

④ 2025년

⑤ 2030년

※ 다음은 서울특별시의 직종별 구인·구직·취업 현황을 나타내는 자료이다. 물음에 답하시오. [21~22]

### 〈서울특별시 구인·구직·취업 현황〉

(단위 : 명)

| 직업 중분류 | 구인 | 구직 | 취업 |
|---|---|---|---|
| 관리직 | 993 | 2,951 | 614 |
| 경영·회계·사무 관련 전문직 | 6,283 | 14,350 | 3,400 |
| 금융보험 관련직 | 637 | 607 | 131 |
| 교육 및 자연과학·사회과학 연구 관련직 | 177 | 1,425 | 127 |
| 법률·경찰·소방·교도 관련직 | 37 | 226 | 59 |
| 보건·의료 관련직 | 688 | 2,061 | 497 |
| 사회복지 및 종교 관련직 | 371 | 1,680 | 292 |
| 문화·예술·디자인·방송 관련직 | 1,033 | 3,348 | 741 |
| 운전 및 운송 관련직 | 793 | 2,369 | 634 |
| 영업원 및 판매 관련직 | 2,886 | 3,083 | 733 |
| 경비 및 청소 관련직 | 3,574 | 9,752 | 1,798 |
| 미용·숙박·여행·오락·스포츠 관련직 | 259 | 1,283 | 289 |
| 음식서비스 관련직 | 1,696 | 2,936 | 458 |
| 건설 관련직 | 3,659 | 4,825 | 656 |
| 기계 관련직 | 742 | 1,110 | 345 |

**21** 관리직의 구직 대비 구인률과 음식서비스 관련직의 구직 대비 취업률의 차이는 얼마인가?(단, 소수점 첫째 자리에서 반올림한다)

① 약 6%p
② 약 9%p
③ 약 12%p
④ 약 15%p
⑤ 약 18%p

**22** 다음 중 옳지 않은 것은?

① 구직 대비 취업률이 가장 높은 직종은 기계 관련직이다.
② 취업자 수가 구인자 수를 초과한 직종도 있다.
③ 구인자 수가 구직자 수를 초과한 직종은 한 곳이다.
④ 구직자가 가장 많이 몰리는 직종은 경영·회계·사무 관련 전문직이다.
⑤ 영업원 및 판매 관련직의 구직 대비 취업률은 25% 이상이다.

**23** 다음 시계는 일정한 규칙을 갖는다. $A \times B$의 값은?

① 4  ② 9

③ 17  ④ 25

⑤ 31

**24** 다음 전개도는 일정한 규칙에 따라 나열된 수열이다. ?에 들어갈 값으로 알맞은 것은?

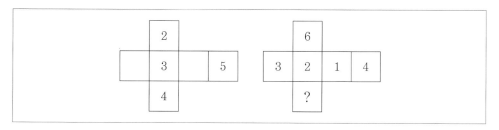

① 2  ② 3

③ 4  ④ 5

⑤ 6

**25** 다음 톱니바퀴에 새겨진 숫자는 일정한 규칙에 따라 나열된 수열이다. (A)+(B)의 값은?

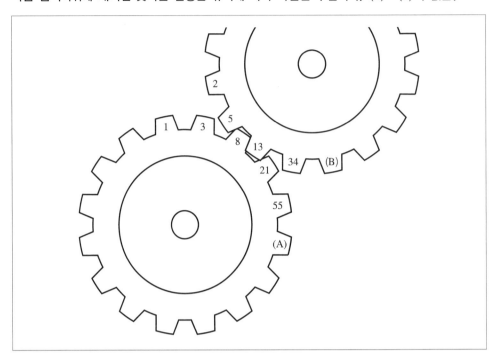

① 89

② 144

③ 212

④ 233

⑤ 259

※ 다음 제시된 낱말의 대응 관계로 볼 때, 빈칸에 들어가기에 알맞은 것을 고르시오. [1~2]

**01**

우애 : 돈독하다 = 대립 : (      )

① 녹록하다　　　　　　　　② 충충하다
③ 첨예하다　　　　　　　　④ 공변되다
⑤ 일치하다

**02**

으르다 : 겁박하다 = (      ) : 아첨하다

① 알랑대다　　　　　　　　② 수복하다
③ 직언하다　　　　　　　　④ 겸손하다
⑤ 일축하다

**03** 다음과 동일한 오류를 범하고 있는 것은?

넌 항상 불량식품을 먹으면 배가 아프다고 했어.
그런데 지금 배가 아프다고 하는 거 보니, 어디서 불량식품을 먹고 온 것이 틀림없어.

① 이 책이 올해의 베스트셀러라는 신문광고를 봤다. 그러니까 분명히 내용도 훌륭할 것이다.
② 우리의 제안을 거부하신다면, 엄청난 일이 벌어질 수도 있다는 것을 꼭 명심하십시오.
③ 별 것도 아닌 일로 둘이 그만 싸우고, 들어가서 공부나 해!
④ 인간의 기본권은 반드시 지켜줘야 한다. 그렇지만 특별한 경우에는 예외가 있을 수 있다.
⑤ 경진이는 저녁 6시가 되면 퇴근을 하는데, 경진이가 퇴근을 하는 걸 보니 지금이 저녁 6시이다.

**04**

> • 강아지를 좋아하는 사람은 자연을 좋아한다.
> • 나무를 좋아하는 사람은 자연을 좋아한다.
> • 그러므로 _____

① 나무를 좋아하지 않는 사람은 강아지를 좋아한다.
② 자연을 좋아하는 사람은 강아지도 나무도 좋아한다.
③ 강아지를 좋아하는 사람은 나무를 좋아하지 않는다.
④ 나무를 좋아하지만 강아지를 좋아하지 않는 사람이 있다.
⑤ 자연을 좋아하지 않는 사람은 강아지도 나무도 좋아하지 않는다.

**05**

> • 미리 대비하지 않으면 급한 경우에 준비할 수 없다.
> • _____
> • 그러므로 큰 고난이 찾아오지 않으면 미리 대비한 것이다.

① 미리 대비하면 큰 고난이 찾아오지 않는다.
② 준비를 하지 않아도 고난은 막을 수 있다.
③ 큰 고난이 찾아오지 않으면 급한 경우에 준비를 한 것이다.
④ 급할 때 준비할 수 있다면 큰 고난을 막을 수 있다.
⑤ 큰 고난을 막을 수 있으면 준비하지 않아도 된다.

**06** 다음 명제가 항상 참이라고 할 때, 반드시 참이라고 할 수 없는 것은?

> • 모든 사람은 자신에 대해서 호의적인 사람에게 호의적이다.
> • 어느 누구도 자신을 비방한 사람에게 호의적이지 않다.
> • 모든 사람 중에는 다른 사람을 절대 비방하지 않는 사람이 있다.
> • 어느 누구도 자기 자신에 대해서 호의적이지도 않고 자기 자신을 비방하지도 않는다.

① 두 사람이 서로 호의적이라면, 그 두 사람은 서로 비방한 적이 없다.

② 두 사람이 서로 비방한 적이 없다면, 그 두 사람은 서로 호의적이다.

③ 어떤 사람이 다른 모든 사람을 비방한다면, 그 사람에 대해 호의적인 사람은 없다.

④ A라는 사람이 다른 모든 사람을 비방한다면, A에게 호의적이지 않지만 A를 비방하지 않는 사람이 있다.

⑤ 모든 사람이 자신을 비방하지 않는 사람에게 호의적이라면, 모든 사람에게는 각자가 호의적으로 대하는 사람이 적어도 하나는 있다.

**07** A박물관에는 발견된 연도가 서로 다른 왕의 유물들이 전시되어 있다. 다음 〈조건〉에 근거하여 바르게 추론한 것은?

> **조건**
> • 왕의 목걸이는 100년 전에 발견되었다.
> • 왕의 신발은 목걸이보다 나중에 발견되었다.
> • 왕의 초상화는 가장 최근인 10년 전에 발견되었다.
> • 왕의 편지는 신발보다 먼저 발견되었고 목걸이보다 나중에 발견되었다.
> • 왕의 반지는 30년 전에 발견되어 신발보다 늦게 발견되었다.

① 왕의 편지가 가장 먼저 발견되었다.

② 왕의 신발은 두 번째로 발견되었다.

③ 왕의 반지는 편지보다 먼저 발견되었다.

④ 왕의 편지는 목걸이와 반지보다 늦게 발견되었다.

⑤ 왕의 유물을 발견된 순서대로 나열하면 '목걸이 – 편지 – 신발 – 반지 – 초상화'이다.

**08** 8개의 칸이 일렬로 늘어서 있는 화단에 장미, 튤립, 백합을 심기로 했다. 다음과 같은 〈조건〉에 따라 꽃을 심으려고 할 때, 다음 중 항상 참이 아닌 것은?

> **조건**
> • 장미는 빨간색, 분홍색, 튤립은 빨간색, 분홍색, 노란색, 흰색, 백합은 주황색과 흰색이고, 종류별로 한 칸씩 심는다.
> • 같은 색상이나 같은 종류의 꽃을 연속해서 심지 않는다.
> • 양 가장자리는 빨간색 꽃을 심는다.
> • 주황색 꽃은 노란색 꽃 옆에 심을 수 없다.
> • 분홍색 꽃은 두 칸을 사이에 두고 심는다.
> • 화단을 절반으로 나누었을 때, 오른쪽에는 백합을 심지 않는다.

① 왼쪽에서 1번째 칸에는 빨간색 튤립을 심는다.
② 분홍색 튤립의 양 옆은 모두 백합이다.
③ 노란색 튤립의 양 옆은 모두 장미이다.
④ 노란색 튤립은 분홍색 장미 바로 옆에 심는다.
⑤ 장미는 1칸을 사이에 두고 심는다.

**09** 이웃해 있는 10개의 건물에 초밥가게, 옷가게, 신발가게, 편의점, 약국, 카페가 있다. 카페가 3번째 건물에 있을 때, 다음 중 항상 참인 것은?(단, 한 건물에 한 가지 업종만 들어갈 수 있다)

> • 초밥가게는 카페보다 앞에 있다.
> • 초밥가게와 신발가게 사이에 건물이 6개 있다.
> • 옷가게와 편의점은 인접할 수 없으며, 옷가게와 신발가게는 인접해 있다.
> • 신발가게 뒤에 아무것도 없는 건물이 2개 있다.
> • 2번째와 4번째 건물은 아무것도 없는 건물이다.
> • 편의점과 약국은 인접해 있다.

① 카페와 옷가게는 인접해 있다.
② 초밥가게와 약국 사이에 2개의 건물이 있다.
③ 편의점은 6번째 건물에 있다.
④ 신발가게는 8번째 건물에 있다.
⑤ 옷가게는 5번째 건물에 있다.

**10** A ~ C 세 사람은 각각 킥보드, 자전거, 오토바이 중에 한 대를 소유하고 있고, 이름을 쌩쌩이, 날쌘이, 힘찬이로 지었다. 다음 〈조건〉을 참고할 때, '소유주 – 이름 – 이동수단'을 순서대로 나열한 것은?

> **조건**
> • A가 가진 것은 힘찬이와 부딪힌 적이 있다.
> • B가 가진 자전거는 쌩쌩이와 색깔이 같지 않고, 날쌘이와 색깔이 같다.
> • C의 날쌘이는 오토바이보다 작다.

① A – 날쌘이 – 오토바이
② A – 쌩쌩이 – 킥보드
③ B – 날쌘이 – 자전거
④ C – 힘찬이 – 자전거
⑤ C – 날쌘이 – 킥보드

**11** 다음 〈조건〉을 이용하여, 〈보기〉를 바르게 판단한 것은?

> **조건**
> • 보혜, 지현, 원웅, 남형, 재희가 차례대로 있는 1 ~ 5번 방에 들어가 있다.
> • 보혜와 지현이 사이의 간격과 지현이와 재희 사이의 간격은 같다.
> • 남형이는 재희보다 오른쪽 방에 있다.
> • 보혜는 1번 방에 있다.

> **보기**
> 재희는 원웅이보다 왼쪽 방에 있다.

① 확실히 아니다.
② 확실하지 않지만 틀릴 확률이 높다.
③ 확실하지 않지만 맞을 확률이 높다.
④ 확실히 맞다.
⑤ 알 수 없다.

**12** 신입사원인 수호, 민석, 종대는 임의의 순서로 검은색·갈색·흰색 책상에 이웃하여 앉아 있고, 커피·주스·콜라 중 한 가지씩 좋아한다. 또한 기획·편집·디자인의 서로 다른 업무를 하고 있다. 알려진 정보가 〈조건〉과 같을 때 반드시 참인 것을 〈보기〉에서 모두 고르면?

**조건**

- 종대는 갈색 책상에 앉아 있다.
- 기획 담당과 디자인 담당은 서로 이웃해 있지 않다.
- 수호는 편집 담당과 이웃해 있다.
- 검은색 책상에 앉은 사람은 편집 업무를 담당한다.
- 디자인을 하는 사람은 커피를 좋아한다.
- 수호는 주스를 좋아한다.

**보기**

ㄱ. 종대는 커피를 좋아한다.
ㄴ. 민석이와 종대는 이웃해 있다.
ㄷ. 수호는 편집을 하지 않고, 민석이는 콜라를 좋아하지 않는다.
ㄹ. 민석이는 흰색 책상에 앉아 있다.
ㅁ. 수호는 기획 담당이다.

① ㄱ, ㄴ  　　　　　　　② ㄴ, ㄷ
③ ㄷ, ㄹ  　　　　　　　④ ㄱ, ㄴ, ㅁ
⑤ ㄱ, ㄷ, ㅁ

**13** Y회사의 임직원들은 출장지에서 묵을 방을 배정받는다고 한다. 출장 인원은 대표를 포함한 10명이며, 그중 6명은 숙소 배정표와 같이 미리 배정되었다. 생산팀 장과장, 인사팀 유과장, 총무팀 박부장, 대표까지 4명이 아래의 〈조건〉에 따라 방을 배정받아야 할 때, 다음 중 항상 '거짓'인 것은?

**조건**

• 같은 직급은 옆방으로 배정하지 않는다.
• 마주보는 방은 같은 부서 임직원이 배정받을 수 없다.
• 대표의 옆방은 부장만 배정받을 수 있다.
• 빈방은 나란히 있거나 마주보지 않는다.

〈숙소 배정표〉

| 101호 인사팀 최부장 | 102호 | 103호 생산팀 강차장 | 104호 | 105호 | 106호 생산팀 이사원 |
|---|---|---|---|---|---|
| 복도 | | | | | |
| 112호 관리팀 김부장 | 111호 | 110호 | 109호 총무팀 이대리 | 108호 인사팀 한사원 | 107호 |

① 인사팀 유과장은 105호에 배정받을 수 없다.
② 104호는 아무도 배정받지 않을 수 있다.
③ 111호에는 생산팀 장과장이 묵는다.
④ 총무팀 박부장은 110호에 배정받는다.
⑤ 105호에는 생산팀 장과장이 묵을 수 있다.

**14** K회사는 신입사원 채용을 진행하고 있다. 최종 관문인 면접평가는 다대다 전형으로 A ~ E면접자를 포함하여 총 8명이 입장하여 의자에 앉았다. D면접자가 2번 의자에 앉았다면, 다음 중 항상 참인 것은?(단, 면접실 의자는 순서대로 1번부터 8번까지 번호가 매겨져 있다)

- C면접자와 D면접자는 이웃해 앉지 않고, D면접자와 E면접자는 이웃해 앉는다.
- A면접자와 C면접자 사이에는 2명이 앉는다.
- A면접자는 양 끝(1번, 8번)에 앉지 않는다.
- B면접자는 6번 또는 7번 의자에 앉고, E면접자는 3번 의자에 앉는다.

① A면접자는 4번에 앉는다.
② C면접자는 1번에 앉는다.
③ A면접자와 B면접자가 서로 이웃해 앉는다면 C면접자는 4번 또는 8번에 앉는다.
④ B면접자가 7번에 앉으면, A면접자와 B면접자 사이에 2명이 앉는다.
⑤ C면접자가 8번에 앉으면, B면접자는 6번에 앉는다.

**15** A사에 근무하는 3명의 사원은 윤, 오, 박씨 성을 가졌다. 이 사원들은 A, B, C부서에 소속되어 근무 중이며, 각 부서 팀장의 성도 윤, 오, 박씨이다. 같은 성씨를 가진 사원과 팀장은 같은 부서에서 근무하지 않는다고 할 때, 다음 〈조건〉을 보고 같은 부서에 소속된 사원과 팀장의 성씨가 바르게 나열된 것은?

조건
- A부서의 팀장은 C부서 사원의 성씨와 같다.
- B부서의 사원은 윤씨가 아니며 팀장의 성씨가 윤씨인 부서에 배치되지 않았다.
- C부서의 사원은 오씨가 아니며 팀장의 성씨도 오씨가 아니다.

| | 부서 | 사원 | 팀장 |
|---|---|---|---|
| ① | A | 오 | 윤 |
| ② | A | 박 | 윤 |
| ③ | A | 오 | 박 |
| ④ | B | 오 | 박 |
| ⑤ | C | 박 | 윤 |

**16** 주방에 요리사인 철수와 설거지 담당인 병태가 있다. 요리에 사용되는 접시는 하나의 탑처럼 순서대로 쌓여 있다. 철수는 접시가 필요할 경우 이 접시 탑의 맨 위에 있는 접시부터 하나씩 사용한다. 병태는 자신이 설거지한 깨끗한 접시를 해당 탑의 맨 위에 하나씩 쌓는다. 철수와 병태는 (가), (나), (다), (라) 작업을 차례대로 수행하였다. 철수가 (라) 작업을 완료한 이후 접시 탑의 맨 위에 있는 접시는?

---

- (가) 병태가 시간 순서대로 접시 A, B, C, D를 접시 탑에 쌓는다.
- (나) 철수가 접시 한 개를 사용한다.
- (다) 병태가 시간 순서대로 접시 E, F를 접시 탑에 쌓는다.
- (라) 철수가 접시 세 개를 순차적으로 사용한다.

---

① A                              ② B
③ C                              ④ D
⑤ E

**17** 다음 문장을 읽고 유추할 수 있는 것은?

---

- 흥민, 성용, 현우, 영권, 우영이가 수영 시합을 하였다.
- 성용이는 흥민이보다 늦게, 영권이보다 빨리 들어왔다.
- 현우는 성용이보다 늦게 들어왔지만 5등은 아니었다.
- 우영이는 흥민이보다 먼저 들어왔다.

---

① 흥민이는 4등이다.
② 우영이는 1등이다.
③ 성용이는 3등이 아니다.
④ 영권이는 5등이 아니다.
⑤ 현우는 2등이다.

**18** 주차장에 이부장, 박과장, 김대리 세 사람의 차가 나란히 주차되어 있는데, 순서는 알 수 없다. 다음 중 한 사람의 말이 거짓이라고 할 때, 주차장에 주차된 순서가 바르게 나열된 것은?

> 이부장 : 내 옆에는 박과장 차가 세워져 있더군.
> 박과장 : 제 옆에 김대리 차가 있는 걸 봤어요.
> 김대리 : 이부장님 차가 가장 왼쪽에 있어요.
> 이부장 : 김대리 차는 가장 오른쪽에 주차되어 있던데.
> 박과장 : 저는 이부장님 옆에 주차하지 않았어요.

① 김대리 – 이부장 – 박과장
② 박과장 – 김대리 – 이부장
③ 박과장 – 이부장 – 김대리
④ 이부장 – 박과장 – 김대리
⑤ 이부장 – 김대리 – 박과장

**19** 일남, 이남, 삼남, 사남, 오남 5형제가 둘러앉아 마피아 게임을 하고 있다. 이 중 1명은 경찰, 1명은 마피아이고, 나머지는 시민이다. 다음 5명의 진술 중 2명의 진술이 거짓일 때 옳은 것을 고르면? (단, 모든 사람은 진실 또는 거짓만 말한다)

> 일남 : 저는 시민입니다.
> 이남 : 저는 경찰이고, 오남이는 마피아예요.
> 삼남 : 일남이는 마피아예요.
> 사남 : 확실한 건 저는 경찰은 아니에요.
> 오남 : 사남이는 시민이 아니고, 저는 경찰이 아니에요.

① 일남이가 마피아, 삼남이가 경찰이다.
② 오남이가 마피아, 이남이가 경찰이다.
③ 이남이가 마피아, 사남이가 경찰이다.
④ 사남이가 마피아, 오남이가 경찰이다.
⑤ 사남이가 마피아, 삼남이가 경찰이다.

**20** 매주 금요일은 마케팅팀 동아리가 있는 날이다. 동아리 회비를 담당하고 있는 F팀장은 점심시간 후, 회비가 감쪽같이 사라진 것을 발견했다. 점심시간 동안 사무실에 있었던 사람은 A ~ E 5명이고, 이들 중 2명은 범인, 3명은 범인이 아니다. 범인은 거짓말을 하고, 범인이 아닌 사람은 진실을 말한다고 할 때, 〈조건〉을 토대로 다음 중 옳은 것을 고르면?

> **조건**
> • A는 B, D 중 한 명이 범인이라고 주장한다.
> • B는 C가 범인이라고 주장한다.
> • C는 B가 범인이라고 주장한다.
> • D는 A가 범인이라고 주장한다.
> • E는 A와 B가 범인이 아니라고 주장한다.

① A와 D 중 범인이 있다.

② B가 범인이다.

③ C와 E가 범인이다.

④ D는 범인이 아니다.

⑤ 범인이 누구인지 주어진 조건만으로는 알 수 없다.

**21** 바둑판에 흰돌과 검은돌을 다음과 같은 규칙으로 놓았을 때, 11번째 바둑판에 놓인 모든 바둑돌의 개수는?

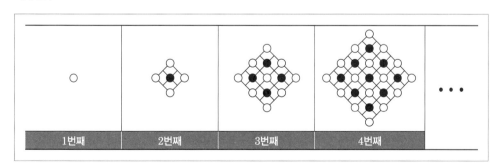

| 1번째 | 2번째 | 3번째 | 4번째 |
| --- | --- | --- | --- |

① 181개  ② 221개

③ 265개  ④ 313개

⑤ 365개

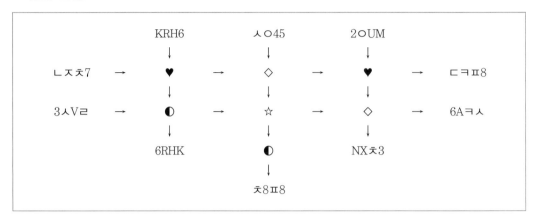

※ 다음 도식에서 기호들은 일정한 규칙에 따라 문자를 변화시킨다. ?에 들어갈 알맞은 문자를 고르시오.
   [22~23]

```
                KRH6          ㅅㅇ45         2ㅇUM
                 ↓             ↓             ↓
ㄴㅈㅊ7  →      ♥     →       ◇     →       ♥      →   ㄷㅋㅍ8
                 ↓             ↓             ↓
3ㅅV2   →      ◑     →       ☆     →       ◇      →   6Aㅋㅅ
                 ↓             ↓             ↓
                6RHK          ◑            NXㅊ3
                               ↓
                             ㅊ8ㅍ8
```

**22**

ㅂㅇㅅ4 → ◇ → ☆ → ?

① 6ㅈ2ㅇ        ② ㅈ5ㅋ7
③ 4ㅇㅂㅅ        ④ ㅅㅊ25
⑤ 5ㅊ2ㅅ

**23**

H1ㄹP → ◑ → ◇ → ?

① Iㅅ3Q        ② P1ㄹH
③ Qㅅ3I        ④ Rㅂ3J
⑤ K5ㅈS

**24**

| 25 | 24 | 8 | 23 | $-8$ | 38 | $-39$ | ( ) |
|----|----|---|----|------|----|-------|-----|

① 78          ② 84

③ 121        ④ $-121$

⑤ 144

**25**

| $-5$ | 1 | ( ) | $\dfrac{3}{2}$ | $-3$ | $\dfrac{7}{4}$ | $-0.5$ | $\dfrac{23}{12}$ |
|------|---|-----|----------------|------|----------------|--------|------------------|

① $-4.5$        ② $-3.5$

③ $-2.5$        ④ $-1.5$

⑤ $-1$

# | 04 | 도형

※ 다음 제시된 도형의 규칙을 보고 ?에 들어갈 알맞은 것을 고시오. [1~2]

**01**

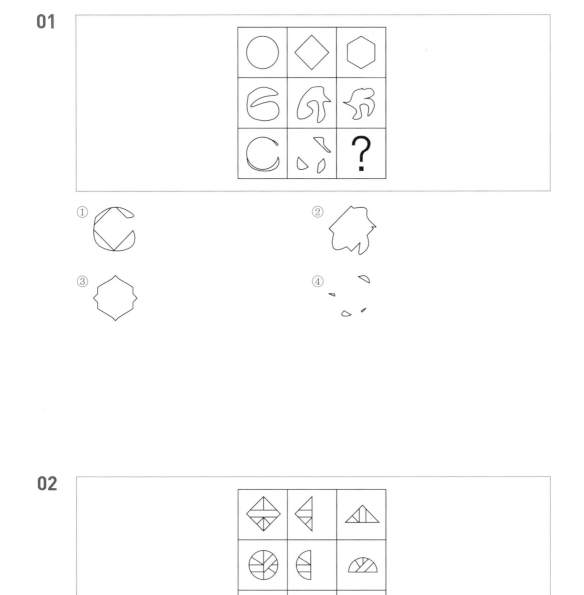

①

②

③

④

**02**

① 

② 

③ 

④

※ 제시된 전개도를 접었을 때 나타나는 도형으로 알맞은 것을 고르시오. [3~4]

**03**

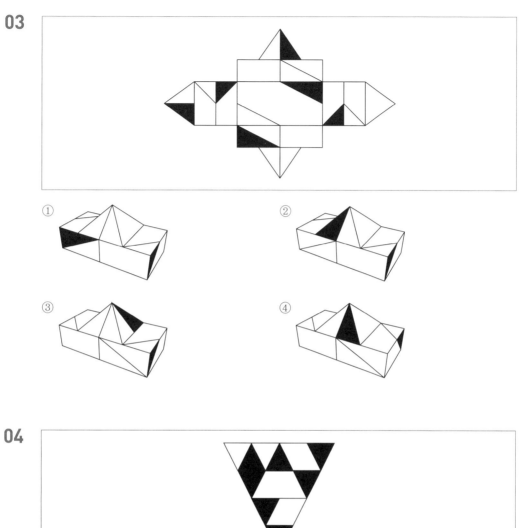

**04**

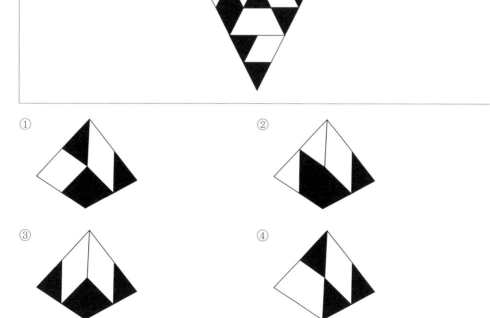

※ 다음 도형들은 일정한 규칙으로 변화하고 있다. ?에 들어갈 알맞은 도형을 고르시오. [5~6]

**05**

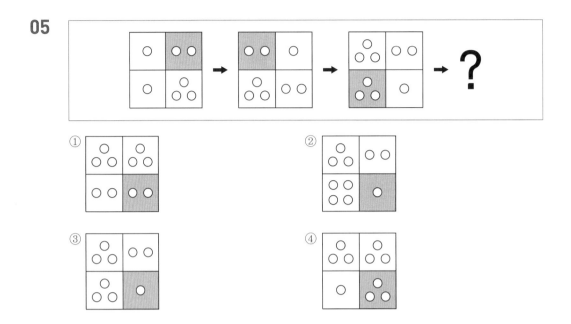

**06**

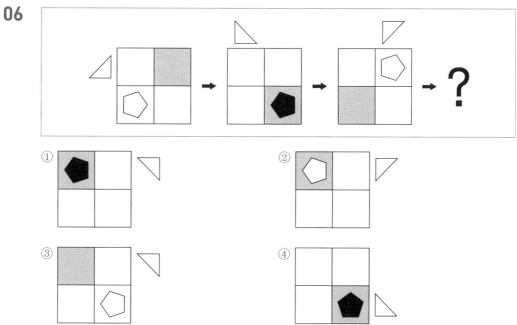

① 
② 
③ 
④

※ 다음 두 블록을 합쳤을 때, 나올 수 있는 형태로 알맞은 것을 고르시오. [7~8]

**07**

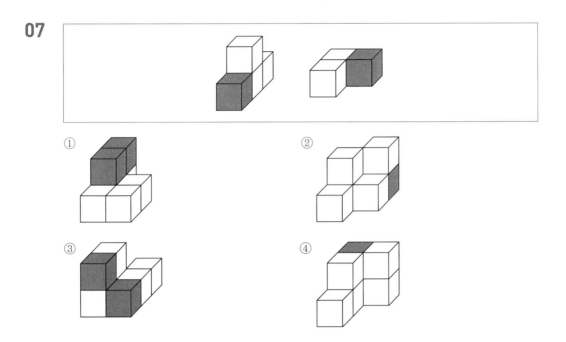

① 

② 

③ 

④

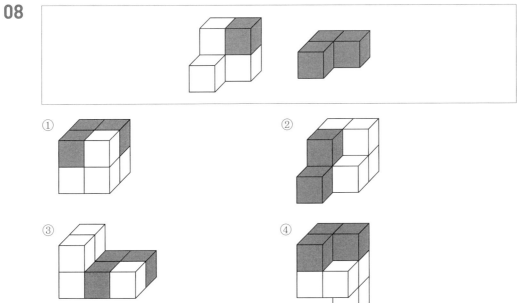

**08**

①

②

③

④

※ 왼쪽 입체도형은 두 번째, 세 번째 입체도형과 물음표를 조합하여 만들 수 있다. ?에 알맞은 도형을 고르시오. [9~10]

**09**

①

②

③

④

**10**

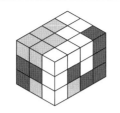 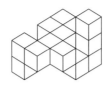  

①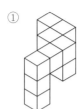

②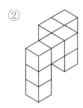

③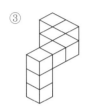

④

계속 갈망하라. 언제나 우직하게.

– 스티브 잡스 –

# 부록

## 인성검사

# 인성검사

## | 01 | 인성검사의 개요

### 1. 인성검사의 의의

인성검사는 1943년 미국 미네소타 대학교의 임상심리학자 Hathaway 박사와 정신과 의사 Mckinley 박사가 제작한 MMPI(Minnesota Multiphasic Personality Inventory)를 원형으로 한 다면적 인성검사를 말한다. 다면적이라 불리는 것은 여러 가지 정신적인 증상들을 동시에 측정할 수 있도록 고안되어 있기 때문이다. 풀이하자면, 개인이 가지고 있는 다면적인 성격을 많은 문항수의 질문을 통해 수치로 나타내는 것이다. 그렇다면 성격이란 무엇인가?

성격은 일반적으로 개인 내부에 있는 특징적인 행동과 생각을 결정해 주는 정신적·신체적 체제의 역동적 조직이라고 말할 수 있으며, 환경에 적응하게 하는 개인적인 여러 가지 특징과 행동양식의 잣대라고 정의할 수 있다.

다시 말하면, 성격이란 한 개인이 환경적 변화에 적응하는 특징적인 행동 및 사고유형이라고 할 수 있으며, 인성검사란 그 개인의 행동 및 사고유형을 서면을 통해 수치적·언어적으로 기술하거나 예언해 주는 도구라 할 수 있다.

신규채용 또는 평가에 활용하는 인성검사로 MMPI 원형을 그대로 사용하는 기업도 있지만, 대부분의 기업에서는 MMPI 원형을 기준으로 연구, 조사, 정보수집, 개정 등의 과정을 통해서 자체 개발한 유형을 사용하고 있다.

인성검사의 구성은 여러 가지 하위 척도로 구성되어 있는데, MMPI 다면적 인성검사의 척도를 살펴보면 기본 척도가 8개 문항으로 구성되어 있고, 2개의 임상 척도와 4개의 타당성 척도를 포함, 총 14개 척도로 구성되어 있다.

캘리포니아 심리검사(CPI; California Psychological Inventory)의 경우는 48개 문항, 18개의 척도로 구성되어 있다.

### 2. 인성검사의 해석단계

해석단계는 첫 번째, 각 타당성 및 임상 척도에 대한 피검사자의 점수를 검토하는 방법으로 각 척도마다 피검사자의 점수가 정해진 범위에 속하는지 여부를 검토하게 된다.

두 번째, 척도별 연관성에 대한 분석으로 각 척도에서의 점수범위가 의미하는 것과 그것들이 나타낼 가설들을 종합하고, 어느 특정 척도의 점수를 근거로 하여 다른 척도들에 대한 예측을 시도하게 된다.

세 번째, 척도 간의 응집 또는 분산을 찾아보고 그에 따른 해석적 가설을 형성하는 과정으로 두 개 척도 간의 관계만을 가지고 해석하게 된다.

네 번째, 매우 낮은 임상 척도에 대한 검토로서, 일부 척도에서 낮은 점수가 특별히 의미 있는 경우가 있기 때문에 신중히 다뤄지게 된다.

다섯 번째, 타당성 및 임상 척도에 대한 형태적 분석으로서, 타당성 척도들과 임상 척도들 전체의 형태적 분석이다. 주로 척도들의 상승도와 기울기 및 굴곡을 해석해서 피검사자에 대한 종합적이고 총체적인 추론적 해석을 하게 된다.

## | 02 | 척도구성

## 1. MMPI 척도구성

### (1) 타당성 척도

타당성 척도는 피검사자가 검사에 올바른 태도를 보였는지, 또 피검사자가 응답한 검사문항들의 결론이 신뢰할 수 있는 결론인가를 알아보는 라이스케일(허위척도)이라 할 수 있다. 타당성 4개 척도는 잘못된 검사태도를 탐지하게 할 뿐만 아니라, 임상 척도와 더불어 검사 이외의 행동에 대하여 유추할 수 있는 자료를 제공해 줌으로써, 의미있는 인성요인을 밝혀주기도 한다.

〈타당성 4개 척도구성〉

| 무응답 척도 (?) | 무응답 척도는 피검사자가 응답하지 않은 문항과 '그렇다'와 '아니다'에 모두 답한 문항들의 총합이다. 척도점수의 크기는 다른 척도점수에 영향을 미치게 되므로, 빠뜨린 문항의 수를 최소로 줄이는 것이 중요하다. |
|---|---|
| 허구 척도 (L) | L 척도는 피검사자가 자신을 좋은 인상으로 나타내 보이기 위해 하는 고의적이고 부정직하며 세련되지 못한 시도를 측정하는 허구 척도이다.<br>L 척도의 문항들은 정직하지 못하거나 결점들을 고의적으로 감춰 자신을 좋게 보이려는 사람들의 장점마저도 부인하게 된다. |
| 신뢰성 척도 (F) | F 척도는 검사문항에 빗나간 방식의 답변을 응답하는 경향을 평가하기 위한 척도로 정상적인 집단의 10% 이하가 응답한 내용을 기준으로 일반 대중의 생각이나 경험과 다른 정도를 측정한다. |
| 교정 척도 (K) | K 척도는 분명한 정신적인 장애를 지니면서도 정상적인 프로파일을 보이는 사람들을 식별하기 위한 것이다. K 척도는 L 척도와 유사하게 거짓답안을 확인하지만 L 척도보다 더 미세하고 효과적으로 측정한다. |

## (2) 임상 척도

임상 척도는 검사의 주된 내용으로써 비정상 행동의 종류를 측정하는 10가지 척도로 되어 있다. 임상 척도의 수치는 높은 것이 좋다고 해석하는 경우도 있지만, 개별 척도별로 해석을 참고하는 경우가 대부분이다.

| | |
|---|---|
| 건강염려증(Hs)<br>Hypochondriasis | 개인이 말하는 신체적 증상과 이러한 증상들이 다른 사람을 조정하는 데 사용되고 있지는 않은지 여부를 측정하는 척도로서, 측정내용은 신체의 기능에 대한 과도한 집착 및 이와 관련된 질환이나 비정상적인 상태에 대한 불안감 등이다. |
| 우울증(D)<br>Depression | 개인의 비관 및 슬픔의 정도를 나타내는 기분상태의 척도로서, 자신에 대한 태도와 타인과의 관계에 대한 태도, 절망감, 희망의 상실, 무력감 등을 원인으로 나타나는 활동에 대한 흥미의 결여, 불면증과 같은 신체적 증상 및 과도한 민감성 등을 표현한다. |
| 히스테리(Hy)<br>Hysteria | 현실에 직면한 어려움이나 갈등을 회피하는 방법인 부인기제를 사용하는 경향 정도를 진단하려는 것으로서 특정한 신체적 증상을 나타내는 문항들과 아무런 심리적·정서적 장애도 가지고 있지 않다고 주장하는 것을 나타내는 문항들의 두 가지 다른 유형으로 구성되어 있다. |
| 반사회성(Pd)<br>Psychopathic Deviate | 가정이나 일반사회에 대한 불만, 자신 및 사회와의 격리, 권태 등을 주로 측정하는 것으로서 반사회적 성격, 비도덕적인 성격 경향 정도를 알아보기 위한 척도이다. |
| 남성-여성특성(Mf)<br>Masculinity-Femininity | 직업에 관한 관심, 취미, 종교적 취향, 능동·수동성, 대인감수성 등의 내용을 담고 있으며, 흥미형태의 남성특성과 여성특성을 측정하고 진단하는 검사이다. |
| 편집증(Pa)<br>Paranoia | 편집증을 평가하기 위한 것으로서 정신병적인 행동과 과대의심, 관계망상, 피해망상, 과대망상, 과민함, 비사교적 행동, 타인에 대한 불만감 같은 내용의 문항들로 구성되어 있다. |
| 강박증(Pt)<br>Psychasthenia | 병적인 공포, 불안감, 과대근심, 강박관념, 자기 비판적 행동, 집중력 곤란, 죄책감 등을 검사하는 내용으로 구성되어 있으며, 주로 오랫동안 지속된 만성적인 불안을 측정한다. |
| 정신분열증(Sc)<br>Schizophrenia | 정신적 혼란을 측정하는 척도로서 가장 많은 문항에 내포하고 있다. 이 척도는 별난 사고방식이나 행동양식을 지닌 사람을 판별하는 것으로서 사회적 고립, 가족관계의 문제, 성적 관심, 충동억제 불능, 두려움, 불만족 등의 내용으로 구성되어 있다. |
| 경조증(Ma)<br>Hypomania | 정신적 에너지를 측정하는 것으로서, 사고의 다양성과 과장성, 행동영역의 불안정성, 흥분성, 민감성 등을 나타낸다. 이 척도가 높으면 무엇인가를 하지 않고는 못 견디는 정력적인 사람이다. |
| 내향성(Si)<br>Social Introversion | 피검사자의 내향성과 외향성을 측정하기 위한 척도로서, 개인의 사회적 접촉 회피, 대인관계의 기피, 비사회성 등의 인성요인을 측정한다. 이 척도의 내향성과 외향성은 어느 하나가 좋고 나쁨을 나타내는 것이 아니라, 피검사자가 어떤 성향의 사람인가를 알아내는 것이다. |

## 2. CPI 척도구성

〈18 척도〉

| | |
|---|---|
| 지배성 척도<br>(Do) | 강력하고 지배적이며, 리더십이 강하고 대인관계에서 주도권을 잡는 지배적인 사람을 변별하고 자 하는 척도이다. |
| 지위능력 척도<br>(Cs) | 현재의 개인 자신의 지위를 측정하는 것이 아니라, 개인의 내부에 잠재되어 있어 어떤 지위에 도달하게끔 하는 자기 확신, 야심, 자신감 등을 평가하기 위한 척도이다. |
| 사교성 척도<br>(Sy) | 사교적이고 활달하며 참여기질이 좋은 사람과, 사회적으로 자신을 나타내기 싫어하고 참여기질 이 좋지 않은 사람을 변별하고자 하는 척도이다. |
| 사회적 태도 척도<br>(Sp) | 사회생활에서의 안정감, 활력, 자발성, 자신감 등을 평가하기 위한 척도로서, 사교성과 밀접한 관계가 있다. 고득점자는 타인 앞에 나서기를 좋아하고, 타인의 방어기제를 공격하여 즐거움을 얻고자 하는 성격을 가지고 있다. |
| 자기수용 척도<br>(Sa) | 자신에 대한 믿음, 자신의 생각을 수용하는 자기확신감을 가지고 있는 사람을 변별하기 위한 척도이다. |
| 행복감 척도<br>(Wb) | 근본 목적은 행복감을 느끼는 사람과 그렇지 않은 사람을 변별해 내는 척도 검사이지만, 긍정적인 성격으로 가장하기 위해서 반응한 사람을 변별해 내는 타당성 척도로서의 목적도 가지고 있다. |
| 책임감 척도<br>(Re) | 법과 질서에 대해서 철저하고 양심적이며 책임감이 강해 신뢰할 수 있는 사람과 인생은 이성에 의해서 지배되어야 한다고 믿는 사람을 변별하기 위한 척도이다. |
| 사회성 척도<br>(So) | 사회생활에서 이탈된 행동이나 범죄의 가능성이 있는 사람을 변별하기 위한 척도로서 범죄자 유형의 사람은 정상인보다 매우 낮은 점수를 나타낸다. |
| 자기통제 척도<br>(Sc) | 자기통제의 유무, 충동, 자기중심에서 벗어날 수 있는 통제의 적절성, 규율과 규칙에 동의하는 정도를 측정하는 척도로서, 점수가 높은 사람은 지나치게 자신을 통제하려 하며, 낮은 사람은 자기 통제가 잘 안되므로 충동적이 된다. |
| 관용성 척도<br>(To) | 침묵을 지키고 어떤 사실에 대하여 성급하게 판단하기를 삼가고 다양한 관점을 수용하려는 사회 적 신념과 태도를 재려는 척도이다. |
| 좋은 인상 척도<br>(Gi) | 타인이 자신에 대해 어떻게 반응하는가, 타인에게 좋은 인상을 주었는가에 흥미를 느끼는 사람을 변별하고, 자신을 긍정적으로 보이기 위해 솔직하지 못한 반응을 하는 사람을 찾아내기 위한 타당성 척도이다. |
| 추종성 척도<br>(Cm) | 사회에 대한 보수적인 태도와 생각을 측정하는 척도검사이다. 아무렇게나 적당히 반응한 피검사 자를 찾아내는 타당성 척도로서의 목적도 있다. |
| 순응을 위한 성취 척도<br>(Ac) | 강한 성취욕구를 측정하기 위한 척도로서 학업성취에 관련된 동기요인과 성격요인을 측정하 기 위해서 만들어졌다. |
| 독립성을 통한 성취 척도<br>(Ai) | 독립적인 사고, 창조력, 자기실현을 위한 성취능력의 정도를 측정하는 척도이다. |
| 지적 능률 척도<br>(Ie) | 지적 능률성을 측정하기 위한 척도이며, 지능과 의미 있는 상관관계를 가지고 있는 성격특성을 나타내는 항목을 제공한다. |
| 심리적 예민성 척도<br>(Py) | 동기, 내적 욕구, 타인의 경험에 공명하고 흥미를 느끼는 정도를 재는 척도이다. |
| 유연성 척도<br>(Fx) | 개인의 사고와 사회적 행동에 대한 유연성, 순응성 정도를 나타내는 척도이다. |
| 여향성 척도<br>(Fe) | 흥미의 남향성과 여향성을 측정하기 위한 척도이다. |

## | 03 | 인성검사 시 유의사항

(1) 충분한 휴식으로 불안을 없애고 정서적인 안정을 취한다. 심신이 안정되어야 자신의 마음을 표현할 수 있다.

(2) 생각나는 대로 솔직하게 응답한다. 자신을 너무 과대포장하지도, 너무 비하하지 않도록 한다. 답변을 꾸며서 하면 앞뒤가 맞지 않게끔 구성돼 있어 불리한 평가를 받게 되므로 솔직하게 답하도록 한다.

(3) 검사문항에 대해 지나치게 골똘히 생각해서는 안 된다. 지나치게 몰두하면 엉뚱한 답변이 나올 수 있으므로 불필요한 생각은 삼간다.

(4) 인성검사는 대개 문항수가 많기에 자칫 건너뛰는 경우가 있는데, 가능한 모든 문항에 답해야 한다. 응답하지 않은 문항이 많을 경우 평가자가 정확한 평가를 내리지 못해 불리한 평가를 받을 수 있기 때문이다.


## | 04 | 인성검사 모의연습

## 1. 1단계 검사

※ 다음 질문내용을 읽고 본인에 해당하는 응답의 '예', '아니요'에 ○표 하시오. [1~140]

| 번호 | 질문 | 응답 | |
|---|---|---|---|
| 1 | 조심스러운 성격이라고 생각한다. | 예 | 아니요 |
| 2 | 사물을 신중하게 생각하는 편이라고 생각한다. | 예 | 아니요 |
| 3 | 동작이 기민한 편이다. | 예 | 아니요 |
| 4 | 포기하지 않고 노력하는 것이 중요하다. | 예 | 아니요 |
| 5 | 일주일의 예정을 만드는 것을 좋아한다. | 예 | 아니요 |
| 6 | 노력의 여하보다 결과가 중요하다. | 예 | 아니요 |
| 7 | 자기주장이 강하다. | 예 | 아니요 |
| 8 | 장래의 일을 생각하면 불안해질 때가 있다. | 예 | 아니요 |
| 9 | 소외감을 느낄 때가 있다. | 예 | 아니요 |
| 10 | 훌쩍 여행을 떠나고 싶을 때가 자주 있다. | 예 | 아니요 |
| 11 | 대인관계가 귀찮다고 느낄 때가 있다. | 예 | 아니요 |
| 12 | 자신의 권리를 주장하는 편이다. | 예 | 아니요 |
| 13 | 낙천가라고 생각한다. | 예 | 아니요 |
| 14 | 싸움을 한 적이 없다. | 예 | 아니요 |
| 15 | 자신의 의견을 상대에게 잘 주장하지 못한다. | 예 | 아니요 |
| 16 | 좀처럼 결단하지 못하는 경우가 있다. | 예 | 아니요 |
| 17 | 하나의 취미를 오래 지속하는 편이다. | 예 | 아니요 |
| 18 | 한 번 시작한 일은 끝을 맺는다. | 예 | 아니요 |
| 19 | 행동으로 옮기기까지 시간이 걸린다. | 예 | 아니요 |
| 20 | 다른 사람들이 하지 못하는 일을 하고 싶다. | 예 | 아니요 |

| 번호 | 질문 | 응답 | |
|---|---|---|---|
| 21 | 해야 할 일은 신속하게 처리한다. | 예 | 아니요 |
| 22 | 병이 아닌지 걱정이 들 때가 있다. | 예 | 아니요 |
| 23 | 다른 사람의 충고를 기분 좋게 듣는 편이다. | 예 | 아니요 |
| 24 | 다른 사람에게 의존적이 될 때가 많다. | 예 | 아니요 |
| 25 | 타인에게 간섭받는 것은 싫다. | 예 | 아니요 |
| 26 | 의식 과잉이라는 생각이 들 때가 있다. | 예 | 아니요 |
| 27 | 수다를 좋아한다. | 예 | 아니요 |
| 28 | 잘못된 일을 한 적이 한 번도 없다. | 예 | 아니요 |
| 29 | 모르는 사람과 이야기하는 것은 용기가 필요하다. | 예 | 아니요 |
| 30 | 끙끙거리며 생각할 때가 있다. | 예 | 아니요 |
| 31 | 다른 사람에게 항상 움직이고 있다는 말을 듣는다. | 예 | 아니요 |
| 32 | 매사에 얽매인다. | 예 | 아니요 |
| 33 | 잘하지 못하는 게임은 하지 않으려고 한다. | 예 | 아니요 |
| 34 | 어떠한 일이 있어도 출세하고 싶다. | 예 | 아니요 |
| 35 | 막무가내라는 말을 들을 때가 많다. | 예 | 아니요 |
| 36 | 신경이 예민한 편이라고 생각한다. | 예 | 아니요 |
| 37 | 쉽게 침울해한다. | 예 | 아니요 |
| 38 | 쉽게 싫증을 내는 편이다. | 예 | 아니요 |
| 39 | 옆에 사람이 있으면 싫다. | 예 | 아니요 |
| 40 | 토론에서 이길 자신이 있다. | 예 | 아니요 |
| 41 | 친구들과 남의 이야기를 하는 것을 좋아한다. | 예 | 아니요 |
| 42 | 푸념을 한 적이 없다. | 예 | 아니요 |
| 43 | 남과 친해지려면 용기가 필요하다. | 예 | 아니요 |
| 44 | 통찰력이 있다고 생각한다. | 예 | 아니요 |
| 45 | 집에서 가만히 있으면 기분이 우울해진다. | 예 | 아니요 |
| 46 | 매사에 느긋하고 차분하게 매달린다. | 예 | 아니요 |
| 47 | 좋은 생각이 떠올라도 실행하기 전에 여러모로 검토한다. | 예 | 아니요 |
| 48 | 누구나 권력자를 동경하고 있다고 생각한다. | 예 | 아니요 |
| 49 | 몸으로 부딪혀 도전하는 편이다. | 예 | 아니요 |
| 50 | 당황하면 갑자기 땀이 나서 신경 쓰일 때가 있다. | 예 | 아니요 |
| 51 | 친구들이 진지한 사람으로 생각하고 있다. | 예 | 아니요 |
| 52 | 감정적으로 될 때가 많다. | 예 | 아니요 |
| 53 | 다른 사람의 일에 관심이 없다. | 예 | 아니요 |
| 54 | 다른 사람으로부터 지적받는 것은 싫다. | 예 | 아니요 |
| 55 | 지루하면 마구 떠들고 싶어진다. | 예 | 아니요 |
| 56 | 부모에게 불평을 한 적이 한 번도 없다. | 예 | 아니요 |
| 57 | 내성적이라고 생각한다. | 예 | 아니요 |
| 58 | 돌다리도 두들기고 건너는 타입이라고 생각한다. | 예 | 아니요 |
| 59 | 굳이 말하자면 시원시원하다. | 예 | 아니요 |
| 60 | 나는 끈기가 강하다. | 예 | 아니요 |

| 번호 | 질문 | 응답 | |
|---|---|---|---|
| 61 | 전망을 세우고 행동할 때가 많다. | 예 | 아니요 |
| 62 | 일에는 결과가 중요하다고 생각한다. | 예 | 아니요 |
| 63 | 활력이 있다. | 예 | 아니요 |
| 64 | 항상 천재지변을 당하지는 않을까 걱정하고 있다. | 예 | 아니요 |
| 65 | 때로는 후회할 때도 있다. | 예 | 아니요 |
| 66 | 다른 사람에게 위해를 가할 것 같은 기분이 든 때가 있다. | 예 | 아니요 |
| 67 | 진정으로 마음을 허락할 수 있는 사람은 없다. | 예 | 아니요 |
| 68 | 기다리는 것에 짜증내는 편이다. | 예 | 아니요 |
| 69 | 친구들로부터 줏대 없는 사람이라는 말을 듣는다. | 예 | 아니요 |
| 70 | 사물을 과장해서 말한 적은 없다. | 예 | 아니요 |
| 71 | 인간관계가 폐쇄적이라는 말을 듣는다. | 예 | 아니요 |
| 72 | 매사에 신중한 편이라고 생각한다. | 예 | 아니요 |
| 73 | 눈을 뜨면 바로 일어난다. | 예 | 아니요 |
| 74 | 난관에 봉착해도 포기하지 않고 열심히 해본다. | 예 | 아니요 |
| 75 | 실행하기 전에 재확인할 때가 많다. | 예 | 아니요 |
| 76 | 리더로서 인정을 받고 싶다. | 예 | 아니요 |
| 77 | 어떤 일이 있어도 의욕을 가지고 열심히 하는 편이다. | 예 | 아니요 |
| 78 | 다른 사람의 감정에 민감하다. | 예 | 아니요 |
| 79 | 다른 사람들이 남을 배려하는 마음씨가 있다는 말을 한다. | 예 | 아니요 |
| 80 | 사소한 일로 우는 일이 많다. | 예 | 아니요 |
| 81 | 반대에 부딪혀도 자신의 의견을 바꾸는 일은 없다. | 예 | 아니요 |
| 82 | 누구와도 편하게 이야기할 수 있다. | 예 | 아니요 |
| 83 | 가만히 있지 못할 정도로 침착하지 못할 때가 있다. | 예 | 아니요 |
| 84 | 다른 사람을 싫어한 적은 한 번도 없다. | 예 | 아니요 |
| 85 | 그룹 내에서는 누군가의 주도하에 따라가는 경우가 많다. | 예 | 아니요 |
| 86 | 차분하다는 말을 듣는다. | 예 | 아니요 |
| 87 | 스포츠 선수가 되고 싶다고 생각한 적이 있다. | 예 | 아니요 |
| 88 | 모두가 싫증을 내는 일에도 혼자서 열심히 한다. | 예 | 아니요 |
| 89 | 휴일은 세부적인 예정을 세우고 보낸다. | 예 | 아니요 |
| 90 | 완성된 것보다 미완성인 것에 흥미가 있다. | 예 | 아니요 |
| 91 | 잘하지 못하는 것이라도 자진해서 한다. | 예 | 아니요 |
| 92 | 가만히 있지 못할 정도로 불안해질 때가 많다. | 예 | 아니요 |
| 93 | 자주 깊은 생각에 잠긴다. | 예 | 아니요 |
| 94 | 이유도 없이 다른 사람과 부딪힐 때가 있다. | 예 | 아니요 |
| 95 | 타인의 일에는 별로 관여하고 싶지 않다고 생각한다. | 예 | 아니요 |
| 96 | 무슨 일이든 자신을 가지고 행동한다. | 예 | 아니요 |
| 97 | 유명인과 서로 아는 사람이 되고 싶다. | 예 | 아니요 |
| 98 | 지금까지 후회를 한 적이 없다. | 예 | 아니요 |
| 99 | 의견이 다른 사람과는 어울리지 않는다. | 예 | 아니요 |
| 100 | 무슨 일이든 생각해 보지 않으면 만족하지 못한다. | 예 | 아니요 |

| 번호 | 질문 | 응답 | |
|---|---|---|---|
| 101 | 다소 무리를 하더라도 피로해지지 않는다. | 예 | 아니요 |
| 102 | 굳이 말하자면 장거리 주자에 어울린다고 생각한다. | 예 | 아니요 |
| 103 | 여행을 가기 전에는 세세한 계획을 세운다. | 예 | 아니요 |
| 104 | 능력을 살릴 수 있는 일을 하고 싶다. | 예 | 아니요 |
| 105 | 성격이 시원시원하다고 생각한다. | 예 | 아니요 |
| 106 | 굳이 말하자면 자의식 과잉이다. | 예 | 아니요 |
| 107 | 자신을 쓸모없는 인간이라고 생각할 때가 있다. | 예 | 아니요 |
| 108 | 주위의 영향을 받기 쉽다. | 예 | 아니요 |
| 109 | 지인을 발견해도 만나고 싶지 않을 때가 많다. | 예 | 아니요 |
| 110 | 다수의 반대가 있더라도 자신의 생각대로 행동한다. | 예 | 아니요 |
| 111 | 번화한 곳에 외출하는 것을 좋아한다. | 예 | 아니요 |
| 112 | 지금까지 다른 사람의 마음에 상처준 일이 없다. | 예 | 아니요 |
| 113 | 다른 사람에게 자신이 소개되는 것을 좋아한다. | 예 | 아니요 |
| 114 | 실행하기 전에 재고하는 경우가 많다. | 예 | 아니요 |
| 115 | 몸을 움직이는 것을 좋아한다. | 예 | 아니요 |
| 116 | 나는 완고한 편이라고 생각한다. | 예 | 아니요 |
| 117 | 신중하게 생각하는 편이다. | 예 | 아니요 |
| 118 | 커다란 일을 해보고 싶다. | 예 | 아니요 |
| 119 | 계획을 생각하기보다 빨리 실행하고 싶어한다. | 예 | 아니요 |
| 120 | 작은 소리도 신경 쓰인다. | 예 | 아니요 |
| 121 | 나는 자질구레한 걱정이 많다. | 예 | 아니요 |
| 122 | 이유도 없이 화가 치밀 때가 있다. | 예 | 아니요 |
| 123 | 융통성이 없는 편이다. | 예 | 아니요 |
| 124 | 나는 다른 사람보다 기가 세다. | 예 | 아니요 |
| 125 | 다른 사람보다 쉽게 우쭐해진다. | 예 | 아니요 |
| 126 | 다른 사람을 의심한 적이 한 번도 없다. | 예 | 아니요 |
| 127 | 어색해지면 입을 다무는 경우가 많다. | 예 | 아니요 |
| 128 | 하루의 행동을 반성하는 경우가 많다. | 예 | 아니요 |
| 129 | 격렬한 운동도 그다지 힘들어하지 않는다. | 예 | 아니요 |
| 130 | 새로운 일에 처음 한 발을 좀처럼 떼지 못한다. | 예 | 아니요 |
| 131 | 앞으로의 일을 생각하지 않으면 진정이 되지 않는다. | 예 | 아니요 |
| 132 | 인생에서 중요한 것은 높은 목표를 갖는 것이다. | 예 | 아니요 |
| 133 | 무슨 일이든 선수를 쳐야 이긴다고 생각한다. | 예 | 아니요 |
| 134 | 다른 사람이 나를 어떻게 생각하는지 궁금할 때가 많다. | 예 | 아니요 |
| 135 | 침울해지면서 아무 것도 손에 잡히지 않을 때가 있다. | 예 | 아니요 |
| 136 | 어린 시절로 돌아가고 싶을 때가 있다. | 예 | 아니요 |
| 137 | 아는 사람을 발견해도 피해버릴 때가 있다. | 예 | 아니요 |
| 138 | 굳이 말하자면 기가 센 편이다. | 예 | 아니요 |
| 139 | 성격이 밝다는 말을 듣는다. | 예 | 아니요 |
| 140 | 다른 사람이 부럽다고 생각한 적이 한 번도 없다. | 예 | 아니요 |

## 2. 2단계 검사

※ 다음 질문내용을 읽고 A, B 중 해당되는 곳에 ○표 하시오. [1~36]

| 번호 | 질문 | 응답 | |
|---|---|---|---|
| 1 | A 사람들 앞에서 잘 이야기하지 못한다.<br>B 사람들 앞에서 이야기하는 것을 좋아한다. | A | B |
| 2 | A 엉뚱한 생각을 잘한다.<br>B 비현실적인 것을 싫어한다. | A | B |
| 3 | A 친절한 사람이라는 말을 듣고 싶다.<br>B 냉정한 사람이라는 말을 듣고 싶다. | A | B |
| 4 | A 예정에 얽매이는 것을 싫어한다.<br>B 예정이 없는 상태를 싫어한다. | A | B |
| 5 | A 혼자 생각하는 것을 좋아한다.<br>B 다른 사람과 이야기하는 것을 좋아한다. | A | B |
| 6 | A 정해진 절차에 따르는 것을 싫어한다.<br>B 정해진 절차가 바뀌는 것을 싫어한다. | A | B |
| 7 | A 친절한 사람 밑에서 일하고 싶다.<br>B 이성적인 사람 밑에서 일하고 싶다. | A | B |
| 8 | A 그때그때의 기분으로 행동하는 경우가 많다.<br>B 미리 행동을 정해두는 경우가 많다. | A | B |
| 9 | A 다른 사람과 만났을 때 화제로 고생한다.<br>B 다른 사람과 만났을 때 화제에 부족함이 없다. | A | B |
| 10 | A 학구적이라는 인상을 주고 싶다.<br>B 실무적이라는 인상을 주고 싶다. | A | B |
| 11 | A 친구가 돈을 빌려달라고 하면 거절하지 못한다.<br>B 본인에게 도움이 되지 않는 차금은 거절한다. | A | B |
| 12 | A 조직 안에서는 독자적으로 움직이는 타입이라고 생각한다.<br>B 조직 안에서는 우등생 타입이라고 생각한다. | A | B |
| 13 | A 문장을 쓰는 것을 좋아한다.<br>B 이야기하는 것을 좋아한다. | A | B |
| 14 | A 직감으로 판단한다.<br>B 경험으로 판단한다. | A | B |
| 15 | A 다른 사람이 어떻게 생각하는지 신경 쓰인다.<br>B 다른 사람이 어떻게 생각하든 신경 쓰지 않는다. | A | B |
| 16 | A 틀에 박힌 일은 싫다.<br>B 절차가 정해진 일을 좋아한다. | A | B |
| 17 | A 처음 사람을 만날 때는 노력이 필요하다.<br>B 처음 사람을 만나는 것이 아무렇지도 않다. | A | B |
| 18 | A 꿈을 가진 사람에게 끌린다.<br>B 현실적인 사람에게 끌린다. | A | B |

| 번호 | 질문 | 응답 | |
|------|------|------|------|
| 19 | A 어려움에 처한 사람을 보면 동정한다. | A | B |
| | B 어려움에 처한 사람을 보면 원인을 생각한다. | | |
| 20 | A 느긋한 편이다. | A | B |
| | B 시간을 정확히 지키는 편이다. | | |
| 21 | A 회합에서는 소개를 받는 편이다. | A | B |
| | B 회합에서는 소개를 하는 편이다. | | |
| 22 | A 굳이 말하자면 혁신적이라고 생각한다. | A | B |
| | B 굳이 말하자면 보수적이라고 생각한다. | | |
| 23 | A 지나치게 합리적으로 결론짓는 것은 좋지 않다. | A | B |
| | B 지나치게 온정을 표시하는 것은 좋지 않다. | | |
| 24 | A 융통성이 있다. | A | B |
| | B 자신의 페이스를 잃지 않는다. | | |
| 25 | A 사람들 앞에 잘 나서지 못한다. | A | B |
| | B 사람들 앞에 나서는 데 어려움이 없다. | | |
| 26 | A 상상력이 있다는 말을 듣는다. | A | B |
| | B 현실적이라는 이야기를 듣는다. | | |
| 27 | A 다른 사람의 의견에 귀를 기울인다. | A | B |
| | B 자신의 의견을 밀어붙인다. | | |
| 28 | A 틀에 박힌 일은 너무 딱딱해서 싫다. | A | B |
| | B 방법이 정해진 일은 안심할 수 있다. | | |
| 29 | A 튀는 것을 싫어한다. | A | B |
| | B 튀는 것을 좋아한다. | | |
| 30 | A 굳이 말하자면 이상주의자이다. | A | B |
| | B 굳이 말하자면 현실주의자이다. | | |
| 31 | A 일을 선택할 때에는 인간관계를 중시하고 싶다. | A | B |
| | B 일을 선택할 때에는 일의 보람을 중시하고 싶다. | | |
| 32 | A 임기응변에 능하다. | A | B |
| | B 계획적인 행동을 중요하게 여긴다. | | |
| 33 | A 혼자 꾸준히 하는 것을 좋아한다. | A | B |
| | B 변화가 있는 것을 좋아한다. | | |
| 34 | A 가능성에 눈을 돌린다. | A | B |
| | B 현실성에 눈을 돌린다. | | |
| 35 | A 매사에 감정적으로 생각한다. | A | B |
| | B 매사에 이론적으로 생각한다. | | |
| 36 | A 스케줄을 짜지 않고 행동하는 편이다. | A | B |
| | B 스케줄을 짜고 행동하는 편이다. | | |

부록

# 3. 답안지

## (1) 1단계 검사

| 1 | 15 | 29 | 43 | 57 | 71 | 85 | 99 | 113 | 127 |
|---|---|---|---|---|---|---|---|---|---|
| 예 아니요 | 예 아니요 | 예 아니요 | 예 아니요 | 예 아니요 | 예 아니요 | 예 아니요 | 예 아니요 | 예 아니요 | 예 아니요 |
| 2 | 16 | 30 | 44 | 58 | 72 | 86 | 100 | 114 | 128 |
| 예 아니요 | 예 아니요 | 예 아니요 | 예 아니요 | 예 아니요 | 예 아니요 | 예 아니요 | 예 아니요 | 예 아니요 | 예 아니요 |
| 3 | 17 | 31 | 45 | 59 | 73 | 87 | 101 | 115 | 129 |
| 예 아니요 | 예 아니요 | 예 아니요 | 예 아니요 | 예 아니요 | 예 아니요 | 예 아니요 | 예 아니요 | 예 아니요 | 예 아니요 |
| 4 | 18 | 32 | 46 | 60 | 74 | 88 | 102 | 116 | 130 |
| 예 아니요 | 예 아니요 | 예 아니요 | 예 아니요 | 예 아니요 | 예 아니요 | 예 아니요 | 예 아니요 | 예 아니요 | 예 아니요 |
| 5 | 19 | 33 | 47 | 61 | 75 | 89 | 103 | 117 | 131 |
| 예 아니요 | 예 아니요 | 예 아니요 | 예 아니요 | 예 아니요 | 예 아니요 | 예 아니요 | 예 아니요 | 예 아니요 | 예 아니요 |
| 6 | 20 | 34 | 48 | 62 | 76 | 90 | 104 | 118 | 132 |
| 예 아니요 | 예 아니요 | 예 아니요 | 예 아니요 | 예 아니요 | 예 아니요 | 예 아니요 | 예 아니요 | 예 아니요 | 예 아니요 |
| 7 | 21 | 35 | 49 | 63 | 77 | 91 | 105 | 119 | 133 |
| 예 아니요 | 예 아니요 | 예 아니요 | 예 아니요 | 예 아니요 | 예 아니요 | 예 아니요 | 예 아니요 | 예 아니요 | 예 아니요 |
| 8 | 22 | 36 | 50 | 64 | 78 | 92 | 106 | 120 | 134 |
| 예 아니요 | 예 아니요 | 예 아니요 | 예 아니요 | 예 아니요 | 예 아니요 | 예 아니요 | 예 아니요 | 예 아니요 | 예 아니요 |
| 9 | 23 | 37 | 51 | 65 | 79 | 93 | 107 | 121 | 135 |
| 예 아니요 | 예 아니요 | 예 아니요 | 예 아니요 | 예 아니요 | 예 아니요 | 예 아니요 | 예 아니요 | 예 아니요 | 예 아니요 |
| 10 | 24 | 38 | 52 | 66 | 80 | 94 | 108 | 122 | 136 |
| 예 아니요 | 예 아니요 | 예 아니요 | 예 아니요 | 예 아니요 | 예 아니요 | 예 아니요 | 예 아니요 | 예 아니요 | 예 아니요 |
| 11 | 25 | 39 | 53 | 67 | 81 | 95 | 109 | 123 | 137 |
| 예 아니요 | 예 아니요 | 예 아니요 | 예 아니요 | 예 아니요 | 예 아니요 | 예 아니요 | 예 아니요 | 예 아니요 | 예 아니요 |
| 12 | 26 | 40 | 54 | 68 | 82 | 96 | 110 | 124 | 138 |
| 예 아니요 | 예 아니요 | 예 아니요 | 예 아니요 | 예 아니요 | 예 아니요 | 예 아니요 | 예 아니요 | 예 아니요 | 예 아니요 |
| 13 | 27 | 41 | 55 | 69 | 83 | 97 | 111 | 125 | 139 |
| 예 아니요 | 예 아니요 | 예 아니요 | 예 아니요 | 예 아니요 | 예 아니요 | 예 아니요 | 예 아니요 | 예 아니요 | 예 아니요 |
| 14 | 28 | 42 | 56 | 70 | 84 | 98 | 112 | 126 | 140 |
| 예 아니요 | 예 아니요 | 예 아니요 | 예 아니요 | 예 아니요 | 예 아니요 | 예 아니요 | 예 아니요 | 예 아니요 | 예 아니요 |

## (2) 2단계 검사

| 1 | 5 | 9 | 13 | 17 | 21 | 25 | 29 | 33 |
|---|---|---|---|---|---|---|---|---|
| A B | A B | A B | A B | A B | A B | A B | A B | A B |
| 2 | 6 | 10 | 14 | 18 | 22 | 26 | 30 | 34 |
| A B | A B | A B | A B | A B | A B | A B | A B | A B |
| 3 | 7 | 11 | 15 | 19 | 23 | 27 | 31 | 35 |
| A B | A B | A B | A B | A B | A B | A B | A B | A B |
| 4 | 8 | 12 | 16 | 20 | 24 | 28 | 32 | 36 |
| A B | A B | A B | A B | A B | A B | A B | A B | A B |

# 4. 분석표

## (1) 1단계 검사

| 합계 | | 척도 | 0 | 1 | 2 | 3 | 4 | 5 | 6 | 7 | 8 | 9 | 10 |
|---|---|---|---|---|---|---|---|---|---|---|---|---|---|
| 합계 1 | 행동적 측면 | 사회적 내향성 (합계 1) | | | | | | | | | | | |
| 합계 2 | | 내성성 (합계 2) | | | | | | | | | | | |
| 합계 3 | | 신체활동성 (합계 3) | | | | | | | | | | | |
| 합계 4 | | 지속성 (합계 4) | | | | | | | | | | | |
| 합계 5 | | 신중성 (합계 5) | | | | | | | | | | | |
| 합계 6 | 의욕적 측면 | 달성의욕 (합계 6) | | | | | | | | | | | |
| 합계 7 | | 활동의욕 (합계 7) | | | | | | | | | | | |
| 합계 8 | 정서적 측면 | 민감성 (합계 8) | | | | | | | | | | | |
| 합계 9 | | 자책성 (합계 9) | | | | | | | | | | | |
| 합계 10 | | 기분성 (합계 10) | | | | | | | | | | | |
| 합계 11 | | 독자성 (합계 11) | | | | | | | | | | | |
| 합계 12 | | 자신감 (합계 12) | | | | | | | | | | | |
| 합계 13 | | 고양성 (합계 13) | | | | | | | | | | | |
| 합계 14 | 타당성 | 신뢰도 (합계 14) | | | | | | | | | | | |

## (2) 2단계 검사

| 합계 | | 척도 | 0 | 1 | 2 | 3 | 4 | 5 | 6 | 7 | 8 | 9 | |
|---|---|---|---|---|---|---|---|---|---|---|---|---|---|
| 합계 15 | 성격 유형 | 흥미관심 방향 (합계 15) | | | | | | | | | | | 외향 |
| 합계 16 | | 사물에 대한 견해 (합계 16) | | | | | | | | | | | 감각 |
| 합계 17 | | 판단의 방법 (합계 17) | | | | | | | | | | | 사고 |
| 합계 18 | | 사회에 대한 접근 방법 (합계 18) | | | | | | | | | | | 판단 |

## 5. 채점방식

### (1) 1단계 검사

① 답안지에 '예', '아니요'를 체크한다.

② 답안지의 문제번호 줄 1, 15, 29, 43, 57, 71, 85, 99, 113, 127 중 '예'에 체크한 개수의 합계를 '합계 1'란에 숫자로 기입한다.

③ 위와 같이 문제번호 줄 2, 16, 30, 44, 58, 72, 86, 100, 114, 128 중 '예'에 체크한 개수의 합계를 '합계 2'란에 기입한다.

④ 마찬가지로 문제번호 줄 14까지 이렇게 '예'에 체크한 개수의 합계를 차례대로 '합계 14'란까지 숫자로 기입한다.

⑤ 집계는 각각 10문제씩 한다.

⑥ 집계가 끝나면 집계결과를 분석표에 옮겨 적는다.

### (2) 2단계 검사

① 답안지의 문제번호 줄 1, 5, 9, 13, 17, 21, 25, 29, 33의 'B'에 ○표 체크한 개수의 합계를 '합계 15'란에 숫자로 기입한다.

② 마찬가지로 문제번호 줄 4까지 이렇게 'B'에 ○표 체크한 개수의 합계를 차례대로 '합계 18'란까지 숫자로 기입한다.

③ 집계는 각각 옆으로 9문제씩 한다.

④ 집계가 끝나면 집계결과를 분석표에 옮겨 적는다.

## 6. 결과 분석

### (1) 1단계 검사

① '합계 1'에서부터 '합계 5'까지는 성격 특성을 나타내는 어떠한 행동적 특징이 있는지 나타낸다. 즉, 행동적 측면은 행동으로 나타내기 쉬운 경향을 나타내는 것이다. 행동적인 경향은 겉모습으로도 금방 알 수 있기 때문에 면접에서 다루어지기 쉬운 부분이다.

② '합계 6'과 '합계 7'은 의욕적인 측면을 나타낸다. 의욕적 측면은 의욕이나 활력을 나타내는 것이다. 인재를 채용하는 조직에 있어 의욕적인 사람은 열심히 일할 가능성이 높기 때문에 중요한 측면이라고 할 수 있다.

③ '합계 8'에서부터 '합계 13'까지는 정서적인 측면을 나타내는데, 이는 사회에서의 적응력이나 감정의 안정도를 나타내고 있다. 조직 내에서의 업무나 인간관계에 원활하게 적응할 수 있는지 등을 측정하는 것이다.

④ '합계 14'는 라이스케일, 즉 타당성 척도로서 허위성을 나타낸다. 업무상의 과실을 얼버무리거나 자신을 잘 보이게 하기 위해 거짓말을 하는 정도를 측정하는 것이다.

⑤ '합계 1'에서 '합계 13'까지는 평가치가 높을수록 측정된 특성 경향이 강하다는 것을 나타낸다. '합계 14'는 평가치가 높을수록 응답에 대한 신뢰성이 낮고, 평가치가 낮을수록 응답에 대한 신뢰성이 높다는 의미이다.

(2) 2단계 검사

① 2단계 검사는 성격유형에 관한 부분으로, 개인의 성향을 분류하기 위한 요소이다. 성격유형이 채용 여부에 직접 영향을 주는 일은 다소 적지만, 장래에 이동이나 승진 시 자료로 이용될 가능성이 있는 항목이다.

② 평가치는 높고 낮음을 나타내는 것이 아니라, 피검사자의 성향이 어느 방면에 치우쳐 있는가를 판단 하는 것이다. 예를 들어, '흥미관심'의 평가치가 9인 경우 외향적인 경향이 강하고, 2인 경우에는 내향적인 경향이 강하다고 할 수 있다. 평가치가 4 또는 5일 경우에는 어느 한 성향으로 치우쳐 있지 않고 중립적인 성향을 가지고 있다고 볼 수 있다.

## | 05 | 인성검사 결과로 알아보는 예상 면접 질문

인성검사는 특히 면접 질문과 관련성이 높은 부분이다. 면접관은 지원자의 인성검사 결과를 토대로 질 문을 하게 된다. 그렇다고 해서 자신의 성격을 꾸미는 것은 바람직하지 않다. 실제 시험은 매우 복잡하 여 전문가라 해도 일정 성격을 유지하면서 답변을 하는 것이 불가능하기 때문이다. 따라서 인성검사는 솔직하게 임하되 인성검사 모의연습으로 자신의 성향을 정확히 파악하고 아래 예상 면접질문을 참고하 여, 자신의 단점은 보완하면서 강점은 어필할 수 있는 답변을 준비하도록 하자.

### 1. 사회적 내향성 척도

(1) 득점이 낮은 사람

- 자기가 선택한 직업에 대해 어떤 인상을 가지고 있습니까?
- 부모님을 객관적으로 봤을 때 어떻게 생각합니까?
- 당사의 사장님 성함을 알고 있습니까?

수다스럽기 때문에 내용이 없다는 인상을 주기 쉽다. 질문의 요지를 파악하여 논리적인 발언을 하도록 유의하자. 한 번에 많은 것을 이야기하려 하면 요점이 흐려지게 되므로 내용을 정리하여 간결하게 발언 한다.

(2) 득점이 높은 사람

- 친구들에게 있어 당신은 어떤 사람입니까?
- 특별히 무언가 묻고 싶은 것이 있습니까?
- 친구들의 상담을 받는 쪽입니까?

높은 득점은 마이너스 요인이다. 면접에서 보완해야 하므로 자신감을 가지고 끝까지 또박또박 주위에도 들릴 정도의 큰 소리로 말하도록 하자. 절대 얼버무리거나 기어들어가는 목소리는 안 된다.

## 2. 내성성 척도

### (1) 득점이 낮은 사람

- 학생시절에 후회되는 일은 없습니까?
- 학생과 사회인의 차이는 무엇이라고 생각합니까?
- 당신이 가장 흥미를 가지고 있는 것에 대해 이야기해 주십시오.

> 답변 내용을 떠나 일단 평소보다 천천히 말하자. 생각나는 대로 말해버리면 이야기가 두서없이 이곳저곳으로 빠져 부주의하고 경솔하다는 인식을 줄 수 있으므로 머릿속에서 내용을 정리하고 이야기하도록 유의하자. 응답은 가능한 간결하게 한다.

### (2) 득점이 높은 사람

- 인생에는 무엇이 중요하다고 생각합니까?
- 좀 더 큰소리로 이야기해 주십시오.

> 과도하게 긴장할 경우 불필요한 생각을 하게 되어 반응이 늦어버리면 곤란하다. 특히 새로운 질문을 받았는데도 했던 대답을 재차 하거나 하면 전체 흐름을 저해하게 되므로 평소부터 이러한 습관을 의식하면서 적절한 타이밍의 대화를 하도록 하자.

## 3. 신체활동성 척도

### (1) 득점이 낮은 사람

- 휴일은 어떻게 보냅니까?
- 학창시절에 무엇에 열중했습니까?

> 졸업논문이나 영어회화, 컴퓨터 등 학생다움이나 사회인으로서 도움이 되는 것에 관심을 가지고 있는 것을 적극 어필한다. 이미 면접담당자는 소극적이라고 생각하고 있기 때문에 말로 적극적이라고 말해도 성격프로필의 결과와 모순되므로 일부러 꾸며 말하지 않는다.

### (2) 득점이 높은 사람

- 제대로 질문을 듣고 있습니까?
- 희망하는 직종으로 배속되지 않으면 어떻게 하겠습니까?

> 일부러 긴장시키고 반응을 살피는 경우가 있다. 활동적이지만 침착함이 없다는 인상을 줄 수 있으므로 머릿속에 생각을 정리하는 습관을 들이자. 행동할 때도 마찬가지로, 편하게 행동하는 것은 플러스 요인이지만, 반사적인 언동이 많으면 마이너스가 되므로 주의한다.

## 4. 지속성 척도

### (1) 득점이 낮은 사람

- 일에 활용할 수 있을 만한 자격이나 특기, 취미가 있습니까?
- 오랫동안 배운 것에 대해 들려주십시오.

금방 싫증내서 오래 지속하지 못하는 것은 마이너스다. 쉽게 포기하고 내팽개치는 사람은 어느 곳에서도 필요로 하지 않는다는 것을 상기한다. 면접을 보는 동안과 마찬가지로, 대기 시간에도 주의하여 차분하지 못한 동작을 하지 않도록 한다.

### (2) 득점이 높은 사람

- 이런 것도 모릅니까?
- 이 직업에 맞지 않는 것은 아닙니까?

짓궂은 질문을 받으면 감정적이 되거나 옹고집을 부릴 가능성이 있다. 냉정하고 침착하게 받아넘겨야 한다. 비슷한 경험을 쌓으면 차분하게 응답할 수 있게 되므로 모의면접 등의 기회를 활용한다.

## 5. 신중성 척도

### (1) 득점이 낮은 사람

- 당신에게 부족한 것은 어떤 점입니까?
- 결점을 극복하기 위해 어떻게 노력하고 있습니까?

질문의 요지를 잘못 받아들이거나, 불필요한 이야기까지 하는 등 대답에 일관성이 없으면 마이너스다. 직감적인 언동을 하지 않도록 평소부터 논리적으로 생각하는 습관을 키우자.

### (2) 득점이 높은 사람

- 주위 사람에게 욕을 들으면 어떻게 하겠습니까?
- 출세하고 싶습니까?
- 제 질문에 대한 답이 아닙니다.

예상외의 질문에 답이 궁해지거나 깊이 생각하게 되면 역시나 신중이 지나쳐 결단이 늦다는 인상을 주게 된다. 주위의 상황을 파악하고 발언하려는 나머지 반응이 늦어지고, 집단면접 등에서 시간이 걸리게 되면 행동이 느리다는 인식을 주게 되므로 주의한다.

## 6. 달성의욕 척도

### (1) 득점이 낮은 사람

- 인생의 목표를 들려주십시오.
- 입사하면 무엇을 하고 싶습니까?
- 지금까지 목표를 향해 노력하여 달성한 적이 있습니까?

> 결과에 대한 책임감이 낮다, 지시에 따르기만 할 뿐 주체성이 없다는 인상을 준다면 매우 곤란하다. 목표의식이나 의욕의 유무, 주위 상황에 휩쓸리는 경향 등에 대해 물어오면 의욕이 낮다는 인식을 주지 않도록 목표를 향해 견실하게 노력하려는 자세를 강조하자.

### (2) 득점이 높은 사람

- 도박을 좋아합니까?
- 다른 사람에게 지지 않는다고 말할 수 있는 것이 있습니까?

> 행동이 따르지 않고 말만 앞선다면 평가가 나빠진다. 목표나 이상을 바라보고 노력하지 않는 것은 한 번의 도박으로 일확천금을 노리는 것과 같다는 것을 명심하고 자신이 어떤 목표를 이루기 위해 노력한 경험이 있는지 미리 생각해서 행동적인 부분을 어필하는 답변을 하도록 하자.


## 7. 활동의욕 척도

### (1) 득점이 낮은 사람

- 어떤 일을 할 때 주도적으로 이끄는 편입니까?
- 신념이나 신조에 대해 말해 주십시오.
- 질문의 답이 다른 사람과 똑같습니다.

> 의표를 찌르는 질문을 받더라도 당황하지 말고 수비에 강한 면을 어필하면서 무모한 공격을 하기보다는 신중하게 매진하는 성격이라는 점을 강조할 수 있는 답을 준비해 두자.

### (2) 득점이 높은 사람

- 친구들로부터 어떤 성격이라는 이야기를 듣습니까?
- 협동성이 있다고 생각합니까?

> 사고과정을 전달하지 않으면 너무 막무가내이거나, 경박하고 생각 없이 발언한다는 인식을 줄 수 있으므로 갑자기 결론을 내리거나 단숨에 본인이 하고 싶은 말만 하는 것은 피하자.

## 8. 민감성 척도

### (1) 득점이 낮은 사람

- 좌절한 경험에 대해 이야기해 주십시오.
- 당신이 약하다고 느낄 때는 어떤 때입니까?

구체적으로 대답하기 어려운 질문이나 의도를 알기 어려운 질문을 통해 감수성을 시험하게 된다. 냉정하게 자기분석을 하여 독선적이지 않은 응답을 하자.

### (2) 득점이 높은 사람

- 지금까지 신경이 예민하다는 이야기를 들은 적이 있습니까?
- 채용되지 못하면 어떻게 하시겠습니까?
- 당신의 성격에서 고치고 싶은 부분이 있습니까?

예민한 성격이라는 부분을 마음에 두고 있으면 직접적인 질문을 받았을 때 당황하게 된다. 신경이 예민하다기보다 세세한 부분도 눈에 잘 들어오는 성격이라고 어필하자.

## 9. 자책성 척도

### (1) 득점이 낮은 사람

- 학생시절을 통해 얻은 것은 무엇이라고 생각합니까?
- 자기 자신을 분석했을 때 좋아하는 면은 무엇입니까?

낙관적인 것은 면접관이 이미 알고 있으므로 솔직한 부분이나 신념을 가지고 의의가 있는 삶을 살고 있다는 점을 어필하자.

### (2) 득점이 높은 사람

- 곤란한 상황에 어떻게 대처하겠습니까?
- 실수한 경험과 그 실수에서 얻은 교훈을 들려주십시오.

좋지 않은 쪽으로 생각해서 불필요하게 긴장하면 더욱 사태가 악화된다. 쉽게 비관하는 성격이므로, 면접을 받는 동안은 면접담당자의 눈을 보며 밝게 응답하고, 말끝을 흐리지 않고 또박또박 말하도록 유의하자. 또한 '할 수 없다.', '자신이 없다.' 등의 발언이 많으면 평가가 떨어지므로 평소부터 부정적인 말을 사용하지 않도록 긍정적으로 사고하는 습관을 들여야 한다.

우리는 삶의 모든 측면에서 항상 '내가 가치있는 사람일까?',
'내가 무슨 가치가 있을까?'라는 질문을 끊임없이 던지곤 합니다.
하지만 저는 우리가 날 때부터 가치있다 생각합니다.

– 오프라 윈프리 –

# 앞선 정보 제공! 도서 업데이트

## 언제, 왜 업데이트될까?

도서의 학습 효율을 높이기 위해 자료를 추가로 제공할 때!
공기업 · 대기업 필기시험에 변동사항 발생 시 정보 공유를 위해!
공기업 · 대기업 채용 및 시험 관련 중요 이슈가 생겼을 때!

**01** SD에듀 도서
www.sdedu.co.kr/book
홈페이지 접속

**02** 상단 카테고리
「도서업데이트」
클릭

**03** 해당
기업명으로
검색

참고자료, 시험 개정사항 등 정보 제공으로 학습효율을 높여 드립니다.

# 합격의 길,
# 열쇠를 제시하다!

대기업
인적성검사
시리즈

알차다!
꼭 알아야 할 내용을
담고 있으니까

친절하다!
핵심내용을
쉽게 설명하고 있으니까

명쾌하다!
상세한 풀이로
완벽하게 익힐 수 있으니까

핵심을 뚫는다!
시험 유형과 흡사한
문제를 다루니까

Formula Of Pass

신뢰와 책임의 마음으로
수험생 여러분에게 다가갑니다.
SD에듀

# 15일만에 인적성검사 5대 기업 유형 완전 정복!

# 1DAY
# 15일 완성

삼성(GSAT) / SK(SKCT) / LG / 롯데(L-TAB) / 포스코(PAT)

# 인적성검사

## 정답 및 해설

SD에듀
(주)시대고시기획

# 1주 차

## 실력 깨우기

**끝까지 책임진다! SD에듀!**

도서 출간 이후에 발견되는 오류와 개정법령 등 변경된 시험 관련 정보, 최신기출문제, 도서 업데이트 자료 등이 있는지 **QR코드**를 통해 확인해보세요! **시대에듀 합격 스마트 앱**을 통해서도 알려 드리고 있으니 구글플레이나 앱스토어에서 다운 받아 사용하세요! 또한, 도서가 파본인 경우에는 구입하신 곳에서 교환해 드립니다.

# DAY 01  삼성(GSAT) 정답 및 해설

| 01 | 02 | 03 | 04 | 05 | 06 | 07 | 08 | 09 | 10 | 11 | 12 | 13 | 14 | 15 | 16 | 17 | | | |
|----|----|----|----|----|----|----|----|----|----|----|----|----|----|----|----|----|---|---|---|
| ④ | ③ | ⑤ | ④ | ③ | ④ | ④ | ② | ③ | ① | ③ | ① | ⑤ | ① | ③ | ② | ⑤ | | | |

## 01
**정답** ④

아이들의 수를 $x$명이라고 하자.
노트의 개수는 $7(x-14)+2=6(x-11)+2 \rightarrow x=32$
즉, 아이들의 수는 32명이고, 노트의 개수는 $7\times(32-14)+2=128$권이다.
따라서 1명당 나누어줄 노트의 개수는 $128\div32=4$권이다.

## 02
**정답** ③

B사원이 혼자 프로젝트를 시작해서 끝내기까지 걸리는 시간을 $x$시간이라고 하자.

2시간 동안 A사원과 B사원이 함께한 일의 양은 $\left(\dfrac{1}{4}+\dfrac{1}{x}\right)\times2$이고, A가 40분 동안 혼자서 한 일의 양은 $\dfrac{1}{4}\times\dfrac{40}{60}$이다.

$\left(\dfrac{1}{4}+\dfrac{1}{x}\right)\times2+\dfrac{1}{4}\times\dfrac{40}{60}=1 \rightarrow \dfrac{x+4}{2x}+\dfrac{1}{4}\times\dfrac{2}{3}=1 \rightarrow \dfrac{x+4}{2x}=\dfrac{5}{6} \rightarrow 4x=24 \rightarrow x=6$

따라서 B가 혼자서 프로젝트를 수행했을 때 끝내기까지 걸리는 시간은 6시간이다.

## 03
**정답** ⑤

예지가 책정한 음료수의 정가를 $x$원이라고 하자.
$x\times(500-100)-1,000\times500=180,000 \rightarrow x=1,700$
따라서 이윤은 700원이고, 이익률은 70%이다.

## 04
**정답** ④

아버지의 나이를 $x$세, 형의 나이를 $y$세라고 하자.
동생의 나이는 $(y-2)$세이므로 $y+(y-2)=40 \rightarrow y=21$
어머니의 나이는 $(x-4)$세이므로 $x+(x-4)=6\times21 \rightarrow 2x=130$
$\therefore x=65$

## 05

정답 ③

8명에서 4명을 선출하는 전체 경우의 수에서 남자만 4명을 선출하는 경우를 빼면 적어도 1명의 여자가 선출될 경우의 수와 같다.

$$_8C_4 - {_5}C_4 = \frac{8 \times 7 \times 6 \times 5}{4 \times 3 \times 2 \times 1} - \frac{5 \times 4 \times 3 \times 2}{4 \times 3 \times 2 \times 1} = 70 - 5 = 65$$

따라서 적어도 1명의 여자가 포함되도록 선출하는 경우의 수는 70−5＝65가지이다.

## 06

정답 ④

2018년과 2022년에는 출생아 수와 사망자 수의 차이가 20만 명이 되지 않는다.

## 07

정답 ④

우리나라는 30개의 회원국 중에서 OECD 순위가 매년 20위 이하이므로 상위권이라 볼 수 없다.

오답분석

③ 청렴도는 2016년에 4.5점으로 가장 낮고, 2022년과 차이는 5.4−4.5＝0.9점이다.

## 08

정답 ②

통신비용은 2020년도에 전년 대비 감소하였음을 알 수 있다.

오답분석

① 2020년 4인 가족의 주거·수도·광열 비용은 271.2−(12.8+16.4+134.2+42.5)＝65.3만 원이다.

③ 2021년과 2022년의 주류/담배 비용이 각 연도 지출액에 차지하는 비중은 2021년에 $\frac{17.0}{278.3} \times 100 ≒ 6.1\%$, 2022년에 $\frac{17.4}{283.3}$

$\times 100 ≒ 6.1\%$로 같지만, 2022년 주류·담배 비용이 2021년 주류·담배 비용보다 4,000원 더 많이 든다.

④ 2019~2022년 동안 전년 대비 음식·숙박 비용은 매년 증가하였다.

⑤ 전년 대비 2019~2021년의 주류·담배 비용과 의류·가정용품의 증감 추이는 '감소−증가−증가'로 같다.

## 09

정답 ③

각 자료의 증감을 나타내면 다음과 같다.

### 〈연도별 신용카드 전체 매출액〉

| 구분 | 2017년 | 2018년 | 2019년 | 2020년 | 2021년 | 2022년 |
|------|--------|--------|--------|--------|--------|--------|
| 내국인 | − | 증가 | 증가 | 증가 | 증가 | 증가 |
| 외국인 | − | 증가 | 증가 | 증가 | 증가 | 감소 |

### 〈연도별 신용카드 매출액(면세점)〉

| 구분 | 2017년 | 2018년 | 2019년 | 2020년 | 2021년 | 2022년 |
|------|--------|--------|--------|--------|--------|--------|
| 내국인 | − | 증가 | 증가 | 증가 | 증가 | 증가 |
| 외국인 | − | 증가 | 증가 | 증가 | 증가 | 감소 |

### 〈연도별 신용카드 매출액(면세점 외)〉

| 구분 | 2017년 | 2018년 | 2019년 | 2020년 | 2021년 | 2022년 |
|------|--------|--------|--------|--------|--------|--------|
| 합계 | − | 증가 | 증가 | 증가 | 증가 | 증가 |

이와 동일한 추세를 보이는 그래프는 ③이다.

오답분석

④ 증감 추이는 같지만 2020년의 외국인의 연도별 신용카드 매출액(면세점)은 415.2십억 원으로 600십억 원을 넘지 않는다.

## 10

제시된 단어는 유의 관계이다. '흉내'와 '시늉'은 유의어이고, '권장'과 '조장'도 유의어이다.


## 11

제시된 단어는 목적어 – 서술어의 관계이다. '학생'을 '충원'하고, '자금'을 '별충'한다.


## 12

주어진 명제를 기호로 나타내면 다음과 같다.
• A : 보상을 받는다.
• B : 노력했다.
• C : 호야

첫 번째 명제는 A → B, 세 번째 명제는 C → ~A이므로 세 번째 명제의 대우와 첫 번째 명제가 연결되기 위해서 '호야는 노력하지 않았다.'라는 명제가 필요하다.


## 13

문제에 제시된 조건에 따르면 수녀는 언제나 참이므로 A가 될 수 없고, 왕은 언제나 거짓이므로 C가 될 수 없다. 따라서 수녀는 B 또는 C이고, 왕은 A 또는 B가 된다.

ⅰ) 왕이 B이고 수녀가 C라면, A는 농민인데 거짓을 말해야 하는 왕이 A를 긍정하므로 모순된다.

ⅱ) 왕이 A이고 수녀가 B라면, 항상 참을 말해야 하는 수녀가, 자신이 농민이라고 거짓을 말하는 왕의 말이 진실이라고 하므로 모순된다.

ⅲ) 왕이 A이고 수녀가 C라면, B는 농민인데 이때 농민은 거짓을 말하는 것이고 수녀는 자신이 농민이 아니라고 참을 말하는 것이므로 조건에 맞는다.


## 14

제시된 조건을 표로 나타내면 다음과 같다.

| 구분 | 경우 1 | 경우 2 | 경우 3 | 경우 4 |
|---|---|---|---|---|
| 6층 | F | F | E | D |
| 5층 | A | A | A | A |
| 4층 | D | E | F | F |
| 3층 | B | B | B | B |
| 2층 | E | D | D | E |
| 1층 | C | C | C | C |


## 15

규칙은 가로로 적용된다. 첫 번째 도형을 수직으로 반을 잘랐을 때의 왼쪽 도형이 두 번째 도형이고, 두 번째 도형을 수평으로 반을 잘랐을 때의 아래쪽 도형이 세 번째 도형이다.

## 16

정답 ②

☎ : 각 자릿수에서 차례대로 +2, +3, +1, −1

🖥 : 1234 → 4321

🗁 : 각 자릿수마다 −2

📖 : 1234 → 1324

□2D4 → □D24 → 42D□
　　　📖　　　　🖥

## 17

정답 ⑤

Ghㅈㅊ → Efㅅㅇ → Giㅇㅅ
　　　🗁　　　　☎

| 01 | 02 | 03 | 04 | 05 | 06 | 07 | 08 | 09 | 10 | 11 | 12 | 13 | 14 | 15 | | | | | |
|----|----|----|----|----|----|----|----|----|----|----|----|----|----|----|---|---|---|---|---|
| ④ | ⑤ | ⑤ | ① | ④ | ② | ③ | ③ | ④ | ② | ② | ④ | ① | ① | ③ | | | | | |

## 01

**정답** ④

총 광고의 개수가 10개이므로

$a+b=7 \cdots \bigcirc$

광고 방송 시간이 3분이므로

$30\times3+10\times a+20\times b=180 \rightarrow a+2b=9 \cdots \bigcirc$

$\bigcirc$과 $\bigcirc$을 연립하면 $a=5$, $b=2$

$\therefore a-b=3$

## 02

**정답** ⑤

위원회를 구성할 수 있는 경우의 수는 학생회장과 A교수가 동시에 뽑히는 경우를 제외한 것과 같다.

전체 인원 12명 중 5명을 뽑는 경우의 수는 $_{12}C_5 = \dfrac{12\times11\times10\times9\times8}{5\times4\times3\times2\times1} = 792$가지이고, 학생회장과 A교수가 같이 대표로 뽑힐

경우의 수는 12명 중 이 두 명을 제외한 10명에서 3명을 뽑는 경우이므로 $_{10}C_3 = \dfrac{10\times9\times8}{3\times2\times1} = 120$가지이다.

따라서 위원회를 구성하는 경우의 수는 $792-120=672$가지이다.

## 03

**정답** ⑤

지원이가 자전거를 탄 시간을 $x$분이라고 하자. 걸어간 시간은 $(30-x)$분이다.

$50(30-x)+150x=4,000 \rightarrow 100x=2,500$

$\therefore x=25$

## 04

**정답** ①

2018년의 재범률은 $\dfrac{5,396}{24,151}\times100 ≒ 22.3\%$이다.

**오답분석**

② $\dfrac{x}{25,802}\times100=22.2\% \rightarrow x=\dfrac{22.2\times25,802}{100} ≒ 5,728$

③ $\dfrac{x}{25,725}\times100=22.2\% \rightarrow x=\dfrac{22.2\times25,725}{100} ≒ 5,711$

④ $\dfrac{5,547}{x}\times100=22.1\% \rightarrow x=\dfrac{5,547\times100}{22.1} ≒ 25,100$

⑤ $\dfrac{4,936}{23,045}\times100 ≒ 21.4\%$

## 05

ㄱ. 대도시 간 예상 최대 소요시간의 모든 구간에서 주중이 주말보다 소요시간이 적게 걸림을 알 수 있다.

ㄴ. 주중 전국 교통량 중 수도권에서 지방으로 가는 교통량의 비율은 $\frac{42}{380} \times 100 ≒ 11.1\%$이다.

ㄹ. 서울 – 광주 구간 주중 소요시간과 서울 – 강릉 구간 주말 소요시간은 3시간 20분으로 같다.

[오답분석]

ㄷ. 지방에서 수도권으로 가는 주말 예상 교통량은 주중 교통량보다 $\frac{51-35}{35} \times 100 ≒ 45.7\%$ 많다.

## 06

빈칸을 채우는 문제는 빈칸 앞뒤의 진술에 유의할 필요가 있다. 빈칸 앞에서는 제3세계 환자들과 제약회사 간의 신약 가격에 대한 딜레마를 이야기하며 제3의 대안이 필요하다고 한다. 빈칸 뒤에서는 그 대안이 실현되기 어려운 이유는 '자신의 주머니에 손을 넣어 거기에 필요한 비용을 꺼내는 순간 알게 될 것'이라고 하였으므로 개인 차원의 대안을 제시했음을 추측할 수 있다.

## 07

제시문은 '디드로 효과'라는 개념에 대해 설명하는 글로, 디드로가 친구로부터 받은 실내복을 입게 되면서 벌어진 일련의 일들에 대하여 '친구로부터 실내복을 받음 → 옛 실내복을 버림 → 실내복에 어울리게끔 책상을 바꿈 → 서재의 벽장식을 바꿈 → 결국 모든 걸 바꾸게 됨'의 과정으로 인과관계에 따라 서술하고 있다. 친구로부터 실내복을 받은 것이 첫 번째 원인이 되고 그 이후의 일들은 그것의 결과이자 새로운 원인이 되어 일어나게 된다.

## 08

제시문은 행동주의 학자들이 생각하는 언어 습득 이론과 그 원인을 설명하고, 이를 비판하는 입장인 촘스키의 언어 습득 이론을 설명하는 내용의 글이다. 따라서 (라) 행동주의 학자들의 언어 습득 이론 → (가) 행동주의 학자들이 주장한 언어 습득의 원인 → (다) 행동주의 학자들의 입장에 대한 비판적 관점 → (마) 언어학자 촘스키의 언어 습득 이론 → (나) 촘스키 이론의 의의의 순서로 나열해야 한다.

## 09

비가 옴$=p$, 한강 물이 불어남$=q$, 보트를 탐$=r$, 자전거를 탐$=s$라고 하면, 각 명제는 순서대로 $p \to q$, $\sim p \to \sim r$, $\sim s \to q$이다. 앞의 두 명제를 연결하면 $r \to p \to q$이고, 결론이 $\sim s \to q$가 되기 위해서는 $\sim s \to r$이라는 명제가 추가로 필요하다. 따라서 빈칸에 들어갈 명제는 ④이다.

## 10

• A의 진술이 참일 경우

| 구분 | 대전지점 | 강릉지점 | 군산지점 |
| --- | --- | --- | --- |
| A | × | | |
| B | | ○ | |
| C | × | | |

세 사람 중 누구도 대전지점에 가지 않았으므로 세 사람이 각각 다른 지점에 출장을 다녀왔다는 조건에 부합하지 않는다. 따라서 A의 진술은 거짓이다.

• B의 진술이 참일 경우

| 구분 | 대전지점 | 강릉지점 | 군산지점 |
|---|---|---|---|
| A | ○ | | |
| B | | × | ○ |
| C | × | ○ | |

A는 대전지점에, B는 군산지점에, C는 강릉지점에 다녀온 것이 되므로 세 사람이 각각 다른 지점에 출장을 다녀왔다는 조건에 부합한다.

• C의 진술이 참일 경우

| 구분 | 대전지점 | 강릉지점 | 군산지점 |
|---|---|---|---|
| A | ○ | | |
| B | | ○ | |
| C | ○ | | |

세 사람 중 누구도 군산지점에 가지 않았고 A와 C가 모두 대전지점에 갔으므로 세 사람이 각각 다른 지점에 출장을 다녀왔다는 조건에 부합하지 않는다. 따라서 C의 진술은 거짓이다.

따라서 B의 진술만 참이고 대전지점에는 A, 군산지점에는 B, 강릉지점에는 C가 갔다.

## 11
정답 ②

실험 결과, 일자 형태의 띠가 두 개 나타났으므로 빛은 입자임이 맞지만, 겹실틈 실험 결과 보강 간섭이 일어난 곳은 밝아지고 상쇄 간섭이 일어난 곳은 어두워지는 간섭무늬가 연속적으로 나타나서 이중적인 본질을 갖는다.

## 12
정답 ④

세 번째 조건에 의해 윤부장이 가담하지 않았다면, 이과장과 강주임도 가담하지 않았음을 알 수 있다. 이과장이 가담하지 않았다면 두 번째 조건에 의해 김대리도 가담하지 않았으므로 가담한 사람은 박대리뿐이다. 이는 첫 번째 조건에 모순이므로 윤부장은 입찰부정에 가담하였다.

네 번째 조건의 대우로 김대리가 가담하였다면 박대리도 가담하였고, 다섯 번째 조건에 의해 박대리가 가담하였다면 강주임도 가담하였다. 이는 입찰부정에 가담한 사람은 두 사람이라는 첫 번째 조건과 모순이므로, 김대리는 입찰부정에 가담하지 않았다. 따라서 입찰부정에 가담하지 않은 사람은 김대리, 이과장, 박대리이며, 입찰부정에 가담한 사람은 윤부장과 강주임이다.

## 13
정답 ①

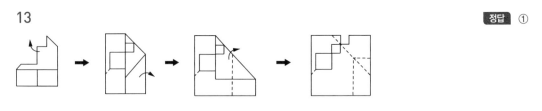

## 14
정답 ①

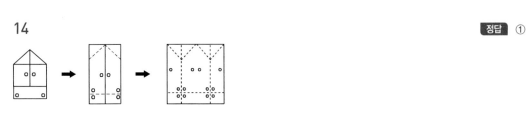

**15**

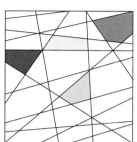

| 01 | 02 | 03 | 04 | 05 | 06 | 07 | 08 | 09 | 10 | 11 | 12 | 13 | 14 | 15 | 16 | | | | |
|----|----|----|----|----|----|----|----|----|----|----|----|----|----|----|----|--|--|--|--|
| ② | ② | ④ | ③ | ① | ① | ⑤ | ① | ④ | ③ | ② | ① | ② | ② | ③ | ① | | | | |

## 01

정답 ②

(다)는 판소리의 3요소를 설명하고 있고, '창'과 '아니리', '발림'에 대해서 설명하는 (가)와 (라)가 이어지는 것이 적절하다. 다음으로 고수에 대해 소개하는 (마)가 나오는 것이 적절하며 고수에 대해 설명하는 (나)가 이어져야 한다. 따라서 (다) − (가) − (라) − (마) − (나) 순서이다.

## 02

정답 ②

제시문은 유명 음악가 바흐와 모차르트에 대해 알려진 이야기들과, 새롭게 밝혀진 사실을 대비하여 이야기하고 있다. 또한, 사실이 아닌 이야기가 바흐와 모차르트의 삶을 미화하는 경향이 있으므로 제목으로는 '미화된 음악가들의 이야기와 그 진실'이 적절하다.

## 03

정답 ④

제시문은 대중과 미술의 소통을 목적으로 공공장소에 미술 작품을 설치하는 공공미술의 변화 과정을 설명하고 있다. 두 번째 문단에서 장소 중심의 공공미술은 이미 완성된 작품을 어디에 놓느냐에 주목했기 때문에 대중의 참여를 중요시했다고 볼 수 없다.

## 04

정답 ③

역전층 현상이 발생하면 대류권에서는 위쪽으로 갈수록 기온이 높아진다.

[오답분석]
① 따뜻한 공기가 더 가볍기 때문에 차가운 공기는 아래로, 따뜻한 공기는 위로 이동하는 대류 운동이 일어난다.
② 겨울철 방에서 난방을 하면 방바닥의 따뜻한 공기는 위로 올라가는 대류현상이 일어난다.
④ 공기층이 안정된다는 것은 역전층 현상이 나타난 것이므로, 안개가 발생하고 이에 따라 스모그 현상이 발생한다.
⑤ 태양의 복사열로 지표가 데워지면 역전층 현상이 사라질 것이다.

## 05

정답 ①

영서, 수희>연수, 수희>주림이고 수희가 두 번째로 크므로 영서>수희인데, 주림이가 가장 작지 않으므로 영서>수희>주림>연수이다.

## 06

주어진 조건에 따르면 김씨는 남매끼리 서로 인접하여 앉을 수 없으며, 박씨와도 인접하여 앉을 수 없으므로 김씨 여성은 왼쪽에서 첫 번째 자리에만 앉을 수 있다. 또한, 박씨 남성 역시 김씨와 인접하여 앉을 수 없으므로 왼쪽에서 네 번째 자리에만 앉을 수 있다. 나머지 자리는 최씨 남매가 모두 앉을 수 있으므로 6명이 앉을 수 있는 경우는 다음과 같다.

ⅰ) 경우 1

| 김씨 여성 | 최씨 여성 | 박씨 여성 | 박씨 남성 | 최씨 남성 | 김씨 남성 |
|---|---|---|---|---|---|

ⅱ) 경우 2

| 김씨 여성 | 최씨 남성 | 박씨 여성 | 박씨 남성 | 최씨 여성 | 김씨 남성 |
|---|---|---|---|---|---|

두 경우 모두 최씨 남매는 왼쪽에서 첫 번째 자리에 앉을 수 없다.

## 07

주어진 조건에 따르면 과장은 회색 코트를 입고, 연구팀 직원은 갈색 코트를 입었으므로 가장 낮은 직급인 기획팀의 C사원은 검은색 코트를 입었음을 알 수 있다. 이때, 과장이 속한 팀은 디자인팀이며, 연구팀 직원의 직급은 대리임을 알 수 있지만, 디자인팀의 과장과 연구팀의 대리가 A, B 중 누구인지는 알 수 없다. 따라서 항상 옳은 것은 ⑤이다.

## 08

ⅰ) 수민이의 말이 참인 경우
　　수민이와 한별이는 농구장, 영수는 극장에 갔다. 수영장에 간 사람이 없으므로 모순이다.

ⅱ) 한별이의 말이 참인 경우
　　수민이와 한별이는 수영장 또는 극장에 갈 수 있고, 영수는 극장에 갔다. 농구장에 간 사람이 없으므로 모순이다.

ⅲ) 영수의 말이 참인 경우
　　수민이는 수영장 또는 극장, 영수는 수영장 또는 농구장에 갈 수 있고, 한별이는 농구장에 갔다.

따라서 수민이는 극장, 영수는 수영장, 한별이는 농구장에 갔다.

## 09

2022년 소포우편 분야의 2018년 대비 매출액 증가율은 $\frac{5,017-3,390}{3,390}\times100 ≒ 48.0\%$이므로 옳지 않은 설명이다.

[오답분석]

① 매년 매출액이 가장 높은 분야는 일반통상 분야인 것을 확인할 수 있다.

② 일반통상 분야의 매출액은 2019년, 2020년, 2022년, 특수통상 분야의 매출액은 2021년, 2022년에 감소했고, 소포우편 분야는 매년 매출액이 꾸준히 증가했다.

③ 2022년 1분기 특수통상 분야의 매출액이 차지하고 있는 비율은 $\frac{1,406}{5,354}\times100 ≒ 26.3\%$이므로 20% 이상이다.

⑤ 2021년에는 일반통상 분야의 매출액이 전체의 $\frac{11,107}{21,722}\times100 ≒ 51.1\%$이므로 옳은 설명이다.

## 10

인구성장률 그래프의 경사가 완만할수록 인구수 변동이 적다.

[오답분석]

① 인구성장률은 1970년 이후 계속 감소하고 있다.

② 총인구가 감소하려면 인구성장률 그래프가 (−)값을 가져야 하는데 2011년과 2015년에는 (+)값을 갖는다.

④ 그래프를 통해 1990년 인구가 더 적다는 것을 알 수 있다.

⑤ 그래프를 통해 2020년부터 총인구가 감소하는 모습을 보이고 있음을 알 수 있다.

## 11

정답 ②

매출액 규모가 클수록 업종 전환 이유에 대해 영업이익 감소를 선택한 비율이 높다.

오답분석
① 프랜차이즈 형태로 운영하는 경우(1.3%), 그렇지 않은 경우(2.3%)보다 업종 전환 의향에 대한 긍정적 응답 비율이 낮다.
③ 매출액 규모가 1억 원 미만인 경우, 업종 전환 이유에 대해 구인의 어려움을 선택한 응답자 비율이 0이므로 옳지 않다.
④ 비(非)프랜차이즈 형태로 운영하는 경우, 업종 전환의 가장 큰 이유는 57.9%가 응답한 영업이익 감소이다.
⑤ 매출액이 5억 원 이상인 경우, 업종 전환의 가장 큰 이유는 61.4%가 응답한 영업이익 감소이다.

## 12

정답 ①

(고사한 소나무 수)=(감염률)×(고사율)×(발생지역의 소나무 수)
- 거제 : $0.5 \times 0.5 \times 1,590 = 397.5$
- 경주 : $0.2 \times 0.5 \times 2,981 = 298.1$
- 제주 : $0.8 \times 0.4 \times 1,201 = 384.32$
- 청도 : $0.1 \times 0.7 \times 279 = 19.53$
- 포항 : $0.2 \times 0.6 \times 2,312 = 277.44$

직접 계산해보지 않아도 경주, 제주, 청도, 포항은 곱하는 수가 거제보다 작기 때문에 결괏값이 작다.

## 13

정답 ②

룰렛 각 구간의 $x$, $y$, $z$의 규칙은 다음과 같다.

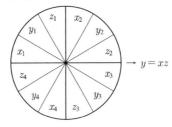

$\rightarrow y = xz$

따라서 ㉠×21=84 → ㉠=4이다.

다음으로 각 구간을 $\begin{array}{c|c} A & B \\ \hline D & C \end{array}$ 라고 할 때, A, B, C, D의 규칙은 다음과 같다.

A, B, C, D의 값을 각 구간의 두 번째로 큰 수를 $z$라 하고 각 구간의 값을 구하면 21, 23, 25, D로 2씩 증가하는 규칙으로 D=㉡=27이고, ㉢=4×27=108이다.

∴ ㉠-㉡+㉢=4-27+108=85

## 14

정답 ②

처음 속력을 $x$km/h라 하자(단, $x>0$).
그러면 차에 이상이 생긴 후 속력은 $0.5x$km/h이다.
전체 걸린 시간은 1시간 30분이므로
$$\frac{60}{x} + \frac{90}{0.5x} = \frac{3}{2} \rightarrow 60 + 180 = \frac{3}{2}x$$
∴ $x=160$

## 15

정답 ③

청소년의 영화표 가격은 $12,000 \times 0.7 = 8,400$원이다.

청소년, 성인의 인원수를 각각 $x$, $(9-x)$명이라고 하자.

$12,000 \times (9-x) + 8,400 \times x = 90,000$

$\rightarrow -3,600x = -18,000$

$\therefore x = 5$

## 16

정답 ①

• 내일 비가 오고, 모레 비가 올 확률 : $\dfrac{1}{3} \times \dfrac{1}{4} = \dfrac{1}{12}$

• 내일 비가 안 오고, 모레 비가 올 확률 : $\dfrac{2}{3} \times \dfrac{1}{5} = \dfrac{2}{15}$

$\therefore \dfrac{1}{12} + \dfrac{2}{15} = \dfrac{13}{60}$

| 01 | 02 | 03 | 04 | 05 | 06 | 07 | 08 | 09 | 10 | 11 | 12 | 13 | 14 | 15 | 16 | 17 | 18 | 19 | 20 |
|---|---|---|---|---|---|---|---|---|---|---|---|---|---|---|---|---|---|---|---|
| ② | ① | ④ | ④ | ③ | ④ | ④ | ③ | ② | ④ | ③ | ④ | ⑤ | ① | ① | ④ | ③ | ④ | ② | ③ |

## 01

정답 ②

제시문은 매실이 가진 다양한 효능을 설명하고 있으므로 이것을 아우를 수 있는 ②가 제목으로 적절하다.

오답분석

④ 매실이 초록색이기는 하지만 본문에서 매실의 색과 관련된 효능은 언급하지 않았으므로 적절하지 않다.

## 02

정답 ①

구연산은 섭취한 음식을 에너지로 바꾸는 대사 작용을 돕고, 근육에 쌓인 젖산을 분해하여 피로를 풀어주며 칼슘의 흡수를 촉진하는 역할을 한다. 숙취 해소에 도움이 되는 성분은 피루브산이다.

## 03

정답 ④

매실이 시력 강화에 도움이 된다는 내용은 본문에 나와 있지 않다.

오답분석

① 매실이 피로 회복에 효과가 있다는 사실과 연관 지어 판매할 수 있다.
② 매실이 피부를 촉촉하고 탄력 있게 만들어 주며, 다이어트에도 효과가 있음을 들어 판매할 수 있다.
③ 매실을 조청으로 만들어 먹으면 갱년기 장애 극복에 도움을 주며 불쾌한 갱년기 증세에 빠른 효과가 있음을 들어 판매할 수 있다.
⑤ 매실의 피루브산이 간의 해독 작용을 돕는다는 것과 연관 지어 판매할 수 있다.

## 04

정답 ④

풋귤은 젖산을 분해하는 구연산 함량이 1.5%~2%로 완숙과보다 3배 정도 높다.

오답분석

① 마지막 문단을 통해 풋귤이 감귤의 미숙과로 솎아내 버려졌음을 알 수 있다.
② 풋귤 추출물의 피부 보습 효과 실험을 통해 확인할 수 있다.
③ 동물의 대식세포를 이용한 풋귤 추출물의 염증 억제 실험을 통해 확인할 수 있다.
⑤ 풋귤은 앞으로 피부 임상 실험 등을 거쳐 항염과 주름 개선 화장품 소재로도 개발될 수 있을 것이다.

## 05

ⅰ) 주희가 구매한 상품의 총액

제주고등어살 2kg+진한홍삼 30포=26,500×2×0.75+60,000×0.43=65,550원

ⅱ) 배송료

3,000원(제주고등어살)+5,000원(도서 산간지역)+5,000원(진한홍삼)=13,000원

따라서 주희가 결제한 총 금액은 78,550원이다.

## 06

ⅰ) 준혁이가 구매하는 상품 수량 및 총 금액

| 상품명 | 수량 | 정가 | 할인율 | 합계 |
|---|---|---|---|---|
| 참목원 등심 | 1 | 53,000원 | 15% | 45,050원 |
| 진주 파프리카 | 4 | 55,600원 | 40% | 33,360원 |
| ☆☆쌀 | 1 | 64,000원 | 10% | 57,600원 |
| 무농약 밤 | 3 | 78,000원 | 10% | 70,200원 |

∴ 45,050+33,360+57,600+70,200=206,210원

ⅱ) 배송료

무료 배송 이벤트는 끝난 상황이며, 배송료는 상품을 구매하는 수량에 상관없이 상품별로 각각 적용된다.

3,000(진주 파프리카)+2,500(무농약 밤)=5,500원

따라서 총 결제 금액은 211,710원이다.

## 07

ⅰ) 지희가 결제한 금액(17일 오전 10시 주문, 원데이 특가 세일 적용)

- 진한홍삼 30포 : 60,000×0.43=25,800원
- 밀푀유 등심돈까스 500g×2 : 17,000×0.9=15,300원
- 포기김치 5호 10kg : 56,000×0.85=47,600원
- 연어회세트 200g : 20,000×0.8=16,000원
- 배송비 : 무료(이벤트 당첨)

따라서 지희가 결제한 총 금액은 104,700원이다.

ⅱ) 소미가 결제한 금액(18일 오전 10시 30분 주문, 10시 원데이 특가 적용 안 함)

- 진주 파프리카 3kg : 13,900×2=27,800원
- ◇◇비타민C 120정 : 10,800원
- 무농약 밤 4kg : 26,000원
- 제주고등어살 2kg : 26,500×2=53,000원
- 배송비 : 3,000+2,500+2,500+3,000=11,000원

따라서 소미가 결제한 총 금액은 128,600원이다.

## 08

오후 3시에서 배송 완료까지의 시간만큼을 제하면 된다. 배송하는 데 걸린 시간은 $\frac{20}{60}+\frac{30}{90}=\frac{2}{3}$ 시간, 즉 40분 걸렸으므로, 오후 2시 20분에 출발했다는 것을 알 수 있다.

## 09

목욕을 할 때는 아주 차거나 뜨거운 물보다 30 ~ 40도의 온도가 적당하다.


## 10

ⓔ에서는 물에서 사는 생명을 위한 온도뿐만 아니라 세탁 온도도 함께 다루고 있으므로 옷감에 대한 언급을 포함한 제목이 적절하다.


## 11

발효차와 생차의 적정 물 온도는 제시하고 있지만 발효차와 생차의 차이에 대한 내용은 확인할 수 없다.


## 12

제시된 대본은 일상적인 소재와 화법으로 청자의 공감을 유도하며 적절한 물 온도에 대한 정보를 전달한다.


## 13

'한국 – 태국 – 브라질 – 한국' 노선에서 가장 저렴한 항공편은 IC – 024, IC – 714, IC – 310(58＋49＋94＝201만 원)으로 10월 11일 오후 2시에 출발해 10월 12일 오후 9시 45분에 도착하므로 총소요시간은 31시간 45분이다. '한국 – 브라질 – 태국 – 한국' 노선에서 가장 저렴한 항공편은 GR – 472, GR – 614, GR – 150(91＋38＋58＝187만 원)이다. 이때 태국 – 한국 노선 중 더 저렴한 것은 GR – 320이지만, 탑승이 불가능한 시간이므로 GR – 150을 선택한다. 10월 10일 오전 9시에 출발해 10월 12일 오후 8시에 도착하므로 총소요시간은 59시간이다.
따라서 총소요시간의 차이는 59시간－31시간 45분＝27시간 15분이다.


## 14

태국이 브라질보다 회의시간이 빠르므로 노선은 '한국 – 태국 – 브라질'이 된다. 태국에서 현지시각 10월 10일 19시는 한국시각으로 10월 10일 16시이므로 회의에 참석하기 위해 IC – 012의 항공편을 이용한다.
브라질은 현지시각 10월 12일 18시는 한국시각으로 10월 12일 23시이다. 회의에 참석하기 위해 탑승해야 하는 항공은 IC – 834, IC – 714 모두 가능하며 이 중 항공 소요시간이 더 짧은 IC – 834를 이용한다.
따라서 이용해야 하는 항공편은 IC – 012, IC – 834이다.


## 15

한국에 10월 12일 오후 8시 전까지 도착해야 하므로, '한국 – 태국 – 브라질 – 한국'의 마지막 노선은 IC – 580, '한국 – 브라질 – 태국 – 한국'의 마지막 노선은 GR – 320이어야 한다.
각각의 노선이 가능한 경우를 따져보면,
• 한국 – 태국 – 브라질 – 한국 : IC – 024 → IC – 834 → IC – 580 : 58＋57＋102＝217만 원
• 한국 – 브라질 – 태국 – 한국 : GR – 472 → GR – 844 → GR – 320 : 91＋43＋55＝189만 원
따라서 둘 중 더 저렴한 노선은 GR 노선으로 한국에서 출발시각은 10월 10일 오전 9시이다.


## 16

10개 중 3개를 선택해 순서대로 나열하는 경우의 수는 $_{10}P_3＝10×9×8＝720$가지이다.

## 17

우선 A사원의 총 구매가격은 600달러 이상이므로 모두 관세 대상이다. 하지만 주류는 종류에 상관없이 1병, 1L 이하, 400달러 이하는 관세 대상에서 제외된다.

따라서 양주 1병은 200달러이며, 1L이기 때문에 면세 물품에 해당된다.

오답분석

① 향수는 면세 범위인 60mL 이상이므로 면세 물품에서 제외된다.
② GUCCY 가방의 경우 가방 한 개 금액이 600달러 이상이므로 관세 대상이다.
④ 신발은 단일세율이 적용되는 상품으로 관세 물품이다.
⑤ 화장품은 면세 범위에 포함되어 있지 않다.

## 18

총 600달러를 넘었기 때문에 과세 대상이다. B사원이 구매한 품목의 총액은 $80+1,400+350+100+150=2,080$유로이다. 여기서 단일세율적용품목대상은 '합계 미화 1,000불까지 본래의 세율보다 낮은 단일세율(20%)을 적용받을 수 있다.'라고 되어 있으니 팔찌는 20%로 계산할 수 있다.

또한, 예상세액은 총 구입물품 가격에서 1인 기본면세범위 미화 600불을 선공제하고 각각의 관세율을 적용해 계산한 금액의 합이기 때문에 $(2,080×1,300-600×1,100)×0.2=2,044,000×0.2=408,800$원이 관세이다.

만약 성실신고를 하게 된다면, 관세의 30%인 $0.3×408,800=122,640$원을 절약하게 되고(15만 원 한도), 납부해야할 관세는 286,160원이다.

신고를 안했을 때 기댓값은 걸릴 경우 관세의 1.4배, 걸릴 확률이 80%이므로 $408,800×1.4×0.8=457,856$원이 되고, 안 걸릴 경우 0원이다.

따라서 기댓값이 20만 원을 초과하므로 B사원은 자진신고를 하여 관세로 286,160원을 납부할 것이다.

## 19

세율 및 자료를 읽어보면 결국 단일세율은 모두 20%임을 알 수 있다. 면세 품목인 주류나 담배는 개인면세한도(포도주 1병, 담배 1보루) 내에서 구매하였기 때문에 면세 범위에 해당되므로 관세 대상에 포함하지 않으며, 단, 향수는 60mL를 초과하기 때문에 관세 대상이다.

관세 대상 품목들의 총구입금액은 $(100+40+200×2+70+125)=735$달러이고, 총금액에서 600달러를 빼면 135달러가 된다. 관세는 $135×1,100×0.2=29,700$원이며, 자진납세할 경우 관세의 30%가 감면된다.

따라서 지불해야할 관세는 $29,700×0.7=20,790$원이다.

## 20

공항에서 회사까지의 거리를 $x$km라고 하면

• 공항까지 가는 데 걸리는 시간 : $\dfrac{x}{80}$

• 회사로 돌아오는 데 걸리는 시간 : $\dfrac{x}{120}$

$\dfrac{x}{80}+\dfrac{x}{120}=1 \rightarrow 5x=240$

$\therefore x=48$

따라서 공항과 회사의 거리는 48km이다.

| 01 | 02 | 03 | 04 | 05 | 06 | 07 | 08 | 09 | 10 | 11 | 12 | 13 | 14 | 15 | 16 | | | | |
|----|----|----|----|----|----|----|----|----|----|----|----|----|----|----|----|---|---|---|---|
| ② | ① | ① | ③ | ③ | ② | ③ | ③ | ④ | ② | ② | ③ | ③ | ④ | ④ | ③ | | | | |

## 01

정답 ②

건물 외벽 등을 활용하여 독창적인 경관을 연출하는 등 광장과 맞닿아 있는 주변 건물도 광장의 일부분으로 활용하므로 주변의 건물을 제거하는 것은 적절하지 않다.

[오답분석]

① 광화문광장의 지상은 '비움'의 공간으로 구성되지만, 지하는 이와 대조적으로 '채움'의 공간으로 구성된다.

③ 광화문광장의 공사는 당선자와 계약을 체결한 후 지역주민과 시민들의 의견을 수렴하여 계획을 구체화해 나갈 예정이다.

④ 지하에 자연광을 유도하는 선큰공간을 통해 지상광장과 지하가 연결되므로 선큰공간의 방문객들은 지하에서부터 북악산의 녹음과 광화문의 전경을 바라볼 수 있다.

## 02

정답 ①

제시문은 싱가포르가 어떻게 자동차를 규제하고 관리하는지를 설명하고 있다.

## 03

정답 ①

기업의 입장에서 사회적 마모 기간이 짧은 게 유리하기 때문에 이를 위해 노력한다. 하지만 품질이 나빠지거나 전에 비해 발전하지 않은 것은 아니다.

## 04

정답 ③

⊙은 기업들이 더 많은 이익을 내기 위해 디자인의 향상에 몰두하는 것이 바람직하다는 판단이다. 즉, 상품의 사회적 마모를 짧게 해서 소비를 계속 증가시키기 위한 방안인데, 이것에 대한 반론이 되기 위해서는 ⊙의 주장이 지니고 있는 문제점을 비판하여야 한다. ⊙이 지니고 있는 가장 큰 문제점은 '과연 성능 향상 없는 디자인 변화가 소비를 촉진시킬 수 있는 것인가?'가 되어야 한다. 디자인 변화는 분명히 상품의 소비를 촉진시킬 수 있는 효과적 방법 중의 하나이지만 '성능이나 기능, 내구성'의 향상이 전제되지 않았을 때는 효과를 내기 힘들기 때문이다.

## 05

정답 ③

2019년 산림골재가 차지하는 비중은 54.5%이고, 2017년 육상골재가 차지하는 비중은 8.9%이므로, 54.5÷8.9≒6.1, 즉 약 6.1배이다.

## 06

범죄유형별 체포 건수와 발생 건수의 비율이 전년 대비 가장 크게 증가한 것은 모두 2020년 절도죄로 각각 $76.0-57.3=18.7\%p$, $56.3-49.4=6.9\%p$ 증가했다.

∴ $18.7-6.9=11.8\%p$

## 07

2020년에 국유재산의 규모가 10조를 넘는 국유재산은 토지, 건물, 공작물, 유가증권 이렇게 4개이다.

## 08

ㄱ. 2020년과 2022년에 종류별로 국유재산 규모가 큰 순서는 토지 – 공작물 – 유가증권 – 건물 – 입목죽 – 선박·항공기 – 무체재산 – 기계·기구 순으로 동일하다.

ㄴ. 2018년과 2019년에 규모가 가장 작은 국유재산은 기계·기구로 동일하다.

ㄷ. 2019년 국유재산 중 건물과 무체재산, 유가증권 규모의 합계는 616,824억+10,825억+1,988,350억=2,615,999억 원으로 260조보다 크다.

오답분석

ㄹ. 2020년 대비 2021년에 국유재산 중 선박·항공기는 감소하였으나, 기계·기구는 증가하였다.

## 09

• A씨 부부의 왕복 비용 : $(59,800\times2)\times2=239,200$원
• 만 6세 아들의 왕복 비용 : $(59,800\times0.5)\times2=59,800$원
• 만 3세 딸의 왕복 비용 : $59,800\times0.25=14,950$원

따라서 A씨 가족이 지불한 교통비는 $239,200+59,800+14,950=313,950$원이다.

## 10

우선 선정기준에 부합하지 않는 U펜션 강당을 제외하고 나머지 장소들의 대여료와 식사비용 등을 구하면,

• G빌딩 다목적홀 : $(250,000\times5)+90,000=1,340,000$원
• O빌딩 세미나홀 : $(120,000\times5)+(50\times6,000)=900,000$원
• I공연장 : $(100,000\times5)+(50\times8,000)+50,000=950,000$원

선정기준에 부합하면서 가장 가격이 저렴한 O빌딩 세미나홀이 가장 적절하다.

## 11

병역부문에 채용예정일 이전 전역 예정자는 지원이 가능하다고 제시되어 있다.

오답분석

① 이번 채용에서 행정직에는 학력상의 제한이 없다.
③ 자격증을 보유하고 있더라도 채용예정일 이전 전역 예정자가 아니라면 지원할 수 없다.
④ 지역별 지원 제한은 2022년 하반기 신입사원 채용부터 폐지되었다.

## 12

정답 ③

공고일(2022. 10. 23.) 기준으로 만 18세 이상이어야 지원 자격이 주어진다.

[오답분석]
① 행정직에는 학력 제한이 없으므로 A는 지원 가능하다.
② 기능직 관련학과 전공자이므로 B는 지원 가능하다.
④ 채용예정일 이전에 전역 예정이므로 D는 지원 가능하다.


## 13

정답 ③

앞의 항에 2, 3, 4, 5, 6, 7, …을 더하는 수열이다.
따라서 빈칸에 들어갈 숫자는 25+7=32이다.


## 14

정답 ④

앞의 항에 +5×2⁰, +5×2¹, +5×2², +5×2³, +5×2⁴, +5×2⁵, …씩 더하는 수열이다.
따라서 빈칸에 들어갈 숫자는 −115+5×2³=−75이다.


## 15

정답 ④

진실을 말하는 사람이 1명뿐인데, 만약 E의 말이 거짓이라면 5명 중에 먹은 사과의 개수가 겹치는 사람은 없어야 한다. 그런데 먹은 사과의 개수가 겹치지 않고 5명에서 12개의 사과를 나누어 먹는 것은 불가능하다. 따라서 E의 말은 참이고, A, B, C, D의 말은 거짓이므로 이를 정리하면 다음과 같다.
• A보다 사과를 적게 먹은 사람이 있다.
• B는 사과를 3개 이상 먹었다.
• C는 D보다 사과를 많이 먹었고, B보다 사과를 적게 먹었다.
• 사과를 가장 많이 먹은 사람은 A가 아니다.
• E는 사과를 4개 먹었고, 먹은 사과의 개수가 같은 사람이 있다.
E가 먹은 개수를 제외한 나머지 사과의 개수는 모두 8개이고, D<C<B(3개 이상)이며, 이 중에서 A보다 사과를 적게 먹은 사람이 있어야 한다. 이를 모두 충족시키는 먹은 사과 개수는 B 3개, C 2개, D 1개, A 2개이다.
따라서 사과를 가장 많이 먹은 사람은 E, 가장 적게 먹은 사람은 D이다.


## 16

정답 ③

C기업이 참일 경우, 나머지 미국과 서부지역 총 4개의 설비를 다른 업체가 맡아야한다. 이때, 두 번째 정보인 B기업의 설비 구축지역은 거짓이 되고, 첫 번째 정보에서 A기업이 맡게 되면 4개의 설비를 구축해야 하므로 A기업의 설비 구축 계획은 참이 된다. 따라서 장대리의 말은 참이 됨을 알 수 있다.

[오답분석]
이사원 : A기업이 참일 경우에 A기업이 설비 3개만 맡는다고 하면, B 또는 C기업이 5개의 설비를 맡아야 하므로 나머지 정보는 거짓이 된다. 하지만 A기업이 B기업과 같은 곳의 설비 4개를 맡는다고 할 때, B기업은 참이 될 수 있으므로 옳지 않다.
김주임 : B기업이 거짓일 경우에 만약 6개의 설비를 맡는다고 하면, A기업은 나머지 2개를 맡게 되므로 거짓이 될 수 있다. 또한 B기업이 참일 경우, 똑같은 곳의 설비 하나씩 4개를 A기업이 구축해야 하므로 참이 된다.

# 2주 차

## 실력 다지기

| 01 | 02 | 03 | 04 | 05 | 06 | 07 | 08 | 09 | 10 | 11 | 12 | 13 | 14 | 15 | 16 | 17 | 18 | 19 | 20 |
|----|----|----|----|----|----|----|----|----|----|----|----|----|----|----|----|----|----|----|----|
| ① | ② | ① | ④ | ③ | ③ | ④ | ④ | ① | ② | ⑤ | ③ | ② | ① | ① | ③ | ③ | ⑤ | ② | ④ |

## 01

정답 ①

$\times 3$, $\div 9$, $\times 27$, $\div 81$, $\times 243$, $\div 729$, …의 규칙을 가지고 있다(3의 거듭제곱을 곱하고 나눈다).
따라서 빈칸에 들어갈 알맞은 숫자는 $729 \div 729 = 1$이다.

## 02

정답 ②

제3항부터 다음과 같은 규칙을 가지고 있다.
$(n-2)$항$-(n-1)$항$-11=(n)$항, $n \geq 3$
따라서 빈칸에 들어갈 알맞은 수는 $37-(-85)-11=111$이다.

## 03

정답 ①

앞의 항에 11, 12, 13, …을 더하는 수열이다.
$A=16$, $B=97$이므로 $A-B=-81$이다.

## 04

정답 ④

$(A, B)$ : 두 수의 최대공약수가 같은 집합, 예를 들어 $(15, 5)$에서 두 수의 최대공약수는 5이고, [ ] 안에 있는 쌍들도 마찬가지로 두 수의 최대공약수가 5이다. 따라서 $(20, 14)$에서 두 수의 최대공약수는 2이므로, 보기 중 빈칸에 들어갈 알맞은 숫자는 10이다.

## 05

정답 ③

매년 상·하반기 오렌지 수입량이 많은 국가 순서는 '필리핀 – 미국 – 뉴질랜드 – 태국'으로 일정하다. 따라서 ㉠, ㉡에 들어갈 가장 알맞은 수치는 ③이다.

## 06

정답 ③

A사와 B사의 전체 직원 수를 알 수 없으므로, 비율만으로는 판단할 수 없다.

오답분석
① 여직원 비율이 높을수록 남직원 비율이 낮을수록 값이 작아진다. 따라서 여직원 비율이 가장 높으면서, 남직원 비율이 가장 낮은 D사가 비율이 최저이고, 남직원 비율이 여직원 비율보다 높은 A사가 비율이 최고이다.
② B, C, D사 각각 남직원보다 여직원의 비율이 높다. 따라서 B, C, D사 모두에서 남직원 수보다 여직원 수가 많다. 즉, B, C, D사의 직원 수를 다 합했을 때도 남직원 수는 여직원 수보다 적다.
④ B사의 전체 직원 수를 $a$명, A사의 전체 직원 수를 $2a$명이라 하자.
B사의 남직원 수는 $0.48a$명, A사의 남직원 수는 $0.54 \times 2a = 1.08a$명이다.
$$\therefore \ \frac{0.48a + 1.08a}{a + 2a} \times 100 = \frac{156}{3} = 52\%$$
⑤ A, B, C사의 전체 직원 수를 $a$명이라 하자. 여직원의 수는 각각 $0.46a$, $0.52a$, $0.58a$명이다. 따라서 $0.46a + 0.58a = 2 \times 0.52a$이므로 옳은 설명이다.

## 07

정답 ④

2%p씩 상승한 경우 2023년도 경제성장률의 기댓값은 $7 \times 0.2 + 17 \times 0.4 + 22 \times 0.4 = 17\%$이다.

## 08

정답 ④

- 15 ~ 19세 : $\dfrac{265}{2,944} \times 100 \fallingdotseq 9.0\%$
- 20 ~ 29세 : $\dfrac{4,066}{6,435} \times 100 \fallingdotseq 63.2\%$
- 30 ~ 39세 : $\dfrac{5,831}{7,519} \times 100 \fallingdotseq 77.6\%$
- 40 ~ 49세 : $\dfrac{6,749}{8,351} \times 100 \fallingdotseq 80.8\%$
- 50 ~ 59세 : $\dfrac{6,238}{8,220} \times 100 \fallingdotseq 75.9\%$
- 60세 이상 : $\dfrac{3,885}{10,093} \times 100 \fallingdotseq 38.5\%$

경제활동 참가율이 가장 높은 연령대는 40 ~ 49세이고, 가장 낮은 연령대는 15 ~ 19세이다.
따라서 두 연령대의 차이는 $80.8 - 9.0 = 71.8\%$p이다.

## 09

정답 ①

오답분석
② 2020년 연구 인력의 평균 연령 수치는 41.2세이다.
③ 2021년 지원 인력의 평균 연령 수치는 47.1세이다.
④ 범주가 바뀌었다.
⑤ 일부 수치가 옳지 않다.

## 10

영준 : 제시된 자료를 통해 확인할 수 있다.

세종 : 2021년 대비 2022년 수력에너지 발전량의 증가율은 $\dfrac{4,186-3,787}{3,787}\times100 ≒ 10.5\%$이다. 따라서 2023년의 수력에너지

발전량은 $4,186\times(1+0.105)=4,625.53$GWh이다.

[오답분석]

진경 : 2022년 화력에너지 발전량의 10%는 $369,943\times0.1=36,994.3$GWh이다. 이는 2022년 신재생에너지 발전량보다 많다.

현아 : 2020년 대비 2021년 LNG에너지 발전량의 증가율은 $\dfrac{121,018-100,783}{100,783}\times100 ≒ 20.1\%$이고, 2021년 대비 2022년 석탄

에너지 발전량의 증가율은 $\dfrac{238,799-213,803}{213,803}\times100 ≒ 11.7\%$이므로 2배 미만이다.


## 11

추위가 감기의 원인은 될 수 있으나, 예방접종은 감기를 예방하는 방법이므로 해결방안이 될 수 없다.

[오답분석]

①·②·③·④는 문제 – 원인 – 해결방안의 관계이다.


## 12

정직한 사람은 이웃이 많고, 이웃이 많은 사람은 외롭지 않을 것이다. 따라서 정직한 사람은 외롭지 않을 것이다.


## 13

C사원과 E사원의 진술은 동시에 참이 되거나 거짓이 된다.
ⅰ) C사원과 E사원이 모두 거짓말을 한 경우
    참인 B사원의 진술에 따라 D사원이 금요일에 열리는 세미나에 참석한다. 그러나 이때 C와 E 중 한 명이 참석한다는 D사원의
    진술과 모순되므로 성립하지 않는다.
ⅱ) C사원과 E사원이 모두 진실을 말했을 경우
    C사원과 E사원의 진술에 따라 C, D, E사원은 세미나에 참석할 수 없다. 따라서 D사원이 세미나에 참석한다는 B사원의 진술은
    거짓이 되며, C와 E사원 중 한 명이 참석한다는 D사원의 진술도 거짓이 된다. 또한 A사원은 세미나에 참석하지 않으므로,
    결국 금요일 세미나에 참석하는 사람은 B사원이 된다.
따라서 B사원과 D사원이 거짓말을 하고 있으며, 이번 주 금요일 세미나에 참석하는 사람은 B사원이다.


## 14

먼저 Q, R이 유죄라고 가정하면 P, S, T가 모두 무죄가 되어야 한다. 하지만 P가 무죄일 때 Q도 무죄이므로 오류가 발생한다.
따라서 Q, R은 무죄인데, 이때 P가 무죄라면 T도 무죄여야 하기 때문에 P, R, Q, T가 무죄라는 오류가 발생한다. 즉, Q, R이
무죄이고 P가 유죄, S가 무죄일 때 모든 조건을 만족하기 때문에 P, T가 유죄이고 Q, R, S가 무죄임을 알 수 있다.


## 15

A는 국가의 개인의 사적 영역에 대한 관여는 최소 수준으로 제한해야 하므로 사회 복지의 대상도 일부 사람으로 국한하고 민간
부문이 개인 복지의 중요한 역할을 담당해야 한다는 입장이며, B는 국가가 사회 제도를 통해 모든 국민에게 보편적 복지 서비스를
제공해야 한다는 입장이다. 따라서 A와 B의 주장을 도출할 수 있는 질문으로 ①이 가장 적절하다.

## 16

정답 ③

다섯 번째 · 일곱 번째 조건에 의해 G는 첫 번째 자리에 앉고, 여섯 번째 조건에 의해 C는 세 번째 자리에 앉는다.

A와 B가 네 번째 · 여섯 번째 또는 다섯 번째 · 일곱 번째 자리에 앉으면 D와 F가 나란히 앉을 수 없다. 따라서 A와 B는 두 번째, 네 번째 자리에 앉는다.

그러면 남은 자리는 다섯 · 여섯 · 일곱 번째 자리이므로 D와 F는 다섯 · 여섯 번째 또는 여섯 · 일곱 번째 자리에 앉게 되고, 나머지 한 자리에 E가 앉는다.

이를 정리하면 다음과 같다.

| 구분 | 1 | 2 | 3 | 4 | 5 | 6 | 7 |
|------|---|---|---|---|---|---|---|
| 경우 1 | G | A | C | B | D | F | E |
| 경우 2 | G | A | C | B | F | D | E |
| 경우 3 | G | A | C | B | E | D | F |
| 경우 4 | G | A | C | B | E | F | D |
| 경우 5 | G | B | C | A | D | F | E |
| 경우 6 | G | B | C | A | F | D | E |
| 경우 7 | G | B | C | A | E | D | F |
| 경우 8 | G | B | C | A | E | F | D |

C의 양 옆에는 항상 A와 B가 앉으므로 ③은 항상 옳다.

[오답분석]

① 경우 3, 경우 4, 경우 7, 경우 8에서만 가능하며, 나머지 경우에는 성립하지 않는다.

② · ④ 경우 4와 경우 8에서만 가능하며, 나머지 경우에는 성립하지 않는다.

⑤ B는 두 번째 자리에 앉을 수도 있다.


## 17

정답 ③

- 철이 : 후건 긍정의 오류를 범하고 있다. 철이가 오류를 범하지 않으려면 다음과 같이 이야기해야 한다. "흡연자의 90%는 폐암으로 사망한다. 너는 흡연자다. 따라서 너는 폐암으로 사망할 확률이 90%다."
- 민지 · 유진 : 인과 관계를 거꾸로 생각하고 있다. 민지의 경우, 감염자가 양성 판정을 받을 확률이 99%인 것이지, 양성 판정을 받은 사람이 감염자일 확률이 99%인 것은 아니다. 양성 판정을 받은 사람 중에는 실제 비감염자가 양성 판정을 받을 확률도 있을 것이고 주어진 조건으로 이 확률을 알 수는 없다.

[오답분석]

- 영이 : 통계적 귀납추론을 하고 있다.


## 18

정답 ⑤

규칙은 가로로 적용된다. 첫 번째 도형을 시계 반대 방향으로 $90°$ 회전시킨 도형이 두 번째 도형이고, 두 번째 도형을 $y$축 대칭시킨 도형이 세 번째 도형이다.

## 19

정답 ②

각각의 가로 화살표를 순서대로 1행, 2행, 세로 화살표를 순서대로 1열, 2열, 3열이라고 하자.

1열의 과정을 확인해 보면 ♧와 ▽는 모두 자리 바꾸기 규칙임을 확인할 수 있으며, 1234 → ♧ → ▽ → 2314임을 알 수 있다. 여기에 ◆만 추가된 3열과 비교하여 살펴보면 ◆에서 1ㅗㅈ4 → 5ㅠㅋ5가 되므로, ◆는 각 자릿수에 +4, +3, +2, +1인 규칙이다. 이를 2열에 적용하면 ㅂ65ㅛ → ◆ → ㅊ97ㅜ이고, ㅊ97ㅜ → ● → ♧ → ㅗ75ㅇ이므로, 둘 중 하나는 각 자릿수에 −2, 다른 하나는 1234 → 4231인 규칙임을 알 수 있다. 따라서 자리 바꾸기 규칙인 ♧가 1234 → 4231, ●가 각 자릿수에 −2가 되고, 1열에서 3ㄷ6ㅁ → ♧ → ㅁㄷ63 → ▽ → ㄷ63ㅁ이므로 ▽는 1234 → 2341이 된다. 이를 정리하면 다음과 같다.

♧ : 1234 → 4231

● : 각 자릿수마다 −2

▽ : 1234 → 2341

◆ : 각 자릿수 +4, +3, +2, +1

6C4H  →  C4H6  →  A2F4

       ▽          ●

## 20

정답 ④

5ㅋㄷ7  →  9ㅎㅁ8  →  8ㅎㅁ9  →  6ㅌㄷ7

    ◆        ♧        ●

2주차

| 01 | 02 | 03 | 04 | 05 | 06 | 07 | 08 | 09 | 10 | 11 | 12 | 13 | 14 | 15 | | | | | |
|----|----|----|----|----|----|----|----|----|----|----|----|----|----|----|---|---|---|---|---|
| ④ | ① | ③ | ③ | ⑤ | ⑤ | ① | ③ | ③ | ⑤ | ④ | ④ | ② | ① | ① | | | | | |

## 01

정답 ④

A, B, C, D가 지불한 금액을 각각 $a$, $b$, $c$, $d$원이라고 하자.

$(b+c+d) \times \dfrac{20}{100} = a \rightarrow b+c+d = 5a$ ⋯ ①

$(a+b) \times \dfrac{40}{100} = c \rightarrow a+b = 2.5c$ ⋯ ②

$a+b = c+d$ ⋯ ③

$d - 16,000 = a$ ⋯ ④

②와 ③을 연립하면 $c+d = 2.5c \rightarrow d = 1.5c$ ⋯ ㉠

㉠과 ④를 연립하면 $a = 1.5c - 16,000$ ⋯ ㉡

㉠, ㉡을 ③에 대입하면 $b = 2.5c - a = 2.5c - 1.5c + 16,000 = c + 16,000$ ⋯ ㉢

㉠, ㉡, ㉢을 이용해 ①을 정리하면

$c + 16,000 + c + 1.5c = 7.5c - 80,000 \rightarrow 3.5c + 16,000 = 7.5c - 80,000$

$\rightarrow 16,000 + 80,000 = 7.5c - 3.5c \rightarrow 96,000 = 4c$

$\therefore c = 24,000$

## 02

정답 ①

정리함의 세로 길이를 $a$cm라고 하자.

$28 \times a \times (27-a) = 5,040 \rightarrow -a^2 + 27a = 180$

$\rightarrow (a-12)(a-15) = 0 \rightarrow a = 12, 15$

이때 높이가 세로 길이보다 길다고 하였으므로 따라서 세로의 길이는 12cm이다.

## 03

정답 ③

전체 쓰레기의 양을 $x$g이라 하자. 젖은 쓰레기의 양은 $\dfrac{1}{3}x$g이므로 젖지 않은 쓰레기의 양은 $x - \dfrac{1}{3}x = \dfrac{2}{3}x$g이다.

포인트를 지급할 때 젖은 쓰레기의 양은 50%를 감량해 적용하므로

$2\left(\dfrac{1}{2} \times \dfrac{1}{3}x + \dfrac{2}{3}x\right) = 950 \rightarrow \dfrac{1}{3}x + \dfrac{4}{3}x = 950 \rightarrow \dfrac{5}{3}x = 950 \rightarrow x = 570$

따라서 젖지 않은 쓰레기의 양은 $\dfrac{2}{3}x = \dfrac{2}{3} \times 570 = 380$g이다.

## 04

정답 ③

A국가 하층 비율의 증가폭은 59−26=33%p이고, B국가의 증가폭은 66−55=11%p이다.

[오답분석]

① A국가의 상층 비율은 18−7=11%p 증가하였다.

② 중층 비율은 A국가는 67−23=44%p, B국가는 28−11=17%p 감소하였으므로 증감폭이 다르다.

④ B국가는 2000년과 2020년 모두 하층 비율이 가장 높다.

⑤ 2000년 대비 2020년 B국가의 하층 비율의 증가율은 $\frac{66-55}{55}\times100=20\%$이다.

## 05

정답 ⑤

보기의 핵심은 맹장이라도 길 찾기가 중요하다는 것이다. (마)의 앞에서 '길을 잃어버리는 것'을 '전체의 핵심을 잡지 못하는 것'으로 비유한 내용을 찾을 수 있다. (마) 뒤의 내용 역시 요점과 핵심의 중요성을 강조하고 있으므로 보기는 (마)에 들어가야 한다.

## 06

정답 ⑤

두 번째 문단을 통해 '셉테드'는 건축물 설계 과정에서부터 범죄를 예방·차단하기 위해 공간을 구성하는 것임을 알 수 있다. ⑤는 개인 차원의 예방으로 셉테드와는 관련이 없다.

[오답분석]

①·②·③·④ 모두 건축물 및 구조물의 설계에 적용되어 범죄를 예방하는 사례이다.

## 07

정답 ①

합리주의적인 언어 습득 이론에 의하면, 어린이가 언어를 습득하는 것은 거의 전적으로 타고난 특수한 언어 학습 능력과 일반 언어 구조에 대한 추상적인 선험적 지식에 의해서 이루어지는 것이다. 반면 경험주의 이론은 경험적인 훈련(후천적)이 핵심이다.

## 08

정답 ③

제시문에는 기존 분자 생물학의 환원주의적 접근에서 나타난 문제점, 그리고 시스템 생물학자인 데니스 노블의 실험 과정과 그의 주장 등이 나타나 있지만, 시스템 생물학자들의 다양한 연구 성과에 대해서는 언급하고 있지 않다.

## 09

정답 ③

ⅰ) 악어가 C구역에 들어갈 경우
사슴은 A, D구역 중 한 곳에 들어갈 수 있다.

| 구분 | A구역 | B구역 | C구역 | D구역 |
| --- | --- | --- | --- | --- |
| 경우 1 | 사슴 | 독수리 | 악어 | 호랑이 |
| 경우 2 | 사슴 | 호랑이 | 악어 | 독수리 |
| 경우 3 | 독수리 | 호랑이 | 악어 | 사슴 |
| 경우 4 | 호랑이 | 독수리 | 악어 | 사슴 |

ii) 악어가 D구역에 들어갈 경우

　사슴은 A, C구역 중 한 곳에 들어갈 수 있다.

| 구분 | A구역 | B구역 | C구역 | D구역 |
|---|---|---|---|---|
| 경우 1 | 사슴 | 독수리 | 호랑이 | 악어 |
| 경우 2 | 사슴 | 호랑이 | 독수리 | 악어 |
| 경우 3 | 독수리 | 호랑이 | 사슴 | 악어 |
| 경우 4 | 호랑이 | 독수리 | 사슴 | 악어 |

따라서 확실하지 않지만 악어와 호랑이가 이웃해 있다면 사슴은 D구역에 살 수 없을 확률이 높다.

2주 차

## 10
**정답** ⑤

'요리를 한다.'를 $p$, '설거지를 한다.'를 $q$, '주문을 받는다.'를 $r$, '서빙을 한다.'를 $s$라 하고 제시된 명제를 정리하면 $p \to \sim q \to \sim s \to \sim r$이 성립한다. 따라서 설거지를 하지 않으면 음식 주문도 받지 않는다.

## 11
**정답** ④

세 번째 조건에서 C>D가 성립하고, 네 번째와 다섯 번째 조건에 의해 C=E>B=D가 성립한다. 또한 두 번째 조건에 의해 A와 B는 같이 합격하거나 같이 불합격한다고 하였으므로 둘 다 불합격한다. 따라서 합격한 사람은 C와 E가 된다.

## 12
**정답** ④

알파벳 순서에 따라 숫자로 변환하면 다음과 같다.

| a | b | c | d | e | f | g | h | i | j | k | l | m |
|---|---|---|---|---|---|---|---|---|---|---|---|---|
| 1 | 2 | 3 | 4 | 5 | 6 | 7 | 8 | 9 | 10 | 11 | 12 | 13 |

| n | o | p | q | r | s | t | u | v | w | x | y | z |
|---|---|---|---|---|---|---|---|---|---|---|---|---|
| 14 | 15 | 16 | 17 | 18 | 19 | 20 | 21 | 22 | 23 | 24 | 25 | 26 |

intellectual의 품번을 규칙에 따라 정리하면 다음과 같다.

- 1단계 : 9, 14, 20, 5, 12, 12, 5, 3, 20, 21, 1, 12
- 2단계 : 9+14+20+5+12+12+5+3+20+21+1+12=134
- 3단계 : (14+20+12+12+3+20+12)-(9+5+5+21+1)=93-41=52
- 4단계 : (134+52)÷4+134=46.5+134=180.5
- 5단계 : 180.5의 소수점 첫째 자리에서 버림하면 180이다.

따라서 제품의 품번은 180이다.

## 13
**정답** ②

## 14

정답 ①

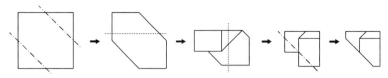

## 15

정답 ①

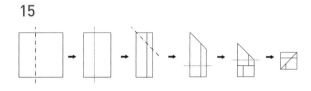

| 01 | 02 | 03 | 04 | 05 | 06 | 07 | 08 | 09 | 10 | 11 | 12 | 13 | 14 | 15 | 16 | 17 | | | |
|----|----|----|----|----|----|----|----|----|----|----|----|----|----|----|----|----|----|----|----|
| ① | ④ | ① | ① | ② | ① | ④ | ② | ④ | ① | ② | ④ | ④ | ② | ② | ⑤ | ① | | | |

## 01

정답 ①

마지막 문단을 통해 디젤 엔진은 원리상 가솔린 엔진보다 더 튼튼하고 고장도 덜 나는 것을 알 수 있다.

오답분석

② 가솔린 엔진은 1876년에, 디젤 엔진은 1892년에 등장했다.

③ 디젤 엔진에는 분진을 배출하는 문제가 있다. 그러나 디젤 엔진과 가솔린 엔진 중에 어느 것이 분진을 더 많이 배출하는지를 언급한 내용은 없다.

④ 디젤 엔진은 연료의 품질에 민감하지 않다.

⑤ 가솔린 엔진의 압축비는 12 : 1이고, 디젤 엔진은 25 : 1 정도이다. 따라서 디젤 엔진의 압축 비율이 가솔린 엔진보다 높다.

## 02

정답 ④

화폐 통용을 위해서는 화폐가 유통될 수 있는 시장이 성장해야 하고, 농업생산력이 발전해야 한다. 그러나 서민들은 물품화폐를 더 선호하였고, 일부 계층에서만 화폐가 유통되었다. 따라서 광범위한 동전 유통이 실패한 것이다. 화폐의 수요량에 따른 공급은 화폐가 유통된 이후의 조선 후기에 해당하는 내용이다.

## 03

정답 ①

정의는 절대적인 실질성을 가지고 있지 않기에 인간은 그 실질성을 위하여 노력해야 한다. 정의의 상징인 자유와 평등 또한 극대화했을 때 불평등, 부자유가 나오는 등 모순점이 있음을 지적하며 이 모순을 조화시켜 실질적인 자유와 평등을 실현하는 것이 법이 풀어야 할 문제임을 말하고 있다.

하지만 이러한 모순이 존재함에도 정의는 자의(資意)를 배척한다. 이를 일반화적 정의라고 부른다. 일반화적 정의는 구체적 사안에 적용했을 때에는 각각에 부딪쳐 부정의(不正意) 결과를 야기할 수 있다. 따라서 개개의 사안에 대응할 수 있는 개별화적 정의가 등장한다. '악법도 법이다.'라는 유명한 말을 남기며 독배를 마시고 죽은 소크라테스의 죽음을 수동적인 정의 실현의 예라고 들며 이 또한 완전하지 않은 정의의 예임을 유추할 수 있다.

제시문의 내용을 정리하면 정의는 절대적인 실질성을 가지고 있지 않으며, 실질적 정의를 이루기 위해서는 구체적 사안에서 어떻게 작용하는지가 중요함을 알 수 있다. 이에 일반화적 정의를 적용하면 나타날 수 있는 결함에 대해 이야기하고 있으므로 개별화적 정의로 보완해야 함을 추론할 수 있다.

## 04

정답 ①

제시문의 화제는 '돈의 가치를 어떻게 가르쳐야 아이들이 돈에 대하여 올바른 개념을 갖게 되는가(부모들의 고민)'이므로 (가) 돈의 개념을 이해하는 가정의 자녀들이 성공할 확률이 높음 → (다) 아이들에게 돈의 개념을 가르치는 지름길은 용돈임 → (나) 만 7세부터 돈의 개념을 어렴풋이나마 짐작하게 되므로 이때부터 아이들에게 약간의 용돈을 주는 것으로 돈에 대한 교육을 시작하면 좋음 → (라) 하지만 돈에 대해서 부모가 결코 해서는 안 될 일들도 있으므로 부모는 아이들이 돈에 대하여 정확한 개념과 가치관을 세울 수 있도록 좋은 본보기가 되어야 함으로 연결되어야 한다.

## 05

정답 ②

네 번째, 다섯 번째 결과를 통해서 '낮잠 자기를 좋아하는 사람은 스케이팅을 좋아하고, 스케이팅을 좋아하는 사람은 독서를 좋아한다.'는 사실을 얻을 수 있다. 이 사실을 한 문장으로 연결하면 '낮잠 자기를 좋아하는 사람은 독서를 좋아한다.'이다.

## 06

정답 ①

정언 삼단논법 $p \rightarrow q$, $q \rightarrow r$, $p \rightarrow r$에 해당된다.

오답분석

② $p \rightarrow q$라는 명제가 참일 때, $q$를 긍정함으로써 $p$도 일어났다고 단정하는 후건 긍정의 오류에 해당된다.

③·④ $p \rightarrow q$라는 명제가 참일 때, $p$를 부정함으로써 $q$도 일어나지 않았다고 단정하는 전건 부정의 오류에 해당된다.

⑤ '죄인'을 '(주로 기독교에서 정의하는) 원죄를 가진 모든 사람'과 '법규를 위반하는 행위를 한 사람'으로 모두 해석할 수 있기 때문에 생기는 애매어의 오류이다.

## 07

정답 ④

주어진 조건을 정리하면 다음과 같다.

〈A동〉 – 11명 거주

| 구분 | 1호 | 2호 | 3호 |
|---|---|---|---|
| 5층 | 영희(1) / 은희(1) | | 창고 |
| 4층 | 신혼부부(2) | | |
| 3층 | | | |
| 2층 | | | |
| 1층 | | | |
| 3인 가구(3), 4인 가구(4) | | | |

〈B동〉 – 6명 거주

| 구분 | 1호 | 2호 | 3호 |
|---|---|---|---|
| 5층 | | | |
| 4층 | | | |
| 3층 | | | |
| 2층 | | | |
| 1층 | 노부부(2) / 중년부부(2) | 창고 | 중년부부(2) / 노부부(2) |
| 1인 가구(남), 1인 가구(남) | | | |

따라서 A동에는 영희·은희(여자 1인 가구), 신혼부부(2인 가구), 3인 가구, 4인 가구가 거주하고(총 11명), B동에는 노부부(2인 가구), 중년부부(2인 가구), 남자 1인 가구 2가구가 거주한다(총 6명).

① 얼마 전에 결혼한 희수는 신혼부부로 A동 4층에 거주한다.

② 3인 가구와 4인 가구가 서로 위·아래층에 사는 것은 알 수 있지만, 정확한 호수는 주어진 조건만으로는 알 수 없다.

③ 두 번째와 여섯 번째 조건에 따라 노부부와 중년부부는 B동 1층에 거주한다.

⑤ B동은 1인 가구 2가구(모두 남자), 노부부, 중년부부가 거주한다. 따라서 총 인원 6명 중 남자는 4명, 여자는 2명으로 남자가 여자의 2배이다.

## 08

제시된 조건에 따르면, 1층에는 남성인 주임을 배정해야 하므로 C주임이 배정된다. 그러면 3층에 배정 가능한 직원은 남성인 B사원 또는 E대리이다.

먼저 3층에 B사원을 배정하는 경우, 5층에는 A사원이 배정된다. 그리고 D주임은 2층에, E대리는 이보다 위층인 4층에 배정된다. 다음으로 3층에 E대리를 배정하는 경우, 5층에 A사원이 배정되면 4층에 B사원이 배정되고, 5층에 B사원이 배정되면 4층에 A사원이 배정된다. 그리고 D주임은 항상 E대리보다 아래층인 2층에 배정된다. 이를 정리하면 다음과 같다.

| 경우 1 | | 경우 2 | | 경우 3 | |
|---|---|---|---|---|---|
| 층수 | 직원 | 층수 | 직원 | 층수 | 직원 |
| 5층 | A | 5층 | A | 5층 | B |
| 4층 | E | 4층 | B | 4층 | A |
| 3층 | B | 3층 | E | 3층 | E |
| 2층 | D | 2층 | D | 2층 | D |
| 1층 | C | 1층 | C | 1층 | C |

따라서 5층에 A사원이 배정되더라도, 4층에는 B사원이 아닌 E대리가 배정될 수도 있다.

① D주임은 항상 2층에 배정된다.

③·⑤ 5층에 B사원이 배정되면 3층에는 E대리, 4층에는 A사원이 배정된다.

④ C주임은 항상 1층에 배정된다.

## 09

• 남성 : $11.1 \times 3 = 33.3 > 32.2$

• 여성 : $10.9 \times 3 = 32.7 < 34.7$

따라서 남성의 경우 국가기관에 대한 선호 비율이 공기업 선호 비율의 3배보다 작다.

① 3%, 2.6%, 2.5%, 2.1%, 1.9%, 1.7%로 가구소득이 많을수록 중소기업을 선호하는 비율이 줄어들고 있다.

② 연령을 기준으로 3번째로 선호하는 직장은 모두 전문직 기업이다.

③ 국가기관은 모든 기준에서 선호 비율이 가장 높다.

⑤ 학력별 공기업을 선호하는 비중이 가장 높은 학력은 대학교 재학이다.

## 10

ㄱ. 자체 재원조달금액 중 국내투자에 사용되는 금액이 차지하는 비중은 $\frac{2,682}{4,025} \times 100 \fallingdotseq 66.6\%$이므로 옳은 설명이다.

ㄴ. 해외재원은 국내투자와 해외투자로 양분되나 국내투자분이 없으므로 옳은 설명이다.

오답분석

ㄷ. 국내재원 중 정부조달금액이 차지하는 비중은 $\frac{2,288}{6,669} \times 100 \fallingdotseq 34.3\%$이므로 40% 미만이다.

ㄹ. 국내재원 중 해외투자금액 대비 국내투자금액의 비율은 $\frac{5,096}{1,573} \times 100 \fallingdotseq 324.0\%$이므로 3배 이상이다. 따라서 옳지 않은 설명이다.

## 11

2022년 김치 수출액이 3번째로 많은 국가는 홍콩이다.

홍콩의 2021년 대비 2022년 수출액의 증감률은 $\frac{4,285-4,543}{4,543} \times 100 \fallingdotseq -5.68\%$이다.

## 12

온실가스 총량은 2020년에 한 번 감소했다가 다시 증가한다.

오답분석

① 이산화탄소는 2018 ~ 2022년 동안 가장 큰 비중을 차지한다.
② 2022년 가계와 산업 부문의 배출량 차이는 42,721.67ppm으로 가장 큰 값을 가진다.
③ 제시된 자료를 보면 산업 부문의 배출량 차이 값은 지속적으로 증가하고 있다.
⑤ 언제나 메탄은 아산화질소보다 가계, 산업부문을 통틀어 더 많이 배출되고 있다.

## 13

전개도를 접어 입체도형을 만들었을 때 각각의 꼭짓점을 기준으로 인접한 세 개의 면에 적힌 수의 합이 왼쪽 전개도는 10, 11이고, 오른쪽 전개도는 11, 12이다. 따라서 ?는 4이다.

?에 5가 들어가게 되면 나머지 면의 합이 10과 11이 아닌 다른 수(12)도 나올 수 있다.

## 14

학교에서 도서관까지의 거리를 $x$km라고 하자.

$$\frac{x}{40} = \frac{x}{45} + \frac{1}{6} \rightarrow 9x - 8x = 60$$

$$\therefore x = 60$$

## 15

정답 ②

한 숙소에 4명씩 잤을 때의 신입사원 수는 $4a+8=b$명이고, 한 숙소에 5명씩 잤을 때의 신입사원 수는 $5(a-6)+4=b$명이다.
$4a+8=5(a-6)+4 \rightarrow a=34$개
$b=34\times4+8=144$명
$\therefore b-a=144-34=110$

## 16

정답 ⑤

작년 A제품의 생산량을 $x$개, B제품의 생산량을 $y$개라고 하자.
$x+y=1,000 \cdots \bigcirc$
$\dfrac{10}{100}\times x - \dfrac{10}{100}\times y = \dfrac{4}{100}\times1,000 \rightarrow x-y=400 \cdots \bigcirc$
$\bigcirc$과 $\bigcirc$을 연립하면,
$x=700, \ y=300$
따라서 올해에 생산된 A제품의 수는 $700\times1.1=770$개이다.

## 17

정답 ①

퍼낸 소금물의 양을 $x$g이라고 하자.
$\dfrac{6}{100}\times700 - \dfrac{6}{100}x + \dfrac{13}{100}x = \dfrac{9}{100}\times700$
$\rightarrow 4,200-6x+13x=6,300$
$\rightarrow 7x=2,100$
$\therefore x=300$

# DAY **09** 롯데(L-TAB) 정답 및 해설

| 01 | 02 | 03 | 04 | 05 | 06 | 07 | 08 | 09 | 10 | 11 | 12 | 13 | 14 | 15 | 16 | 17 | 18 | 19 | 20 |
|----|----|----|----|----|----|----|----|----|----|----|----|----|----|----|----|----|----|----|----|
| ④ | ② | ③ | ③ | ① | ② | ④ | ② | ⑤ | ④ | ⑤ | ⑤ | ② | ③ | ③ | ① | ④ | ③ | ⑤ | ① |

## 01

정답 ④

기업구조조정 촉진법 제○○조 제1항의 규정에 따른 영업양도의 경우와 상속에 의한 특허권의 이전등록료는 동일하다.

## 02

정답 ②

$58,000+(39-20)\times1,000=77,000$원

## 03

정답 ③

특허출원서를 전자문서로 제출하는 경우는 38,000원이므로 두 번째로 높은 수수료를 내야 한다.

오답분석

① 법인의 분할·합병에 의해 출원인 변경을 할 때는 6,500원의 수수료를 내야 하므로 두 번째로 낮은 금액이다.
② 특허권의 통상실시권을 설정할 때는 43,000원의 수수료를 내야 하므로 가장 높은 금액이다.
④ 특허권 등록사항의 회복등록료는 5,000원이므로 가장 낮은 금액이다.
⑤ 상속에 의하여 특허권을 이전할 때는 14,000원의 수수료를 내야 하므로 세 번째로 높은 금액이다.

## 04

정답 ③

2. 특허권 이전등록료 – '라'목에 해당하는 기타 사유로, 매건 5만 3천 원이 요구된다.

오답분석

①·② 법인의 분할·합병에 의한 경우로, 매건 14,000원의 이전 등록료가 필요하다.
④ 상속에 의한 경우로, 매건 14,000원의 이전등록료가 필요하다.
⑤ 기업구조조정 촉진법에 따른 약정을 체결한 기업이 경영정상화계획의 이행을 위하여 행하는 영업양도의 경우로, 매건 14,000원의 이전등록료가 필요하다.

## 05

정답 ①

수하물을 분실한 경우에는 화물인수증(Claim Tag)을 해당 항공사 직원에게 제시하고, 분실 신고서를 작성해야 한다. 이때 공항에서 짐을 찾을 수 없게 되면 항공사에서 책임지고 배상해준다.

## 06
정답 ②

현지에서 잃어버린 물품은 현지 경찰서에서 도난 신고서를 발급받고 그 서류를 귀국 후 해당 보험회사에 청구해야 보험금을 받을 수 있다.

## 07
정답 ④

- 순항 중일 때 날아간 거리 : $860 \times \left\{ 3 + \dfrac{(30-15)}{60} \right\} = 2,795\text{km}$

- 기상 악화일 때 날아간 거리 : $(860-40) \times \dfrac{15}{60} = 205\text{km}$

따라서 날아간 거리는 총 $2,795 + 205 = 3,000\text{km}$이다.

## 08
정답 ②

- 등하불명(燈下不明) : 등잔 밑이 어둡다는 뜻으로, 가까이에 있는 물건이나 사람을 잘 찾지 못함을 이르는 말

[오답분석]
① 누란지위(累卵之危) : 층층이 쌓아 놓은 알의 위태로움이라는 뜻으로, 몹시 아슬아슬한 위기를 비유적으로 이르는 말
③ 수구초심(首丘初心) : 여우는 죽을 때 구릉을 향(向)해 머리를 두고 초심으로 돌아간다는 뜻으로, 근본을 잊지 않음 또는 죽어서라도 고향 땅에 묻히고 싶어 하는 마음을 이르는 말
④ 조족지혈(鳥足之血) : 새 발의 피라는 뜻으로, 매우 적은 분량을 비유적으로 이르는 말
⑤ 지란지교(芝蘭之交) : 지초와 난초의 교제라는 뜻으로, 벗 사이의 맑고도 고귀한 사귐을 이르는 말

## 09
정답 ⑤

지원자의 직무 능력을 가릴 수 있는 요소들을 배제하는 것은 기존의 채용 방식이 아닌 블라인드 채용 방식으로 이를 통해 직무 능력만으로 인재를 평가할 수 있다. 따라서 ⑤는 블라인드 채용의 등장 배경으로 적절하지 않다.

## 10
정답 ④

블라인드 면접의 경우 자료 없이 면접을 진행하는 무자료 면접 방식과 면접관의 인지적 편향을 유발할 수 있는 항목을 제거한 자료를 기반으로 면접을 진행하는 방식이 있다.

[오답분석]
① 무서류 전형은 최소한의 정보만을 포함한 입사지원서를 접수하되 이를 선발 기준으로 활용하지 않는 방식이다.
② 블라인드 처리되어야 할 정보를 수집할 경우, 온라인 지원서 상 개인정보를 암호화하여 채용담당자는 이를 볼 수 없도록 기술적으로 처리한다.
③ 무자료 면접 방식은 입사지원서, 인・적성검사 결과 등의 자료 없이 면접을 진행한다.
⑤ 기존에 쌓아온 능력・지식 등은 서류 전형이 아닌 필기 및 면접 전형을 통해 검증된다.

## 11
정답 ⑤

㉠은 지원자들의 무분별한 스펙 경쟁을 유발하는 반면, ㉡은 지원자의 목표 지향적인 능력과 역량 개발을 촉진한다.

## 12

월요일부터 토요일까지 각 팀의 회의 진행 횟수가 같으므로 6일 동안 6개 팀은 각각 두 번씩 회의를 진행해야 한다. 주어진 조건에 따라 A ~ F팀의 회의 진행 요일을 정리하면 다음과 같다.

| 월 | 화 | 수 | 목 | 금 | 토 |
|---|---|---|---|---|---|
| C, B | D, B | C, E | A, F | A, F | D, E |
|  |  | D, E |  |  | C, E |

[오답분석]
① E팀은 수요일과 토요일에 모두 회의를 진행한다.
② 화요일에 회의를 진행한 팀은 B팀과 D팀이다.
③ C팀과 E팀은 수요일과 토요일 중 하루는 함께 회의를 진행한다.
④ C팀은 월요일에 한 번 회의를 진행하였고, 수요일 또는 토요일 중 하루만 회의를 진행한다.

## 13

제2조 제3항에 따르면 1개월 이상 L회사 직원으로 근무하였음에도 성과평가 결과를 부여받지 못한 경우에는 최하등급 기준으로 성과연봉을 지급한다.

## 14

성과급 지급 규정의 평가기준 가중치에 따라 O대리의 평가점수를 변환해보면 다음과 같다.

(단위 : 점)

| 구분 | 전문성 | 유용성 | 수익성 | 총합 | 등급 |
|---|---|---|---|---|---|
| 1분기 | 1.8 | 1.6 | 3.5 | 6.9 | C |
| 2분기 | 2.1 | 1.4 | 3.0 | 6.5 | C |
| 3분기 | 2.4 | 1.2 | 3.5 | 7.1 | B |
| 4분기 | 2.1 | 1.6 | 4.5 | 8.2 | A |

따라서 1 ~ 2분기에는 40만 원, 3분기에는 60만 원, 4분기에는 80만 원으로 1년 동안 총 220만 원을 받는다.

## 15

바뀐 성과급 지급 규정에 따라 가중치를 바꿔 다시 O대리의 평가점수를 변환해보면 다음과 같다.

(단위 : 점)

| 구분 | 전문성 | 유용성 | 수익성 | 총합 | 등급 |
|---|---|---|---|---|---|
| 1분기 | 1.8 | 1.6 | 4.2 | 7.6 | B |
| 2분기 | 2.1 | 1.4 | 3.6 | 7.1 | B |
| 3분기 | 2.4 | 1.2 | 4.2 | 7.8 | B |
| 4분기 | 2.1 | 1.6 | 5.4 | 9.1 | S |

1 ~ 3분기에는 60만 원, 4분기에는 100만 원으로, 1년 동안 총 280만 원을 받아 변경 전보다 60만 원을 더 받는다.

## 16

A가 S등급을 받을 확률이 $\frac{1}{3}$이고 B가 S등급을 받을 확률은 $\frac{3}{5}$이다.

따라서 A, B 둘 다 S등급을 받을 확률은 $\frac{1}{3} \times \frac{3}{5} = \frac{1}{5} = 20\%$이다.

## 17

오답분석

ㄴ. 사용하지 않은 성분을 강조하였으므로 제1항 제3호에 해당한다.
ㄹ. 질병 예방에 효능이 있음을 나타내었으므로 제1항 제1호에 해당한다.

## 18

제2항 제2호에 의해 과대광고가 아니다.

오답분석

① 제1항 제1호 위반
② 제1항 제2호 위반
④ 제1항 제1호 위반
⑤ 제2항 제3호에 해당하여 과대광고가 아니다.

## 19

• 강조(強調) : 어떤 부분을 특별히 강하게 주장하거나 두드러지게 함

오답분석

① 허위(虛僞) : 진실이 아닌 것을 진실인 것처럼 꾸밈
② 과대(誇大) : 작은 것을 큰 것처럼 과장함
③ 해당(該當) : 무엇에 관계되는 바로 그것 또는 어떤 범위나 조건 따위에 바로 들어맞음
④ 유사(類似) : 서로 비슷함

## 20

회의에 참석한 인원수를 $n$명이라고 하자.
회의실 뒷자리 양 옆에 책상을 각각 한 개씩 배치한다고 하였으므로 인원을 배치하는 경우의 수는 $_nP_2 = 30$이다.
$_nP_2 = n \times (n-1) = 30 \rightarrow (n+5)(n-6) = 0$
$\therefore n = 6$

# DAY 10  포스코(PAT) 정답 및 해설

| 01 | 02 | 03 | 04 | 05 | 06 | 07 | 08 | 09 | 10 | 11 | 12 | 13 | 14 | 15 | 16 | | | | |
|----|----|----|----|----|----|----|----|----|----|----|----|----|----|----|----|---|---|---|---|
| ④ | ③ | ③ | ② | ② | ④ | ④ | ④ | ① | ④ | ④ | ③ | ③ | ① | ④ | ① | | | | |

## 01
정답 ④

네 번째 문단에서는 토마토 퓨레, 토마토 소스, 토마토 케첩을 소개하며, 토마토에 대한 조리방법을 소개하고 있으므로 '토마토가 사랑받는 이유'는 적절하지 않은 문단 제목이다.

## 02
정답 ③

토마토와 같이 산(酸)이 많은 식품을 조리할 때는 단시간에 조리하거나 스테인리스 스틸 재질의 조리 기구를 사용해야 한다. 알루미늄제 조리 기구를 사용하게 되면 알루미늄 성분이 녹아 나올 수 있기 때문이다.

[오답분석]

① 라이코펜이 많은 빨간 토마토를 그냥 먹을 경우 라이코펜의 체내 흡수율이 떨어지므로 열을 가해 조리해서 먹는 것이 좋다.
② 우리나라에는 19세기 초 일본을 거쳐서 들어왔다고 추정되고 있다.
④ 토마토의 라이코펜과 지용성 비타민은 기름에 익힐 때 흡수가 잘 되므로 기름에 볶아 푹 익혀서 퓨레 상태로 만들면 편리하다.

## 03
정답 ③

이오의 월식은 목성이 지구와 이오 사이에 있는 동안 이오가 보이지 않는 것을 의미한다. 즉, 이오가 지구와 목성 사이에 놓인 것이 아니라 목성이 지구와 이오 사이에 놓여 있을 때 발생한다.

[오답분석]

① 빛의 속도를 처음으로 측정하려 한 사람은 16세기에 태어난 갈릴레오이므로 빛의 속도를 측정하려는 시도는 16세기부터 시작되었음을 알 수 있다.
② 뢰머는 목성과 지구 사이의 거리에 관한 정확한 지식이 없어 실제보다 약 1/3 정도 적은 값을 얻었다.
④ 빛의 속도는 뢰머에 의해 처음으로 측정되었으므로 갈릴레이의 속도 측정 시험으로는 정확한 값을 얻어낼 수 없었다.

## 04
정답 ②

제시문의 마지막 문단에서 '말이란 결국 생각의 일부분을 주워 담는 작은 그릇'이며, '말을 통하지 않고는 생각을 전달할 수가 없는 것'이라고 하며 말은 생각을 전달하기 위한 수단임을 주장하고 있다.

## 05

금형 업종의 경우, 사무소 형태로 진출한 현지 자회사 법인의 비율이 가장 높다.

[오답분석]

① 단독법인 형태의 소성가공 업체의 수는 $30 \times 0.381 = 11.43$개로 10개 이상이다.

③ 표면처리 업체의 해외 현지 자회사 법인 중 유한회사의 형태인 업체는 $133 \times 0.024 = 3.192$곳으로, 2곳 이상이다.

④ 전체 업체 중 용접 업체의 해외 현지 자회사 법인의 비율은 $\dfrac{128}{387} \times 100 = 33\%$로 30% 이상이다.

## 06

2022년도에 세 번째로 많은 생산을 했던 분야는 일반기계 분야이므로, 일반기계 분야의 2020년도에서 2021년도의 변화율은 $\dfrac{4,020 - 4,370}{4,370} \times 100 = -8\%$이므로 약 8% 감소하였다.

## 07

2019년, B사의 제품판매 시 순이익은 $36,990 - 2,250 = 34,740$원으로 원재료 가격의 $34,740 \div 2,250 = 15.44$배이다.

[오답분석]

① 원재료는 판매하는 가격이 아니라 다른 업체로부터 구매한 가격이다.

② 재공품과 제품은 A사·B사의 판매가이다. 판매가가 높을수록 회사매출이 더 올라가므로 A사와 B사 모두 제품을 판매하는 것이 더 유리하다.

③ 2022년 A사 재공품 30개 판매가는 $13,960 \times 30 = 418,800$원, 제품 10개 판매가는 $37,210 \times 10 = 372,100$원으로 재공품 판매 시 매출이 더 높다.

## 08

A사의 2018년 대비 2022년 제품가격 증가율은 $\dfrac{37,210 - 35,430}{35,430} \times 100 = 5.02\%$로 약 5%, B사의 2018년 대비 2022년 제품가격 증가율은 $\dfrac{37,990 - 36,730}{36,730} \times 100 = 3.43\%$로 약 3%다.

## 09

노선지수를 계산하기 위해선 총거리와 총시간, 총요금을 먼저 계산한 후 순위에 따라 다시 한 번 계산해야 한다.

| 경유지 | 합산거리 | 총거리순위 | 합산시간 | 총시간순위 | 합산요금 | 총요금순위 | 노선지수 |
|---|---|---|---|---|---|---|---|
| 베이징 | 9,084km | 1 | 10시간 | 1 | 150만 원 | 7 | 2.9 |
| 하노이 | 11,961km | 4 | 15시간 | 6 | 120만 원 | 4 | 8.2 |
| 방콕 | 13,242km | 7 | 16시간 | 7 | 105만 원 | 1 | 10.7 |
| 델리 | 11,384km | 3 | 13시간 | 4 | 110만 원 | 2 | 5.6 |
| 두바이 | 12,248km | 6 | 14시간 | 5 | 115만 원 | 3 | 8.9 |
| 카이로 | 11,993km | 5 | 12시간 | 3 | 125만 원 | 5 | 7.1 |
| 상하이 | 10,051km | 2 | 11시간 | 2 | 135만 원 | 6 | 4.2 |

베이징 노선은 잠정 폐쇄되었으므로 그다음으로 노선지수가 낮은 상하이를 경유하는 노선이 가장 적합한 노선이다.

## 10

진급 대상자의 항목별 점수에 따른 합산 점수를 정리하면 다음과 같다.

(단위 : 점)

| 성명 | 직급 | 재직기간 | 공인영어 | 필기 | 면접 | 인사평가 | 합산 점수 |
|------|------|----------|----------|------|------|----------|-----------|
| 최근원 | 사원 | 5 | 3 | 10 | 20 | 5 | 43 |
| 김재근 | 대리 | 10 | 3 | 10 | 10 | × | − |
| 이윤결 | 대리 | 5 | × | 10 | 20 | 20 | − |
| 정리사 | 사원 | 5 | 5 | 15 | 5 | 10 | 40 |
| 류이현 | 사원 | 5 | 10 | 10 | 5 | 10 | 40 |
| 정연지 | 사원 | 5 | 3 | 15 | 20 | 10 | 53 |
| 이지은 | 대리 | 10 | 5 | × | 10 | 20 | − |
| 이윤미 | 사원 | 5 | × | 20 | 5 | 20 | − |
| 최지나 | 대리 | 5 | 3 | 15 | × | × | − |
| 류미래 | 사원 | 2 | 3 | 20 | × | 20 | − |

따라서 총 4명의 사원이 진급하며, 가장 높은 점수를 받은 사람은 53점의 정연지이다.

## 11

대리와 과장이 2박 3일간 부산 출장비로 받을 수 있는 총금액은 다음과 같다.
- 일비 : $(30,000 \times 3) + (50,000 \times 3) = 240,000$원
- 교통비 : $(3,200 \times 2) + (121,800 \times 2) + 10,300 = 260,300$원
- 숙박비 : $(120,000 \times 2) + (150,000 \times 2) = 540,000$원
- 식비 : $(8,000 \times 3 \times 3) + (10,000 \times 3 \times 3) = 162,000$원

따라서 총 출장비는 $240,000 + 260,300 + 540,000 + 162,000 = 1,202,300$원이다.

## 12

사원 2명과 대리 1명이 1박 2일간 강릉 출장을 다녀와서 받을 수 있는 총 출장비는 다음과 같다.
- 일비 : $(20,000 \times 2 \times 2) + (30,000 \times 2) = 140,000$원
- 교통비 : 0원(자가용 이용)
- 숙박비 : $(80,000 \times 3) = 240,000$원
- 식비 : $(6,000 \times 3 \times 2 \times 2) + (8,000 \times 3 \times 2) = 120,000$원

따라서 3명의 총 출장비는 $140,000 + 240,000 + 120,000 = 500,000$원이다.

## 13

성준이는 볼펜을 좋아하고, 볼펜을 좋아하는 사람은 수정테이프를 좋아한다. 따라서 성준이는 수정테이프를 좋아한다.

## 14

제시된 조건을 나열하면 '효주>지영', '효주>채원'임을 알 수 있다.
따라서 지영이와 채원이의 나이는 알 수 없지만 효주의 나이가 가장 많다는 것을 알 수 있다.

## 15

정답 ④

조건에 따라 배열하면 '지은, 지영, 수지, 주현, 진리'의 순서대로 서 있다. 따라서 수지가 3번째로 서 있음을 알 수 있고, 지영이는 수지 옆에 있으므로 A와 B 둘 다 틀리다.

## 16

정답 ①

제시된 조건을 토대로 매출액의 순위를 정리하면 매출액이 가장 높은 샌드위치를 제외한 나머지 세 가지 중에서는 와플이 가장 적게 팔리고 단가 또한 가장 낮으므로 매출액이 가장 낮은 것은 와플이다. 또한 주스와 커피의 가격은 같고 커피가 더 많이 팔리므로 전체적으로 커피는 두 번째, 주스는 세 번째로 매출액이 높다. 따라서 A는 옳고, B는 틀리다.

모든 전사 중 가장 강한 전사는 이 두 가지, 시간과 인내다.

– 레프 톨스토이 –

# 3주 차

## 실력 높이기

# DAY 11 삼성(GSAT) 정답 및 해설

| 01 | 02 | 03 | 04 | 05 | 06 | 07 | 08 | 09 | 10 | 11 | 12 | 13 | 14 | 15 | 16 | | | | |
|----|----|----|----|----|----|----|----|----|----|----|----|----|----|----|----|---|---|---|---|
| ① | ① | ⑤ | ④ | ④ | ④ | ④ | ② | ⑤ | ③ | ③ | ② | ① | ④ | ④ | ③ | | | | |

## 01

**정답** ①

나열된 수를 각각 A, B, C, D라고 하면 다음과 같은 규칙이 성립한다.

A B C D → A+B=C+D

따라서 빈칸에 알맞은 숫자는 $-4-6=-10$이다.

## 02

**정답** ①

A B C → C÷B=A

따라서 빈칸에 알맞은 숫자는 $\dfrac{5}{6}$이다.

## 03

**정답** ⑤

각 홀수 번째 행의 1열에 나열된 수는 전 홀수 번째 행 1열 수×3이 적용되고, 1행과 3행에 나열된 열의 수는 +3인 수열이다.

따라서 9행 1열의 숫자가 $18 \times 3 \times 3 = 162$이므로 9행 2열의 숫자는 $162 + 3 = 165$이다.

## 04

**정답** ④

• (창고 9개에 냉장고 9대씩 보관하고, 창고 1개에 냉장고 7대를 보관하는 경우)＝(창고 10개 중에서 1개를 선택하는 경우)

  ：$_{10}C_1 = 10$

• (창고 8개에 냉장고 9대씩 보관하고, 창고 2개에 냉장고 8대씩 보관하는 경우)＝(창고 10개 중에서 2개를 선택하는 경우)

  ：$_{10}C_2 = 45$

따라서 냉장고를 창고에 보관할 수 있는 경우의 수는 $10 + 45 = 55$가지이다.

## 05

**정답** ④

거슬러 올라간 거리를 $x$km, 내려간 거리를 $(7-x)$km라고 하자.

• 배를 타고 거슬러 올라갈 때의 속력 : (배의 속력)−(강물의 속력)＝$20-10=10$km/h

• 배를 타고 내려갈 때의 속력 : (배의 속력)＋(강물의 속력)＝$5+10=15$km/h

이동할 때 걸린 시간은 40분＝$\dfrac{2}{3}$시간이므로

$$\frac{x}{10} + \frac{7-x}{15} = \frac{2}{3}$$

$$\therefore \ x = 6\text{km}$$

## 06

기온이 10℃에서 35℃로 35−10=25℃ 오를 때, 소리의 속력은 352−337=15m/s만큼 빨라졌다. 즉, 기온이 1℃ 오를 때 소리의 속력은 $\frac{3}{5}$ m/s만큼 빨라진다.

소리의 속력이 364m/s일 때의 기온을 $x$℃라고 하자.

소리의 속력이 364−337=27m/s만큼 빨라질 때, 기온은 $(x-10)$℃ 올라간다.

$\frac{3}{5}(x-10)=27 \rightarrow x-10=45$

$\therefore x=55$

## 07

전국에서 자전거전용도로의 비율은 $\frac{2,843}{21,176} \times 100 ≒ 13.4\%$의 비율을 차지한다.

오답분석

① 제주특별자치도는 전국에서 여섯 번째로 자전거도로가 길다.

② 광주광역시의 전국 대비 자전거전용도로의 비율은 $\frac{109}{2,843} \times 100 ≒ 3.8\%$이며, 자전거보행자겸용도로의 비율은 $\frac{484}{16,331} \times 100 ≒$ 3%로 자전거전용도로의 비율이 더 높다.

③ 경상남도의 자전거보행자겸용도로는 전국에서 $\frac{1,186}{16,331} \times 100 ≒ 7.3\%$의 비율을 가진다.

⑤ 전국에서 자전거보행자겸용도로가 가장 짧은 곳은 세종특별자치시이다.

## 08

2014년 강북의 주택전세가격을 100이라고 한다면 그래프는 전년 대비 증감률을 나타내므로 2015년에는 약 5% 증가해 100×1.05=105이고, 2016년에는 전년 대비 약 10% 증가해 105×1.1=115.5라고 할 수 있다. 따라서 2016년 강북의 주택전세가격은 2014년 대비 약 $\frac{115.5-100}{100} \times 100=15.5\%$ 증가했다고 볼 수 있다.

오답분석

① 전국 주택전세가격의 증감률은 2013년부터 2022년까지 모두 양의 부호(+) 값을 가지고 있으므로 매년 증가하고 있다고 볼 수 있다.

③ 그래프를 보면 2019년 이후 서울의 주택전세가격 증가율이 전국 평균 증가율보다 높은 것을 알 수 있다.

④ 강남 지역의 주택전세가격 증가율이 가장 높은 시기는 2016년임을 알 수 있다.

⑤ 전년 대비 주택전세가격이 감소했다는 것은 전년 대비 증감률이 음의 부호(−) 값을 가지고 있다는 것이다. 그래프에서 증감률이 음의 부호(−) 값을 가지고 있는 지역은 2013년 강남뿐이다.

## 09

제시된 자료에 의하여 AJ공항의 국내선 운항 횟수는 1위, 전년 대비 국내선 운항 횟수의 증가율은 5위이다.

오답분석

① 운항 횟수 상위 5개 공항, 전년 대비 운항 횟수 증가율 상위 5개 공항에 명시된 공항은 IC, KH, KP, AJ, CJ, TG 6개로 국제선 운항 공항은 최소 6개이며, 7개 이상인지 아닌지는 알 수 없다.

② 2022년 KP공항의 국내선 운항 횟수는 56,309회이고, KP공항의 국제선 운항 횟수는 18,643회이다. $56,309 \times \frac{1}{3} ≒ 18,770$회이므로, 2022년 KP공항의 운항 횟수는 국제선이 국내선의 $\frac{1}{3}$ 미만이다.

③ 전년 대비 운항 횟수 증가율 상위 5개 공항에서 MA공항의 국내선 운항 횟수의 증가율이 가장 높지만, MA공항의 국내선 운항 횟수를 알 수 없으므로 증가폭을 구할 수 없다.

④ 국내선 운항 횟수 상위 5개 공항의 국내선 운항 횟수 합은 65,838+56,309+20,062+5,638+5,321=153,168회이고, 전체 국내선 운항 횟수 대비 국내선 운항 횟수 상위 5개 공항의 국내선 운항 횟수의 비율은 $\frac{153,168}{167,040}\times100≒91.7\%$이다.

## 10　　　　　　　　　정답　③

각 조건을 종합해 보면 D는 1시부터 6시까지 연습실 2에서 플루트를 연주하고, B는 연습실 3에서 첼로를 연습하며, 연습실 2에서 처음 연습하는 사람은 9시부터 1시까지, 연습실 3에서 처음 연습하는 사람은 9시부터 3시까지 연습한다. 따라서 연습실 1에서는 나머지 3명이 각각 3시간씩 연습해야 한다.

따라서 ③이 조건으로 추가되면 A와 E가 3시에 연습실 1과 연습실 3에서 끝나는 것이 되는데, A는 연습실 1을 이용할 수 없으므로 9시부터 3시까지 연습실 3에서 바이올린을 연습하고 E는 연습실 1에서 12시부터 3시까지 클라리넷을 연습한다. C도 연습실 1을 이용할 수 없으므로 연습실 2에서 9시부터 1시까지 콘트라베이스를 연습하고, 마지막 조건에 따라 G는 9시부터 12시까지 연습실 1, F는 3시부터 6시까지 연습실 1에서 바순을 연습하므로 모든 사람의 연습 장소와 연습 시간이 확정된다.

| 구분 | 연습실 1 | 연습실 2 | 연습실 3 |
| --- | --- | --- | --- |
| 9 ~ 10시 | G | C | A |
| 10 ~ 11시 | G | C | A |
| 11 ~ 12시 | G | C | A |
| 12 ~ 1시 | E | C | A |
| 1 ~ 2시 | E | D | A |
| 2 ~ 3시 | E | D | A |
| 3 ~ 4시 | F | D | B |
| 4 ~ 5시 | F | D | B |
| 5 ~ 6시 | F | D | B |

## 11　　　　　　　　　정답　③

'A카페에 간다.'를 $p$, '타르트를 주문한다.'를 $q$, '빙수를 주문한다.'를 $r$, '아메리카노를 주문한다.'를 $s$라고 하면, 각각 $p \rightarrow q$, $r \rightarrow \sim q$, $q \rightarrow s$이다. 두 번째 명제의 대우와 첫 번째, 세 번째 명제를 연결하면 $p \rightarrow q \rightarrow \sim r$, $p \rightarrow q \rightarrow s$의 관계가 성립한다. 'A카페를 가면 아메리카노를 주문한다.'는 참인 명제이므로 대우인 '아메리카노를 주문하지 않으면 A카페를 가지 않았다는 것이다.'도 참이다.

## 12　　　　　　　　　정답　②

물결이나 늘어진 천, 나뭇잎 등이 부드럽고 느릿하게 굽이져 자꾸 움직이는 모양을 가리키는 '너울너울'과 물결 따위가 부드럽게 자꾸 굽이쳐 움직이는 모양을 가리키는 '넘실넘실'은 유의 관계를 이룬다. 행동 따위를 분명하게 하지 못하고 자꾸 망설이며 몹시 흐리멍덩하게 하는 모양을 뜻하는 '우물쭈물'과 어줍거나 부끄러워서 자꾸 주저하거나 머뭇거리는 모양을 뜻하는 '쭈뼛쭈뼛'도 유의 관계를 이룬다.

## 13　　　　　　　　　정답　①

♧ : 1234 → 2341
♥ : 각 자릿수 +2, +4, +2, +4
◈ : 1234 → 2143

L53I　→　　53IL　→　　35LI
　　　♧　　　　　◈

## 14

정답 ④

G6M5　　→　　6G5M　　→　　8K7Q

　　　　　◈　　　　　♥

## 15

정답 ④

제시문은 예비 조건, 진지성 조건, 기본 조건 등 화행 이론에서 말하는 발화의 적절성 조건을 설명하고 있다. 두 번째 문단의 '발화의 적절성 판단은 상황에 의존하고 있다.'라고 하였으므로, 발화가 적절한지는 그 발화가 일어난 상황에 따라 달라진다.

## 16

정답 ③

규칙은 가로로 적용된다. 첫 번째 도형을 $x$축 대칭시킨 도형이 두 번째 도형이고, 두 번째 도형을 시계 방향으로 $60°$ 회전시킨 도형이 세 번째 도형이다.

| 01 | 02 | 03 | 04 | 05 | 06 | 07 | 08 | 09 | 10 | 11 | 12 | 13 | 14 | 15 | 16 | | | |
|----|----|----|----|----|----|----|----|----|----|----|----|----|----|----|----|----|----|----|
| ① | ⑤ | ④ | ② | ③ | ② | ② | ③ | ⑤ | ⑤ | ③ | ③ | ② | ③ | ③ | ⑤ | | | |

## 01

**정답**  ①

A가 21분 동안 움직인 걸음 수는 $\dfrac{21\times60}{9}\times8=(140\times8)$걸음이고, B가 21분 동안 움직인 걸음 수는 $\dfrac{21\times60}{9}\times6=(140\times6)$걸음이다.

두 사람이 만나기 위해서 이동할 수 있는 경로 중 최단 경로는 두 사람이 있는 곳을 직선으로 연결한 경로이고, 각각 동쪽과 북쪽으로 이동했으므로 피타고라스 정리에 의해 두 사람이 걸어야 할 걸음 수는 다음과 같다.

$\sqrt{(140\times8)^2+(140\times6)^2}=140\sqrt{8^2+6^2}=140\sqrt{100}=(140\times10)$걸음

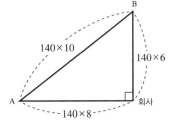

두 사람은 이전과 같은 속력으로 같은 시간 동안 움직여 만난다고 하였으므로 두 사람이 만날 때까지 걸리는 시간을 $x$초라고 하자.

$x\times(8+6)\div9=140\times10 \rightarrow x\times14\div9=140\times10 \rightarrow x=140\times10\div(14\div9)=900$초

A가 이동한 거리를 물었으므로 A의 걸음 수는 $900\times8\div9=800$걸음이고 이동 거리는 $800\times60=48,000$cm이다.

따라서 A가 이동한 거리는 480m이다.

## 02

**정답**  ⑤

규칙에 따라 사용할 수 있는 숫자는 1, 5, 6을 제외한 나머지 2, 3, 4, 7, 8, 9의 총 6개이다. (한 자리 수)×(두 자리 수)=156이 되는 수를 알기 위해서는 156의 소인수를 구해야 한다. 156의 소인수는 3, $2^2$, 13이고, 이 중에 조건을 만족하는 것은 $2\times78$과 $4\times39$이다. 따라서 선택지 중에 A팀 또는 B팀에 들어갈 수 있는 암호배열은 39이다.

## 03

**정답**  ④

내수 현황을 누적으로 나타내었으므로 적절하지 않다.

**오답분석**

①・② 제시된 자료를 통해 알 수 있다.

③ 신재생에너지원별 고용인원 비율을 구하면 다음과 같다.

- 태양광 : $\dfrac{8,698}{16,177}\times100\fallingdotseq54\%$

- 풍력 : $\dfrac{2,369}{16,177}\times100\fallingdotseq15\%$

- 폐기물 : $\dfrac{1,899}{16,177}\times100\fallingdotseq12\%$

- 바이오 : $\dfrac{1,511}{16,177}\times100\fallingdotseq9\%$

- 기타 : $\dfrac{1,700}{16,177}\times100\fallingdotseq10\%$

⑤ 신재생에너지원별 해외공장매출 비율을 구하면 다음과 같다.

- 태양광 : $\frac{18,770}{22,579} \times 100 ≒ 83.1\%$

- 풍력 : $\frac{3,809}{22,579} \times 100 ≒ 16.9\%$

## 04

정답 ②

첫 번째 조건에서 C+E<A임을 알 수 있고, 다섯 번째 조건에서 F를 정리하면 A+D<C+E+F이다. 첫 번째 조건에서 C+E<A라고 했으므로 F는 D보다 무겁다.
세 번째와 네 번째 조건을 정리하면 'C 또는 E<A<D<F 또는 B'이고, 마지막 조건에서 C보다 A가 더 무겁지만, 오른쪽 항인 (B+C)가 더 무거우므로 B가 F보다 무겁다는 것을 추론할 수 있다.
따라서 추의 무게는 'C 또는 E<A<D<F<B'이고, 두 번째로 무거운 추는 F이다.

## 05

정답 ③

오각형 모서리 숫자의 규칙은 다음과 같다.

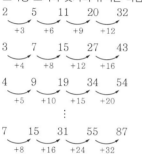

따라서 여섯 번째 오각형 모서리 숫자의 합은 7+15+31+55+87=195이다.

## 06

정답 ②

글의 핵심 논점을 잡으면 첫째 문단의 끝에서 '제로섬(Zero-sum)적인 요소를 지니는 경제 문제'와 둘째 문단의 끝에서 '우리 자신의 수입을 보호하기 위해 경제적 변화가 일어나는 것을 막거나 혹은 사회가 우리에게 손해를 입히는 공공정책이 강제로 시행되는 것을 막기 위해 싸울 것'이 핵심 주장이므로, 이에 부합하는 논지는 '사회경제적인 총합이 많아지는 정책'에 대한 비판이라고 할 수 있다.

## 07

정답 ②

합통과 추통은 참도 있지만 오류도 있다고 말하고 있다. 그리고 다음 문장에서 더욱 많으면 맞지 않은 경우가 있기 때문이라는 이유를 제시하고 있으므로, 앞 문장에는 합통 또는 추통으로 분별 또는 유추하는 것이 위험이 많다고 말하는 ②가 가장 적절하다.

## 08

정답 ③

보에티우스의 건강을 회복할 수 있는 방법은 병의 원인이 되는 잘못된 생각을 바로 잡아 주는 것이다. 그것은 만물의 궁극적인 목적이 선을 지향하는 데 있다는 것을 모르고 있다는 것과 세상은 결국에는 불의가 아닌 정의에 의해 다스려지게 된다는 것이다. 따라서 올바른 것은 ㉠, ㉡이다.

오답분석
㉢ 두 번째 문단에서 보에티우스가 모든 소유물을 박탈당했다고 생각하는 것은 운명의 본모습을 모르기 때문이라고 말하고 있다.

## 09

⑤

마지막 문단에 따르면 사람들은 자신은 대중 매체의 전달 내용에 쉽게 영향 받지 않는다고 생각하면서도 다른 사람들이 영향을 받을 것을 고려하여, 자신의 의견을 포기하고 다수의 의견을 따라가는 경향이 있다.

[오답분석]
① 첫 번째 문단에 의하면 태평양 전쟁 당시 백인 장교들에게 제3자 효과가 나타나, 일본군의 선전에 흑인 병사들이 현혹되리라고 생각하여 부대를 철수시켰다.
②・③ 제3자 효과의 원인은 자신보다 타인들이 대중매체의 영향을 크게 받는다고 믿기 때문이며, 때문에 제3자 효과가 크게 나타나는 사람일수록 대중매체에 대한 법적・제도적 조치에 찬성하는 경향이 있다.
④ 세 번째 문단에 따르면 사람들은 대중 매체가 바람직한 내용보다는 유해한 내용을 전달할 때 다른 사람들에게 미치는 영향이 크다고 생각한다.


## 10

정답 ⑤

제시된 자료에서 세 팀이 첫 번째 발과 마지막 발에서 얻은 점수를 제외한 후 정리하면 다음과 같다.

| 점수 | 1점 | 2점 | 3점 | 4점 | 5점 | 6점 | 7점 | 8점 | 9점 | 10점 |
|---|---|---|---|---|---|---|---|---|---|---|
| 발수 | 2 | – | 0 | 1 | 1 | 3 | 1 | 3 | 0 | 1 |

• A팀이 얻은 점수
  첫 번째 조건에 의하여 A팀은 두 번째에서 다섯 번째 발 중 한 번은 1점을 쏘았다. 두 번째 조건에 의하여 나머지 세 번의 발에서 얻은 점수는 모두 짝수이며, 점수의 합은 33-(7+9+1)=16점이다. A팀이 얻은 세 홀수 점수는 같은 점수가 없으므로, 첫 번째 조건에 의하여 연달아 쏜 두 발의 점수는 짝수여야 한다. 이때 A팀이 얻을 수 있는 짝수 점수의 조합은 (8점, 8점, 0점) 또는 (6점, 6점, 4점)이다. 제시된 자료에서 세 팀이 점수별로 얻은 발수를 모두 더하면 3+0+1+2+2+3+2+3+1+1=18발이다. 즉, 0점을 쏜 팀이 아무도 없으므로 (8점, 8점, 0점)의 경우 경기결과에 모순된다. 즉, A팀이 두 번째에서 다섯 번째 발에 얻을 수 있는 점수는 1점, 6점, 6점, 4점이다(순서는 다를 수 있음).

• B팀이 얻은 점수
  A팀이 얻은 점수를 제외하고 두 번째에서 다섯 번째 발 중 한 번은 1점을 쏘았고, 여섯 번째 발에서 5점을 쏘았다. 조건의 '5점을 연달아 쏜 팀'이라는 부분을 통해 B팀이 다섯 번째 발에 쏜 점수가 5점이라는 것을 알 수 있다. 즉, 나머지 두 발에서 얻은 점수는 서로 다른 짝수이며, 점수의 합은 33-(4+1+5+5)=18점이다. 이때 B팀이 얻을 수 있는 짝수 점수의 조합은 (8점, 10점)이다. 따라서 B팀이 두 번째에서 다섯 번째 발에 얻은 점수는 1점, 8점, 10점, 5점이다(1점, 8점, 10점의 경우, 순서가 다를 수 있음).

• C팀이 얻은 점수
  앞서 A팀과 B팀이 구한 점수를 제외하면 (6점, 7점, 8점, 8점)이 남는다. 이때 C팀의 총점은 3+6+7+8+8+1=33점이고 나머지 조건을 모두 만족하므로 C팀이 두 번째에서 다섯 번째 발에 얻은 점수는 6점, 7점, 8점, 8점이다(순서는 다를 수 있음).
  위의 결과를 토대로 세 팀이 얻은 점수를 정리하면 다음과 같다.

| 구분 | 1번째 | 2번째 | 3번째 | 4번째 | 5번째 | 6번째 |
|---|---|---|---|---|---|---|
| A | 7 | | 1, 4, 6, 6 | | | 9 |
| B | 4 | | 1, 8, 10 | | 5 | 5 |
| C | 3 | | 6, 7, 8, 8 | | | 1 |

따라서 8점을 연달아 쏜 C팀의 최대점수는 8점, 5점을 연달아 쏜 B팀의 최대점수는 10점이다.


## 11

정답 ③

당첨자가 골프를 쳤으므로 운동을 할 수 없는 김씨는 당첨자가 아니고, 김씨 부인의 배우자인 김씨는 트럼프에서 이겼으므로 김씨 부인도 당첨자가 아니다. 다음으로 박씨는 당첨자와 골프를 쳤으므로 박씨는 당첨자가 아니고, 또 한 사람의 부인(김씨 부인은 김씨와 트럼프 놀이를 했으므로 또 한 사람의 부인은 최씨 부인이다)인 최씨 부인은 박씨 부인에게 트럼프를 졌으므로 당첨자는 최씨가 된다.

## 12

**정답** ③

조건에 의해 50만 원 이상 구매 목록은 매년 2번 이상 구매해야 하며, 두 계절 연속으로 같은 가격대의 구매 목록을 구매할 수 없으므로 겨울엔 반드시 에어컨을 구매해야 한다. 따라서 봄에는 절대 50만 원 이상인 구매 목록을 구매할 수 없다.

[오답분석]

① 가을을 제외한 계절에 50만 원 이상인 에어컨과 10만 원 미만인 가습기를 구매하고, 가을에는 에어컨과 가습기를 구매하지 않았으므로 10만 원 이상이나 30만 원 이상의 비품을 구매하였다.
② 봄에 10만 원 미만의 비품을 구입하지 않는다면 여름에 10만 원 미만의 비품을 구매할 수 있다.
④ 가을에 30만 원 이상의 비품을 구입하고, 다음 해 봄에 10만 원 이상의 비품을 구매하지 않는다면 구매할 수 있다.
⑤ 50만원 이상인 에어컨은 여름과 겨울에만 구매할 수 있다.

## 13

**정답** ②

다음과 같이 경기를 할 때, B팀은 최대 승점 5점을 얻는다.

| 구분 | 1경기 | 2경기 | 3경기 | 4경기 |
|---|---|---|---|---|
| A팀 | 장사 – 3점 | 왼손 – 0점 | 오른손 – 1점 | 오른손 – 1점 |
| B팀 | 왼손 – 0점 | 장사 – 3점 | 오른손 – 1점 | 오른손 – 1점 |

[오답분석]

① 다음과 같이 경기를 할 때, A, B팀 모두 최대 승점 5점을 얻는다.

| 구분 | 1경기 | 2경기 | 3경기 | 4경기 |
|---|---|---|---|---|
| A팀 | 장사 – 1점 | 왼손 – 3점 | 오른손 – 0점 | 오른손 – 1점 |
| B팀 | 장사 – 1점 | 오른손 – 0점 | 왼손 – 3점 | 오른손 – 1점 |

③ · ④ 다음과 같이 경기를 할 때, B팀은 최대 승점 7점을 얻는다.

| 구분 | 1경기 | 2경기 | 3경기 | 4경기 |
|---|---|---|---|---|
| A팀 | 장사 – 3점 | 왼손 – 0점 | 오른손 – 0점 | 오른손 – 1점 |
| B팀 | 오른손 – 0점 | 장사 – 3점 | 왼손 – 3점 | 오른손 – 1점 |

⑤ 다음과 같이 경기를 할 때, B팀은 최소 승점 4점을 얻는다.

| 구분 | 1경기 | 2경기 | 3경기 | 4경기 |
|---|---|---|---|---|
| A팀 | 장사 – 1점 | 왼손 – 1점 | 오른손 – 1점 | 오른손 – 1점 |
| B팀 | 장사 – 1점 | 왼손 – 1점 | 오른손 – 1점 | 오른손 – 1점 |

## 14

**정답** ③

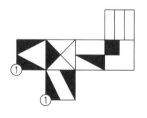

## 15

## 16

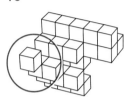

| 01 | 02 | 03 | 04 | 05 | 06 | 07 | 08 | 09 | 10 | 11 | 12 | 13 | 14 | 15 | 16 | 17 | | | |
|----|----|----|----|----|----|----|----|----|----|----|----|----|----|----|----|----|----|----|----|
| ② | ④ | ④ | ④ | ① | ④ | ⑤ | ② | ⑤ | ③ | ④ | ④ | ① | ④ | ⑤ | ① | ④ | | | |

## 01

정답 ②

제시된 글은 박람회의 여러 가지 목적 중 다양성을 통한 주최 국가의 '이데올로기적 통일성'을 표현하려는 의도를 설명하고 있다.

㉠ 첫 번째 문단에서는 경제적 효과, 두 번째 문단에서는 사회적 효과, 즉 다양성을 통한 '이데올로기적 통일성'을 표현하려 한다고 했으므로 일치하는 내용이다.

㉡ 다양성을 통해 박람회 주최국가와 도시의 '이데올로기적 통일성'을 표현하여 정치적 무기로 사용한다고 했으므로 합당한 추론이다.

㉢ 마지막 문단에서 당시의 '사회적 인식'을 기초로 해서 당시의 기득권 사회가 이를 그들의 합법적인 위치의 정당성과 권력을 위해 진행하고 있는 투쟁에서 의식적으로 조작된 정치적 무기로서 조직, 설립, 통제를 위한 수단으로 사용하고 있다는 점에서 일치하는 내용이다.

## 02

정답 ④

보기의 내용은 감각이 아닌 산술 혹은 기하학 등 단순한 것의 앎에 대한 의심으로서, '하느님과 같은 어떤 전능자가 명백하게 여겨지는 것에 대해서도 속을 수 있는 본성을 나에게 줄 수 있다.'라는 마지막 문장을 주시해야 한다. 또한 (라) 시작 부분에 '누구든지 나를 속일 수 있으면 속여 보라.'라는 문장을 보면, 보기의 마지막과 (라)의 뒷부분이 연결됨을 알 수 있다.

## 03

정답 ④

빈칸의 앞뒤 문장을 고려하여 문제를 풀어야 한다. 앞부분은 소모설에 대한 설명이고, 이는 '빈칸'을 완전히 무시하고 있다고 하였으므로, 빈칸에는 앞 문장과 반대되는 내용이 나와야 한다.

## 04

정답 ④

제시문에서는 언어도 물과 공기, 빛과 소리처럼 오염 물질을 지니고 있다는 언어생태학자인 드와잇 볼링거의 주장을 제시하면서 내용을 전개하고 있다. 글쓴이는 드와잇 볼링거의 주장을 바탕으로 문명의 발달로 언어가 오염되고 있으며, 이러한 언어 오염이 인간의 정신을 황폐하게 만든다고 주장하고 있다.

[오답분석]

③ 말이나 글을 전보문이나 쇼핑 목록, 엑스레이로 찍은 사진 등으로 비유하는 방식을 사용하고 있으나, 이는 독자의 이해를 돕기 위해 사용한 것으로 상대방의 논리를 지지하기 위해 사용한 것으로는 볼 수 없다. 또한 언어 오염과 언어 재앙을 환경오염과 환경 재앙으로 비유하고 있으나, 이 역시 상대방의 논리를 지지하는 것이 아니라 오히려 이를 통해 다른 학자의 주장을 반박하고 있다.

## 05

정답 ①

조건을 모두 기호로 표기하면 다음과 같다.

• B → ~E
• ~B and ~E → D
• A → B or D
• C → ~D
• C → A

C가 워크숍에 참석하는 경우 D는 참석하지 않으며, A는 참석한다. A가 워크숍에 참석하면 B 또는 D 중 한 명이 함께 참석하므로 B가 A와 함께 참석한다. 또한 B가 워크숍에 참석하면 E는 참석하지 않으므로 결국 워크숍에 참석하는 직원은 A, B, C이다.

## 06

정답 ④

㉠ 홍길순씨가 뇌물 사건에 연루된 인물인 것은 사실이지만, 고소득자의 세금 부담을 경감하자는 법안의 취지와 뇌물 사건은 아무런 연관이 없다. 이는 홍길순씨가 처한 상황(뇌물 사건에 연루된 인물)이라는 정황적 논거를 통해 추론하고 있는 정황에 호소하는 오류에 해당한다.

㉣ 김씨가 음주운전 사고로 물의를 일으킨 것은 사실이지만, 음주운전 사고와 도난 사건의 용의자를 지목하는 것은 아무런 연관이 없다. 이는 정황적 논거를 통해 추론하고 있는 정황에 호소하는 오류에 해당한다.

[오답분석]

㉡ 김갑수 씨의 무능함을 부정적으로 언급하여 추론하는 인신공격의 오류에 해당한다.

㉢ 새 시장의 선출은 버스 전복 사고, 교량 붕괴, 대형 건물 화재 발생의 원인이 아니다. 이는 사고의 원인을 새 시장의 선발로 혼동한 거짓원인의 오류에 해당한다.

## 07

정답 ⑤

자물쇠를 열 수 있는 열쇠를 정리하면 다음과 같다.

| 구분 | 1번 열쇠 | 2번 열쇠 | 3번 열쇠 | 4번 열쇠 | 5번 열쇠 | 6번 열쇠 |
|---|---|---|---|---|---|---|
| 첫 번째 자물쇠 | | | × | × | × | × |
| 두 번째 자물쇠 | | | × | | | × |
| 세 번째 자물쇠 | × | × | × | | | × |
| 네 번째 자물쇠 | | | × | × | | × |

따라서 3번 열쇠로는 어떤 자물쇠도 열지 못하는 것을 알 수 있다.

[오답분석]

① 첫 번째 자물쇠는 1번 또는 2번 열쇠로 열릴 수 있다.
② 두 번째 자물쇠가 2번 열쇠로 열리면, 세 번째 자물쇠는 4번 열쇠로 열린다.
③ 세 번째 자물쇠가 5번 열쇠로 열리면, 네 번째 자물쇠는 1번 또는 2번 열쇠로 열린다.
④ 네 번째 자물쇠가 5번 열쇠로 열리면, 두 번째 자물쇠는 1번 또는 2번 열쇠로 열린다.

## 08

정답 ②

제시된 정보를 미지수로 나타내어 대소비교를 하면 다음과 같다.
• 작약($a$)을 받은 사람은 카라($b$)를 받은 사람보다 적다. → $a<b$
• 수국($c$)을 받은 사람은 작약($a$)을 받은 사람보다 적다. → $c<a$
• 장미($d$)를 받은 사람은 수국($c$)을 받은 사람보다 많고, 작약($a$)을 받은 사람보다 적다. → $c<d<a$
따라서 개수의 대소는 $c<d<a<b$ → 수국<장미<작약<카라이다.

$a+b+c+d=12$를 만족하는 종류별 꽃의 개수는 두 가지이다.

(단위 : 송이)

| 구분 | 수국 | 장미 | 작약 | 카라 |
|------|------|------|------|------|
| 경우 1 | 1 | 2 | 4 | 5 |
| 경우 2 | 1 | 2 | 3 | 6 |

사람들에게 한 송이씩 나눠줬다고 했으므로 꽃을 받은 인원이 그 꽃의 개수가 된다.

따라서 카라는 5송이, 작약이 4송이면, 전체 12송이 중에서 장미와 수국은 합해서 3송이가 되어야 한다. 또한, 꽃은 4종류 모두 한 송이 이상씩 있어야 하고, 장미는 수국보다 많다고 하였으므로 수국이 1송이, 장미가 2송이가 되어 ㄴ은 옳은 설명이다.

[오답분석]

ㄱ. 카라를 받은 사람이 4명이면, 카라가 4송이이고, 4종류의 꽃의 개수가 모두 달라야 대소관계가 성립하므로 작약은 3송이, 장미는 2송이, 수국은 1송이가 된다. 하지만 모두 합하면 10송이밖에 안 되므로 옳지 않은 설명이다.

ㄷ. 수국을 받은 사람이 2명이면, 최소로 해도 수국 2송이, 장미 3송이, 작약 4송이, 카라 5송이가 되는데, 이것은 총 14송이로 총 12송이보다 많다. 따라서 옳지 않은 설명이다.

## 09

**정답** ⑤

6건 가입한 사례 수를 비교할 때, 서비스 종사자 가입 건수는 $259 \times 0.041 ≒ 10.6$건, 기능원 및 관련 종사자 가입 건수는 $124 \times 0.062 ≒ 7.7$건으로 기능원 및 관련 종사자 가입 건수가 더 적다.

[오답분석]

① 3건 가입한 사례 수를 구하면 판매 종사자 가입 건수는 $443 \times 0.145 ≒ 64.2$건, 서비스 종사자 가입 건수는 $259 \times 0.205 ≒ 53$건이다.

② 직업별로 5건 가입한 사례 수를 비교할 때, 사무 종사자 가입 건수는 $410 \times 0.189 ≒ 77.5$건으로 가장 많다.

③ 2건 가입한 비율을 볼 때, 전문가 및 관련종사자는 20.1%, 단순 노무 종사자는 33.8%로 다른 가입 건수보다 비율이 높음을 알 수 있다.

④ 기계조작 및 조립 종사자의 평균 건수는 3.7건이고, 단순 노무 종사자의 평균 건수는 2.8건임을 알 수 있다.

## 10

**정답** ③

ⓛ 국가채권 중 조세채권의 전년 대비 증가율은 다음과 같다.

• 2020년 : $\dfrac{30-26}{26} \times 100 ≒ 15.4\%$

• 2022년 : $\dfrac{38-34}{34} \times 100 ≒ 11.8\%$

따라서 조세채권의 전년 대비 증가율은 2022년에 비해 2020년이 높다.

ⓒ 융자회수금의 국가채권과 연체채권의 총합이 가장 높은 해는 142조 원으로 2022년이다. 연도별 경상 이전수입의 국가채권과 연체채권의 총합을 구하면 각각 15, 15, 17, 18조 원이므로 2022년이 가장 높다.

[오답분석]

㉠ 2019년 총 연체채권은 27조 원으로 2021년 총 연체채권의 80%인 $36 \times 0.8 = 28.8$조 원보다 작다.

㉣ 2019년 대비 2022년 경상 이전수입 중 국가채권의 증가율은 $\dfrac{10-8}{8} \times 100 = 25\%$이며, 경상 이전수입 중 연체채권의 증가율은 $\dfrac{8-7}{7} \times 100 ≒ 14.3\%$로 국가채권 증가율이 더 높다.

# 11

정답 ④

2021년에 농업 총생산액에서 재배업의 기타, 축잠업의 닭, 오리 생산액 비율은 $\dfrac{1,638+2,286+915}{44,474}\times100=\dfrac{4,839}{44,474}\times100 ≒$ 10.9%이다.

오답분석

① 재배업 생산액의 증감 추이는 '감소 – 감소 – 증가 – 증가'이며, 축잠업 생산액의 증감 추이는 '감소 – 증가 – 증가 – 증가'이다.

② 재배업 항목에서 생산액이 두 번째로 높은 항목은 '곡물류'이며, 2021년도에 곡물류가 농업 총생산액에서 차지하는 비중은 $\dfrac{6,850}{44,474}\times100 ≒ 15.4\%$를 차지한다.

③ 젖소의 2020년 전년 대비 증감률은 표에서 0.2% 증가했음을 알 수 있으며, 2022년 축잠업 항목에서 세 번째로 높은 항목은 닭으로 2020년 전년 대비 증감률은 4.7%이다. 따라서 닭의 증가율이 젖소의 증가율보다 4.7-0.2=4.5%p 더 높다.

⑤ 2020년부터 2022년까지 전년 대비 생산액 증감 추이가 계속 증가하는 재배업의 항목은 '과실류' 하나이며, 축잠업 항목은 '닭, 젖소, 오리' 3가지로 항목의 수는 같지 않다.


# 12

정답 ④

㉠ 제시된 자료를 보면 2022년에 공개경쟁채용을 통해 채용이 이루어진 직렬은 5급, 7급, 9급, 연구직으로 총 4개이다.

㉡ • 2022년 우정직 채용 인원 : 599명
　• 2022년 7급 채용 인원 : 1,148명
　따라서 1,148÷2=574<599이므로 옳은 설명이다.

㉣ • 2022년 9급 공개경쟁채용 인원 : 3,000(1+0.1)=3,300명
　• 2023년 9급 공개경쟁채용 인원 : 3,300(1+0.1)=3,630명
　• 2021년 대비 2023년 9급 공개경쟁채용 인원의 증가폭 : 3,630-3,000=630명
　나머지 채용 인원은 2021년과 같게 유지하여 채용한다고 하였으므로, 2023년 전체 공무원 채용 인원은 9,042+630=9,672명이다.

　따라서 2023년 전체 공무원 채용 인원 중 9급 공개경쟁 채용인원의 비중은 $\dfrac{3,630}{9,672}\times100 ≒ 37.53\%$이다.

오답분석

㉢ 5급, 7급, 9급의 경우 공개경쟁채용 인원이 경력경쟁채용 인원보다 많다. 그러나 연구직의 경우 공개경쟁채용 인원이 경력경쟁 채용 인원보다 적다.


# 13

정답 ①

——▶ : -5
------▶ : 세제곱
-·-·▶ : +2

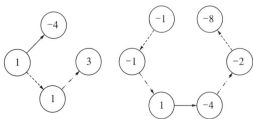

A=1, B=-8
∴ $A^2+B=-7$

## 14

정답 ④

전체 양동이의 물의 양을 1이라 하고, A, B, C수도꼭지에서 1분당 나오는 물의 양을 $a$, $b$, $c$ L라고 하자.

$a+b+c=\dfrac{1}{10}$ … ㉠

$b+c=\dfrac{1}{30}$ … ㉡

$8b=a$ … ㉢

㉢과 ㉠을 연립하면 $9b+c=\dfrac{1}{10}$ 이고, 이를 ㉡과 연립하여 $c$를 구하면

$9\left(\dfrac{1}{30}-c\right)+c=\dfrac{1}{10}$ → $8c=\dfrac{2}{10}$ → $c=\dfrac{1}{40}$

따라서 C수도꼭지는 1분당 $\dfrac{1}{40}$ 만큼의 물이 나오고, C수도꼭지로만 양동이를 가득 채우는 데 걸리는 시간은 총 40분이다.

## 15

정답 ⑤

우람이네 집에서 도서관까지의 거리를 $x$ km라 하면, 집에서 출발하여 도서관에 갔다가 집을 거쳐 우체국에 가는 데 걸리는 시간은 $\left(\dfrac{x}{5}+\dfrac{x+10}{3}\right)$ 시간이다. 이때, 걸리는 시간이 4시간 이내여야 하므로

$\dfrac{x}{5}+\dfrac{x+10}{3}\leq 4$ → $3x+5(x+10)\leq 60$ → $8x<10$ → $x\leq\dfrac{5}{4}$

따라서 도서관은 집에서 $\dfrac{5}{4}$ km 이내에 있어야 한다.

## 16

정답 ①

B팀이 2쿼터까지 얻은 점수를 $x$점이라 하면, A팀이 얻은 점수는 $(x+7)$점이다.

B팀이 3쿼터와 4쿼터에 얻은 점수를 $y$점이라 하면, A팀이 얻은 점수는 $\dfrac{3}{5}y$점이다.

$x+7+\dfrac{3}{5}y=75$ → $x+\dfrac{3}{5}y=68$ … ㉠

$x+y=78$ … ㉡

㉡-㉠을 하면

$\dfrac{2}{5}y=10$ → $y=25$

따라서 A팀이 3쿼터와 4쿼터에 얻은 점수는 $\dfrac{3}{5}\times 25=15$점이다.

## 17

정답 ④

노트북 1대를 판매할 때 받는 수당은 $2,000,000\times\dfrac{3}{100}=60,000$원이다.

판매하는 노트북의 대수를 $x$대라고 하자.

$1,500,000+60,000x\geq 2,500,000$

→ $60,000x\geq 1,000,000$

→ $x\geq 16.66\cdots$

따라서 C사원은 매달 최소 17대 이상의 노트북을 판매해야 한다.

| 01 | 02 | 03 | 04 | 05 | 06 | 07 | 08 | 09 | 10 | 11 | 12 | 13 | 14 | 15 | 16 | 17 | 18 | 19 | 20 |
|----|----|----|----|----|----|----|----|----|----|----|----|----|----|----|----|----|----|----|----|
| ③ | ② | ③ | ④ | ④ | ② | ④ | ③ | ④ | ④ | ④ | ④ | ② | ③ | ① | ① | ④ | ④ | ④ | ① |

## 01

**정답** ③

상품 및 기념품 구입비는 내부에서 쓰는 비용이다.

오답분석

①·②·④·⑤ 섭외비·진행자 행사비로 외부에 지출되는 비용이다.

## 02

**정답** ②

장소는 대부도 내 기관 연수원으로 기관에서 따로 시설 및 주변을 답사할 필요가 없다.

## 03

**정답** ③

예정되어 있던 인원에 따라 점심식사를 신청할 경우, 늦게 오는 직원 수만큼 점심식사량이 남을 수 있어 예산낭비가 된다. 따라서 약 40%의 직원을 고려하여 점심식사에 대한 의견조율이 필요하다.

오답분석

① 가장 먼저 해야 할 일로 외부 일정으로 인해 정시에 도착하지 못하는 인원을 파악해야 한다.
② 늦게 오는 직원들을 고려해 미리 정해놓은 점심식사 관련 금액과 수량 등이 적힌 내역의 수정 여부 확인이 필요하다.
④ 정확한 인원이 정해지면 창립기념일에 점심식사 및 행사시간 등을 차질 없이 진행할 수 있도록 재의사결정을 해야 한다.
⑤ 예산을 생각하여 강행하지 않고 시간대를 조금 늦게 식사를 준비하는 등 차선책을 생각하여야 한다.

## 04

**정답** ④

회사에서 휴게소까지의 거리를 $x$라 하면

시간$=\dfrac{거리}{속력}$이므로 $\dfrac{x}{40}+\dfrac{128-x}{60}=3$시간이다.

$\therefore\ x=104\text{km}$

## 05

**정답** ④

A/S 규정 중 '교환·환불 배송 정책' 부분을 살펴보면, A/S와 관련된 운송비는 제품 초기불량일 경우에만 당사에서 부담한다고 규정하고 있다. 그러므로 초기불량이 아닐 경우에는 운송비는 고객이 부담하여야 한다. 따라서 운송비를 제외한 복구 시 발생되는 모든 비용에 대해 고객이 부담하여야 한다는 설명은 적절하지 않다.

## 06

정답 ②

고객의 요청을 참고하여 수리가 필요한 항목을 정리하면 다음과 같다.
- 네트워크 관련 작업 : 20,000원
- 펌웨어 업그레이드 : 20,000원
- 하드 디스크 점검 : 10,000원

따라서 고객에게 안내하여야 할 수리비용은 20,000+20,000+10,000=50,000원이다.

## 07

정답 ④

A/S 점검표에 따른 비용을 계산하면 다음과 같다.
- 전면 유리 파손 교체 : 3,000원
- 전원 배선 교체 : 8,000원
- 41만 화소 IR 교체 : 30,000원
- 추가 CCTV 제품비 : 80,000원
- 추가 CCTV 건물 내부(로비) 설치 : 10,000원

따라서 고객에게 청구하여야 할 비용은 3,000+8,000+30,000+80,000+10,000=131,000원이다.

## 08

정답 ③

A/S센터에서 고객의 집까지의 거리는 1.5km=1,500m이다. 걸어간 거리를 $x$m, 달린 거리는 $(1,500-x)$m라고 하자.

$$\frac{x}{40}+\frac{1,500-x}{160}=15$$

$$\rightarrow 4x+1,500-x=2,400$$

$$\rightarrow 3x=900$$

$$\therefore x=300\text{m}$$

## 09

정답 ④

ⓒ B씨의 사전평가 총점은 42점이지만 구술이 3점 미만이므로 기초 과정에 배정된다.
ⓔ 사전평가에 응시하지 않으면 자동 면제로 처리되어 기초과정부터 참여한다.

[오답분석]

㉠ A씨의 사전평가 총점은 40점(=10+30)이므로 초급 2 과정에 배정된다.
ⓒ C씨는 이수정지 신청 후 2년 이내에 재등록했기 때문에 과거 이수사항이 승계되어 초급 1 과정에 참여할 수 있다.

## 10

정답 ④

불가피한 사유(출산)로 이수정지 신청을 한 경우, 이수정지 후 2년 이내에 재등록하면 과거 이수사항 및 이수시간이 계속 승계되어 해당 과정에 참여할 수 있다고 하였으므로 중급 1 과정을 승계하여 수강하며, 100시간 중 남은 70시간을 더 이수해야 한다.

## 11

정답 ④

첫 날은 버스를 타고, 남은 2일은 버스와 도보를 이용할 확률이 동시에 일어나야 하므로, 곱의 법칙을 적용한다. 또한 남은 2일 중 첫 날에 버스를 타는 경우와 둘째 날에 버스를 타는 두 가지 경우가 있으므로, 2를 곱해야 한다.

따라서 구하는 확률은 $\frac{1}{3}\times\left(\frac{1}{3}\times\frac{2}{3}\times2\right)=\frac{4}{27}$ 이다.

## 12

정답 ④

'필기시험 응시여부'가 아닌 '사전평가 응시여부'에 '아니요'를 체크해야 한다.


## 13

정답 ②

주택 또는 상가의 임대차계약은 민법에 대한 특례를 규정한 주택임대차보호법 및 상가건물 임대차보호법의 적용을 받는다.


## 14

정답 ③

'대가로'가 올바른 표기이다. '대가'가 [대:까]로 발음되는 까닭으로 사이시옷을 붙여 '댓가'로 표기하는 오류가 많다. 한자어의 경우 2음절로 끝나는 6개의 단어(숫자, 횟수, 셋방, 곳간, 툇간, 찻간)만 예외적으로 사이시옷이 붙는다.


## 15

정답 ①

B사원은 2층에 묵는 A사원보다 높은 층에 묵지만, C사원보다는 낮은 층에 묵으므로 3층 또는 4층에 묵을 수 있다. 그러나 D사원이 C사원 바로 아래층에 묵는다고 하였으므로 D사원이 4층, B사원은 3층에 묵는 것을 알 수 있다. 따라서 A ~ D를 높은 층에 묵는 순서대로 나열하면 'C - D - B - A'가 되며, E는 남은 1층에 묵는 것을 알 수 있다.


## 16

정답 ①

A와 B가 함께 걸어간 거리는 $150 \times 30$m이고, 호텔에서 교육장까지 거리는 $150 \times 50$m이다. 따라서 A가 호텔에 가는 데 걸린 시간은 $150 \times 30 \div 300 = 15$분이고, 다시 교육장까지 가는데 걸린 시간은 $150 \times 50 \div 300 = 25$분이다. 따라서 B가 교육장에 도착하는데 걸린 시간은 20분이고, A가 걸린 시간은 40분이므로, A는 B가 도착하고 20분 후에 교육장에 도착한다.


## 17

정답 ④

수동적 깊이 센서 방식에서 두 대의 카메라가 대상을 앞과 뒤에서 촬영하는지는 알 수 없다.

[오답분석]
①은 마지막 문단, ②는 세 번째 문단, ③은 두 번째 문단, ⑤는 첫 번째 문단에서 확인할 수 있다.


## 18

정답 ④

손과 몸의 상하좌우 움직임은 2차원적인 것, 앞뒤 움직임은 3차원적인 것이다. TOF 카메라는 깊이 정보를 측정하는 기계이므로 3차원 공간 좌표에서 이루어지는 손과 몸의 앞뒤 움직임도 인지할 수 있다.

[오답분석]
① TOF 카메라는 밝기 또는 색상으로 표현된 동영상 형태로 깊이 정보를 출력한다.
②·⑤ TOF 카메라는 적외선을 사용하기 때문에 태양광이 있는 곳에서는 사용하기 어렵고, 보통 10m 이내로 촬영 범위가 제한된다.
③ TOF 카메라는 대상에서 반사된 빛을 통해 깊이 정보를 측정한다. 따라서 빛 흡수율이 높은 대상은 깊이 정보를 획득하기 어렵다.

## 19

'우공이 산을 옮긴다.'는 뜻의 '어떤 일이든 끊임없이 노력하면 반드시 이루어짐'을 의미하는 '우공이산(愚公移山)'이 가장 적절하다.

오답분석

① 안빈낙도(安貧樂道) : 가난한 생활을 하면서도 편안한 마음으로 도를 즐겨 지킴
② 호가호위(狐假虎威) : 여우가 호랑이의 위세를 빌려 호기를 부린다는 뜻으로, 남의 권세를 빌려 위세를 부리는 모습을 이르는 말
③ 각주구검(刻舟求劍) : 칼이 빠진 자리를 배에 새겨 찾는다는 뜻으로, 어리석고 미련해서 융통성이 없다는 의미
⑤ 사면초가(四面楚歌) : 사방이 초나라(적군)의 노래라는 뜻으로, 아무에게도 도움을 받지 못하는 외롭고 곤란한 지경에 빠진 형편을 이르는 말

## 20

'회의장 세팅'을 $p$, '회의록 작성'을 $q$, '회의 자료 복사'를 $r$, '자료 준비'를 $s$라고 하면, $p \rightarrow \sim q \rightarrow \sim s \rightarrow \sim r$이 성립한다. 따라서 A는 옳고, B는 옳지 않다.

# DAY **15** 포스코(PAT) 정답 및 해설

| 01 | 02 | 03 | 04 | 05 | 06 | 07 | 08 | 09 | 10 | 11 | 12 | 13 | 14 | 15 | 16 | | | | |
|----|----|----|----|----|----|----|----|----|----|----|----|----|----|----|----|---|---|---|---|
| ① | ③ | ④ | ④ | ④ | ④ | ④ | ④ | ② | ③ | ③ | ③ | ② | ② | ① | ④ | | | | |

## 01

정답 ①

제시된 글은 '탕평'의 의미를 연나라, 월나라 사람의 이야기 등의 구체적 사례를 이용하여 설명하고 있다.

## 02

정답 ③

제시문의 첫 문단에 보면 '극을 세운다.'의 뜻이 분명히 드러나 있다. '이처럼 극을 세운 도는 마침내 탕평으로 돌아가게 되는데, 탕평의 요점은 한쪽으로의 치우침과 사사로운 마음을 막는 것보다 더 좋은 것이 없다는 것이다.'라는 문장에 근거해 '치우침을 지양'하는 ③이 ㉠의 의미로 가장 적절하다.

## 03

정답 ④

첫 번째 문단에서 '사피어 – 워프 가설'을 간략하게 소개하고, 두 번째 ~ 세 번째 문단을 통해 '사피어 – 워프 가설'을 적용할 수 있는 예를 들고 있다. 이후 세 번째 ~ 다섯 번째 문단을 통해 '사피어 – 워프 가설'을 언어 우위론적 입장에서 설명할 수 있는 가능성이 있으면서도, 언어 우위만으로 모든 설명이 되지는 않음을 밝히고 있다. 따라서 제시된 글은 '사피어 – 워프 가설'의 주장에 대한 설명(언어와 사고의 관계)과 함께, 그것을 하나의 이론으로 증명하기 어려움을 말하고 있다.

## 04

정답 ④

마지막 문단의 '칸트의 생각들은 독일 철학의 흐름 속에 이어지다가 후일 아인슈타인에게도 결정적 힌트가 되었다.'라는 내용에서 칸트의 견해가 아인슈타인에게 영향을 끼친 것은 알 수 있지만, 두 사람의 견해가 같다는 것은 확인할 수 없다.

[오답분석]
① '우리는 이 개념들을 배워서 아는 것이 아니다. 즉, 경험에 앞서 이미 아는 것이다.'에서 공간, 시간 등의 개념은 태어날 때부터 가진 것임을 알 수 있다.
② '경험에 앞서는 범주를 제시했다는 점에서 혁명적 개념이었고, 경험을 강조한 베이컨 주의에 대한 강력한 반동인 셈이다.'라는 내용을 통해 낭만주의와 베이컨 주의가 상반된 내용을 다룬다는 것을 짐작할 수 있다.
③ '현상으로서 공간과 시간은 그 자체로서 존재할 수 없고 단지 우리 안에서만 존재할 수 있다.'는 내용을 통해 알 수 있다.

## 05

기타를 제외한 4개국의 2021년 대비 2022년의 해외 이주자 수의 감소율을 구하면 다음과 같다.

- 미국 : $\frac{2,434-2,487}{2,487} \times 100 = -2.13\%$

- 캐나다 : $\frac{225-336}{336} \times 100 = -33.04\%$

- 호주 : $\frac{107-122}{122} \times 100 = -12.30\%$

- 뉴질랜드 : $\frac{96-96}{96} \times 100 = 0\%$

따라서 2021년 대비 2022년의 해외 이주자 수의 감소율이 가장 큰 나라는 캐나다이다.

[오답분석]

① 제시된 자료를 보면 전체 해외 이주민의 수는 2015년에 감소, 2016년에 증가, 2017년에 감소, 2018년에 증가, 2019년부터 지속적으로 감소했다.

② • 2019년 기타를 제외한 4개국의 해외 이주자 수 : $10,843+1,375+906+570=13,694$명
- 2022년 기타를 제외한 4개국의 해외 이주자 수 : $2,434+225+107+96=2,862$명
- 2019년 대비 2022년 4개국 해외 이주자 수의 증감률 : $\frac{2,862-13,694}{13,694} \times 100 = -79.1\%$

따라서 2019년 대비 2022년 기타를 제외한 4개국 해외 이주자 수의 감소율은 80% 미만이다.

③ 2014년 대비 2022년의 캐나다 해외 이주자 수의 증감률은 $\frac{225-2,778}{2,778} \times 100 = -91.9\%$이다. 따라서 2014년 대비 2022년의 캐나다 해외 이주자 수의 감소율은 94% 미만이다.

## 06

D시의 전체 자동차 대수는 $400 \times 350 = 140,000$대이다.
따라서 D시의 1km당 자동차 대수는 $140,000 \div 103 = 1,359.2\cdots = 1,360$대/km이다.

## 07

2010년 운동과 미술을 중복하여 수강한 초등학생이 없으므로 운동과 미술을 하지 않은 초등학생은 전체의 $100-(65+27)=8\%$이다. 따라서 그 수는 $250 \times 0.08 = 20$명이다.

[오답분석]

① 중학생과 고등학생의 2010년 대비 2020년 입시 교육 증가율을 구하면 다음과 같다.

- 중학생 : $\frac{77-56}{56} \times 100 = 37.5\%$

- 고등학생 : $\frac{86.4-64}{64} \times 100 = 35\%$

따라서 중학생이 고등학생보다 $37.5-35=2.5\%$p 더 높다.

② 2010년에 비해 2020년 입시 교육을 받는 초등학생의 비율이 늘어난 것은 맞지만, 2010년과 2020년의 초등학생 인원수가 제시되어 있지 않으므로, 인원이 늘어났는지는 주어진 자료에서는 알 수 없다.

③ 2010년 초등학생 중 운동과 음악을 수강하는 비율은 각각 65%와 55%이다. 이에 두 비율을 합하면 120%이므로 초등학생 중 최소 20%는 운동과 음악을 중복하여 수강한다.

## 08

2010년 대비 2020년 고등학생의 사교육 중 수강비율이 증가한 것은 입시 · 미술 · 연기 · 요리 총 4가지이다.

[오답분석]

① 2010년과 2020년의 초등학생과 중학생의 입시교육 비율 차는 다음과 같다.
- 초등학생 : $60-48=12$%p
- 중학생 : $77-56=21$%p

따라서 중학생은 초등학생의 $21 \div 12 = 1.75$배이다.

② 유치원생의 2010년 대비 2020년의 어학원수강 증가율은 $\frac{9.6-6}{6} \times 100 = 60$%이다.

③ 2010년 대비 2020년 초등학생의 사교육 비율은 입시 · 어학원을 제외하고 감소하였다.

## 09

제시된 자료를 이용해 원격훈련 지원금 계산에 필요한 수치를 정리하면 다음과 같다.

| 구분 | 원격훈련 종류별 지원금 | 시간 | 수료인원 | 기업 규모별 지원 비율 |
|------|----------------------|------|---------|---------------------|
| X기업 | 5,400원 | 6시간 | 7명 | 100% |
| Y기업 | 3,800원 | 3시간 | 4명 | 70% |
| Z기업 | 11,000원 | 4시간 | 6명 | 50% |

세 기업의 원격훈련 지원금을 계산하면 다음과 같다.
- X기업 : $5,400 \times 6 \times 7 \times 1 = 226,800$원
- Y기업 : $3,800 \times 3 \times 4 \times 0.7 = 31,920$원
- Z기업 : $11,000 \times 4 \times 6 \times 0.5 = 132,000$원

따라서 올바르게 짝지어진 것은 ②이다.

## 10

- 서울 – 베이징 시차 : 서울 → 이슬라마바드 $-4$ → 베이징 $+3$이므로 $-4+3=-1$

  즉, 서울이 베이징보다 1시간 빠르다.
- 서울 – 영국 시차 : 서울 → 모스크바 $-6$ → 런던 $-3$이므로 $-6-3=-9$

  즉, 서울이 영국보다 9시간 빠르다.

K사원이 경유지인 베이징에서 S대리를 만난 시각은 중국시각으로 오전 10시였으므로 이를 한국시각으로 계산하면 오전 11시가 된다. 한국에서 베이징까지 비행시간이 2시간이므로 적어도 오전 9시에는 비행기를 타야 한다. 이 조건을 만족하지 않는 B항공은 제외된다.

영국 런던에서 열린 학회는 영국시각으로 1월 3일 오후 4시에 시작하므로 이를 한국시각으로 계산하면 1월 4일 오전 1시가 된다. 공항에서 학회장까지 이동시간은 40분이므로 한국시각으로 1월 4일 오전 12시 20분에는 히드라공항에 도착해야 한다. 베이징에서 런던까지 12시간 비행하였으므로 베이징공항에서 적어도 오후 12시 20분에는 출발해야 한다. 이는 베이징시각으로 오전 11시 20분이므로 K사원이 탄 항공편은 C항공이다.

## 11

각 부서에서 요구하는 능력에 맞춰 신입사원들의 평가점수를 합한 총점과 부서배치 기준에 따라 선발된 인원을 표시하면 다음과 같다.

| 구분 | 재무부(태도＋성실＋업무이해) | 기획부(성실＋독창＋사회) | 영업부(태도＋사회＋업무이해) |
|---|---|---|---|
| 권규오 | 26 | 22 | 22 |
| 강은영 | 20 | 25 | 23 |
| 박재성 | 23 | 25 | 23 |
| 심다례 | 24 | 21 | 25 |

여기서 박재성 사원은 1순위 희망부서가 영업부였으나, 부서배치 기준에 따라 기획부에 소속하게 된다.

## 12

상사가 지시한 추가지침을 반영하면 다음과 같은 결과가 나온다.

| 구분 | | 권규오 | 강은영 | 박재성 | 심다례 |
|---|---|---|---|---|---|
| 재무부 | 총점 | 26 | 20 | 23 | 24 |
| | 가점 | － | ＋3 | ＋2 | ＋1 |
| | 재평가 점수 | 26 | 23 | 25 | 25 |
| 기획부 | 총점 | 22 | 25 | 25 | 21 |
| | 가점 | ＋2 | ＋1 | － | ＋3 |
| | 재평가 점수 | 24 | 26 | 25 | 24 |
| 영업부 | 총점 | 22 | 23 | 23 | 25 |
| | 가점 | ＋2 | ＋1 | ＋2 | － |
| | 재평가 점수 | 24 | 24 | 25 | 25 |

여기서 박재성 사원은 원래 기획부에 배치되는 것으로 나왔으나, 가점이 반영된 후 영업부에 배치되는 것으로 결과가 바뀌었다.

## 13

두 개의 불고기 버거 중 하나는 A가 먹었고, 나머지 하나는 C와 D 중 한 명이 먹었으므로 B는 불고기 버거를 먹을 수 없다. 또한 B는 치킨 버거를 먹지 않았으므로 반드시 하나 이상의 버거를 먹는다는 조건에 따라 B는 새우 버거를 먹었을 것이다.

## 14

C가 불고기 버거를 먹었다면 C는 새우 버거와 불고기 버거를 먹은 것이 된다. 13번 해설을 참고하면 B가 새우 버거를 먹었으므로 D는 남은 치킨 버거만 먹을 수 있다. 이때, 한 사람이 같은 종류의 버거 2개를 먹을 수 없으므로 D는 치킨 버거만 먹게 되고, 남은 치킨 버거 하나는 A가 먹게 된다. 따라서 A는 불고기 버거와 치킨 버거, B는 새우 버거, C는 새우 버거와 불고기 버거, D는 치킨 버거를 먹었다.

## 15

주어진 조건만으로는 4, 5층의 화분 수를 1, 2층의 화분 수와 비교할 수 없다. 따라서 비교 가능한 조건으로 나열하면 '1층 － 2층 － 3층' 또는 '4층 － 5층 － 3층'의 순서만 가능하다. 따라서 어떤 조건에서든지 3층의 화분 수가 가장 적은 것을 알 수 있다.

## 16

2층의 화분 수가 4층의 화분 수보다 많다면 '1층 － 2층 － 4층 － 5층 － 3층'의 순서가 된다. 이때, 4층의 화분 수는 세 번째로 많은 것일 뿐이며, 화분의 정확한 개수는 알 수 없다. 따라서 4층의 화분 수가 건물 내 모든 화분 수의 평균인지는 알 수 없다.

DAY 15 포스코(PAT) • **67**

미래는 자신이 가진 꿈의 아름다움을 믿는 사람들의 것이다.

– 엘리노어 루즈벨트 –

# FINAL

## 최종점검 모의고사

최종점검 모의고사는 삼성, SK, LG, 롯데, 포스코 5대 기업의 유형을 반영하여 평균적인 영역, 문항 수 및 시간을 고려하여 임의로 구성하였으므로, 기업별 문항 수 및 시간은 본서의 기업별 채용안내 및 기업별 채용공고를 참조하시기 바랍니다.

# FINAL 최종점검 모의고사

## |01| 언어

| 01 | 02 | 03 | 04 | 05 | 06 | 07 | 08 | 09 | 10 | 11 | 12 | 13 | 14 | 15 | 16 | 17 | 18 | 19 | 20 |
|---|---|---|---|---|---|---|---|---|---|---|---|---|---|---|---|---|---|---|---|
| ⑤ | ① | ① | ① | ③ | ④ | ② | ③ | ⑤ | ② | ④ | ③ | ③ | ⑤ | ④ | ④ | ④ | ② | ③ | ① |

| 21 | 22 | 23 | 24 | 25 | | | | | | | | | | | | | | | |
|---|---|---|---|---|---|---|---|---|---|---|---|---|---|---|---|---|---|---|---|
| ① | ⑤ | ④ | ④ | ③ | | | | | | | | | | | | | | | |

### 01

정답 ⑤

긴급하게 명령하거나 요청하다.

[오답분석]

① 벽이나 못 따위에 어떤 물체를 떨어지지 않도록 매달아 올려놓거나 달려 있게 하다.
② 다른 사람이나 문제 따위가 관련이 있음을 주장하다.
③ 앞으로의 일에 대한 희망 따위를 품거나 기대한다.
④ 사람이 기구나 기계에 무엇을 쓸 수 있도록 차려놓다.

### 02

정답 ①

㉠ 한계(限界) : 사물이나 능력, 책임 따위가 실제 작용할 수 있는 범위. 또는 그런 범위를 나타내는 선
㉢ 종사(從事) : 어떤 일을 일삼아서 함
㉥ 취득(取得) : 자기 것으로 만들어 가짐
㉙ 회피(回避) : 일하기를 꺼리어 선뜻 나서지 않음

[오답분석]

㉡ 한도(限度) : 일정한 정도. 또는 한정된 정도
㉣ 종속(從屬) : 자주성이 없이 주가 되는 것에 딸려 붙음
㉦ 터득(攄得) : 깊이 생각하여 이치를 깨달아 알아내는 것
㉧ 도피(逃避) : 적극적으로 나서야 할 일에서 몸을 사려 빠져나감

### 03

정답 ①

[오답분석]

② 오래된 거울에는 할머니의 흔적이 묻어(남아) 있었다.
③ 퇴근 후 지친 몸을 소파에 묻었다(기대었다).
④ 그 비밀은 평생 묻어(감추어) 두기로 친구와 약속했다.
⑤ 유통기한이 지난 제품을 판 사람에게 책임을 묻겠다(따지겠다).

## 04

㉠ 곤란(困難) : 사정이 몹시 딱하고 어려움. 또는 그런 일
㉣ 의결(議決) : 의논하여 결정함. 또는 그런 결정
㉥ 적기(適期) : 알맞은 시기

오답분석

㉡ 심란(心亂) : '심란하다(마음이 어수선하다)'의 어근
㉢ 부결(否決) : 의논한 안건을 받아들이지 아니하기로 결정함. 또는 그런 결정
㉤ 불시(不時) : 뜻하지 아니한 때

## 05

제시된 글은 철학에서의 '부조리'에 대한 개념을 설명하는 글이다. 부조리의 개념을 소개하는 (나) 문단이 나오고, 부조리라는 개념을 도입하고 설명한 알베르 카뮈에 대해 설명하고 있는 (라) 문단이 나오는 것이 적절하다. 다음으로 앞 문단의 연극의 비유에 관해 설명하고 있는 (가) 문단이 오고, 이에 대한 결론을 제시하는 (다) 문단 순으로 나열하는 것이 적절하다.

## 06

청화백자란 무엇인지에 대한 설명으로 도입이 시작된다. 다음에 이어질 내용으로 청화백자의 기원을 설명하는 (라) 문단이 적절하며, 다음으로 (라) 문단에서 제시한 원대의 청화백자를 설명하는 (가) 문단이 적절하다. 그리고 이러한 청화백자가 조선시대에 들어온 배경을 설명하는 (다) 문단이, 마지막으로 이러한 조선시대 청화백자의 특징을 설명하는 (나) 문단 순으로 나열하는 것이 적절하다.

## 07

세 번째 문단에서 설명하는 수정주의는 미국이 시장을 얻기 위해 세계를 개방 경제 체제로 만들려는 과정에서 냉전이 비롯됐다며 냉전의 발생 원인을 미국의 경제적 동기에서 찾고 있다. 보기에서 언급한 것처럼 (정치적) 이념 때문이 아니라는 것이다. 따라서 보기의 문장이 들어갈 위치는 (나)가 가장 적절하다.

## 08

이 글은 자본주의의 발달 요인으로 (가)·(나)에서는 경제적 측면을, (다)에서는 사회적 측면을, (라)·(마)에서는 정신적 측면을 이야기하고 있다.

## 09

(다)는 자기 조절의 개념을 중심으로 도덕교육에 시사점을 주는 현대 심리학 이론으로 밴두라의 사회 인지 이론과 바우마이스터의 자기 통제 힘 이론을 제시한다. (바)와 (나)는 밴두라의 사회 인지 이론에 대해 자세히 설명하고, (라)와 (마)는 바우마이스터의 자기 통제 힘 이론을 설명한다. 마지막으로 (가)는 이러한 밴두라와 바우마이스터의 입장에 따르면 결국 자기 조절의 실패가 비도덕적 행동의 원인이 된다고 이야기한다. 따라서 글의 순서는 (다) - (바) - (나) - (라) - (마) - (가)이며, 글의 구조로는 ⑤가 가장 적절하다.

## 10

제시된 글의 중심 내용을 정리해 보면 '사회 방언은 지역 방언만큼의 주목을 받지는 못하였다.', '사회 계층 간의 방언차는 사회에 따라서는 상당히 현격한 차이를 보여 일찍부터 논의의 대상이 되었다.', '사회 계층 간의 방언 분화는 최근 사회 언어학의 대두에 따라 점차 큰 관심의 대상이 되어 가고 있다.'로 요약할 수 있다.

# 11

정답 ④

제시문에서 천연 아드레날린과 합성된 아드레날린의 차이 여부는 알 수 없다.


# 12

정답 ③

이소크라테스는 영원불변하는 보편적 지식의 무용성을 주장했을 뿐, 존재 자체를 부정했다는 내용은 본문에서 확인할 수 없다.

오답분석

① 플라톤의 이데아론은 삶과 행위의 구체적이고 실제적인 일상이 무시된 채 본질적이고 이념적인 영역을 추구하고 있다는 비판을 받고 있다.
② 물질만능주의는 모든 관계를 돈과 같은 가치에 연관시켜 생각하는 행위로, 탐욕과 사리사욕을 위한 교육에 매진하는 소피스트들과 일맥상통하는 면이 있다.
④ 이소크라테스는 이데아론의 무용성을 주장하면서 동시에 비도덕적이고 지나치게 사리사욕을 위한 소피스트들의 교육을 비판했다.
⑤ 이소크라테스는 삶과 행위의 문제를 이론적이고도 실제적으로 해석하면서도, 도덕이나 정당화의 문제보다는 변화하는 실제적 행위만 추구한 소피스트들을 비판했기에 훌륭한 말(실제적 문제)과 미덕(도덕과 정당화)를 추구했음을 알 수 있다.


# 13

정답 ③

'한국에서는 한 명의 변사가 영화를 설명하는 방식을 취하였으며, 영화가 점점 장편화되면서부터는 2명 내지 4명이 번갈아 무대에 등장하는 방식으로 바뀌었다.'라는 부분을 통해 알 수 있다.

오답분석

① 한국과 일본은 모두 변사의 존재가 두드러졌다.
② 한국에서 변사가 본격적으로 등장한 것은 극장가가 형성된 1910년부터이다.
④ 자막과 반주 음악이 등장하면서 오히려 변사들의 역할이 미미해져 그 수가 줄어들었다.
⑤ 한국 최초의 변사는 우정식으로, 단성사를 운영하던 박승필이 내세운 인물이었다.


# 14

정답 ⑤

정의로운 국가라면 국가가 사회 구성원 모두 평등권을 되도록 폭넓게 누리도록 보장해야 한다는 정의의 원칙은 좌파와 우파 모두에게 널리 받아들여진 생각이다.

오답분석

① 좌우 진영은 이미 사회정의의 몇 가지 기본 원칙에 서로 합의했다.
② 상속으로 생겨난 재산의 불평등 문제는 개인이 통제할 수 없는 요인으로 발생한 것이므로, 상속의 혜택을 받은 이들에게 불평등 문제를 해결하라고 요구하는 것은 바람직하지 않다.
③ 좌파는 불평등과 재분배의 문제에 강력한 정부의 개입이 필요하다고 주장하나, 이와 달리 우파는 정부 개입을 통한 재분배의 규모가 크지 않아야 한다고 주장한다.
④ 좌파와 우파의 대립은 불평등이 왜 생겨났으며, 그것을 어떻게 해소할 것인가를 다루는 사회경제 이론이 다른 데서 비롯되었다.


# 15

정답 ④

제시문에서는 물이 기체, 액체, 고체로 변화하는 과정을 통해 지구 내 '물의 순환' 현상을 설명하고 있다. 따라서 글의 내용 전개 방식으로 ④가 가장 적절하다.

## 16

정답 ④

제시문에서는 드론이 개인의 정보 수집과 활용에 대한 사전 동의 없이도 개인 정보를 저장할 수 있어 사생활 침해 위험이 높으므로 '사전 규제' 방식을 적용해야 한다고 주장한다. 따라서 이러한 주장에 대한 반박으로는 개인 정보의 복제, 유포, 위조에 대해 엄격한 책임을 묻는다면 사전 규제 없이도 개인 정보를 보호할 수 있다는 ④가 가장 적절하다.

## 17

정답 ④

상상력은 정해진 개념이나 목적이 없는 상황에서 그 개념이나 목적을 찾는 역할을 하고, 이때 주어진 목적지(개념)가 없으며, 반드시 성취해야 할 그 어떤 것도 없기 때문에 자유로운 유희이다.

오답분석

① 제시문의 내용은 칸트 철학 내에서의 상상력이 어떤 조건에서 작동되며 또 어떤 역할을 하는지 기술하고 있으므로 상상력의 재발견이라는 주제는 적합하지 않다.
② 제시문에서는 상상력을 인식능력이라고 규정하는 부분을 찾을 수 없다.
③ 상상력은 주어진 개념이 없을 경우 새로운 개념들을 가능하게 산출하는 것이므로 목적 없는 활동이라고는 볼 수 없다.
⑤ 제시문에 기술된 만유인력의 법칙과 상대성 이론 등은 상상력의 자유로운 유희를 설명하기 위한 사례일 뿐이다.

## 18

정답 ②

빈칸 뒤에서 민화는 필력보다 소재와 그것에 담긴 뜻이 더 중요한 그림이었다고 설명하고 있으므로, 민화는 작품의 기법보다 작품의 의미를 중시했음을 알 수 있다.

## 19

정답 ③

제시문은 오브제의 정의와 변화과정에 대한 글이다. 네 번째 문단의 빈칸 앞에서는 예술가의 선택에 의해 기성품 그 본연의 모습으로 예술작품이 되는 오브제를, 빈칸 이후에는 나아가 진정성과 상징성이 제거된 팝아트에서의 오브제 기법에 대하여 서술하고 있다. 즉, 빈칸에는 예술가의 선택에 의해 기성품 본연의 모습으로 오브제가 되는 ③의 사례가 오는 것이 가장 적절하다.

## 20

정답 ①

- 첫 번째 빈칸 : 빈칸 앞의 '원체는 ~ 과학적 방식에 의거하여 설득하려는 정치·과학적 글쓰기라고 할 수 있다.'라는 내용을 통해 빈칸에는 다산이 이러한 원체의 정치·과학적 힘을 인식하여 『원정(原政)』이라는 글을 남겼다는 ㉠이 적절함을 알 수 있다.
- 두 번째 빈칸 : 빈칸 뒤에서는 다산의 원체와 비슷한 예로 당시 새롭게 등장한 미술 사조인 시각의 정식화를 통해 만들어진 진경 화법을 들고 있다. 따라서 빈칸에는 다산이 원체를 개인적인 차원에서 선택한 것이 아니라 당대의 문화적 추세를 반영한 것이라는 내용의 ㉡이 적절함을 알 수 있다.
- 세 번째 빈칸 : 빈칸 뒤 문장의 다산의 『원정』은 '정치에 관한 새로운 관점을 정식화하여 제시한 것'이라는 내용을 통해 빈칸에는 '새로운 기법'의 진경 화법과 '새로운 관점'의 원체를 공통점으로 도출하는 ㉢이 적절함을 알 수 있다.

## 21

정답 ①

'미국 사회에서 동양계 ~ 구성된다.'에서 '모범적 소수 인종'의 인종적 정체성은 백인의 특성이 장점이라고 생각하는 것과 동양인의 특성이 단점이라고 생각하는 것의 사이에서 구성된다. 따라서 '모범적 소수 인종'은 특유의 인종적 정체성을 내면화하고 있음을 추론할 수 있다.

오답분석

② 제시글의 논점은 '동양계 미국인 학생들(모범적 소수 인종)'이 성공적인 학교 생활을 통해 주류 사회에 동화되고 있는 것이 사실인지 여부이다. 그에 따라 사회적 삶에서 인종주의의 영향이 약화될 수 있는지에 대한 문제이다. 따라서 '모범적 소수 인종'의 성공이 일시적·허구적인지에 대한 논점은 확인할 수 없다.

③ 동양계 미국인 학생들은 인종적인 차별을 의식하고 있다고 말할 수 있지만 소수 인종 모두가 의식하고 있는지는 제시문을 통해서 추측할 수 없다.

④ 인종차별을 의식하는 것은 알 수 있지만 한정된 자원의 배분을 놓고 갈등하는지는 알 수 없다.

⑤ 인종차별을 은폐된 형태로 지속시킨다는 것은 알 수 없다.

## 22

정답 ⑤

네 번째 문단에 따르면 공장식 축산의 문제를 개선하기 위한 동물 복지 운동은 1960년대 영국을 중심으로 시작되었으며, 한국에서도 올해부터 '동물 복지 축산농장 인증제'를 시행하고 있다고 하였다. 즉, 동물 복지 축산농장 인증제는 영국이 아닌 한국에서 올해 시행하고 있는 제도이다.

## 23

정답 ④

㉠의 주장을 요약하면 저작물의 공유 캠페인과 신설된 공정 이용 규정으로 인해 저작권자들의 정당한 권리가 침해받고, 이 때문에 창작물을 창조하는 사람들의 동기가 크게 감소한다는 것이다. 이에 따라 활용 가능한 저작물이 줄어들게 되어 이용자들도 피해를 당한다고 말한다. 따라서 ㉠은 저작권자의 권리를 인정해주는 것이 결국 이용자에게도 도움이 된다고 주장함을 추론할 수 있다.

## 24

정답 ④

제시문의 전체적인 맥락으로 볼 때, 이 글의 핵심은 과학자의 역할 및 그 중요성이다.

## 25

정답 ③

과학자는 과학의 소산물이 잘못 이용될 때에 생기는 예기치 못한 위험 상황을 위정자들에게 자세히 알려 줄 의무가 있음을 언급하고 있으나, 위정자들의 정치관을 바로 잡아야 한다는 내용은 없다.

## | 02 | 수리

| 01 | 02 | 03 | 04 | 05 | 06 | 07 | 08 | 09 | 10 | 11 | 12 | 13 | 14 | 15 | 16 | 17 | 18 | 19 | 20 |
|---|---|---|---|---|---|---|---|---|---|---|---|---|---|---|---|---|---|---|---|
| ② | ② | ③ | ② | ② | ③ | ① | ⑤ | ① | ④ | ① | ④ | ① | ④ | ④ | ③ | ② | ⑤ | ③ | ① |

| 21 | 22 | 23 | 24 | 25 | | | | | | | | | | | | | | | |
|---|---|---|---|---|---|---|---|---|---|---|---|---|---|---|---|---|---|---|---|
| ⑤ | ⑤ | ② | ③ | ④ | | | | | | | | | | | | | | | |

## 01

정답 ②

샌들의 정가는 $20,000+20,000 \times 0.4 = 28,000$이다.

정가를 $x\%$ 할인하였다고 하면 (판매가)=(정가)-(할인 금액)=$28,000-28,000 \times \frac{1}{100}x$

이때, (판매가)-(원가)=(이익)

원가의 10%인 이익이 $20,000 \times 0.1 = 2,000$이므로 $\left(28,000-28,000 \times \frac{1}{100}x\right)-20,000=2,000$

$28,000-280x=22,000$

$280x=6,000 \rightarrow x = 21.4$

따라서 판매가에서 약 21.4%을 할인해야 원가의 10% 이익을 얻을 수 있다.

## 02

분수쇼는 시작하고 나서 매 45분마다 시작이며, 퍼레이드는 60분마다 하고 있다. 그러므로 45와 60의 최소공배수를 구하면 180분이 나온다. 즉, 두 이벤트의 시작을 함께 볼 수 있는 시간은 10시 이후 3시간마다 가능하다. 따라서 오후 12시부터 오후 7시 사이에서는 오후 1시와 오후 4시에 볼 수 있으므로 2번 볼 수 있다.

## 03

기존 세탁기로 빨래할 때 물의 양을 $x$L, 세탁 시 사용 되는 물의 총량을 $y$L라 하자.

$$\begin{cases} x+120=y \\ \dfrac{70}{100}x+120\times\dfrac{40}{100}=\dfrac{1}{2}y \end{cases} \rightarrow \begin{cases} x-y=-120 \\ 7x-5y=-480 \end{cases}$$

따라서 $x=60$, $y=180$이므로 물 사랑 세탁기로 빨래를 할 때 $60\times\dfrac{70}{100}=42$L의 물이 사용된다.

## 04

70과 42를 소인수분해하면 $70=2\times5\times7$, $42=2\times3\times7$이므로 70과 42의 최대공약수는 $2\times7=14$이다.
표지판을 설치해야 하는 전체 구간은 $70+42=112$km이므로 간격의 수는 $112\div14=8$km이다.
이때, 구간의 양 끝에 설치해야 하므로 필요한 표지판의 개수는 $8+1=9$개이다.

## 05

펌프 한 대로 1분 동안 퍼낸 물의 양을 $a$, 1분 동안 저수지로 들어오는 물의 양을 $b$, 현재 저수지의 물의 양을 $k$라고 하자.
(펌프 두 대를 이용하여 8분간 퍼낸 물의 양)=(현재 물의 양)+(8분간 들어온 물의 양)
$\rightarrow 8a\times2=k+8b \rightarrow 16a=k+8b \cdots \bigcirc$
(펌프 세 대를 이용하여 5분간 퍼낸 물의 양)=(현재 물의 양)+(5분간 들어온 물의 양)
$\rightarrow 5a\times3=k+5b \rightarrow 15a=k+5b \cdots \bigcirc\!\bigcirc$
$\bigcirc$과 $\bigcirc\!\bigcirc$을 연립하면 $a=3b \cdots \bigcirc\!\bigcirc\!\bigcirc$
$\bigcirc\!\bigcirc\!\bigcirc$을 $\bigcirc$에 대입하면 $k=40b \cdots ⓔ$
펌프 11대로 저수지의 물을 모두 퍼내는 데 걸리는 시간을 $x$분이라 하자.
$11a\times x=k+xb \rightarrow 33bx=40b+xb(\because \bigcirc\!\bigcirc\!\bigcirc, ⓔ)$
$\therefore x=\dfrac{5}{4}$
따라서 펌프 11대로 저수지의 물을 모두 퍼내는 데 1분 15초가 걸린다.

## 06

A씨가 걸어갈 속력을 $x$km/h라고 하면 $\dfrac{50-\left(\dfrac{1}{2}\times80\right)}{x}\leq\dfrac{1}{2}$ 이므로, 최소 20km/h로 가야 면접 장소에 늦지 않게 도착한다.

## 07

25와 30의 최소공배수는 150이다. 따라서 $150\div7=21\cdots3$이므로 일요일이다.

## 08

첫 번째 이벤트에서 같은 조였던 사람은 두 번째 이벤트에서 같은 조가 될 수 없다고 하였으므로 보기에 주어진 각 조의 조원들은 첫 번째 이벤트에서 모두 다른 조일 수밖에 없다. 그러므로 첫 번째 이벤트의 각 조에서 두 조원씩은 이미 1, 4조에 배정되었고 나머지 두 조원씩 8명을 2, 3조에 배정해야 한다. 두 번째 이벤트의 2, 3조 역시 첫 번째 이벤트에서 같은 조였던 사람은 두 번째 이벤트에서 같은 조가 될 수 없으므로 각 조에서 한 명씩을 뽑아 배정해야 한다. 한 조를 정하고 나면 나머지 한 조는 자동으로 정해진다.

$\therefore {}_2C_1 \times {}_2C_1 \times {}_2C_1 = 16$가지

## 09

각 출장 지역마다 대리급 이상이 한 명 이상 포함되어야 하므로 과장 2명과 대리 2명을 먼저 각 지역에 배치하면 ${}_2C_2 \times {}_3C_2 \times 4!$가지이고, 남은 대리 1명과 사원 3명이 각 지역에 출장 가는 경우의 수는 $4!$가지이다.

즉, A, B, C, D지역으로 감사팀이 출장 가는 전체 경우의 수는 ${}_2C_2 \times {}_3C_2 \times 4! \times 4!$가지이다.

다음으로 대리급 이상이 네 지역에 한 명씩 출장을 가야하므로 한 명의 대리만 과장과 짝이 될 수 있다. 과장과 대리가 한 조가 되어 4개 지역 중 한 곳에 출장 가는 경우의 수는 ${}_2C_1 \times {}_3C_1 \times 4$가지이다. 그리고 남은 과장 1명, 대리 2명, 사원 3명이 세 지역으로 출장가는 경우의 수는 ${}_1C_1 \times {}_2C_2 \times 3! \times 3!$가지이다.

즉, 과장과 대리가 한 조가 되는 경우의 수는 ${}_2C_1 \times {}_3C_1 \times 4 \times {}_1C_1 \times {}_2C_2 \times 3! \times 3!$가지이다.

따라서 과장과 대리가 한 조로 출장에 갈 확률은 $\dfrac{24 \times 3! \times 3!}{{}_2C_2 \times {}_3C_2 \times 4! \times 4!} = \dfrac{1}{2}$이다.

## 10

한국인 1명을 임의로 선택할 때, 혈액형이 O, A, B, AB일 확률은 각각 $\dfrac{3}{10}$, $\dfrac{4}{10}$, $\dfrac{2}{10}$, $\dfrac{1}{10}$이다.

(한국인 2명을 임의로 선택할 때, 혈액형이 다를 확률)=1-(혈액형이 같을 확률)

$\rightarrow 1 - \left( \dfrac{3}{10} \times \dfrac{3}{10} + \dfrac{4}{10} \times \dfrac{4}{10} + \dfrac{2}{10} \times \dfrac{2}{10} + \dfrac{1}{10} \times \dfrac{1}{10} \right) = 1 - \dfrac{30}{100} = \dfrac{7}{10}$

## 11

• (가)=194-(23+13+111+15)=32

• 1차에서 D사를 선택하고 2차에서 C사를 선택한 소비자 수는 21명, 1차에서 E사를 선택하고 2차에서 B사를 선택한 소비자 수는 18명이다. 따라서 차이는 3이다.

## 12

전체 보육교직원 중 원장이 차지하는 비율을 구하면 $\dfrac{39,546}{248,635} \times 100 = 15.9\%$이다.

따라서 나머지 인원이 차지하는 비율은 100-15.9=84.1%이다.

## 13

안성시는 매년 1.5%씩 증가했고, 시흥시는 매년 1.8%씩 증가하였다.

따라서 안성시의 2016년 사교육 참여율은 35.7-1.5=34.2%이고, 시흥시의 2020년도 참여율은 46.3+1.8=48.1%이다.

## 14

정답 ④

수송인원은 승차인원과 유입인원의 합이므로 빈칸을 모두 구하면 다음과 같다.

(A) : $208,645-117,450=91,195$

(B) : $189,243+89,721=278,964$

(C) : $338,115-89,209=248,906$

## 15

정답 ④

1인당 평균 보수액에서 성과급이 차지하는 비중은 2020년도가 2022년보다 높다.

• 2020년 : $\dfrac{1,264}{55,722}\times100 \fallingdotseq 2.27\%$

• 2022년 : $\dfrac{862}{56,214}\times100 \fallingdotseq 1.53\%$

오답분석

① 2020년부터 2022년까지 기본급은 전년 대비 증가하는 것을 자료를 통해 알 수 있다.

② 기타 상여금이 가장 높은 연도는 2021년도이며, 이때 1인당 평균보수액은 복리후생비의 $\dfrac{56,209}{985} \fallingdotseq 57$배이다.

③ 2019 ~ 2022년 동안 고정수당의 증감 추이는 '감소 – 감소 – 감소'로 증감 추이가 이와 같은 항목은 없다.

⑤ 2023년 성과급의 전년 대비 증가율이 실적수당의 전년 대비 증가율 $\dfrac{2,168-2,129}{2,129}\times100 \fallingdotseq 2\%$와 같을 때, 성과급 금액은 $862\times1.02=879.24$천 원으로 90만 원 미만이다.

## 16

정답 ③

20 ~ 30대 청년들 중에서 자가에 사는 청년은 $\dfrac{5,657}{80,110}\times100 \fallingdotseq 7.1\%$이며, 20대 청년 중에서 자가의 비중은 $\dfrac{537+795}{13,874+15,258}\times$

$100=\dfrac{1,332}{29,132}\times100 \fallingdotseq 4.6\%$이므로 전체 청년 인원대비 자가 비율보다 20대 청년 중에서 자가가 차지하는 비율이 더 낮다.

오답분석

① 20 ~ 24세 전체 가구 수 중 월세 비중은 $\dfrac{5,722}{13,874}\times100 \fallingdotseq 41.2\%$이고, 자가는 $\dfrac{537}{13,874}\times100 \fallingdotseq 3.9\%$이다.

② 20 ~ 24세를 제외한 연령대 청년 중에서 무상이 차지하는 비중은 $\dfrac{13,091-5,753}{80,110-13,874}\times100=\dfrac{7,338}{66,236}\times100 \fallingdotseq 11.1\%$이다.

따라서 월세 비중인 $\dfrac{45,778-5,722}{80,110-13,874}\times100=\dfrac{40,056}{66,236}\times100 \fallingdotseq 60.5\%$보다 낮다.

④ 연령대가 높아질수록 자가를 가진 청년들은 늘어나지만 30 ~ 34세에서 자가 비율은 $\dfrac{1,836}{21,383}\times100 \fallingdotseq 8.6\%$로 35 ~ 39세의

자가 비율 $\dfrac{2,489}{29,595}\times100 \fallingdotseq 8.4\%$보다 높다.

또한 월세 비중은 다음과 같이 연령대가 높아질수록 계속 낮아진다고 볼 수 없다.

• 20 ~ 24세 : $\dfrac{5,722}{13,874}\times100 \fallingdotseq 41.2\%$    • 25 ~ 29세 : $\dfrac{7,853}{15,258}\times100 \fallingdotseq 51.5\%$

• 30 ~ 34세 : $\dfrac{13,593}{21,383}\times100 \fallingdotseq 63.6\%$    • 35 ~ 39세 : $\dfrac{18,610}{29,595}\times100 \fallingdotseq 62.9\%$

⑤ 20 ~ 30대 연령대에서 월세에 사는 25 ~ 29세 연령대가 차지하는 비율은 $\dfrac{7,853}{80,110}\times100 \fallingdotseq 9.8\%$로 10% 미만이다. 또한, 전체

청년 수의 10%는 8,011명이고 25 ~ 29세 연령대가 월세에 사는 청년 7,853명보다 많으므로 옳지 않다는 것을 알 수 있다.

## 17

②

전년대비 소각 증가율은 다음과 같다.

• 2020년 : $\dfrac{11,604-10,609}{10,609}\times100 ≒ 9.4\%$

• 2021년 : $\dfrac{12,331-11,604}{11,604}\times100 ≒ 6.3\%$

전년대비 2020년도 소각 증가율은 2021년 소각 증가율의 2배인 약 12.6%보다 작으므로 옳지 않다.

[오답분석]

① 매년 재활용량은 전체 생활 폐기물 처리량 중 50% 이상을 차지한다.

③ 5년간 소각량 대비 매립량 비율은 다음과 같다.

• 2018년 : $\dfrac{9,471}{10,309}\times100 ≒ 91.9\%$   • 2019년 : $\dfrac{8,797}{10,609}\times100 ≒ 82.9\%$

• 2020년 : $\dfrac{8,391}{11,604}\times100 ≒ 72.3\%$   • 2021년 : $\dfrac{7,613}{12,331}\times100 ≒ 61.7\%$

• 2022년 : $\dfrac{7,813}{12,648}\times100 ≒ 61.8\%$

따라서 매년 소각량 대비 매립량 비율은 60% 이상임을 알 수 있다.

④ 2018년부터 2021년까지 매립량은 감소하고 있다.

⑤ 2022년 재활용된 폐기물량 비율은 $\dfrac{30,454}{50,915}\times100 ≒ 59.8\%$로 2018년 소각량 비율 $\dfrac{10,309}{50,906}\times100 ≒ 20.3\%$의 3배인 60.9%보다 작으므로 옳다.

## 18

정답 ⑤

강수량의 증감추이를 나타내면 다음과 같다.

| 1월 | 2월 | 3월 | 4월 | 5월 | 6월 | 7월 | 8월 | 9월 | 10월 | 11월 | 12월 |
|---|---|---|---|---|---|---|---|---|---|---|---|
| – | 증가 | 감소 | 증가 | 감소 | 증가 | 증가 | 감소 | 감소 | 감소 | 감소 | 증가 |

이와 동일한 추이를 보이는 그래프는 ⑤이다.

[오답분석]

① 증감추이는 같지만 4월의 강수량이 50mm 이하로 표현되어 있다.

## 19

정답 ③

2030년 전국 노년부양비는 $\dfrac{24.1}{64.7} ≒ 0.37$이다.

## 20

정답 ①

2010년 전남의 노인인구비는 21.3%로 초고령사회에 처음 진입했다.

## 21

정답 ⑤

• 관리직의 구직 대비 구인률 : $\dfrac{993}{2,951}\times100 ≒ 34\%$

• 음식서비스 관련직의 구직 대비 취업률 : $\dfrac{458}{2,936}\times100 ≒ 16\%$

따라서 둘의 차이는 약 18%p이다.

## 22

정답 ⑤

$733 \times 4 = 2,932 < 3,083$이므로 25% 이하이다.

## 23

정답 ②

가운데 숫자는 +6을 더하는 수열이다.
$A : 3+6=9$
(가운데 숫자)−(시침의 숫자)×2=(분침의 숫자)
$B : 9-4 \times 2 = 1$
∴ $A \times B = 9$

## 24

정답 ③

전개도를 접어 입체도형을 만들었을 때 마주보는 면에 적혀 있는 수의 차가 2이다.

## 25

정답 ④

양쪽 톱니바퀴의 수열을 맞물리는 순서대로 나열하면 1, 2, 3, 5, 8, …이다. 즉, 앞의 두 항을 더하면 뒤의 항이 된다.
$34+55=(B) \rightarrow (B)=89$
$55+89=(A) \rightarrow (A)=144$
∴ $(A)+(B)=144+89=233$

## |03| 추리

| 01 | 02 | 03 | 04 | 05 | 06 | 07 | 08 | 09 | 10 | 11 | 12 | 13 | 14 | 15 | 16 | 17 | 18 | 19 | 20 |
|----|----|----|----|----|----|----|----|----|----|----|----|----|----|----|----|----|----|----|----|
| ③ | ① | ⑤ | ⑤ | ③ | ② | ⑤ | ③ | ④ | ⑤ | ④ | ④ | ③ | ③ | ① | ② | ② | ⑤ | ⑤ | ① |

| 21 | 22 | 23 | 24 | 25 |
|----|----|----|----|----|
| ② | ② | ① | ② | ① |

## 01

정답 ③

'우애'는 '돈독하다'는 수식을 할 수 있고, '대립'은 '첨예하다'는 수식을 할 수 있다.

## 02

정답 ①

제시된 단어의 관계는 유의 관계이다.

## 03

정답 ⑤

제시된 글의 오류는 후건을 긍정하여 전건을 긍정한 것으로 결론을 도출하는 데에서 발생하는 오류인 '후건 긍정의 오류'를 범하고 있다. 이와 동일한 오류를 범하고 있는 것은 ⑤이다.

① 군중에 호소하는 오류 : 많은 사람이 그렇게 행동하거나 생각한다고 내세워 군중심리를 자극하는 오류
② 공포에 호소하는 오류 : 상대방을 윽박지르거나 증오심을 표현하여 자신의 주장을 받아들이게 하는 오류
③ 논점일탈의 오류 : 원래의 논점과는 다른 방향으로 논지를 이끌어감으로써 무관한 결론에 이르게 되는 오류
④ 자가당착의 오류 : 앞뒤의 주장이나 전제와 결론 사이에 모순이 발생함으로써 일관된 논점을 갖지 못하는 오류

## 04

**정답 ⑤**

첫 번째 명제의 대우는 '자연을 좋아하지 않는 사람은 강아지를 좋아하지 않는다.'이다. 또한 두 번째 명제의 대우는 '자연을 좋아하지 않는 사람은 나무를 좋아하지 않는다.'이다. 따라서 두 대우 명제를 연결하면 ⑤와 같은 결론이 타당하다.

## 05

**정답 ③**

세 번째 명제의 대우는 '미리 대비하지 않으면 큰 고난이 찾아온다.'이므로, 삼단논법이 성립하려면 '급한 경우에 준비를 하지 못하면 큰 고난이 찾아온다.'라는 명제가 필요한데, 이 명제의 대우는 ③이다.

## 06

**정답 ②**

제시된 조건만으로는 진실 여부를 판별할 수 없다.

① 첫 번재와 두 번째 명제에 의해 참이다.
③ 두 번째 명제로부터 참이라는 것을 알 수 있다.
④ 두 번째와 세 번째 명제를 통해 참이라는 것을 알 수 있다.
⑤ 모든 사람이 자신을 비방하지 않는 사람에게 호의적이라고 했을 때, 세 번째 명제에 의해 참이다.

## 07

**정답 ⑤**

발견 연도를 토대로 정리하면 목걸이는 100년 전에 발견되어 제시된 왕의 유물 중 가장 먼저 발견되었다. 또한 신발은 목걸이와 편지보다 늦게 발견되었으나 반지보다 먼저 발견되었고, 초상화는 가장 최근에 발견되었다. 따라서 왕의 유물을 발견된 순서대로 나열하면 '목걸이 – 편지 – 신발 – 반지 – 초상화'가 된다.

## 08

**정답 ③**

| 1 | 2 | 3 | 4 | 5 | 6 | 7 | 8 |
|---|---|---|---|---|---|---|---|
| 빨간색 꽃 | 백합 | 분홍색 꽃 | 백합 | | 분홍색 꽃 | | 빨간색 꽃 |

- 3번째 조건에 의해 빨간색 꽃을 양 끝에 배치한다.
- 5번째 조건에 의해 분홍색 꽃 사이에는 두 칸이 있다.
- 마지막 조건에 의해 백합은 왼쪽에만 심을 수 있고, 2번째 조건에 의해 같은 색이나 같은 종류의 꽃은 연속해서 심을 수 없으므로 3번째 칸과 6번째 칸에 분홍색 꽃을 심고, 2번째 칸과 4번째 칸에 백합을 심는다.
- 경우 1 : 주황색 백합을 2번 칸에, 흰색 백합을 4번 칸에 심을 경우

| 1 | 2 | 3 | 4 | 5 | 6 | 7 | 8 |
|---|---|---|---|---|---|---|---|
| 빨간색 꽃 | 주황색 백합 | 분홍색 꽃 | 흰색 백합 | | 분홍색 꽃 | | 빨간색 꽃 |

- 2번째 조건에 의하여 같은 색의 꽃은 연속해서 심을 수 없으므로 흰색튤립을 7번 칸에, 노란색 튤립을 5번 칸에 심는다.
- 2번째 조건에 의하여 같은 종류의 꽃은 연속해서 심을 수 없으므로 6번 칸과 8번 칸에 심을 꽃은 장미이다.

| 1 | 2 | 3 | 4 | 5 | 6 | 7 | 8 |
|---|---|---|---|---|---|---|---|
| 빨간색 튤립 | 주황색 백합 | 분홍색 튤립 | 흰색 백합 | 노란색 튤립 | 분홍색 장미 | 흰색 튤립 | 빨간색 장미 |

• 경우 2 : 흰색 백합을 2번 칸에, 주황색 백합을 4번 칸에 심을 경우

| 1 | 2 | 3 | 4 | 5 | 6 | 7 | 8 |
|---|---|---|---|---|---|---|---|
| 빨간색 꽃 | 흰색 백합 | 분홍색 꽃 | 주황색 백합 | | 분홍색 꽃 | | 빨간색 꽃 |

– 4번째 조건에 의해 주황색 꽃 옆에는 노란색 꽃을 심을 수 없으므로 흰색 튤립을 5번 칸에, 노란색 튤립을 7번 칸에 심는다.
– 2번째 조건에 의하여 같은 종류의 꽃은 연속해서 심을 수 없으므로 6번 칸과 8번 칸에 심을 꽃은 장미이다.

| 1 | 2 | 3 | 4 | 5 | 6 | 7 | 8 |
|---|---|---|---|---|---|---|---|
| 빨간색 튤립 | 흰색 백합 | 분홍색 튤립 | 주황색 백합 | 흰색 튤립 | 분홍색 장미 | 노란색 튤립 | 빨간색 장미 |

따라서 경우 1에 의하여 노란색 튤립 옆에 흰색 백합을 심을 수 있다.


## 09

정답 ④

주어진 내용을 정리하면 아래와 같은 순서로 위치한다.
초밥가게 – X – 카페 – X – 편의점 – 약국 – 옷가게 – 신발가게 – X – X

[오답분석]
① 카페와 옷가게 사이에 3개의 건물이 있다.
② 초밥가게와 약국 사이에 4개의 건물이 있다.
③ 편의점은 5번째 건물에 있다.
⑤ 옷가게는 7번째 건물에 있다.


## 10

정답 ⑤

다음의 논리 순서를 따라 주어진 조건을 정리하면 쉽게 접근할 수 있다.
• 두 번째 조건 : B는 이동수단으로 자전거를 소유하고 있고, 이름은 힘찬이다.
• 세 번째 조건 : C는 이동수단으로 킥보드를 소유하고 있고, 이름은 날쌘이다. 또한, A는 이동수단으로 오토바이를 소유하고 있고, 이름은 쌩쌩이다.
이 사실을 종합하여 주어진 조건을 표로 정리하면 다음과 같다.

| 구분 | 킥보드 | 자전거 | 오토바이 |
|---|---|---|---|
| A | | | 쌩쌩이 |
| B | | 힘찬이 | |
| C | 날쌘이 | | |

따라서 소유주와 이름, 이동수단을 순서대로 바르게 나열한 것은 ⑤이다.


## 11

정답 ④

두 번째, 네 번째 조건을 이용하면 보혜, 지현, 재희 순으로 1, 3, 5번 방 또는 1, 2, 3번 방에 들어가야 한다. 남형이가 재희보다 오른쪽 방에 있으므로, 재희는 5번 방에 들어갈 수 없다. 따라서 보혜, 지현, 재희는 각각 1, 2, 3번 방에 들어간다. 그러면 다음과 같이 두 가지 경우가 발생한다.

| 구분 | 1번 방 | 2번 방 | 3번 방 | 4번 방 | 5번 방 |
|---|---|---|---|---|---|
| 경우 1 | 보혜 | 지현 | 재희 | 원웅 | 남형 |
| 경우 2 | 보혜 | 지현 | 재희 | 남형 | 원웅 |

따라서 재희가 원웅이보다 왼쪽 방에 있다는 것은 확실히 옳다.

## 12

정답 ④

수호는 주스를 좋아하므로, 디자인 담당이 아니다. 또한 편집 담당과 이웃해 있으므로 기획 담당이다. 편집 담당은 콜라를 좋아하고, 검은색 책상에 앉아 있다. 그런데 종대는 갈색 책상에 앉아 있으므로 종대는 디자인 담당이며, 민석이는 검은색 책상에 앉아 있다. 그러므로 수호는 흰색 책상에 앉아 있다.

| 수호 | 민석 | 종대 |
| --- | --- | --- |
| 흰색 책상 | 검은색 책상 | 갈색 책상 |
| 기획 | 편집 | 디자인 |
| 주스 | 콜라 | 커피 |

[오답분석]

ㄷ. 수호가 편집을 하지 않는 것은 맞지만, 민석이는 콜라를 좋아한다.

ㄹ. 민석이는 편집 담당이므로 검은색 책상에 앉아 있다.

## 13

정답 ③

대표의 옆방에는 부장이 묵어야 하므로 대표는 오직 111호에만 묵을 수 있으며, 110호에는 총무팀 박부장이 배정받는다. 따라서 111호에는 생산팀 장과장은 묵을 수 없다.

[오답분석]

① 두 번째 조건에서 같은 부서는 마주보는 방을 배정받을 수 없으므로 인사팀 유과장은 105호에 배정받을 수 없다.

②·⑤ 만약 105호에 생산팀 장과장이 배정받으면, 인사팀 유과장은 102·104·107호에 배정받을 수 있으므로 102호 또는 107호에 배정받으면 104호는 빈방으로 남을 수 있다.

④ 111호에 대표가 묵는다고 했으므로 총무팀 박부장은 110호로 배정받는다.

## 14

정답 ③

주어진 조건에 의하면 D면접자와 E면접자는 2번, 3번 의자에 앉아 있고, A면접자는 1번과 8번 의자에 앉을 수 없다. B면접자는 6번 또는 7번 의자에 앉을 수 있다는 점과 A면접자와 C면접자 사이에는 2명이 앉는다는 조건까지 모두 고려하면 A면접자와 B면접자가 서로 이웃해 있을 때, 다음과 같은 두 가지 경우를 확인할 수 있다.

• B면접자가 6번에 앉을 경우

| 구분 | 1 | 2 | 3 | 4 | 5 | 6 | 7 | 8 |
| --- | --- | --- | --- | --- | --- | --- | --- | --- |
| Case1 | | D | E | | A | B | | C |
| Case2 | | D | E | C | | B | A | |
| Case3 | | D | E | A | | B | C | |
| 조건 | A(×) C(×) | | | | | | | A(×) |

• B면접자가 7번에 앉을 경우

| 구분 | 1 | 2 | 3 | 4 | 5 | 6 | 7 | 8 |
| --- | --- | --- | --- | --- | --- | --- | --- | --- |
| Case1 | | D | E | C(×) | | A | B | |
| Case2 | | D | E | | | A | B | C(×) |
| Case3 | | D | E | | A | | B | C |
| 조건 | A(×) C(×) | | | | | | | A(×) |

→ B면접자가 7번에 앉는 경우의 Case 1과 Case 2에서는 A면접자와 C면접자 사이에 2명이 앉는다는 조건이 성립되지 않는다. 따라서 A면접자와 B면접자가 서로 이웃해 앉는다면 C면접자는 4번 또는 8번 의자에 앉을 수 있다.

① 주어진 조건을 살펴보면 A면접자는 1번, 8번 의자에 앉지 않는다고 하였고 2번과 3번 의자는 D면접자와 E면접자로 확정되어 있다. 그리고 C면접자와의 조건 때문에 6번 의자에도 앉을 수 없다. 따라서 A면접자는 4번, 5번, 7번 의자에 앉을 수 있다. 따라서 A면접자가 4번에 앉는 것이 항상 옳다고는 볼 수 없다.

② 주어진 조건에서 C면접자는 D면접자와 이웃해 앉지 않는다고 하였다. D면접자는 2번 의자로 확정되어 있으므로 C면접자는 1번 의자에 앉을 수 없다.

④ B면접자가 7번 의자에 앉고 A면접자와 B면접자 사이에 2명이 앉도록 하면, A면접자는 4번 의자에 앉아야 한다. 그런데 A면접자와 C면접자 사이에 2명이 앉아 있다는 조건이 성립되려면 C면접자는 1번 의자에 앉아야 하는데, C면접자는 D면접자와 이웃해 있지 않다고 하였으므로 옳지 않다.

⑤ C면접자가 8번에 앉는 것과는 상관없이 B면접자는 6번 또는 7번 의자에 앉을 수 있다. 따라서 B면접자가 6번에 앉는다는 것은 항상 옳다고는 볼 수 없다.

## 15

정답 ①

주어진 조건에 근거하여 가능한 경우를 표로 정리하면 아래와 같다.

| 부서 | 사원 | 팀장 |
|---|---|---|
| A | ? | 윤 or 박 |
| B | 박 or 오 | 박 or 오 |
| C | 윤 or 박 | 윤 or 박 |

조건 중에 A부서 팀장의 성이 C부서의 사원과 같다고 하였으므로 두 가지 경우가 나올 수 있다.

ⅰ) C부서 사원의 성이 '박'씨인 경우

C부서 사원의 성이 '박'씨이므로 A부서의 팀장도 '박'씨이다. 같은 성씨인 사원과 팀장은 같은 부서에 근무하지 않으므로 C부서의 팀장은 '윤'씨가 된다. B부서의 사원 또는 B부서 팀장의 성은 '박'씨와 '오'씨 중에 하나가 되는데, '박'씨는 C부서의 사원과 A부서의 팀장의 성이므로 B부서의 사원과 B부서의 팀장은 '오'씨가 된다. 그러나 같은 성씨인 사원과 팀장은 같은 부서에서 근무할 수 없으므로 조건에 어긋나게 된다.

| 부서 | 사원 | 팀장 |
|---|---|---|
| A | 윤 | 박 |
| B | 오 | 오 |
| C | 박 | 윤 |

ⅱ) C부서 사원의 성이 '윤'씨인 경우

C부서 사원의 성이 '윤'씨이므로 A부서의 팀장도 '윤'씨이다. 같은 성씨인 사원과 팀장은 같은 부서에 근무하지 않으므로 C부서의 팀장은 '박'씨가 된다. 같은 조건에 따라 B부서의 팀장은 '오'씨이고 B부서의 사원은 '박'씨이다. A부서의 사원은 '오'씨 성을 가진 사원이다.

| 부서 | 사원 | 팀장 |
|---|---|---|
| A | 오 | 윤 |
| B | 박 | 오 |
| C | 윤 | 박 |

따라서 같은 부서에 소속된 사원과 팀장의 성씨가 바르게 나열된 것은 ①이다.

## 16

정답 ②

(가) 작업을 수행하면 A − B − C − D 순서로 접시 탑이 쌓인다.
(나) 작업을 수행하면 철수는 D접시를 사용한다.
(다) 작업을 수행하면 A − B − C − E − F 순서로 접시 탑이 쌓인다.
(라) 작업을 수행하면 철수는 C, E, F접시를 사용한다.
따라서 B접시가 접시 탑의 맨 위에 있게 된다.

## 17

정답 ②

우영 – 흥민 – 성용 – 현우 – 영권 순서로 들어왔다.


## 18

정답 ⑤

한 사람이 거짓이므로 서로 상반된 주장을 하고 있는 박과장과 이부장을 비교해본다.
ⅰ) 박과장이 거짓일 경우 : 김대리와 이부장이 참이므로 이부장은 가장 왼쪽에, 김대리는 가장 오른쪽에 위치하게 된다. 이 경우 김대리가 자신의 옆에 있다는 박과장의 주장이 참이 되므로 모순이 된다.
ⅱ) 이부장이 거짓일 경우 : 김대리와 박과장이 참이므로 이부장은 가장 왼쪽에 위치하고, 이부장이 거짓이므로 김대리는 가운데, 박과장은 가장 오른쪽에 위치하게 된다. 이 경우 이부장의 옆에 주차하지 않았으며 김대리 옆에 주차했다는 박과장의 주장과도 일치한다.
따라서 주차장에 주차된 순서는 이부장 – 김대리 – 박과장 순서가 된다.


## 19

정답 ⑤

일남이와 삼남이의 발언에 모순이 있으므로, 일남이와 삼남이 중 적어도 1명은 거짓을 말한다. 만약 일남이와 삼남이가 모두 거짓말을 하고 있다면 일남이는 경찰이고(시민, 마피아 ×), 자신이 경찰이라고 말한 이남이의 말이 거짓이 되면서 거짓말을 한 사람이 3명 이상이 되므로 조건에 부합하지 않는다. 따라서 일남이는 경찰이 아니며, 일남이나 삼남이 중에 1명만 거짓을 말한다.
• 일남이가 거짓, 삼남이가 진실을 말한 경우
  일남이는 마피아이고, 오남이가 마피아라고 말한 이남이의 말은 거짓이므로, 이남이는 거짓을 말하고 있고 이남이는 경찰이 아니다. 즉, 남은 사남이와 오남이는 모두 진실을 말해야 한다. 두 사람의 말을 종합하면 사남이는 경찰도 아니고 시민도 아니게 되므로 마피아여야 한다. 그러나 이미 일남이가 마피아이고 마피아는 1명이라고 했으므로 모순이다.
• 일남이가 진실, 삼남이가 거짓을 말한 경우
  일남이는 시민이고, 이남 · 사남 · 오남 중 한 명은 거짓, 다른 두 명은 진실을 말한다. 만약 오남이가 거짓을 말하고 이남이와 사남이가 진실을 말한다면 이남이는 경찰, 오남이는 마피아이고 사남이는 시민이어야 하는데, 오남이의 말이 거짓이 되려면 오남이가 경찰이 되므로 모순이다. 또한, 만약 사남이가 거짓을 말하고 이남이와 오남이가 진실을 말한다면 이남이와 사남이가 모두 경찰이므로 역시 모순된다. 즉, 이남이가 거짓, 사남이와 오남이가 진실을 말한다.
따라서 사남이는 경찰도 시민도 아니므로 마피아이고, 이남이와 오남이가 모두 경찰이 아니므로 삼남이가 경찰이다.


## 20

정답 ①

D와 E의 주장이 서로 상반되므로 둘 중에 한 명은 거짓을 말하고 있는 범인인 것을 알 수 있다.
• D가 범인인 경우
  D가 거짓을 말하고 있으므로 A는 범인이 아니다. A가 범인이 아니며, E는 진실을 말하고 있으므로 B 또한 범인이 아니다. 따라서 B가 범인이라고 주장한 C가 범인이고, 나머지는 진실만을 말하므로 범인이 아니다.
• E가 범인인 경우
  E가 거짓을 말하고 있으므로 A와 B는 범인이 아니며, A와 B의 주장은 진실이 된다. A는 B, D 중 한 명이 범인이라고 했는데, B는 범인이 아니므로 D가 범인이 되고, B의 주장에 따라 C 또한 범인이 되어, 범인은 모두 3명이 되어 모순이 발생된다.
따라서 C와 D가 범인이므로 정답은 ①이다.


## 21

정답 ②

바둑돌이 놓인 규칙은 다음과 같다.

| 구분 | 1번째 | 2번째 | 3번째 | 4번째 | … | 11번째 |
|---|---|---|---|---|---|---|
| 흰돌 | 1 | $2^2 = 4$ | $3^2 = 9$ | $4^2 = 16$ | … | $11^2 = 121$ |
| 검은돌 | 0 | 1 | $2^2 = 4$ | $3^2 = 9$ | … | $10^2 = 100$ |

따라서 11번째 바둑판에 놓인 모든 바둑돌의 개수는 $121 + 100 = 221$개이다.

## 22

♥ : 1234 → 4321
☆ : 각 자릿수마다 +2
◐ : 1234 → 1324
◇ : 각 자릿수 +1, +3, +2, +1

ㅂ0ㅅ4 → ㅅ3ㅈ5 → ㅈ5ㅋ7
　　　　◇　　　　　　☆


## 23

H1ㄹP → Hㄹ1P → Iㅅ3Q
　　　◐　　　　　◇


## 24

제3항부터 다음과 같은 규칙을 가지고 있다.
$(n-2)$항$-(n-1)$항$+7=(n)$항, $n \geq 3$
따라서 빈칸에 알맞은 수는 $38-(-39)+7=84$이다.


## 25

홀수 항은 $+0.5$, $+1.5$, $+2.5$, $\cdots$씩, 짝수 항은 $+\dfrac{1}{2}$, $+\dfrac{1}{4}$, $+\dfrac{1}{6}$, $\cdots$씩 더해지고 있다.

따라서 빈칸에 알맞은 숫자는 $-5+0.5=-4.5$이다.


## | 04 | 도형

| 01 | 02 | 03 | 04 | 05 | 06 | 07 | 08 | 09 | 10 |
|----|----|----|----|----|----|----|----|----|----|
| ④ | ③ | ④ | ④ | ④ | ① | ④ | ① | ① | ① |


## 01

규칙은 세로로 적용된다.
가운데 도형에서 위쪽 도형이 차지하는 부분을 뺀 나머지 부분이 아래쪽 도형이 된다.


## 02

규칙은 가로로 적용된다.
첫 번째 도형을 수직으로 반을 나눴을 때 왼쪽이 두 번째 도형, 오른쪽을 $y$축 대칭하고 시계 방향으로 $90°$ 회전한 것이 세 번째 도형이다.

## 03

정답 ④

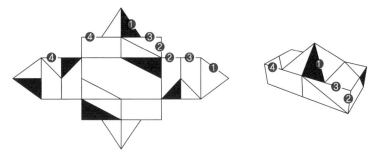

## 04

정답 ④

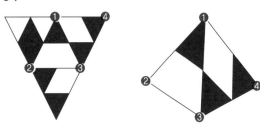

## 05

정답 ④

정사각형 4개의 칸에 있는 작은 원들은 시계 방향으로 이동하고 있으며, 정사각형 4개의 칸은 시계 반대 방향으로 한 칸씩 이동한다. 이동이 끝난 후 회색 칸에 있는 작은 원은 한 개 늘어나게 된다.

## 06

정답 ①

정사각형 4개의 칸을 기준으로 바깥쪽에 있는 직각삼각형은 정사각형의 변을 따라 시계 방향으로 한 칸씩 이동하고, 시계 방향으로 90° 회전한다. 오각형은 정사각형 4개의 칸 안에서 시계 반대 방향으로 한 칸씩 이동하고, 180° 회전한다. 정사각형 회색 칸은 시계 방향으로 한 칸씩 이동한다. 이때 오각형이 회색 칸에 있게 되면 색이 반전된다.

## 07

정답 ④

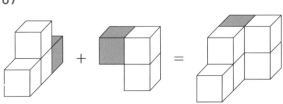

**08**

정답 ①

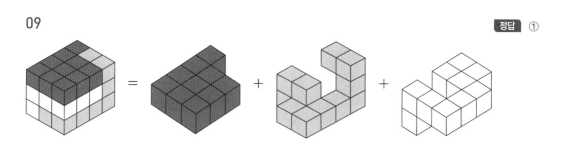

**09**

정답 ①

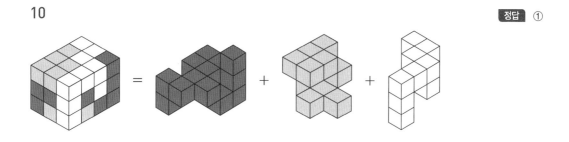

**10**

정답 ①

배우고 때로 익히면, 또한 기쁘지 아니한가.

- 공자 -

# 1DAY 인적성검사 최종점검 모의고사 답안지

## 언어

| 문번 | 1 | 2 | 3 | 4 | 5 |
|------|---|---|---|---|---|
| 1 | ① | ② | ③ | ④ | ⑤ |
| 2 | ① | ② | ③ | ④ | ⑤ |
| 3 | ① | ② | ③ | ④ | ⑤ |
| 4 | ① | ② | ③ | ④ | ⑤ |
| 5 | ① | ② | ③ | ④ | ⑤ |
| 6 | ① | ② | ③ | ④ | ⑤ |
| 7 | ① | ② | ③ | ④ | ⑤ |
| 8 | ① | ② | ③ | ④ | ⑤ |
| 9 | ① | ② | ③ | ④ | ⑤ |
| 10 | ① | ② | ③ | ④ | ⑤ |
| 11 | ① | ② | ③ | ④ | ⑤ |
| 12 | ① | ② | ③ | ④ | ⑤ |
| 13 | ① | ② | ③ | ④ | ⑤ |
| 14 | ① | ② | ③ | ④ | ⑤ |
| 15 | ① | ② | ③ | ④ | ⑤ |
| 16 | ① | ② | ③ | ④ | ⑤ |
| 17 | ① | ② | ③ | ④ | ⑤ |
| 18 | ① | ② | ③ | ④ | ⑤ |
| 19 | ① | ② | ③ | ④ | ⑤ |
| 20 | ① | ② | ③ | ④ | ⑤ |
| 21 | ① | ② | ③ | ④ | ⑤ |
| 22 | ① | ② | ③ | ④ | ⑤ |
| 23 | ① | ② | ③ | ④ | ⑤ |
| 24 | ① | ② | ③ | ④ | ⑤ |
| 25 | ① | ② | ③ | ④ | ⑤ |

## 수리

| 문번 | 1 | 2 | 3 | 4 | 5 |
|------|---|---|---|---|---|
| 1 | ① | ② | ③ | ④ | ⑤ |
| 2 | ① | ② | ③ | ④ | ⑤ |
| 3 | ① | ② | ③ | ④ | ⑤ |
| 4 | ① | ② | ③ | ④ | ⑤ |
| 5 | ① | ② | ③ | ④ | ⑤ |
| 6 | ① | ② | ③ | ④ | ⑤ |
| 7 | ① | ② | ③ | ④ | ⑤ |
| 8 | ① | ② | ③ | ④ | ⑤ |
| 9 | ① | ② | ③ | ④ | ⑤ |
| 10 | ① | ② | ③ | ④ | ⑤ |
| 11 | ① | ② | ③ | ④ | ⑤ |
| 12 | ① | ② | ③ | ④ | ⑤ |
| 13 | ① | ② | ③ | ④ | ⑤ |
| 14 | ① | ② | ③ | ④ | ⑤ |
| 15 | ① | ② | ③ | ④ | ⑤ |
| 16 | ① | ② | ③ | ④ | ⑤ |
| 17 | ① | ② | ③ | ④ | ⑤ |
| 18 | ① | ② | ③ | ④ | ⑤ |
| 19 | ① | ② | ③ | ④ | ⑤ |
| 20 | ① | ② | ③ | ④ | ⑤ |
| 21 | ① | ② | ③ | ④ | ⑤ |
| 22 | ① | ② | ③ | ④ | ⑤ |
| 23 | ① | ② | ③ | ④ | ⑤ |
| 24 | ① | ② | ③ | ④ | ⑤ |
| 25 | ① | ② | ③ | ④ | ⑤ |

## 추리

| 문번 | 1 | 2 | 3 | 4 | 5 |
|------|---|---|---|---|---|
| 1 | ① | ② | ③ | ④ | ⑤ |
| 2 | ① | ② | ③ | ④ | ⑤ |
| 3 | ① | ② | ③ | ④ | ⑤ |
| 4 | ① | ② | ③ | ④ | ⑤ |
| 5 | ① | ② | ③ | ④ | ⑤ |
| 6 | ① | ② | ③ | ④ | ⑤ |
| 7 | ① | ② | ③ | ④ | ⑤ |
| 8 | ① | ② | ③ | ④ | ⑤ |
| 9 | ① | ② | ③ | ④ | ⑤ |
| 10 | ① | ② | ③ | ④ | ⑤ |
| 11 | ① | ② | ③ | ④ | ⑤ |
| 12 | ① | ② | ③ | ④ | ⑤ |
| 13 | ① | ② | ③ | ④ | ⑤ |
| 14 | ① | ② | ③ | ④ | ⑤ |
| 15 | ① | ② | ③ | ④ | ⑤ |
| 16 | ① | ② | ③ | ④ | ⑤ |
| 17 | ① | ② | ③ | ④ | ⑤ |
| 18 | ① | ② | ③ | ④ | ⑤ |
| 19 | ① | ② | ③ | ④ | ⑤ |
| 20 | ① | ② | ③ | ④ | ⑤ |
| 21 | ① | ② | ③ | ④ | ⑤ |
| 22 | ① | ② | ③ | ④ | ⑤ |
| 23 | ① | ② | ③ | ④ | ⑤ |
| 24 | ① | ② | ③ | ④ | ⑤ |
| 25 | ① | ② | ③ | ④ | ⑤ |

## 도형

| 문번 | 1 | 2 | 3 | 4 |
|------|---|---|---|---|
| 1 | ① | ② | ③ | ④ |
| 2 | ① | ② | ③ | ④ |
| 3 | ① | ② | ③ | ④ |
| 4 | ① | ② | ③ | ④ |
| 5 | ① | ② | ③ | ④ |
| 6 | ① | ② | ③ | ④ |
| 7 | ① | ② | ③ | ④ |
| 8 | ① | ② | ③ | ④ |
| 9 | ① | ② | ③ | ④ |
| 10 | ① | ② | ③ | ④ |

교시장

성 명

수 험 번 호

| ⓪ | ① | ② | ③ | ④ | ⑤ | ⑥ | ⑦ | ⑧ | ⑨ |
| ⓪ | ① | ② | ③ | ④ | ⑤ | ⑥ | ⑦ | ⑧ | ⑨ |
| ⓪ | ① | ② | ③ | ④ | ⑤ | ⑥ | ⑦ | ⑧ | ⑨ |
| ⓪ | ① | ② | ③ | ④ | ⑤ | ⑥ | ⑦ | ⑧ | ⑨ |
| ⓪ | ① | ② | ③ | ④ | ⑤ | ⑥ | ⑦ | ⑧ | ⑨ |
| ⓪ | ① | ② | ③ | ④ | ⑤ | ⑥ | ⑦ | ⑧ | ⑨ |
| ⓪ | ① | ② | ③ | ④ | ⑤ | ⑥ | ⑦ | ⑧ | ⑨ |

감독위원 확인

인

# 1DAY 인적성검사 최종점검 모의고사 답안지

교시장

성 명

수험번호

| | | | | | | | |
|---|---|---|---|---|---|---|---|
| ⓪ | ⓪ | ⓪ | ⓪ | ⓪ | ⓪ | ⓪ |
| ① | ① | ① | ① | ① | ① | ① |
| ② | ② | ② | ② | ② | ② | ② |
| ③ | ③ | ③ | ③ | ③ | ③ | ③ |
| ④ | ④ | ④ | ④ | ④ | ④ | ④ |
| ⑤ | ⑤ | ⑤ | ⑤ | ⑤ | ⑤ | ⑤ |
| ⑥ | ⑥ | ⑥ | ⑥ | ⑥ | ⑥ | ⑥ |
| ⑦ | ⑦ | ⑦ | ⑦ | ⑦ | ⑦ | ⑦ |
| ⑧ | ⑧ | ⑧ | ⑧ | ⑧ | ⑧ | ⑧ |
| ⑨ | ⑨ | ⑨ | ⑨ | ⑨ | ⑨ | ⑨ |

감독위원 확인

(인)

## 언어

| 문번 | 1 | 2 | 3 | 4 | 5 |
|---|---|---|---|---|---|
| 1 | ① | ② | ③ | ④ | ⑤ |
| 2 | ① | ② | ③ | ④ | ⑤ |
| 3 | ① | ② | ③ | ④ | ⑤ |
| 4 | ① | ② | ③ | ④ | ⑤ |
| 5 | ① | ② | ③ | ④ | ⑤ |
| 6 | ① | ② | ③ | ④ | ⑤ |
| 7 | ① | ② | ③ | ④ | ⑤ |
| 8 | ① | ② | ③ | ④ | ⑤ |
| 9 | ① | ② | ③ | ④ | ⑤ |
| 10 | ① | ② | ③ | ④ | ⑤ |
| 11 | ① | ② | ③ | ④ | ⑤ |
| 12 | ① | ② | ③ | ④ | ⑤ |
| 13 | ① | ② | ③ | ④ | ⑤ |
| 14 | ① | ② | ③ | ④ | ⑤ |
| 15 | ① | ② | ③ | ④ | ⑤ |
| 16 | ① | ② | ③ | ④ | ⑤ |
| 17 | ① | ② | ③ | ④ | ⑤ |
| 18 | ① | ② | ③ | ④ | ⑤ |
| 19 | ① | ② | ③ | ④ | ⑤ |
| 20 | ① | ② | ③ | ④ | ⑤ |
| 21 | ① | ② | ③ | ④ | ⑤ |
| 22 | ① | ② | ③ | ④ | ⑤ |
| 23 | ① | ② | ③ | ④ | ⑤ |
| 24 | ① | ② | ③ | ④ | ⑤ |
| 25 | ① | ② | ③ | ④ | ⑤ |

## 수리

| 문번 | 1 | 2 | 3 | 4 | 5 |
|---|---|---|---|---|---|
| 1 | ① | ② | ③ | ④ | ⑤ |
| 2 | ① | ② | ③ | ④ | ⑤ |
| 3 | ① | ② | ③ | ④ | ⑤ |
| 4 | ① | ② | ③ | ④ | ⑤ |
| 5 | ① | ② | ③ | ④ | ⑤ |
| 6 | ① | ② | ③ | ④ | ⑤ |
| 7 | ① | ② | ③ | ④ | ⑤ |
| 8 | ① | ② | ③ | ④ | ⑤ |
| 9 | ① | ② | ③ | ④ | ⑤ |
| 10 | ① | ② | ③ | ④ | ⑤ |
| 11 | ① | ② | ③ | ④ | ⑤ |
| 12 | ① | ② | ③ | ④ | ⑤ |
| 13 | ① | ② | ③ | ④ | ⑤ |
| 14 | ① | ② | ③ | ④ | ⑤ |
| 15 | ① | ② | ③ | ④ | ⑤ |
| 16 | ① | ② | ③ | ④ | ⑤ |
| 17 | ① | ② | ③ | ④ | ⑤ |
| 18 | ① | ② | ③ | ④ | ⑤ |
| 19 | ① | ② | ③ | ④ | ⑤ |
| 20 | ① | ② | ③ | ④ | ⑤ |
| 21 | ① | ② | ③ | ④ | ⑤ |
| 22 | ① | ② | ③ | ④ | ⑤ |
| 23 | ① | ② | ③ | ④ | ⑤ |
| 24 | ① | ② | ③ | ④ | ⑤ |
| 25 | ① | ② | ③ | ④ | ⑤ |

## 추리

| 문번 | 1 | 2 | 3 | 4 | 5 |
|---|---|---|---|---|---|
| 1 | ① | ② | ③ | ④ | ⑤ |
| 2 | ① | ② | ③ | ④ | ⑤ |
| 3 | ① | ② | ③ | ④ | ⑤ |
| 4 | ① | ② | ③ | ④ | ⑤ |
| 5 | ① | ② | ③ | ④ | ⑤ |
| 6 | ① | ② | ③ | ④ | ⑤ |
| 7 | ① | ② | ③ | ④ | ⑤ |
| 8 | ① | ② | ③ | ④ | ⑤ |
| 9 | ① | ② | ③ | ④ | ⑤ |
| 10 | ① | ② | ③ | ④ | ⑤ |
| 11 | ① | ② | ③ | ④ | ⑤ |
| 12 | ① | ② | ③ | ④ | ⑤ |
| 13 | ① | ② | ③ | ④ | ⑤ |
| 14 | ① | ② | ③ | ④ | ⑤ |
| 15 | ① | ② | ③ | ④ | ⑤ |
| 16 | ① | ② | ③ | ④ | ⑤ |
| 17 | ① | ② | ③ | ④ | ⑤ |
| 18 | ① | ② | ③ | ④ | ⑤ |
| 19 | ① | ② | ③ | ④ | ⑤ |
| 20 | ① | ② | ③ | ④ | ⑤ |
| 21 | ① | ② | ③ | ④ | ⑤ |
| 22 | ① | ② | ③ | ④ | ⑤ |
| 23 | ① | ② | ③ | ④ | ⑤ |
| 24 | ① | ② | ③ | ④ | ⑤ |
| 25 | ① | ② | ③ | ④ | ⑤ |

## 도형

| 문번 | 1 | 2 | 3 | 4 |
|---|---|---|---|---|
| 1 | ① | ② | ③ | ④ |
| 2 | ① | ② | ③ | ④ |
| 3 | ① | ② | ③ | ④ |
| 4 | ① | ② | ③ | ④ |
| 5 | ① | ② | ③ | ④ |
| 6 | ① | ② | ③ | ④ |
| 7 | ① | ② | ③ | ④ |
| 8 | ① | ② | ③ | ④ |
| 9 | ① | ② | ③ | ④ |
| 10 | ① | ② | ③ | ④ |

# 1DAY 인적성검사 최종점검 모의고사 답안지

## 언어

| 문번 | 1 | 2 | 3 | 4 | 5 |
|---|---|---|---|---|---|
| 1 | ① | ② | ③ | ④ | ⑤ |
| 2 | ① | ② | ③ | ④ | ⑤ |
| 3 | ① | ② | ③ | ④ | ⑤ |
| 4 | ① | ② | ③ | ④ | ⑤ |
| 5 | ① | ② | ③ | ④ | ⑤ |
| 6 | ① | ② | ③ | ④ | ⑤ |
| 7 | ① | ② | ③ | ④ | ⑤ |
| 8 | ① | ② | ③ | ④ | ⑤ |
| 9 | ① | ② | ③ | ④ | ⑤ |
| 10 | ① | ② | ③ | ④ | ⑤ |
| 11 | ① | ② | ③ | ④ | ⑤ |
| 12 | ① | ② | ③ | ④ | ⑤ |
| 13 | ① | ② | ③ | ④ | ⑤ |
| 14 | ① | ② | ③ | ④ | ⑤ |
| 15 | ① | ② | ③ | ④ | ⑤ |
| 16 | ① | ② | ③ | ④ | ⑤ |
| 17 | ① | ② | ③ | ④ | ⑤ |
| 18 | ① | ② | ③ | ④ | ⑤ |
| 19 | ① | ② | ③ | ④ | ⑤ |
| 20 | ① | ② | ③ | ④ | ⑤ |
| 21 | ① | ② | ③ | ④ | ⑤ |
| 22 | ① | ② | ③ | ④ | ⑤ |
| 23 | ① | ② | ③ | ④ | ⑤ |
| 24 | ① | ② | ③ | ④ | ⑤ |
| 25 | ① | ② | ③ | ④ | ⑤ |

## 수리

| 문번 | 1 | 2 | 3 | 4 | 5 |
|---|---|---|---|---|---|
| 1 | ① | ② | ③ | ④ | ⑤ |
| 2 | ① | ② | ③ | ④ | ⑤ |
| 3 | ① | ② | ③ | ④ | ⑤ |
| 4 | ① | ② | ③ | ④ | ⑤ |
| 5 | ① | ② | ③ | ④ | ⑤ |
| 6 | ① | ② | ③ | ④ | ⑤ |
| 7 | ① | ② | ③ | ④ | ⑤ |
| 8 | ① | ② | ③ | ④ | ⑤ |
| 9 | ① | ② | ③ | ④ | ⑤ |
| 10 | ① | ② | ③ | ④ | ⑤ |
| 11 | ① | ② | ③ | ④ | ⑤ |
| 12 | ① | ② | ③ | ④ | ⑤ |
| 13 | ① | ② | ③ | ④ | ⑤ |
| 14 | ① | ② | ③ | ④ | ⑤ |
| 15 | ① | ② | ③ | ④ | ⑤ |
| 16 | ① | ② | ③ | ④ | ⑤ |
| 17 | ① | ② | ③ | ④ | ⑤ |
| 18 | ① | ② | ③ | ④ | ⑤ |
| 19 | ① | ② | ③ | ④ | ⑤ |
| 20 | ① | ② | ③ | ④ | ⑤ |
| 21 | ① | ② | ③ | ④ | ⑤ |
| 22 | ① | ② | ③ | ④ | ⑤ |
| 23 | ① | ② | ③ | ④ | ⑤ |
| 24 | ① | ② | ③ | ④ | ⑤ |
| 25 | ① | ② | ③ | ④ | ⑤ |

## 추리

| 문번 | 1 | 2 | 3 | 4 | 5 |
|---|---|---|---|---|---|
| 1 | ① | ② | ③ | ④ | ⑤ |
| 2 | ① | ② | ③ | ④ | ⑤ |
| 3 | ① | ② | ③ | ④ | ⑤ |
| 4 | ① | ② | ③ | ④ | ⑤ |
| 5 | ① | ② | ③ | ④ | ⑤ |
| 6 | ① | ② | ③ | ④ | ⑤ |
| 7 | ① | ② | ③ | ④ | ⑤ |
| 8 | ① | ② | ③ | ④ | ⑤ |
| 9 | ① | ② | ③ | ④ | ⑤ |
| 10 | ① | ② | ③ | ④ | ⑤ |
| 11 | ① | ② | ③ | ④ | ⑤ |
| 12 | ① | ② | ③ | ④ | ⑤ |
| 13 | ① | ② | ③ | ④ | ⑤ |
| 14 | ① | ② | ③ | ④ | ⑤ |
| 15 | ① | ② | ③ | ④ | ⑤ |
| 16 | ① | ② | ③ | ④ | ⑤ |
| 17 | ① | ② | ③ | ④ | ⑤ |
| 18 | ① | ② | ③ | ④ | ⑤ |
| 19 | ① | ② | ③ | ④ | ⑤ |
| 20 | ① | ② | ③ | ④ | ⑤ |
| 21 | ① | ② | ③ | ④ | ⑤ |
| 22 | ① | ② | ③ | ④ | ⑤ |
| 23 | ① | ② | ③ | ④ | ⑤ |
| 24 | ① | ② | ③ | ④ | ⑤ |
| 25 | ① | ② | ③ | ④ | ⑤ |

## 도형

| 문번 | 1 | 2 | 3 | 4 |
|---|---|---|---|---|
| 1 | ① | ② | ③ | ④ |
| 2 | ① | ② | ③ | ④ |
| 3 | ① | ② | ③ | ④ |
| 4 | ① | ② | ③ | ④ |
| 5 | ① | ② | ③ | ④ |
| 6 | ① | ② | ③ | ④ |
| 7 | ① | ② | ③ | ④ |
| 8 | ① | ② | ③ | ④ |
| 9 | ① | ② | ③ | ④ |
| 10 | ① | ② | ③ | ④ |

교시장

성 명

## 수 험 번 호

| ⓪ | ⓪ | ⓪ | ⓪ | ⓪ | ⓪ | ⓪ |
|---|---|---|---|---|---|---|
| ① | ① | ① | ① | ① | ① | ① |
| ② | ② | ② | ② | ② | ② | ② |
| ③ | ③ | ③ | ③ | ③ | ③ | ③ |
| ④ | ④ | ④ | ④ | ④ | ④ | ④ |
| ⑤ | ⑤ | ⑤ | ⑤ | ⑤ | ⑤ | ⑤ |
| ⑥ | ⑥ | ⑥ | ⑥ | ⑥ | ⑥ | ⑥ |
| ⑦ | ⑦ | ⑦ | ⑦ | ⑦ | ⑦ | ⑦ |
| ⑧ | ⑧ | ⑧ | ⑧ | ⑧ | ⑧ | ⑧ |
| ⑨ | ⑨ | ⑨ | ⑨ | ⑨ | ⑨ | ⑨ |

## 감독위원 확인

인

# 1DAY 인적성검사 최종점검 모의고사 답안지

교시장

성 명

수 험 번 호

감독위원 확인

인

| 언어 | | | | | |
|---|---|---|---|---|---|
| 문번 | 1 | 2 | 3 | 4 | 5 |
| 1~25 | ① | ② | ③ | ④ | ⑤ |

| 수리 | | | | | |
|---|---|---|---|---|---|
| 문번 | 1 | 2 | 3 | 4 | 5 |
| 1~25 | ① | ② | ③ | ④ | ⑤ |

| 추리 | | | | | |
|---|---|---|---|---|---|
| 문번 | 1 | 2 | 3 | 4 | 5 |
| 1~25 | ① | ② | ③ | ④ | ⑤ |

| 도형 | | | | |
|---|---|---|---|---|
| 문번 | 1 | 2 | 3 | 4 |
| 1~10 | ① | ② | ③ | ④ |

# 1DAY 인적성검사 최종점검 모의고사 답안지

## 언어

| 문번 | 1 | 2 | 3 | 4 | 5 |
|------|---|---|---|---|---|
| 1 | ① | ② | ③ | ④ | ⑤ |
| 2 | ① | ② | ③ | ④ | ⑤ |
| 3 | ① | ② | ③ | ④ | ⑤ |
| 4 | ① | ② | ③ | ④ | ⑤ |
| 5 | ① | ② | ③ | ④ | ⑤ |
| 6 | ① | ② | ③ | ④ | ⑤ |
| 7 | ① | ② | ③ | ④ | ⑤ |
| 8 | ① | ② | ③ | ④ | ⑤ |
| 9 | ① | ② | ③ | ④ | ⑤ |
| 10 | ① | ② | ③ | ④ | ⑤ |
| 11 | ① | ② | ③ | ④ | ⑤ |
| 12 | ① | ② | ③ | ④ | ⑤ |
| 13 | ① | ② | ③ | ④ | ⑤ |
| 14 | ① | ② | ③ | ④ | ⑤ |
| 15 | ① | ② | ③ | ④ | ⑤ |
| 16 | ① | ② | ③ | ④ | ⑤ |
| 17 | ① | ② | ③ | ④ | ⑤ |
| 18 | ① | ② | ③ | ④ | ⑤ |
| 19 | ① | ② | ③ | ④ | ⑤ |
| 20 | ① | ② | ③ | ④ | ⑤ |
| 21 | ① | ② | ③ | ④ | ⑤ |
| 22 | ① | ② | ③ | ④ | ⑤ |
| 23 | ① | ② | ③ | ④ | ⑤ |
| 24 | ① | ② | ③ | ④ | ⑤ |
| 25 | ① | ② | ③ | ④ | ⑤ |

## 수리

| 문번 | 1 | 2 | 3 | 4 | 5 |
|------|---|---|---|---|---|
| 1 | ① | ② | ③ | ④ | ⑤ |
| 2 | ① | ② | ③ | ④ | ⑤ |
| 3 | ① | ② | ③ | ④ | ⑤ |
| 4 | ① | ② | ③ | ④ | ⑤ |
| 5 | ① | ② | ③ | ④ | ⑤ |
| 6 | ① | ② | ③ | ④ | ⑤ |
| 7 | ① | ② | ③ | ④ | ⑤ |
| 8 | ① | ② | ③ | ④ | ⑤ |
| 9 | ① | ② | ③ | ④ | ⑤ |
| 10 | ① | ② | ③ | ④ | ⑤ |
| 11 | ① | ② | ③ | ④ | ⑤ |
| 12 | ① | ② | ③ | ④ | ⑤ |
| 13 | ① | ② | ③ | ④ | ⑤ |
| 14 | ① | ② | ③ | ④ | ⑤ |
| 15 | ① | ② | ③ | ④ | ⑤ |
| 16 | ① | ② | ③ | ④ | ⑤ |
| 17 | ① | ② | ③ | ④ | ⑤ |
| 18 | ① | ② | ③ | ④ | ⑤ |
| 19 | ① | ② | ③ | ④ | ⑤ |
| 20 | ① | ② | ③ | ④ | ⑤ |
| 21 | ① | ② | ③ | ④ | ⑤ |
| 22 | ① | ② | ③ | ④ | ⑤ |
| 23 | ① | ② | ③ | ④ | ⑤ |
| 24 | ① | ② | ③ | ④ | ⑤ |
| 25 | ① | ② | ③ | ④ | ⑤ |

## 추리

| 문번 | 1 | 2 | 3 | 4 | 5 |
|------|---|---|---|---|---|
| 1 | ① | ② | ③ | ④ | ⑤ |
| 2 | ① | ② | ③ | ④ | ⑤ |
| 3 | ① | ② | ③ | ④ | ⑤ |
| 4 | ① | ② | ③ | ④ | ⑤ |
| 5 | ① | ② | ③ | ④ | ⑤ |
| 6 | ① | ② | ③ | ④ | ⑤ |
| 7 | ① | ② | ③ | ④ | ⑤ |
| 8 | ① | ② | ③ | ④ | ⑤ |
| 9 | ① | ② | ③ | ④ | ⑤ |
| 10 | ① | ② | ③ | ④ | ⑤ |
| 11 | ① | ② | ③ | ④ | ⑤ |
| 12 | ① | ② | ③ | ④ | ⑤ |
| 13 | ① | ② | ③ | ④ | ⑤ |
| 14 | ① | ② | ③ | ④ | ⑤ |
| 15 | ① | ② | ③ | ④ | ⑤ |
| 16 | ① | ② | ③ | ④ | ⑤ |
| 17 | ① | ② | ③ | ④ | ⑤ |
| 18 | ① | ② | ③ | ④ | ⑤ |
| 19 | ① | ② | ③ | ④ | ⑤ |
| 20 | ① | ② | ③ | ④ | ⑤ |
| 21 | ① | ② | ③ | ④ | ⑤ |
| 22 | ① | ② | ③ | ④ | ⑤ |
| 23 | ① | ② | ③ | ④ | ⑤ |
| 24 | ① | ② | ③ | ④ | ⑤ |
| 25 | ① | ② | ③ | ④ | ⑤ |

## 도형

| 문번 | 1 | 2 | 3 | 4 |
|------|---|---|---|---|
| 1 | ① | ② | ③ | ④ |
| 2 | ① | ② | ③ | ④ |
| 3 | ① | ② | ③ | ④ |
| 4 | ① | ② | ③ | ④ |
| 5 | ① | ② | ③ | ④ |
| 6 | ① | ② | ③ | ④ |
| 7 | ① | ② | ③ | ④ |
| 8 | ① | ② | ③ | ④ |
| 9 | ① | ② | ③ | ④ |
| 10 | ① | ② | ③ | ④ |

**교시장**

**성 명**

**수 험 번 호**

| ⊖ | ⊖ | ⊖ | ⊖ | ⊖ | ⊖ | ⊖ |
|---|---|---|---|---|---|---|
| ① | ① | ① | ① | ① | ① | ① |
| ② | ② | ② | ② | ② | ② | ② |
| ③ | ③ | ③ | ③ | ③ | ③ | ③ |
| ④ | ④ | ④ | ④ | ④ | ④ | ④ |
| ⑤ | ⑤ | ⑤ | ⑤ | ⑤ | ⑤ | ⑤ |
| ⑥ | ⑥ | ⑥ | ⑥ | ⑥ | ⑥ | ⑥ |
| ⑦ | ⑦ | ⑦ | ⑦ | ⑦ | ⑦ | ⑦ |
| ⑧ | ⑧ | ⑧ | ⑧ | ⑧ | ⑧ | ⑧ |
| ⑨ | ⑨ | ⑨ | ⑨ | ⑨ | ⑨ | ⑨ |

**감독위원 확인**

인

# 1DAY 인적성검사 최종점검 모의고사 답안지

| 교시장 | | |
| --- | --- | --- |

| 성 명 | | |
| --- | --- | --- |

| 수 험 번 호 | | | | | | |
| --- | --- | --- | --- | --- | --- | --- |
| ⓪ | ⓪ | ⓪ | ⓪ | ⓪ | ⓪ | |
| ① | ① | ① | ① | ① | ① | ① |
| ② | ② | ② | ② | ② | ② | ② |
| ③ | ③ | ③ | ③ | ③ | ③ | ③ |
| ④ | ④ | ④ | ④ | ④ | ④ | ④ |
| ⑤ | ⑤ | ⑤ | ⑤ | ⑤ | ⑤ | ⑤ |
| ⑥ | ⑥ | ⑥ | ⑥ | ⑥ | ⑥ | ⑥ |
| ⑦ | ⑦ | ⑦ | ⑦ | ⑦ | ⑦ | ⑦ |
| ⑧ | ⑧ | ⑧ | ⑧ | ⑧ | ⑧ | ⑧ |
| ⑨ | ⑨ | ⑨ | ⑨ | ⑨ | ⑨ | ⑨ |

| 감독위원 확인 | (인) |
| --- | --- |

## 언어

| 문번 | 1 | 2 | 3 | 4 | 5 |
| --- | --- | --- | --- | --- | --- |
| 1 | ① | ② | ③ | ④ | ⑤ |
| 2 | ① | ② | ③ | ④ | ⑤ |
| 3 | ① | ② | ③ | ④ | ⑤ |
| 4 | ① | ② | ③ | ④ | ⑤ |
| 5 | ① | ② | ③ | ④ | ⑤ |
| 6 | ① | ② | ③ | ④ | ⑤ |
| 7 | ① | ② | ③ | ④ | ⑤ |
| 8 | ① | ② | ③ | ④ | ⑤ |
| 9 | ① | ② | ③ | ④ | ⑤ |
| 10 | ① | ② | ③ | ④ | ⑤ |
| 11 | ① | ② | ③ | ④ | ⑤ |
| 12 | ① | ② | ③ | ④ | ⑤ |
| 13 | ① | ② | ③ | ④ | ⑤ |
| 14 | ① | ② | ③ | ④ | ⑤ |
| 15 | ① | ② | ③ | ④ | ⑤ |
| 16 | ① | ② | ③ | ④ | ⑤ |
| 17 | ① | ② | ③ | ④ | ⑤ |
| 18 | ① | ② | ③ | ④ | ⑤ |
| 19 | ① | ② | ③ | ④ | ⑤ |
| 20 | ① | ② | ③ | ④ | ⑤ |
| 21 | ① | ② | ③ | ④ | ⑤ |
| 22 | ① | ② | ③ | ④ | ⑤ |
| 23 | ① | ② | ③ | ④ | ⑤ |
| 24 | ① | ② | ③ | ④ | ⑤ |
| 25 | ① | ② | ③ | ④ | ⑤ |

## 수리

| 문번 | 1 | 2 | 3 | 4 | 5 |
| --- | --- | --- | --- | --- | --- |
| 1 | ① | ② | ③ | ④ | ⑤ |
| 2 | ① | ② | ③ | ④ | ⑤ |
| 3 | ① | ② | ③ | ④ | ⑤ |
| 4 | ① | ② | ③ | ④ | ⑤ |
| 5 | ① | ② | ③ | ④ | ⑤ |
| 6 | ① | ② | ③ | ④ | ⑤ |
| 7 | ① | ② | ③ | ④ | ⑤ |
| 8 | ① | ② | ③ | ④ | ⑤ |
| 9 | ① | ② | ③ | ④ | ⑤ |
| 10 | ① | ② | ③ | ④ | ⑤ |
| 11 | ① | ② | ③ | ④ | ⑤ |
| 12 | ① | ② | ③ | ④ | ⑤ |
| 13 | ① | ② | ③ | ④ | ⑤ |
| 14 | ① | ② | ③ | ④ | ⑤ |
| 15 | ① | ② | ③ | ④ | ⑤ |
| 16 | ① | ② | ③ | ④ | ⑤ |
| 17 | ① | ② | ③ | ④ | ⑤ |
| 18 | ① | ② | ③ | ④ | ⑤ |
| 19 | ① | ② | ③ | ④ | ⑤ |
| 20 | ① | ② | ③ | ④ | ⑤ |
| 21 | ① | ② | ③ | ④ | ⑤ |
| 22 | ① | ② | ③ | ④ | ⑤ |
| 23 | ① | ② | ③ | ④ | ⑤ |
| 24 | ① | ② | ③ | ④ | ⑤ |
| 25 | ① | ② | ③ | ④ | ⑤ |

## 추리

| 문번 | 1 | 2 | 3 | 4 | 5 |
| --- | --- | --- | --- | --- | --- |
| 1 | ① | ② | ③ | ④ | ⑤ |
| 2 | ① | ② | ③ | ④ | ⑤ |
| 3 | ① | ② | ③ | ④ | ⑤ |
| 4 | ① | ② | ③ | ④ | ⑤ |
| 5 | ① | ② | ③ | ④ | ⑤ |
| 6 | ① | ② | ③ | ④ | ⑤ |
| 7 | ① | ② | ③ | ④ | ⑤ |
| 8 | ① | ② | ③ | ④ | ⑤ |
| 9 | ① | ② | ③ | ④ | ⑤ |
| 10 | ① | ② | ③ | ④ | ⑤ |
| 11 | ① | ② | ③ | ④ | ⑤ |
| 12 | ① | ② | ③ | ④ | ⑤ |
| 13 | ① | ② | ③ | ④ | ⑤ |
| 14 | ① | ② | ③ | ④ | ⑤ |
| 15 | ① | ② | ③ | ④ | ⑤ |
| 16 | ① | ② | ③ | ④ | ⑤ |
| 17 | ① | ② | ③ | ④ | ⑤ |
| 18 | ① | ② | ③ | ④ | ⑤ |
| 19 | ① | ② | ③ | ④ | ⑤ |
| 20 | ① | ② | ③ | ④ | ⑤ |
| 21 | ① | ② | ③ | ④ | ⑤ |
| 22 | ① | ② | ③ | ④ | ⑤ |
| 23 | ① | ② | ③ | ④ | ⑤ |
| 24 | ① | ② | ③ | ④ | ⑤ |
| 25 | ① | ② | ③ | ④ | ⑤ |

## 도형

| 문번 | 1 | 2 | 3 | 4 |
| --- | --- | --- | --- | --- |
| 1 | ① | ② | ③ | ④ |
| 2 | ① | ② | ③ | ④ |
| 3 | ① | ② | ③ | ④ |
| 4 | ① | ② | ③ | ④ |
| 5 | ① | ② | ③ | ④ |
| 6 | ① | ② | ③ | ④ |
| 7 | ① | ② | ③ | ④ |
| 8 | ① | ② | ③ | ④ |
| 9 | ① | ② | ③ | ④ |
| 10 | ① | ② | ③ | ④ |

## 2023 최신판 1day 인적성검사 15일 완성

| | |
|---|---|
| 개정3판1쇄 발행 | 2023년 05월 30일 (인쇄 2023년 04월 28일) |
| 초 판 발 행 | 2020년 06월 30일 (인쇄 2021년 04월 21일) |
| 발 행 인 | 박영일 |
| 책 임 편 집 | 이해욱 |
| 편 저 | SD적성검사연구소 |
| 편 집 진 행 | 이근희 · 허선 |
| 표지디자인 | 김도연 |
| 편집디자인 | 김지수 · 윤준호 |
| 발 행 처 | (주)시대고시기획 |
| 출 판 등 록 | 제10-1521호 |
| 주 소 | 서울시 마포구 큰우물로 75 [도화동 538 성지 B/D] 9F |
| 전 화 | 1600-3600 |
| 팩 스 | 02-701-8823 |
| 홈 페 이 지 | www.sdedu.co.kr |
| | |
| I S B N | 979-11-383-5083-9 (13320) |
| 정 가 | 21,000원 |

# 1 DAY
# 15일 완성

삼성(GSAT) / SK(SKCT) / LG / 롯데(L-TAB) / 포스코(PAT)

## 인적성검사

### 정답 및 해설

**SD에듀**가 합격을 준비하는 당신에게 제안합니다.

성공의 기회! **SD에듀**를 잡으십시오.
# 성공의 Next Step!

결심하셨다면 지금 당장 실행하십시오.
**SD에듀**와 함께라면 문제없습니다.

기회란 포착되어 활용되기 전에는
기회인지조차 알 수 없는 것이다.

– 마크 트웨인 –